GW01339118

Buch

Ist es möglich, dass Glück und Unglück kein Zufall sind? Kann ich mein Glück wirklich aktiv beeinflussen? Was kann ich dafür tun, dass ich eine vollkommen glückliche Beziehung erlebe? Die romantische und lustvolle Liebesgeschichte, die in diesem Roman erzählt wird, gibt auf solche Fragen eine verblüffend einfache Antwort. Der faszinierte Leser erlebt, wie zwei Menschen trotz ihrer Zweifel und Ängste den Weg zur wahren Liebe finden und zu Lieblingskindern des Lebens werden. Während der Lektüre vollzieht sich auch in ihm – gemeinsam mit den Helden des Romans – eine tiefgreifende Verwandlung, und er begreift eine wichtige Botschaft: Nur wer sich bewusst der Liebe und dem Glück zuwendet, wird seine Welt zum Positiven verändern.

Autoren

Das Schweizer Unternehmen »Ella Kensington« ist der größte Anbieter von wissenschaftlich fundierten Glücksseminaren und Glückstrainings im deutschsprachigen Raum. Das »Ella-Camp« in Spanien hat seit seiner Gründung im Jahr 2000 Tausenden von begeisterten Besuchern die Glücksrezepte aus »Mary« und anderen Kensington-Bestsellern nahegebracht.
Ella Kensington im Internet: **www.ella.org**

Von Ella Kensington sind bei Arkana außerdem erschienen:
Mysterio (21825)
Die sieben Botschaften der Seele (21823)

Ella Kensington

Mary

Die unbändige,
göttliche Lebenslust

**GOLDMANN
ARKANA**

Die Originalausgabe dieses Buchs erschien 2004
beim Ernst Lenz Musikverlag, Bochum.

FSC
Mix
Produktgruppe aus vorbildlich
bewirtschafteten Wäldern und
anderen kontrollierten Herkünften
Zert.-Nr. SGS-COC-001940
www.fsc.org
© 1996 Forest Stewardship Council

Verlagsgruppe Random House FSC-DEU-0100
Das FSC-zertifizierte Papier *München Super* für dieses Buch
liefert Arctic Paper Mochenwangen GmbH.

6. Auflage
Vollständige Taschenbuchausgabe Juli 2008
© 2008 Arkana, München
in der Verlagsgruppe Random House GmbH
Umschlaggestaltung: Uno Werbeagentur
Umschlagmotiv: Indo Karper
Redaktion: Kathrin Heigl
WL · Herstellung: CZ
Satz: Greiner & Reichel, Köln
Druck und Bindung: GGP Media GmbH, Pößneck
Printed in Germany
ISBN 978-3-442-21824-0

www.arkana-verlag.de

Vorsicht!!!

Dieses Buch enthält ein Glücksvirus, das beim Lesen unbeabsichtigt aufgenommen werden kann. Dieses Virus ist hochinfektiös und nicht heilbar!

»Verehrte Fluggäste, wir haben soeben unsere Reiseflughöhe verlassen und unseren Landeanflug begonnen. Wir bitten Sie, sich wieder anzuschnallen, die Tische zurückzuklappen und Ihre Sitzlehnen in eine aufrechte Position zu bringen. Die Temperatur auf der Insel beträgt im Moment 25 Grad Celsius. Laut Wetterdienst wird sich auch in den nächsten Tagen an dem strahlend blauen Himmel nichts ändern. Wir hoffen, Sie hatten einen guten Flug, und wünschen Ihnen eine schöne Urlaubszeit.«

Ich hatte tausend Springmäuse im Bauch: Endlich war es so weit! Über ein halbes Jahr hatte ich auf diesen Tag warten müssen – ich, der ich die Ungeduld in Person war. Das Schlimmste aber war, dass ich noch nicht einmal eine genaue Vorstellung davon hatte, was mich überhaupt erwartete. Ich wusste nur, dass sich mein Leben in den nächsten vier Wochen angeblich ganz elementar in die richtige Richtung verändern sollte.

Es war Abend, als ich in der Bungalowanlage von Ella Kensington ankam. Ich spürte sofort eine seltsame Ruhe in mir aufsteigen, die ich mir nicht wirklich erklären konnte. Die große Aufregung, die vor wenigen Minuten noch in mir getobt hatte, war plötzlich wie weggeblasen. Mir war, als sei ich nach einer sehr langen Reise endlich wieder nach Hause gekommen – ein seltsames Gefühl!

Eine junge sympathische Frau empfing mich bei der Anmeldung unerwartet herzlich. Sie ging mit mir um, als sei ich ein sehnlichst erwarteter Stammgast in diesem Camp – fast schon freundschaftlich. Ich wusste zunächst nicht so recht, was ich von dieser Situation halten sollte, denn ich war es nicht gewohnt, dass fremde Menschen so nett zu mir waren.

Nachdem wir die Formalitäten erledigt hatten, führte sie mich zu meinem Bungalow. Auf dem Weg dorthin fielen mir einige Paare auf, die frisch verliebt zu sein schienen. Es war immer wieder schön, verliebten Menschen zu begegnen. Ich genoss die gute Stimmung, die von ihnen ausging. Irgendwie gaben sie mir Hoffnung, vielleicht doch noch irgendwann die ganz große Liebe zu finden.

In meinem Bungalow gab es drei Schlafzimmer. Eines davon hatte ein eigenes Badezimmer. Die anderen beiden Zimmer mussten sich ein Bad teilen. Insgesamt würden hier vier bis sechs Leute für die Dauer von zwei Wochen leben.

Am Anfang beschlichen mich gewisse Bedenken, das Badezimmer mit jemand Wildfremdem zu teilen. Doch meine sympathische Begleiterin und ihre offene Art ließen mir schnell bewusst werden, dass die Leute aus meinem Bungalow spätestens nach zwei Tagen keine Fremden mehr für mich sein würden.

Ich hatte ein Einzelzimmer gebucht, obwohl es aus finanziellen Gründen für mich besser gewesen wäre, mein Zimmer mit einem anderen Mann zu teilen. Diese Möglichkeit wählten die meisten Gäste hier. Doch das war mir zu heftig. Ich brauchte meine Rückzugsmöglichkeiten, wenn ich neue Menschen kennen lernte. Ich galt in dieser Hinsicht wohl eher als vorsichtig.

Nachdem ich mein Gepäck untergebracht hatte, ging ich noch einmal zurück zur Anmeldung, um mich nach dem Seminarplan zu erkundigen. Zu meinem Erstaunen erfuhr ich, dass es hier weder Seminare noch Workshops oder sonst etwas Ähnliches gab. Mein erster Gedanke war, dass das Taxi mich zur falschen Bungalowanlage gebracht hatte. Die junge Frau an der Anmeldung erklärte mir jedoch, dass dieses Camp sich selbst organisieren würde. Seminare seien hier nicht nötig. Ich würde die richtigen Menschen zur richtigen Zeit automatisch treffen. Das würde die Camp-Magie ausmachen, und so würde es schon seit vielen Jahren laufen.

Zunächst kam mir alles sehr spanisch vor, was sie mir erzählte, denn ich konnte mir nicht vorstellen, dass ich auf diese Weise tatsächlich so viel erreichen sollte, wie man mir zu Hause vorgeschwärmt hatte. Doch das Selbstverständnis und die Lockerheit dieser jungen Frau erweckten immer mehr das Vertrauen in mir, dass schon alles gut werden würde. Ich beschloss also, es auf mich zukommen zu lassen. Außerdem war es unglaublich schön hier, und der Aufenthalt in diesem so genannten Camp kostete kaum mehr als ein normaler Pauschalurlaub. Ich hatte also nicht wirklich viel zu verlieren.

Nach diesem Gespräch spazierte ich frohen Mutes und entspannt zu meinem Bungalow zurück. Hier gab es neben den Schlafzimmern, die sich in der oberen Etage befanden, ein großes Wohn- und Esszimmer und eine kleine Küche, in der wir gemeinsam unser Essen zubereiten würden. Insgesamt war der Bungalow sehr schön eingerichtet. Vom Esszimmer gelangte man auf eine kleine Terrasse, auf der sich bereits einige der neuen Gäste versammelt hatten und sich unterhielten. Ich überlegte noch, ob ich mich einfach dazugesellen sollte, entschied jedoch schließlich, mich lieber schlafen zu legen und die Sache am nächsten Tag in Ruhe anzugehen.

Als ich am Morgen aufwachte, hörte ich Stimmen aus unserem Wohnzimmer. Ich konnte nicht verstehen, was sie sagten, aber ich spürte, dass etwas Besonderes vor sich ging.

Seit gestern Abend im Flugzeug hatte ich nichts mehr gegessen, und mich plagte ein mächtiger Hunger. Ich duschte, zog mich an und ging nach unten. Hier saßen die Leute, die ich von meinem Schlafzimmer aus gehört hatte, und frühstückten. Es waren vier an der Zahl, und sie unterhielten sich immer noch sehr angeregt.

Ich wusste nicht so recht, wie ich mich verhalten sollte. Konnte ich mich einfach so zu ihnen setzen? Das Frühstück, das sie einnahmen, hatten sie selbst eingekauft und zubereitet. Ich würde wohl selbst erst einmal etwas besorgen gehen müssen.

»Hallo«, begrüßte mich da einer der vier freundlich. »Du bist bestimmt Michael. Man hat uns gesagt, dass du mit uns angekommen bist. Willst du was essen?«

Ich war im ersten Moment wie vor den Kopf gestoßen. Mit so einer herzlichen Einladung hatte ich nicht gerechnet. Die vier kannten mich ja noch gar nicht. Ich begrüßte sie mit Handschlag und setzte mich, noch etwas unsicher, zu ihnen. Einer der vier stand auf, holte mir ein Gedeck und schenkte mir einen Kaffee ein.

Ich hatte mächtigen Hunger und nahm mir ein Stück Baguette. Nachdem ich einen Schluck Kaffee und einen kräftigen Bissen von meinem Baguette genommen hatte, schaute ich wieder nach oben – und zwar direkt in die wundervollsten Augen, die ich je in meinem Leben gesehen hatte! Ich vergaß für einen Augenblick das Kauen.

Eine Frau mit dem bezauberndsten Lächeln der Welt stand in unserem Wohnzimmer und schaute mich interessiert an. Es durchfuhr mich wie ein Blitz. Mein Herz fing an zu rasen, und mein Mund wurde staubtrocken. »Mein Gott, ist diese Frau schön!«, fuhr es durch meine Gedanken. Ich war so aufgeregt darüber, dass sie den Blickkontakt zu mir nicht abbrach, dass mir gleichzeitig heiß und kalt wurde. Ich fühlte mich wie gelähmt und konnte meinen Blick weder abwenden noch dem ihren standhalten. »Oh Gott, jetzt kommt sie auch noch auf mich zu! Wie sehe ich denn nur aus?!«, wurde mir plötzlich voller Panik mit meinem trockenen Brötchen in den Backen bewusst. In meiner Verzweiflung versuchte ich, schnell alles auf einmal herunterzuschlucken – natürlich ohne Erfolg! Je mehr ich mich bemühte, desto schlimmer wurde die Trockenheit in meinem Mund.

Sie kam zu mir herüber und reichte mir zur Begrüßung die Hand. »Hallo, du bist wohl gerade angekommen?«, fragte sie in einem sehr sympathischen Tonfall.

Mit meinem trockenen Baguette in den Backen saß ich also da wie ein Vollidiot und konnte nur nicken. Mann, war das peinlich! Ich schwor mir in diesem Moment, nie wieder etwas zu essen.

Da ich nicht in der Lage war, ihr zu antworten, meinte sie kurzerhand, wir würden uns sicher später noch einmal begegnen, und wandte sich den anderen zu. Sie fragte nach irgendjemandem und verließ unseren Bungalow dann wieder durch die Terrassentür, durch die sie auch gekommen sein musste.

»Ich glaube, ich muss sterben!«, war mein erster Gedanke. »Noch bescheuerter hätte es sicherlich nicht laufen können. Sie muss mich doch jetzt für einen kompletten Idioten halten. Und so Unrecht hat sie damit dann wohl auch nicht! Mann, muss ich bescheuert ausgesehen haben! Mit dieser Frau hätte ich vermutlich bis zum Ende meiner Tage glücklich sein können. Und ich Idiot stelle mich an wie der letzte Dorfdepp. Wäre ich doch nur zu Hause geblieben!« In dieser liebevollen Weise redete ich mir in Gedanken eine ganze Weile zu. Ich würgte, vor den anderen die Form wahrend, den Rest meines Baguettes hinunter und beschloss, mich dann sofort wieder auf mein Zimmer zurückzuziehen, um mich angemessen zu bedauern.

Ich wollte gerade die Treppe hinaufgehen, da tippte mir jemand von hinten auf die Schulter. Als ich mich umdrehte, traf mich fast der Schlag: Sie war es wieder! Sie stand ganz nah vor mir. Ihre Hand lang immer noch auf meiner Schulter. Der Blick in ihre Augen und ihre Berührung gingen mir durch und durch und verschlugen mir erneut den Atem. Auch war ich betört von ihrem Duft. Sie roch nicht nach Parfüm. Es war der eigene Geruch ihrer sonnengebräunten Haut, der mich so verzauberte. Sie sah mir tief in die Augen – so tief, dass ich das Gefühl hatte, mich völlig in den ihrigen zu verlieren. Ich nahm den Bungalow um mich herum überhaupt nicht mehr wahr und kann mich kaum noch erinnern, was danach geschah. Ich weiß nur noch, dass sie mich fragte, ob ich auf eine Wandertour mitkommen wollte. Ich versicherte ihr, dass ich das Wandern liebte, und willigte sofort ein. Das war jedoch gelogen! Noch nie in meinem Leben war ich wandern gewesen. Ich besaß nicht einmal einen Rucksack oder gar Wanderschuhe.

Eilig ging ich die Treppe hinauf in mein Zimmer und zog mich für die Wandertour um. Ich konnte nur meine Sportsachen anziehen, obwohl ich darin nicht besonders attraktiv aussah.

Die Frau meines Herzens war leider nicht im gleichen Bungalow untergebracht. Sie war nur zu uns herübergekommen, weil sie sich mit jemandem aus unserem Bungalow für die Wandertour verabredet hatte. Doch dieser Jemand hatte es sich wohl anders überlegt, und das war wohl der Grund gewesen, warum sie mich so kurz entschlossen gefragt hatte, ob ich auf diese Tour mitkommen wollte.

Ich war der Erste am vereinbarten Treffpunkt, daher hatte ich noch genügend Zeit, mir die Anlage einmal genauer anzuschauen. Es war sehr schön hier. Etwa dreißig Bungalows, umgeben von einem tropischen Garten mit vielen Blumen und Palmen, waren hier um zwei Swimmingpools auf zwei Etagen angeordnet. Ein kleiner Wasserfall verband die beiden Swimmingpools miteinander.

Nach und nach trudelten die Leute der Gruppe ein, die sich für die Wandertour verabredet hatten. Ich überlegte, wie ich der Frau erklären könnte, warum ich keine Wanderschuhe dabeihatte. Ich hatte ihr ja groß und breit versichert, dass ich es lieben würde zu wandern. Jetzt kam ich mir sehr blöd vor in meinen Turnschuhen. Möglicherweise könnte ich sagen, dass auf dem Flughafen leider ausgerechnet der Koffer verloren gegangen sei, in dem sich meine Wanderschuhe befanden, aber diese Erklärung kam mir auch ziemlich dämlich vor. Das würde ja bedeuten, dass ich mit zwei Koffern hierhergereist sei. Und wer macht das schon?! Aber wie sollte ich meine Turnschuhe sonst erklären?!

Es waren schon fast alle da – nur sie noch nicht. Ich hatte schon Angst, sie falsch verstanden zu haben und am falschen Ort, in der falschen Gruppe auf sie zu warten. Das hätte mir ja gerade noch gefehlt. Ein paar Minuten später kam sie jedoch dann glücklicherweise. Als sie mich anschaute, fing mein Herz erneut an zu rasen. Ich wollte in meiner Aufregung gerade ansetzen, ihr die Geschichte vom verlorenen Koffer zu erzählen, konnte mich dann aber gerade noch zurückhalten.

»Ich habe vermutet, dass du noch keinen Rucksack hast, und habe mir deshalb erlaubt, ein wenig Proviant für dich mit einzupacken«, sagte sie und gab mir mit einer Geste zu verstehen, dass ich den Rucksack nehmen sollte, was ich natürlich sofort tat.

Der Rucksack war ziemlich schwer und schmerzte etwas auf den Schultern. Aber dieser Schmerz wurde mir durch den Gedanken versüßt, dass sie vermutlich Single sein musste. Sonst hätte sie doch nicht ihren Rucksack mit mir geteilt, hoffte ich zumindest. In dieser Gruppe schien jedenfalls niemand zu ihr zu gehören. Doch konnte eine so tolle Frau wirklich Single sein? Das konnte ich mir kaum vorstellen.

Wir fuhren mit einem kleinen Bus in Richtung Landesinneres. Die Straße wurde immer schmaler. Schließlich verengte sie sich zu einem unbefestigten Schotterweg, der immer unwegsamer wurde. Wir hielten. Hier sollte unsere Tour beginnen und später wohl auch wieder enden.

Die Gruppe legte beim Wandern ein flottes Tempo vor. Ich hatte Mühe mitzuhalten, obwohl ich mich bis zu diesem Zeitpunkt immer für recht durchtrainiert gehalten hatte. Aber es lag vermutlich daran, dass diese Belastung für mich sehr ungewohnt war. Oder lag es an ihr? Ich konnte sie immer noch kaum anschauen, ohne dass mein Herz bis in den letzten Winkel meiner Seele hinauf hämmerte. Ich gab mir alle Mühe, sie das nicht merken zu lassen. Und auch nicht, wie sehr ich außer Atem war. Ich wollte, dass sie mich für sportlich und durchtrainiert hielt.

Ich weiß nicht, ob sie möglicherweise etwas bemerkt hatte, aber plötzlich sagte sie, sie würde gerne hier Pause machen. Außerdem sei ihr der ganze Weg, den die Gruppe sich vorgenommen hatte, ohnehin zu weit. Als ihr Rucksackträger schloss ich mich diesem Vorschlag natürlich sofort an. Die anderen gingen derweil weiter. Ich war also mit dieser Traumfrau, die mir mit einem Blick den letzten Funken Verstand rauben konnte, plötzlich vollkommen alleine.

Wir setzten uns auf einen Felsvorsprung am Wegesrand, von dem aus man eine überwältigende Aussicht auf die tiefen Schluchten der Berge und in einigen Kilometern Abstand auch auf das Meer hatte. Meine Wandergefährtin öffnete den Rucksack und nahm eine Feldflasche mit Zitronentee und ein Baguette heraus. Ich war hungrig wie ein Bär, aber das Baguette wollte ich mir auf keinen Fall wieder antun. Ich trank etwas von dem Zitronentee und sagte ihr, ich hätte keinen Hunger. Wir saßen bestimmt eine halbe Stunde dort oben, ohne ein Wort zu reden. Ich hätte mich gerne mit ihr unterhalten, aber ich wusste nicht, wie ich das Gespräch beginnen sollte. Ich konnte in ihrer Gegenwart einfach keinen klaren Gedanken fassen.

Ich beschloss, etwas nicht zu Persönliches zu fragen, und nahm dafür all meinen Mut zusammen. »Wie kommt es, dass hier keine Seminare oder Workshops angeboten werden? Ich habe so viele Geschichten von diesem Camp gehört, dass ich annahm, es müsste ein vielfältiges Seminarangebot geben.«

»Was hast du denn für Geschichten gehört?«, fragte sie interessiert.

»Vor allem redeten die Leute alle von einem Seminar und davon, dass sich ihr ganzes Leben dadurch verändert hätte. Und das verstehe ich nicht. Hier gibt es doch gar kein Seminar!«

»Du wirst noch merken, was mit dem Seminar gemeint ist«, erwiderte sie geheimnisvoll.

»Gibt es also doch ein Seminar?«

»Es gibt eins! Aber nicht so, wie du denkst. Hier ist alles ganz anders. Ich möchte dir allerdings nicht die Freude nehmen, es selbst herauszufinden. Ich habe es auch erst vor ein paar Tagen verstanden, und da war ich schon fast zwei Wochen hier.«

Das hatte mir gerade noch gefehlt! Sie war bereits zwei Wochen hier, und zwei Wochen war die übliche Zeitspanne für die Teilnahme am Camp. Das bedeutete, dass sie vielleicht morgen schon wieder nach Hause fahren und ich sie vermutlich nie wieder sehen würde. Panik stieg in mir auf! Was konnte ich tun, um sie in dieser kurzen Zeit für mich zu gewinnen? Und was sollte ich jetzt sagen? Ich blieb stumm. Ich war viel zu geschockt von dieser Hiobsbotschaft. Wir saßen also erneut schweigend nebeneinander und ließen die Zeit sinnlos verstreichen.

Es war fast eine Stunde vergangen, als sie mich plötzlich fragte, ob ich an ein Leben nach dem Tod glaubte.

»Ich weiß nicht so recht«, antwortete ich, denn ich hatte Angst, etwas Falsches zu sagen. »Irgendwie schon. Ich kann mir jedoch nicht so ganz vorstellen, wie das aussehen soll.«

»Ich kenne eine kleine Geschichte, die davon handelt. Es ist eine Art Märchen. Wenn du willst, kann ich sie dir erzählen«, schlug sie vor.

»Ich würde sie sehr gerne hören«, versicherte ich schnell. Mir war es ehrlich gesagt vollkommen egal, was sie mir für eine Geschichte erzählen würde. Hauptsache, ich musste nicht antworten.

Es ist die Geschichte eines Wesens, das aus einer Welt kam, die mit unserem Vorstellungsvermögen nicht mehr erfassbar ist – einer Realität, die jenseits von Zeit und Raum liegt.

Dieses Wesen war getrieben von der Lust am Abenteuer. Es durchstreifte die Realitäten auf der immerwährenden Suche nach neuen Herausforderungen. Eines Tages erfasste es die Idee eines materiellen Universums.

Nun musst du verstehen, dass es für dieses Wesen fast genauso schwer war, sich eine materielle Welt vorzustellen, wie es uns schwerfällt, das Gegenteil zu tun. Aber es wusste, dass es diese materielle Welt geben muss. Denn kein Wesen ist in der Lage, auch nur für eine Sekunde an eine Realität zu denken, die es nicht gibt. Es wusste auch ganz genau, wie man andere Welten erforscht. Es begann also damit, sich auf diese Idee des materiellen Universums zu konzentrieren. In einem gewaltigen transformatorischen Akt katapultierte es sich damit automatisch in unsere Raum-Zeit-Welt.

Es entschied sich zunächst für eine energetische Gestalt, denn es wollte erst später festlegen, ob es sich materialisieren würde. Auf Grund seiner masselosen Gestalt war es ihm möglich, das Universum mit jeder beliebigen Geschwindigkeit zu durchqueren. Es besuchte viele intelligente Lebensformen der unterschiedlichsten Entwicklungsstufen. Bei einer dieser Lebensformen wurde es jedoch stutzig: Es verstand nicht, was die Wesen dieser Lebensform dazu brachte, auf diese Weise zu existieren. Irgendwie unterschieden sie sich von allem anderen, was in diesem Universum lebte. Es war mächtig was los auf dieser *Erde*, wie die Wesen ihren Planeten zu nennen pflegten. Alles schien sehr kompliziert und spannend. Es war schier unglaublich, was diesen Menschen alles einfiel, um das Spiel des Lebens interessant zu machen.

Unser Wesen erkannte intuitiv, dass es hier auf etwas ganz Besonderes gestoßen war. Die Menschen, die hier lebten, hatten eine sehr seltsame Form ihrer Existenz gewählt. Sie waren auf der einen Seite energetische Wesen, ähnlich unserem Außerirdischen, und nannten sich *Seelen*. Auf der anderen Seite materialisierten sie sich in Körpern aus Fleisch und Blut. Die meisten Seelen besaßen viele Körper, die alle ein individuelles Bewusstsein hatten und zumeist in ganz unterschiedlichen Zeitepochen lebten. Diese Individuen unterschieden sich alle sehr stark voneinander. Sie alle hatten das Gefühl, voneinander unabhängig zu sein.

Aber auch das Bewusstsein dieser Menschen wies viele Besonderheiten auf. Während des Tages hatten sie ein sehr stark eingeschränktes Wahrnehmungsvermögen. Um überhaupt handlungsfähig zu sein, hatten sie sich ein Unterbewusstsein geschaffen, in dem alle bewährten Handlungen und Denkweisen automatisch abliefen.

Unser Wesen war fasziniert von der Vielfalt der unterschiedlichen Bewusstseinsformen. Es beschloss, mit den Seelen dieses Planeten Kontakt aufzunehmen. Es fand eine Seele, die seiner eigenen Wesensstruktur sehr stark ähnelte. In einem energetischen Informationsaustausch erfuhr unser Wesen, nach welchen Grundprinzipien diese Welt aufgebaut war. Ihm war sofort klar, dass es diese Realität unbedingt erleben musste. Um dies zu tun, war es unerlässlich, alle verschiedenen Bewusstseinsformen kennen zu lernen. Dazu musste es Mensch werden und einen Körper bekommen. Es musste ein Tagesbewusstsein und ein Traumbewusstsein erschaffen. Die Seele, mit der es sich unterhalten hatte, zeigte sich sehr entgegenkommend und bot ihm an, das Menschsein erst einmal als Besucher kennen zu lernen. Zu diesem Zweck könnte es sich mit dem Unterbewusstsein eines Menschen verbinden. Als geeignete Person hierfür erwählten die beiden ein junges Mädchen, das zu dieser Seele gehörte. Dieses Mädchen hieß Julie und war vierzehn Jahre alt. Julie lebte in Paris, Anfang des 21. Jahrhunderts, und war in einer sehr schwierigen Phase ihrer Entwicklung – der Pubertät.

Das Wesen musste der Seele versprechen, in das Leben von Julie nicht einzugreifen, egal was passieren würde. Es sollte nur als Zuschauer fungieren. Die Seele erklärte ihm auch, dass es seine Gedanken sehr stark kontrollieren müsse, während es bei Julie war. Julie würde seine Anwesenheit sonst bemerken, was für sie katastrophale Folgen haben könnte. Unser Wesen willigte ohne Bedenken ein. Die Sache wurde also in die Tat umgesetzt.

Am nächsten Morgen wachte Julie durch das Rufen ihrer Mutter auf. Sie fühlte sich irgendwie sonderbar beobachtet. Sie sah sich in ihrem Zimmer um, ob vielleicht ihr kleiner Bruder sich irgendwo versteckt hielt. Da sie ihn nirgends entdecken konnte, entschied sie, ihr Gefühl zu ignorieren und nach unten zu gehen, um zu frühstücken. Sie hatte es wie immer sehr eilig und würgte schnell ein Croissant mit einer Tasse Kakao herunter. Danach musste sie sich schnell anziehen, denn ihre Freundin Sonja würde gleich klingeln, um sie für die Schule abzuholen.

Sie wusste natürlich mal wieder nicht, was sie anziehen sollte. Ihr ganzer Schrank hing voll mit schönen Kleidern. Aber Julie war der Meinung, dass das alles Kinderkram sei. So etwas konnte eine erwachsene Frau doch nicht anziehen!

Kurzerhand ging sie zum Kleiderschrank ihrer Mutter und nahm sich einen kurzen, eng anliegenden Minirock und ein paar hochhackige Pumps heraus. Darüber zog sie ein Bustier, welches ihre Mutter gewöhnlich nur als Unterwäsche trug.

Auf dem Weg nach draußen kam sie erneut in der Küche vorbei, um sich noch ein Croissant zu nehmen. Dabei wurde sie natürlich von ihrer Mutter gesehen. »Julie, so kannst du doch nicht zur Schule gehen!«, rief diese ihr nach. Doch es war bereits zu spät. Mit einem kurzen »Salut, Maman!« war sie auch schon aus der Tür.

Die beiden Mädchen mussten sich beeilen, um noch rechtzeitig zur Schule zu kommen. Unterwegs drehte sich Julie immer wieder um, was Sonja irgendwann auffiel. »Julie, was ist los mit dir? Ist da irgendjemand hinter uns?«, fragte sie verunsichert.

»Ich weiß auch nicht. Sag mal, kennst du das Gefühl, beobachtet zu werden?«

»Wieso? Glaubst du, jemand beobachtet uns?«, fragte Sonja verängstigt.

»Ach Quatsch, ich hab nur Spaß gemacht«, versuchte Julie ihre Freundin zu beschwichtigen.

Aber sie machte natürlich keinen Spaß. Sie wurde das Gefühl nicht los, beobachtet zu werden. Doch sie wollte auch nicht, dass Sonja sie für verrückt hielt.

An diesem Tag wurde unangekündigt eine Klassenarbeit geschrieben – und das auch noch in Julies absolutem Spezialfach: in Mathematik. Für Julie war dies sehr schlimm. Sie stand in diesem Fach so schlecht, dass ihre Versetzung ins nächste Schuljahr ernsthaft gefährdet war. Sie hatte Angst vor der Schande. Was würden ihre Freunde dazu sagen, wenn sie sitzenbliebe? Oh nein, das konnte sie nicht zulassen. Sie schwankte hin und her zwischen Krankspielen oder Abschreiben. Aber sie wusste, dass ihr Lehrer ihr nicht abkaufen würde, dass sie sich plötzlich schlecht fühlte. Sie konnte nur versuchen abzuschreiben. Aber bei wem? Neben ihr saß Sonja, und die war selbst nicht besser in Mathe.

Es kam, wie es kommen musste: Die Aufgaben wurden verteilt, und Julie konnte keine einzige auch nur annähernd lösen. Ihr brach der kalte Schweiß aus. Für ein paar Momente dachte sie in ihrer Verzweiflung, dass sie sich umbringen würde, wenn sie sitzenbleiben müsste. Sie steigerte sich allmählich in diesen Gedanken hinein.

»Oh nein, das kann ich nicht zulassen«, schoss es da plötzlich durch die Gedanken des Wesens, das sich bis dahin noch brav zurückgehalten hatte.

»Was hast du gesagt?«, fragte Julie ihre Nachbarin.

Aber diese zuckte nur ratlos die Schultern. Das Wesen

wusste, dass es keinen einzigen Gedanken zulassen durfte. Aber es konnte auch nicht zulassen, dass sich Julie das Leben nähme.

Es wusste nicht, dass Menschen, besonders im Pubertätsalter, nicht alles in die Tat umsetzten, was sie in einem kritischen Moment beschlossen hatten. Es tat also etwas, was ihr die Seele von Julie eigentlich verboten hatte. Es zapfte das Wissen des Mathematiklehrers an und leitete es direkt in das Bewusstsein von Julie. Plötzlich schossen Julie Formeln und Zahlen durch ihre Gedanken. Sie hielt sich vor Verwirrung den Kopf.

»Julie, geht es dir nicht gut? Was ist mit dir?«, wollte ihr Lehrer nun wissen.

Julie wollte zuerst sagen, dass sie Kopfschmerzen hätte und gerne nach Hause gehen würde. Aber plötzlich erkannte sie, dass sie seltsamerweise auf einmal wusste, wie diese Matheaufgaben zu lösen waren. Sie sagte also schnell: »Es geht schon wieder.«

Es war nun nicht mehr viel Zeit. Aber Julie brauchte auch nicht lange. Sie hatte alle Lösungen im Kopf, als ob sie sie auswendig gelernt hätte. Schnell schrieb sie alles hin und schaffte es, gerade noch fertig zu werden, bevor die Arbeit eingesammelt wurde.

Unser Wesen war nun sehr mit sich zufrieden – hatte es doch gerade eben einem Menschen das Leben gerettet. Julie hingegen war reichlich verwirrt. Sie verstand nicht, woher all das Wissen plötzlich gekommen war. Nach der Arbeit wollte Julie Sonja alles erzählen. Aber diese wandte sich von ihr ab und sagte, sie würde nie wieder mit ihr reden.

»Bist du jetzt ganz durchgeknallt oder was?«, fragte Julie sauer.

»Du scheinheiliges Luder! Du konntest die Aufgaben lösen und hast mich nicht abschreiben lassen. Das werde ich dir nie verzeihen.« Daraufhin ließ sie Julie einfach stehen und ging weg.

»Verdammter Mist!«, dachte Julie. »Was ist da bloß passiert?«

Völlig verwirrt und traurig, ihre beste Freundin verloren zu haben, ging Julie nach Hause. Sie verstand nicht, wie das alles passieren konnte. Ihr war klar, dass Sonja zu Recht so reagiert hatte. Sie selbst hätte genauso empfunden. Sie konnte es ihr wirklich nicht verdenken. Und wenn jetzt Sonja sitzenbleiben würde? Sie stand ja auch nicht viel besser mit ihren Noten als Julie.

Unser Wesen hingegen merkte, dass es einen großen Fehler begangen hatte. Julie wäre lieber ihrer Freundin treu geblieben, als diese blöde Mathearbeit zu bestehen. Julies Seele hatte ihm ja gleich gesagt, es solle sich aus ihrem Leben heraushalten, egal was passierte. Es gab nur einen Ausweg: Es musste Julies Seele bitten, alles wieder in Ordnung zu bringen.

Doch diese war dazu nicht bereit. Unser Wesen hatte die Probleme verursacht, und nun sollte es diese auch wieder aus der Welt schaffen.

Nun, dies war für das Wesen keine leichte Aufgabe. In

allen Realitäten, die es bis jetzt kennen gelernt hatte, gab es so etwas wie Probleme überhaupt nicht. Das war gerade das Besondere an den Menschen. Wie also Probleme lösen, wenn man sich überhaupt nicht damit auskennt?

Jeder Mensch hätte sich in dieser Situation schlecht gefühlt, doch unser Wesen war gar nicht in der Lage dazu. Es kannte nur schöne Gefühle wie Liebe, Freude, Neugier und Lebenslust. Es überlegte also ganz sachlich. Wie sollte es also jetzt vorgehen? Da kam ihm eine Idee.

Es kehrte zurück zu Julie und konzentrierte sich ganz intensiv auf das Gefühl der Liebe. Es dauerte nicht lange, da übertrug sich dieses Gefühl auf Julie. In ihr stiegen Empfindungen auf, die sie seit vielen Jahren nicht mehr gespürt hatte. Genauso hatte sie sich immer gefühlt, wenn sie mit ihren Eltern geschmust hatte. Mittlerweile war sie ja zu alt geworden für so einen Kinderkram.

Doch jetzt, wo diese übergroße Liebe überall in ihrem Körper und in ihren Gedanken war, stieg das Bedürfnis in ihr auf, Sonja anzurufen und ihr alles liebevoll zu erklären. Und nach kurzer Zeit waren sie wieder die besten Freundinnen.

Julie erklärte, was wirklich vorgefallen war. Sonja fantasierte etwas von übersinnlichen Kräften. Sie war überzeugt, dass Julie diese Kräfte besaß. So etwas Ähnliches hatte sie schon einmal in einem Film gesehen.

Sie schlug Julie vor, sofort vorbeizukommen und die Sache genauestens zu untersuchen. Wenig später stand sie vor ihrer Tür. Sie gingen auf Julies Zimmer und schlossen hinter sich ab. Niemand sollte etwas von Julies geheimnisvollen Kräften erfahren. In Wirklichkeit hatten sie jedoch nur Angst, man könnte sie für verrückt halten.

Sonja schlug ein Experiment vor. Sie würde an irgendetwas denken, und Julie sollte erraten, an was. Die ersten Versuche scheiterten kläglich. Nichts von alledem, was Julie sagte, stimmte mit den Gedanken ihrer Freundin überein – nicht einmal im Entferntesten. Als sie jedoch sagte, sie würde jetzt an ein Geheimnis denken, das sie noch nie einer Menschenseele anvertraut hatte, wurde unser Wesen neugierig. Für den Bruchteil einer Sekunde war es unachtsam und ließ seine Neugier zu. Dies reichte, um die Gedanken von Sonja zu erfassen. Da es seinen Geist an den von Julie angeschlossen hatte, um die materielle Welt durch Julies Sinnessysteme wahrnehmen zu können, kam natürlich auch Julie in den Genuss dieser Information.

»Du hast Mathieu auf den Mund geküsst?!«, fragte Julie fassungslos. »Ich kann es nicht glauben, du hast Mathieu geküsst!«

Sonja wurde kreidebleich. »Wie kannst du das wissen, Julie? Mathieu hat mir bei allem, was ihm heilig ist, versprochen, keinem Menschen etwas davon zu sagen! Und ich habe ihm das Gleiche geschworen.«

»Mathieu hat es mir nicht erzählt. Ich weiß nicht, woher ich es weiß. Es war auf einmal da. Ich habe es regelrecht vor mir gesehen.«

»Du machst mir Angst, Julie! Hör auf damit!«

»Du wolltest doch das Experiment! Was soll denn

schon groß passieren?! Stell dir mal vor, was wir damit alles machen könnten! Wir werden vor jeder Klassenarbeit genau wissen, was drankommt. Wir werden vielleicht sogar Geld damit verdienen können.«

»Meinst du, du könntest auch die Gedanken eines Menschen lesen, der nicht hier im Raum ist?«, wollte Sonja verschmitzt wissen.

»An wen genau denkst du, doch nicht etwa an Mathieu?«

»Hast du jetzt wieder meine Gedanken gelesen, oder war das Zufall?«

»Keine Ahnung. Was willst du denn über ihn wissen?«

»Du darfst aber nicht lachen, wenn ich es dir sage. Versprich es mir!«

»Okay, ich werde nicht lachen. Sag mir jetzt, was du wissen willst!«

»Bin ich die Erste, die er geküsst hat, oder waren da noch andere?«

»Warte einen Moment! Ich versuche, mich auf ihn zu konzentrieren.«

Julies Wesen konnte seine Neugier wieder einmal nicht zurückhalten. Diese Information schien den beiden wirklich wichtig zu sein. Allein durch seine Überlegung, was denn daran so wichtig sein sollte, gelangte die gewünschte Information in Julies Gedanken.

»Er hat schon einmal vor dir eine Frau geküsst, und er empfindet immer noch sehr viel für sie.«

»Was? So ein Dreckskerl! Er hat mir versichert, ich sei die Einzige, die ihm etwas bedeutet!«

»Reg dich wieder ab!«, beruhigte Julie ihre Freundin. »Die andere Frau ist seine Mutter!« Nach dieser Aussage lachten beide verlegen und alberten herum.

Unser Wesen erkannte, dass es ihm langsam zu anstrengend wurde, sich ständig am Riemen zu reißen und seine Neugier und Unternehmungslust zu unterdrücken. Es beschloss, eine neue Form zu finden, mit der es Julie in ihrem Alltag erleben könnte.

Julies Seele hatte in diesem Zusammenhang eine gute Idee. Wie unser Wesen bereits bemerkt hatte, hatten die Menschen nicht nur einen materiellen Körper, sondern auch einen Energiekörper: ihre Aura. Einen solchen Körper könnte sich das Wesen getrost zulegen, ohne dadurch direkt ein vollständiger Mensch sein zu müssen. Doch wie sollte dieser Körper aussehen? Und welches Geschlecht? Was war wohl besser – Mann oder Frau?

Das Wesen beschloss, zunächst einen neutralen Körper anzunehmen. Weder Mann noch Frau, weder jung noch alt. Ihm war jedoch klar, dass es sich irgendwann entscheiden müsste, wenn es ein richtiger Mensch werden wollte.

Es dauerte eine ganze Weile, bis es mit seinem neuen Astralkörper zufrieden war. Nachdem es das endlich geschafft hatte, beschloss es, in Julies Träumen zu erscheinen. Mit dieser Art von Realität kam es viel besser zurecht als mit dem Wachbewusstsein. Es wusste, dass Julies Traumbewusstsein, während sie schlief, Kontakt zu ihrer Seele aufnehmen würde. Also ging es dorthin und besprach sein gesamtes Vorhaben mit Julies Seele. Diese hatte gegen ein Treffen der beiden nichts einzuwenden. Und so warteten beide auf das Eintreffen von Julie.

Als diese schließlich kam, bemerkte sie das Wesen zunächst gar nicht. Sie war innerlich sehr aufgewühlt. Das ist zwar für ein Mädchen in diesem Alter nicht ungewöhnlich, doch dieses Mal war es trotzdem etwas anderes. Julie musste die Erfahrungen irgendwie verarbeiten, die sie mit ihrer Übersinnlichkeit gemacht hatte. Ihr war klar, dass sich ihr Leben dadurch entscheidend verändern würde. Sie wusste nur noch nicht, wie. Sie wollte sich deshalb mit ihrer Seele beratschlagen, um herauszufinden, wie es weitergehen sollte.

Ihre Seele wusste natürlich, dass die übersinnlichen Fähigkeiten nicht jene von Julie gewesen waren, sondern die des Wesens. Aber sie erwähnte seltsamerweise nichts von alledem. Das Wesen, das die Situation während der ganzen Zeit aufmerksam verfolgte, wunderte sich sehr darüber. Offensichtlich wusste es noch zu wenig über die Gepflogenheiten der Menschen. Es musste noch viel lernen.

Als sich Julie schon fast wieder verabschieden wollte, sagte ihre Seele zu ihr: »Warte noch einen Augenblick! Ich möchte dir noch jemanden vorstellen.«

Julie war verblüfft. Normalerweise tauchten neue Personen nur in ihren gewöhnlichen Träumen auf, nicht aber, wenn sie mit ihrer Seele zusammen war. Dieser Bereich ihres Traumbewusstseins war normalerweise nur ihr und ihrer Seele vorbehalten.

»Julie, das ist Mary. Sie ist dein Schutzengel«, erklärte die Seele. Sie gab dem Wesen telepathisch die Anweisung, den Körper einer Frau im Alter von etwa dreißig Jahren anzunehmen.

Jetzt musste schnell gehandelt werden, damit Julie nicht erschrecken würde. Das Wesen musste sich einen Körper ausdenken, der diese Frau darstellte. Ferner musste es herausbekommen, was eine Mary und was einen Schutzengel ausmachten. Dieser Aufgabe fühlte es sich nicht gewachsen, deshalb bat es die Seele um Hilfe.

Im gleichen Moment verwandelte die Seele sie in eine wunderschöne junge Frau, mit langen, lockigen, blonden Haaren. Denn das war genau das Aussehen, das Julie von ihrem Schutzengel erwartete. Telepathisch gab die Seele dem Wesen zu verstehen, was Julie unter einem Schutzengel verstand. Das Wesen fühlte sich daraufhin geschmeichelt. Danach erklärte die Seele ihm, was es mit der Bezeichnung *Mary* auf sich hatte: »Für die Menschen sind Namen sehr wichtig. Sie identifizieren sich mit ihnen. Außerdem brauchen sie Namen für ihre Kommunikation. Du hast sicherlich schon mitbekommen, dass die Menschen sich nicht auf die Art austauschen können, wie wir das tun. Sie sind auf Sprache angewiesen.«

»Das habe ich gemerkt«, erwiderte das Wesen. »Ich habe allerdings noch nicht verstanden, warum sie diese komplizierte und missverständliche Form der Kommunikation gewählt haben. Sie benutzen zwar alle die gleichen Worte, aber sie verstehen unter den einzelnen Bezeichnungen immer etwas geringfügig anderes.«

»Das hat etwas damit zu tun, dass die Menschen sehr großen Wert darauf legen, Individuen zu sein«, erklärte die Seele weiter. »So verschieden die Menschen sind, so unterschiedlich sind auch ihre Namen und die Bedeutungen ihrer Worte. Und wenn irgendetwas keinen Namen hat, dann geben sie ihm einen.«

»Und warum hast du den Namen *Mary* für mich ausgewählt?«

»Mary war der Name von Julies erster Puppe. Sie liebte diese Puppe sehr, und deshalb ist der Name *Mary* bei ihr sehr positiv belegt. Er löst gute Gefühle aus, wenn sie ihn hört. Im Übrigen hat Julie für mich den Namen *Ella* ausgesucht.«

Julie hatte von der gesamten Unterhaltung und von Marys Verwandlung nichts mitbekommen. Alles war in rasender Geschwindigkeit abgelaufen, so dass dieser winzige Augenblick für sie nicht wahrnehmbar gewesen war.

Julie war von ihrem neuen Schutzengel sehr beeindruckt. Mary sah genauso aus, wie sie sich einen Schutzengel immer vorgestellt hatte. Es gab also für sie keinen Grund, an alledem zu zweifeln. Mary war ihr Schutzengel!

Nach dieser Nacht konnte sich Julie natürlich nicht mehr an das Erlebnis mit Ella und Mary erinnern. Der Bewusstseinszustand, in dem sie war, wenn sie ihre Seele aufsuchte, war mit ihrem Gedächtnis sozusagen nicht kompatibel. Aber sie spürte unbewusst, was sich ereignet hatte, und fühlte sich aus diesem Grund sehr beschützt. Sie wusste ja jetzt, dass sie wahrhaftig einen Schutzengel hatte.

Mary war die ganze Zeit in Julies Nähe. Aufgrund ihres neuen Energiekörpers war sie jetzt in der Lage, sich in Zeit und Raum aufzuhalten. Auch die menschlichen Sinnessysteme waren jetzt in ihrer Energiestruktur angelegt. Ella hatte ihren Körper wirklich gut hinbekommen.

Als Sonja an diesem Morgen an der Tür klingelte, hatte Julie bereits einige Pläne für die Schule geschmiedet: Sie wollte herausfinden, was sie mit ihren übersinnlichen Kräften alles machen könnte. Mary fühlte sich jetzt in ihrer Rolle als Schutzengel für Julie verantwortlich. Daher befürchtete sie, dass das Mädchen sehr enttäuscht sein würde, wenn sie feststellte, dass sie gar keine übersinnlichen Kräfte mehr hatte.

In der ersten Stunde hatte Julie Englischunterricht. Sie konnte dem Unterricht allerdings nicht so recht folgen. Stattdessen konzentrierte sie sich darauf, die Gedanken ihrer Englischlehrerin zu lesen – natürlich ohne Erfolg. Nach der Stunde war sie ziemlich geschafft und frustriert.

»Es muss doch funktionieren«, sagte sie sich immer wieder, »gestern ging es doch auch!«

In der Pause vor der nächsten Unterrichtsstunde wollte Sonja natürlich sofort wissen, wie es geklappt hätte. »Wie war es, Julie? An was hat die olle Bertone gedacht?«

»Ich konnte es nicht. Es geht heute irgendwie nicht mehr«, entgegnete Julie frustriert.

»Vielleicht hast du dich einfach zu sehr angestrengt. Versuch es in der nächsten Stunde mal etwas lockerer«, schlug ihre Freundin vor.

Mary tat es leid, dem Mädchen durch ihre Unachtsamkeit am Vortag Flausen in den Kopf gesetzt zu haben. Dadurch wurde ihr Entschluss noch fester, auf keinen Fall wieder ins Geschehen einzugreifen.

In der nächsten Stunde hatten die beiden wieder Mathematik. Ihr Lehrer hatte die Klassenarbeit noch nicht korrigiert. Er war an diesem Tag wieder einmal miserabler Laune. Die Mädchen nahmen an, dass er wieder Streit mit seiner Frau gehabt hatte, denn dann war er immer so drauf. Auf jeden Fall war klar, dass er es wieder an den Schülern auslassen würde: Er würde sich jemanden herausgreifen, von dem er wusste, dass er keine Leuchte in Mathe war, und dann würde er alles tun, um ihn bloßzustellen.

Das Schicksal wollte es, dass er ausgerechnet Sonja nach vorne rief. Sie musste sich direkt vor die Klasse stellen, damit jeder ihre Unfähigkeit bemerken würde. Beim Nach-vorne-Gehen warf sie Julie hilfesuchende Blicke zu. Aber was konnte Julie tun?

Der Lehrer fing an, seine gemeine Show abzuziehen. Aber so schlimm wie heute hatte er noch nie jemandem mitgespielt. Sonja standen die Tränen bereits in den Augen. Sie sah ständig zu Julie herüber und signalisierte mit ihrem Blick die ganze Zeit über: »Hilf mir doch! Bitte hilf mir!«

Aber plötzlich spürte Julie wieder diesen Gedankensturm, der sie schon am Vortag bei der Mathearbeit überfallen hatte. Sie hatte wieder das gesamte mathematische Wissen ihres Lehrers im Kopf. Nur, was sollte sie damit anfangen? Sonja hätte es ja an ihrer Stelle gebraucht. Sie konzentrierte sich auf ihre Freundin und versuchte, ihr das Wissen telepathisch mitzuteilen. Sie sah ihr tief in die Augen. Plötzlich verspürte Sonja einen stechenden Kopfschmerz. Sie fasste sich mit beiden Händen erschrocken an die Stirn.

»Ach, so macht man das jetzt, wenn man nicht weiter weiß«, sagte ihr Lehrer vorwurfsvoll.

Jetzt legte Sonja los! Julie hatte das Wissen des Lehrers auf sie übertragen. Der Lehrer machte Augen, als ob ihn ein Pferd getreten hätte. Denn sie beantwortete jede seiner Fragen mit völliger Leichtigkeit. In seiner Gemeinheit fing er an, Fragen über Dinge zu stellen, welche die Klasse erst im übernächsten Schuljahr durchnehmen würde! Aber selbst diese Fragen beantwortete Sonja mit einem gelangweilten Lächeln. Julie war es unterdessen gelungen, die Gedanken des Lehrers zu blockieren. Er konnte sich kaum konzentrieren. Als ob es abgesprochen wäre, sagte Sonja im gleichen Augenblick kess zu ihrem Lehrer: »Fragen Sie mich doch mal etwas Gescheites! Zum Beispiel, wie man eine kybernetische Matrix aufbaut, oder wissen Sie vielleicht selbst nicht, wie das geht?«

Der Lehrer wurde kreidebleich. Er bekam kaum noch Luft. »Kybernetische Matrix, verdammt, was ist das? Gibt es das überhaupt?«, fragte er sich insgeheim verzweifelt, aber er konnte sich nicht konzentrieren. Julie blockierte seine Gedanken immer noch, so dass er keine Gelegenheit bekam, sich geschickt aus der Affäre zu ziehen. Er stand da wie ein Vollidiot.

Julie hatte ihn genau das erleben lassen, was er Sonja antun wollte. Die ganze Klasse lachte jetzt über ihn. Nie mehr würde er seine Schüler derart peinigen können. Bald würde es die ganze Schule wissen.

Julie und Sonja waren sehr mit sich zufrieden. Sie hatten, genau wie alle anderen Schüler auch, den Respekt vor diesem gemeinen Lehrer vollkommen verloren. Die ganze Klasse stand geschlossen auf und verließ das Klassenzimmer, obwohl die Stunde eigentlich noch lange nicht zu Ende war. Der Lehrer sagte dazu keinen Ton.

Mary sah sich die ganze Geschichte in Seelenruhe an. Sie fand alles sehr lustig. Für sie war das Ganze ja nur ein Spiel. Doch eine Sache fand sie sehr seltsam: Sie hatte Julie gar nicht dabei geholfen, den Lehrer fertigzumachen!

Julie und Sonja hatten unterdessen beschlossen, herauszufinden, was Julie außerdem noch alles konnte. Sie nutzten die extra lange Pause bis zur nächsten Unterrichtsstunde, um noch ein wenig herumzuexperimentieren. »Wenn ich in der Lage bin, Gedanken zu lesen und sie auch noch zu steuern, dann kann ich doch bestimmt auch jemanden dazu bringen, etwas für mich zu tun«, dachte sie mit einem Mal.

»Pass mal auf!«, sagte Julie zu ihrer Freundin. »Du siehst doch da drüben Albert. Und du weißt doch auch, dass er total in Nathalie verknallt ist, sich aber einfach nicht traut, sie anzusprechen.«

»Was hast du vor, Julie?«, fragte Sonja neugierig.

»Ich werde ihm jetzt mal ein bisschen Mut machen!«, erklärte Julie selbstbewusst und konzentrierte ihre Gedanken intensiv auf Albert. Sie dachte immer nur: »Sag Nathalie, dass du sie magst! Geh zu ihr und sag es ihr! Du musst jetzt hingehen! Jetzt oder nie!«

Albert wurde plötzlich etwas unruhig. Die beiden Mädchen konnten beobachten, wie er dauernd zu Nathalie schaute und sich dann wieder umdrehte. Julie wiederholte ihre Suggestion. »Geh zu ihr und sag es ihr! Du musst jetzt hingehen! Jetzt oder nie!«

Endlich setzte sich Albert tatsächlich in Bewegung: Er ging zu Nathalie hinüber und sagte etwas zu ihr. Die beiden Mädchen konnten nicht hören, was es war, aber Nathalie begann zu lächeln. Sie antwortete ihm irgendetwas, woraufhin Albert sich umdrehte und wieder wegging.

Du kannst dir nicht vorstellen, wie neugierig die beiden Mädchen waren. Aber in diesem Moment ertönte das Zeichen für den Beginn der nächsten Unterrichtsstunde, und so mussten sie ihre Neugier unterdrücken.

In der nächsten Stunde hatten sie Geschichtsunterricht. Ihr Lehrer behandelte irgendeine langweilige Schlacht von Napoleon. Die halbe Klasse war schon weggedöst, da zupfte plötzlich jemand Julie am Ärmel ihrer Bluse, bzw. eigentlich an der Bluse ihrer Mutter. Julie hatte mal wieder nichts anzuziehen gehabt und sich etwas aus Muttis Kleiderschrank ausgeborgt. Sie drehte sich um und bekam einen Zettel zugesteckt, mit der Anweisung, ihn an Albert weiterzuleiten. Julie ahnte schon, von wem dieser Zettel wohl war. Sie konnte es sich trotzdem nicht verkneifen hineinzuschauen.

Darauf stand: »Willst du mit mir gehen? Wenn ja, komm bitte nach der Schule an den großen Baum auf dem Schulhof. Nathalie.«

Es hatte also geklappt. Julie war sehr stolz auf sich. Außerdem freute sie sich für Albert. Diese Freude ließ sie auch wieder etwas wacher werden. Der Geschichtsunterricht war allerdings immer noch sehr langweilig.

»Mal sehen, ob ich nicht ein wenig Pep in die Sache bringen kann«, dachte Julie. »Wenn ich Albert beeinflussen kann, etwas Bestimmtes zu tun, dann gelingt mir das sicher auch bei unserem Lehrer.«

Sie konzentrierte sich intensiv auf ihn. Aber diesmal wollte sie ihm nicht einfach nur sagen, was er tun sollte. Sie wollte seine geheimsten Wünsche wecken. Und sie würde ihn automatisch genau diese tun lassen – wobei er glauben würde, dass er etwas ganz Alltägliches tue.

Auf einmal fühlte sich der Lehrer im Klassenzimmer wie in einem Hauptquartier: Er begann, eine Rede zu schwingen, und kam sich dabei vor wie der mächtigste

Mann der Welt. Er steckte seine rechte Hand in die Jacke, so wie es Napoleon immer gemacht hatte. Mit einem lauten »Mir nach, Männer!« rannte er aus dem Klassenzimmer und zog in die Schlacht.

Julie merkte, dass sie der Sache nun ein Ende setzen musste, sonst würde ihr Lehrer womöglich noch in der Klapsmühle landen. Sie veranlasste ihn telepathisch, wieder normal zu werden. Kurz darauf kam er in die Klasse zurück. Er schämte sich sehr und versuchte, das Ganze als einen Scherz abzutun, mit dem er den Unterricht hatte auflockern wollen – was ihm schließlich ja auch gelungen war. Die Klasse zeigte sich begeistert. Die Schüler waren tatsächlich wieder aufmerksam geworden.

In der nächsten Stunde verzichtete Julie auf die Erprobung ihrer Fähigkeiten. Für heute war es genug mit der Zauberei. Der Rest des Tages verlief ganz normal, soweit man das von einem Mädchen in Julies Alter überhaupt behaupten kann.

In der nächsten Nacht ging Julie wieder zu ihrer Seele. Sie hatte allerhand zu verarbeiten. Mary war natürlich auch da und wurde dieses Mal von Julie sofort bemerkt.

»Du solltest dir langsam überlegen, was du mit deinen Fähigkeiten anfangen willst«, meinte Ella zu Julie. »Dir ist klar, dass du sie sehr gut zum Wohl der Menschen einsetzen kannst, oder auch dagegen?«

»Warum sollte ich damit irgendjemandem schaden wollen?«, entgegnete Julie. »Natürlich will ich nur Gutes damit tun.«

»Das freut mich zu hören. Dann lass uns einmal gemeinsam überlegen, was du damit tun möchtest.«

Julie wollte, dass Ella ihr genau sagte, was sie tun sollte. Aber Ella überließ Julie die Verantwortung für ihr Leben. Niemals bemängelte oder tadelte sie eine Entscheidung von ihr. Sie war zwar stets da, wenn Julie sie brauchte, aber sie nahm ihr niemals eine Entscheidung ab.

Nachdem Julie einige Ideen gefasst hatte, über die sie genauer nachdenken wollte, verabschiedete sie sich von Mary und Ella. Sie ließ sich in einen ganz normalen Traum fallen, in dem sie ihre Ideen testen wollte.

Mary blieb bei Ella, um noch etwas mit ihr zu bereden. »Ich verstehe nicht ganz, wieso Julie jetzt plötzlich doch übersinnliche Fähigkeiten hat. Kannst du mir das vielleicht erklären?«

»Das hat mit dem wichtigsten Grundprinzip dieser Erdenrealität zu tun. Aber ich möchte dir nicht die Freude nehmen, dieses Prinzip selbst herauszufinden«, erklärte Ella.

»Damit endet meine Geschichte erst einmal«, sagte meine Freundin.

»Ja aber was für ein Grundprinzip soll denn das jetzt gewesen sein, von dem Ella sprach?«, wollte ich wissen.

»Auch ich möchte dir nicht die Freude nehmen, das selbst herauszufinden. Aber ich werde dir dabei behilflich sein, wenn du das willst.«

»Das wäre sehr schön«, erklärte ich begeistert. »Eines

möchte ich aber gerne noch wissen. Was ist denn nun aus Julie geworden?«

»Sie ist nach einer sehr bewegten Jugend so etwas wie eine Heilerin geworden. Sie kümmert sich um das Seelenheil vieler Menschen. Sie liebt diese Aufgabe und geht völlig darin auf.«

Auf dem Weg zum Bus redeten wir nicht mehr viel. Ich dachte über die seltsame Geschichte nach. Meine Begleiterin erklärte mir zwar, die Geschichte sei nur ein Märchen, aber sie erzählte sie so bestimmt, als seien es ihre eigenen Erinnerungen gewesen.

Am Bus wurden wir bereits von den anderen erwartet. Wir fuhren sofort los. Als wir im Camp ankamen, hoffte ich insgeheim, dass wir diesen Abend zusammen verbringen könnten. Aber ich wollte nicht aufdringlich sein und traute mich daher nicht, diesen Vorschlag zu machen.

Und dann kam der Augenblick der Wahrheit: Ich trug meiner Begleiterin den Rucksack bis zu ihrem Bungalow und stellte ihn auf die Terrasse vor dem Wohnzimmer. Ich wusste, dass ich jetzt etwas sagen musste. Ich sollte sie jetzt einfach fragen, ob sie mit mir zu Abend essen wollte. Aber blöderweise sagte ich nur so etwas wie: »Also, da wären wir wieder«, und schaute ihr dabei noch nicht einmal ins Gesicht. Ich traute mich nicht Denn ich hatte Angst, alles zu versauen, wenn ich zu forsch raninge. Also machte ich einen auf cool. Das heißt vielmehr, ich versuchte es.

»Ja, da wären wir wieder«, wiederholte sie.

Ich stand recht blöd auf ihrer Terrasse herum und wusste nicht, was ich sagen sollte. Sie schien darauf zu warten, dass ich irgendetwas sagen würde. Aber da war ich mir nicht so ganz sicher. Vielleicht wartete sie ja auch nur darauf, dass ich endlich verschwinden würde …?

Nachdem ich dort eine gefühlte Ewigkeit gestanden hatte – im wirklichen Leben war es etwa eine halbe Minute gewesen –, sagte ich zu ihr: »Dann wünsche ich dir noch einen schönen Abend. Vielleicht sehen wir uns ja mal wieder.«

»Ja, dir auch noch eine schöne Zeit hier im Camp. Mach's gut!«

»Oh Gott, das hört sich ja an wie ein Abschied für immer«, dachte ich verzweifelt und verließ ihre Terrasse.

Auf dem Weg zu meinem Bungalow fühlte ich mich immer elender. Die Angst und der Zweifel daran, dass diese Traumfrau sich nie auf mich einlassen würde, verfolgten mich auf Schritt und Tritt. »Was soll der ganze Mist hier?«, fuhr es mit einem Mal durch meine Gedanken. »Warum bin ich nicht zu Hause geblieben? Da lernt man eine tolle Frau kennen, nur um dann erkennen zu müssen, dass man sie nie bekommen wird. Hätte ich sie doch nie getroffen!«

Als ich in meinem Bungalow ankam, war mir speiübel. Nach Abendessen war mir jetzt auf keinen Fall zumute. Daher ging ich direkt auf mein Zimmer. »Das hätte ich mir ja auch gleich denken können, dass es so kommt. Ich weiß doch, wie das ist: Die Frauen, die man kriegt, will man nicht. Und die Frauen, die man will, kriegt man nicht. Was könnte so eine bezaubernde Frau auch von mir wollen? Sie ist so toll, so schön, so intelligent und so lieb.« Mir war klar, dass ich solch einer Frau in meinem ganzen Leben nie wieder begegnen würde. Und ich kannte noch nicht einmal ihren Namen! »Wäre ich doch nie hierhergekommen«, dachte ich erneut. »Jede Frau, die ich ab jetzt kennen lerne, werde ich sofort mit ihr vergleichen. Ich werde mich nie wieder verlieben können.«

Diese Art von Gedanken begleitete mich bis tief in die Nacht. Am nächsten Morgen war ich total fertig. Ich hatte kaum geschlafen und bis auf das Stück Baguette am Vortag auch nichts mehr gegessen. Ich wollte an diesem Tag zwar eigentlich keinen Menschen sehen, aber mein Hunger trieb mich hinaus. Ich ging nach unten, um zu schauen, ob es dort etwas zu essen gab. Anschließend wollte ich mich sofort wieder in mein Zimmer verkriechen.

In unserem Wohnzimmer frühstückte heute niemand. Mir war klar, dass ich mir zuerst einmal etwas zum Essen einkaufen müsste. Das war nicht unbedingt das, was ich mir jetzt gewünscht hätte. Ich ging noch einmal nach oben in mein Zimmer und holte Geld zum Einkaufen.

Als ich den Bungalow verließ, sah ich die Frau meines Herzens mir zuwinken. Sie saß mit mehreren Leuten beim Frühstück. Sie alle hatten sich die Terrassenmöbel ihrer Bungalows auf die Wiese vor dem Swimmingpool gestellt. Deshalb war also keiner in unserem Wohnzimmer gewesen. Sie saßen alle hier.

Die Schönste aller Frauen gab mir mit einer Geste zu verstehen, ich solle mich zu ihr setzen. Mein Herz fing sofort an zu rasen. Meine Knie zitterten so sehr, dass ich glaubte, den Weg zu ihr unmöglich schaffen zu können. Während ich mich zu ihr kämpfte, hoffte ich inständig, dass man nicht erkennen würde, dass ich geweint hatte. Meine Augen waren total verquollen.

Als ich endlich bei ihr angekommen war, sah ich mehrere sehr große Rucksäcke neben den Tischen stehen. Das konnte nur eines bedeuten: Die Gruppe wollte wohl für mehrere Tage auf Wandertour gehen – und diesmal könnte ich sie nicht einfach begleiten. Meine Hochstimmung begann wieder abzuflauen. Die Form wahrend, setzte ich mich zu ihnen. »Ihr wollt wohl eine Weltreise machen?«, fragte ich, während ich auf die Rucksäcke deutete.

»Nein«, widersprach meine Traumfrau lächelnd. »Das sind Gleitschirme. Wir wollen fliegen gehen. Hast du Lust mitzukommen?«

»Gleitschirmfliegen? Das ist ja toll! Sehr gerne komme ich da mit«, antwortete ich voller Begeisterung und war gleichzeitig froh und erleichtert, diesen Tag doch noch einmal mit ihr verbringen zu dürfen – auch wenn ich nur unten warten würde, während sie ihre Kreise am Himmel zog.

Eine Stunde später verteilten wir uns auf mehrere Autos, mit denen wir zum Startplatz fahren wollten. Einige

Campteilnehmer hatten sich am Flughafen Mietwagen gemietet. Glücklicherweise war in einem von ihnen noch Platz für meine Begleiterin und mich.

Wir fuhren eine schmale Küstenstraße entlang. Ich saß hinten im Wagen, sie leider vorne auf dem Beifahrersitz. Die anderen im Auto kamen alle aus der Schweiz und waren mächtig gut drauf. Sie redeten davon, dass das Gleitschirmfliegen wirklich sehr gut zu dem Freiheitsgefühl passen würde, das sie hier im Camp erlangt hatten. Wodurch sie es erreicht hatten, sagte niemand. Ich wollte sie auch nicht mit meiner Neugier belästigen und fragte deshalb nicht nach. Außerdem kannte ich sie alle nicht. Die meisten waren in Gedanken wohl schon beim Fliegen.

Wir fuhren zuerst zum Landeplatz an den Strand und stellten einen der Wagen dort ab, damit die Fahrer nach ihrem Flug mit ihm zurück an den Startplatz zu den anderen Autos fahren konnten. Ich überlegte noch, ob ich hier auf die anderen warten sollte, entschied mich jedoch schließlich dazu, den Start meiner heimlichen Liebe beobachten zu wollen, und fuhr deshalb mit nach oben.

Doch es kam alles ganz anders: Ich war gerade dabei, ihr bei den Startvorbereitungen zu helfen, da kam einer der Schweizer auf uns zu und fragte uns, ob wir nicht unseren Gleitschirm mit ihm tauschen wollten. Er hatte einen Doppelsitzer dabei, war jedoch allein. Sicher könne er auch allein damit fliegen, aber da wir zu zweit seien, wäre es doch eine gute Idee, zu tauschen.

»Na, hast du Lust?«, fragte mich meine Pilotin.

»Und ob ich Lust habe!«, erwiderte ich, ohne auf meine Angst Rücksicht zu nehmen. Auf diese Weise könnte ich ihr die ganze Zeit sehr nahe sein. Außerdem hatte ich das Gefühl, dass ich ihr mein Leben anvertrauen konnte.

Sie zeigte mir, wie man den Gleitschirmgurt anlegte, und erklärte, wir müssten zunächst noch ein paar Startübungen machen.

Diese Gleitschirmgurte waren ganz schön ungewohnt für mich: eine Mischung aus einem Fallschirmgurt, einem Campingstuhl und einer Kinderschaukel. Nachdem wir sie angelegt hatten, kam das Beste: Mit zwei kurzen Stangen wurden die Gurte miteinander verbunden. Es war unglaublich schön, so nahe bei ihr zu sein. Wir waren jetzt eine Einheit und meine Pilotin sagte, wir müssten auch so funktionieren. Wir mussten beide zur gleichen Zeit loslaufen und beim Start aufeinander achten. Während des Startvorgangs durfte nichts schiefgehen. Weder durfte ich beim Loslaufen einen Moment zögern, noch durfte ich schneller laufen als sie. Sie selbst würde alle Hände voll damit zu tun haben, den Schirm sauber in die Luft zu bekommen. Damit im entscheidenden Moment nichts schieflief, wollten wir das Ganze zunächst ein paar Mal ohne Schirm simulieren. Während des Fluges würde ich zwar vor ihr hängen, etwa einen halben Meter tiefer, damit sie über mich hinwegsehen konnte, doch beim Start würde ich neben ihr stehen. Damit ich leichter bemerken konnte, wenn sie den Lauf verlangsamte oder beschleunigte, bat sie mich, meinen Arm um sie zu legen.

Als sie diese Worte sagte, hatte ich das Gefühl, mein Herz würde explodieren. Ich wünschte mir, wir würden ewig nur den Start üben. Vor dem Flug hatte ich ohnehin ziemlich großen Respekt. Wir hingen nur an zwei Gurten. Es gab nichts anderes, woran man sich hätte festhalten können.

Das Üben ohne Schirm klappte sehr gut. Ich genoss es jedes Mal auf unglaubliche Weise, meinen Arm um sie zu legen. Nach fünf Startübungen wurde es schließlich ernst: Wir legten den Gleitschirm aus und hängten die Karabiner ein. Jetzt waren wir ein richtiges kleines Flugzeug. Sie riet mir, ich solle ganz locker bleiben, wir würden das Ganze erst noch einmal mit dem Schirm simulieren und dann beim zweiten Mal endgültig starten. Ich lief also simultan mit ihr los, so wie wir es geübt hatten. Alles war genau wie vorher. Plötzlich begannen die Karabiner an meinem Gurtzeug zu ziehen, und meine Pilotin rief: »Lauf weiter! Wir sind gleich oben.«

Ohne zu wissen, was mich genau erwartete, tat ich, was sie sagte. Ein paar Schritte weiter hatte ich schon keinen Boden mehr unter den Füßen. Es war ein unglaubliches Gefühl.

Wir flogen bis zu einer kleinen Baumgruppe am Ende des Startplatzes. In etwa vierzig Metern Höhe überflogen wir diese Bäume dann. Mit dem, was danach kam, hatte ich nicht gerechnet: Hinter den Bäumen fiel die Klippe, von der wir gestartet waren, mindestens fünfhundert Meter senkrecht ab. Mir hob es den Magen. Ich versuchte, mich krampfhaft irgendwo festzuhalten. Aber da war nichts, an dem ich irgendeinen Halt gefunden hätte. Im Moment der größten Panik legte meine heimliche Liebe plötzlich ihre langen Beine um meinen Körper.

»Halt dich daran fest! Ich weiß, wie man sich beim ersten Mal fühlt«, sagte sie beruhigend.

Zitternd klemmte ich ihre Beine unter meine Arme. Von diesem Moment an war ich der glücklichste Mensch der Welt. Ich hatte das Gefühl, völlig mit meiner heimlichen Liebe zu verschmelzen – als wären wir nur noch ein Körper, ein Geist. Es war mit Abstand das Schönste, was ich je in meinem Leben erlebt hatte. Die Angst, die mich zuvor beherrscht hatte, war plötzlich überhaupt nicht mehr wichtig. Ich hoffte, dieser Flug würde niemals zu Ende gehen. Es war schön, zu fliegen und frei wie ein Vogel durch die Lüfte zu schweben. Meine Pilotin ließ ich allerdings nicht merken, dass ich nun keine Angst mehr hatte – sonst hätte sie vielleicht ihre Beine wieder weggenommen. Viel zu schnell war der Flug schließlich zu Ende. Wir bereiteten uns auf die Landung vor, so wie sie es mir oben am Startplatz gezeigt hatte. Dabei musste ich ihre Beine leider wieder loslassen. Recht sanft landeten wir an einem breiten Sandstrand. Schließlich mussten wir unser Gurtzeug wieder entkoppeln. Danach packten wir den Schirm in den Rucksack, den wir mitgenommen hatten.

Meine Traumfrau meinte, es würde wahrscheinlich noch eine ganze Weile dauern, bis die anderen auch landen würden, da sie sich bestimmt sehr ausgiebig im Aufwind austoben würden. Wir hatten also noch eine ganze Menge Zeit. Ich schlug vor, uns in den Sand zu setzen und aufs Meer hinauszuschauen. Während wir so dasaßen, hatte ich die ganze Zeit das Gefühl, als wären ihre Beine noch um mich gelegt.

»Wie hat dir denn eigentlich die Geschichte von gestern gefallen?«, fragte sie mich plötzlich.

»Es war eine wundervolle Geschichte«, erklärte ich hastig.

»Wenn du willst, kann ich dir erzählen, wie sie weitergeht«, schlug sie vor.

»Ich dachte, die Geschichte von Julie wäre zu Ende. Du sagtest, sie wäre eine Heilerin geworden und so weiter.«

»Ja, die Geschichte von Julie ist zu Ende. Aber die von Mary noch nicht«, betonte sie geheimnisvoll.

»Dann bin ich sehr gespannt!«

Nachdem Mary die beiden Tage mit Julie verbracht hatte, spürte sie, dass es ihr nicht mehr genügte, nur Zuschauer zu sein. Sie ging wieder zu Ella, um mit ihr zu beratschlagen, wie sie weiter vorgehen könnte, um das Menschsein kennen zu lernen.

»Nach meiner Erfahrung«, sagte Ella, »ist es das Einfachste, wenn du dich materialisierst und dich dann einfach unter die Leute mischst. Du suchst dir eine Identität aus und besprichst dein Erscheinen in der Menschenwelt mit allen Seelen, die davon betroffen sind.«

»Wie meinst du das? Welche Seelen sind davon betroffen?«, fragte Mary ahnungslos.

»Du wirst auf der Erde mit vielen Menschen zusammenkommen. Damit es keine unangenehmen Verwicklungen gibt, musst du alles, was du vorhast, mit den Seelen dieser Menschen absprechen. Das ist ein unumgängliches Gesetz in dieser Welt.«

»Aber wie mache ich denn das? Ich weiß ja noch gar nicht, was ich tun will«, erklärte Mary ratlos.

»Vertraust du mir?«, wollte Ella wissen.

»Natürlich, warum nicht?«

»Dann erlaube mir, alles Nötige für dich zu arrangieren. Lass dich einfach überraschen. Ich werde dir sagen, wo und in welcher Zeit du am besten auf die Erde kommst.«

»Danke für das Angebot, Ella. Ich nehme es gerne an.«

»Dann warte einen Augenblick! Ich bespreche es schnell mit den anderen Seelen.«

Die Zusammenkunft dieser Seelen war für Mary sehr seltsam. Es war, als würden sie alle zu einem einzigen, immens großen Wesen verschmelzen. Die Gedanken dieses gigantischen Wesens waren so komplex, dass Mary beim Versuch, etwas mitzubekommen, fast die Sicherungen durchgebrannt wären. Aber im Grunde genommen war es ihr auch lieber, nicht genau zu wissen, was auf sie zukommen würde. Sie liebte die Überraschungen, die zu dieser Art der menschlichen Existenz gehörten. Nirgendwo sonst im Universum war sie auf das Phänomen der Überraschungen gestoßen. Nicht zu wissen, was auf einen zukam, konnte das Leben ungemein spannend gestalten.

Die Zusammenkunft der Seelen hatte nur einen Augenblick gedauert. Dann trennten sie sich wieder, und Ella kam zurück zu Mary. »Okay, wir haben alles Nötige arrangiert. Du hast jetzt eine Identität. Du wirst zu einem der größten Automobilhersteller der Welt gehen. Was das bedeutet, wirst du noch erfahren. Du gehst in das Jahr 1999 zurück. Zu dieser Zeit haben die Führungsebenen großer Konzerne gerade erkannt, dass sie für die Persönlichkeitsbildung ihrer Manager sehr viel tun müssen. Es ist alles für dich vorbereitet. Man wird dich dort erwarten. Die Menschen, denen du dort begegnest, werden glauben, dass du aus Detroit gekommen bist. Sie gehen davon aus, dass du Psychologin bist und die Aufgabe hast, ein Persönlichkeitstraining mit dem gesamten Management durchzuführen. Sie wissen, dass du dabei sehr ungewöhnliche Wege zu gehen pflegst. Ihre Seelen haben ihnen die Information eingepflanzt, dass du in einer Stadt namens Detroit wahre Wunder vollbracht hast. Die Menschen, denen du in dieser Firma begegnest, werden davon ausgehen, dass die Konzernspitze, zu der ihre Firma gehört, voll und ganz hinter dir steht. Deshalb werden sie alles tun, was du verlangst. Es wird niemandem auffallen, wenn du dich eventuell etwas seltsam benimmst. Im Gegenteil, es wird sogar von dir erwartet. Unter diesen Voraussetzungen kannst du dich also recht frei auf der Erde bewegen. Für alles, was du tust, werden die Menschen eine Erklärung finden. Es kann also nichts schiefgehen.«

»Das ist toll, Ella. Danke für diese Gelegenheit.«

»Es gibt allerdings eine Bedingung, Mary: Du darfst nur die Sinne benutzen, die für Menschen normal sind«, erklärte Ella.

»Damit bin ich einverstanden«, stimmte Mary ohne zu zögern zu.

»Ist dir klar, was das bedeutet?«, fragte Ella. »Du darfst dich beispielsweise nicht einfach von einem Ort zu einem anderen teleportieren. Auch darfst du nicht in die Zukunft schauen. Materialisieren ist natürlich ebenfalls nicht erlaubt. Solltest du dich entmaterialisieren, ist das Spiel beendet. Bist du bereit, diese Bedingungen anzuerkennen?«

»Ja natürlich, warum nicht?«, erwiderte Mary. »Das wird bestimmt lustig.«

»Gut, dann gehe auf die Erde und materialisiere dich!«

Mary bedankte sich noch einmal bei den anderen Seelen und tauchte dann in die Raum-Zeit-Welt der Erde ein.

Dass Mary sich sofort materialisieren würde, hatte sie den Seelen allerdings nicht versprochen. Deshalb besah sie sich ihre Aufgabe erst einmal als Geistwesen. Sie beobachtete die Menschen in dem Konzern bei ihrer täglichen

Arbeit. Diese Leute spielten nach Marys Auffassung ein sehr lustiges Spiel. Da gab es Personen, die anderen sagen mussten, was sie tun sollten. Diese sagten dann wiederum anderen Menschen, dass sie das tun sollten. Und diese taten wieder das Gleiche. Das zog sich eine ganze Reihe entlang so hin, bis dann endlich jemand die konkrete Aufgabe tatsächlich ausführte. Das Witzige dabei war, dass die ursprüngliche Anweisung fast nichts mehr mit dem zu tun hatte, was dann tatsächlich gemacht wurde. Jeder, der die Information weitergab, verfremdete sie und machte sie noch etwas komplizierter. Es war sehr lustig mit anzusehen, wie der Erste, der die Anweisung gegeben hatte, nicht einmal mehr bemerkte, dass am Ende etwas ganz anderes gemacht wurde.

»Dieses Spiel gefällt mir«, dachte Mary und freute sich schon darauf mitzuspielen. Sie teleportierte sich mit ihrem Geistkörper in die Wohnung, welche die Seelen für sie vorbereitet hatten. Dort traf sie alle Vorbereitungen, um sich zu materialisieren. Plötzlich schienen überall aus dem Raum kleine Masseteilchen zu kommen. Diese bündelten sich zu einer seltsamen Kugel, die mitten im Raum schwebte. Immer mehr dieser Masseteilchen wurden jetzt von der Kugel angezogen. Nach und nach begann sie, immer stärker zu blinken. Die Kugel verdichtete sich mehr und mehr, und ihr Licht wurde immer heller. Nach wenigen Minuten veränderte sie ihre Gestalt. Sie nahm das Aussehen an, das Mary als Julies »Schutzengel« gehabt hatte. Nachdem die Konturen des Wesens deutlich zum Vorschein gekommen waren, erlosch das Licht langsam. Mary war eine Person aus Fleisch und Blut geworden.

Mit ihrem Körper sichtlich zufrieden, genoss Mary zunächst die tollen Gefühle, die dieser Körper empfinden konnte. Sie hatte den Seelen versprochen, nur die Sinnessysteme zu nutzen, welche die Menschen auch kannten. Also konnte sie nicht einfach aus ihrem Körper austreten, um ihn sich anzuschauen. Sie hatte aber bei Julie mitbekommen, dass diese oft in einen Spiegel blickte, um sich zu sehen. Also ging sie suchend durch die Wohnung und fand schließlich im Badezimmer einen Spiegel. Als sie hineinschaute, war sie sehr beeindruckt: Es war ein toller Körper. In dieser materiellen Gestalt war er noch viel schöner als zuvor.

Jetzt wollte Mary aber schnell zu den anderen Menschen. Sie wusste von Julie, dass sie sich dazu Kleider anziehen musste. Also suchte sie nach einem Schrank, wie sie ihn bei Julie kennengelernt hatte. Sie fand ihn im Schlafzimmer. Kurzerhand nahm sie sich einen sehr kurzen Rock, hochhackige Pumps und ein Bustier heraus. Sie gefiel sich in diesen Kleidern sehr. Sie sah genau wie Julie aus.

Um zur Arbeit zu kommen, musste sie ein paar Kilometer durch die Stadt. Sie wollte sich gerade dorthin teleportieren, da fiel ihr ein, dass sie das ja jetzt nicht mehr durfte. Das Spiel hatte begonnen. Sie musste einen anderen Weg finden. Ihr fiel ein, dass Julie mit ihrer Freundin immer in einem so genannten Bus an verschiedene Orte gefahren war. Also ging sie nach draußen, um einen Bus zu finden. Die Menschen sahen sie sehr seltsam an.

»Ob die vielleicht merken, dass ich kein richtiger Mensch bin?«, fragte sie sich. Sie wollte gerade die Gedanken dieser Menschen lesen, da fiel ihr ein, dass sie auch das nicht durfte. »Ach, was soll's?! Solange sie mich mitspielen lassen, ist alles in Ordnung.«

Mit dem Bus wurde es etwas schwierig. Weit und breit gab es keinen. Da waren nur überall diese ganz kleinen Busse, in denen meistens nur ein oder zwei Menschen saßen. Sie ging also zu einem dieser kleinen Busse, der gerade mit laufendem Motor mitten auf der Straße stand und offensichtlich auf irgendetwas wartete. Sie öffnete die Tür und fragte den Busfahrer, ob er sie zu dem großen Automobilhersteller bringen könnte. Der schaute sie ganz irritiert an und meinte dann:

»Steigen Sie schnell ein. Die Ampel ist grün, und die Autos hinter mir hupen schon.«

Mary stieg also ein, und der Mann fuhr los.

»Wo wollen Sie hin?«, fragte er noch einmal.

»Zum Automobilhersteller«, erwiderte Mary.

»Ach, Sie meinen zu Codiac?«, schlussfolgerte der Mann.

»Ja, ich werde dort vom Management erwartet«, stimmte Mary zu.

»Okay, ich fahre Sie hin.«

Immer wieder blieb der Wagen vor einer roten Ampel

stehen, was Mary nicht verstand. Sie fragte ihren Fahrer, warum er denn immer anhalten würde, was er mehr als seltsam fand. Nach ein paar Minuten fragte er sie daher: »Sie sind wohl nicht von hier, oder?«

»Nein, ich komme aus Detroit«, erklärte Mary.

»Aha!?«, sagte der Mann und verstand nun gar nichts mehr. Gab es in Detroit etwa keine Ampeln?!

Nach einer Viertelstunde hielten sie vor einem großen Gebäude. »So, da wären wir«, meinte der Busfahrer und schaute Mary verwirrt an.

»Danke, dass Sie mich hierhergebracht haben. Das war sehr nett von Ihnen«, bedankte sich Mary. Dann küsste sie den Busfahrer links und rechts auf die Wange, wie Julie das immer mit Sonja getan hatte, um sich zu verabschieden, und stieg aus. Der Mann blieb noch eine ganze Weile mit offener Wagentür stehen und sah Mary völlig fassungslos nach.

Beim Pförtner angekommen, bat Mary darum, das Management von ihrer Ankunft zu unterrichten. Sie erklärte, dass sie erwartet werde. Sie von oben bis unten musternd, griff der Pförtner nach dem Telefon und rief eine Sekretärin aus dem Management an. Er fragte, ob sie schon einmal etwas von einer Frau Mary gehört hätte. Diese würde hier unten bei ihm warten.

»Natürlich!«, erwiderte die Sekretärin. »Das muss unsere neue Persönlichkeitstrainerin sein.«

»Wie eine Persönlichkeitstrainerin sieht sie nicht gerade aus, eher wie eine …« Der Pförtner verkniff sich das Wort, das er gerade hatte sagen wollen, als er merkte, dass Mary ihm aufmerksam zuhörte. Er legte den Hörer auf und erklärte ihr, sie würde gleich abgeholt werden.

Als die Sekretärin ins Foyer kam und Mary sah, begann sie ganz unwillkürlich zu grinsen. Sie war total davon begeistert, wie Mary angezogen war. Mary verstand gar nicht, warum sie so reagierte.

»Sie machen Ihrem Ruf alle Ehre, Frau Mary«, sagte die Sekretärin. »Die Betonköpfe unseres Managements werden ganz schöne Augen machen. Ich freue mich jetzt schon darauf, wie Sie die aufmischen werden.«

Mary wusste nicht, was sie darauf antworten sollte. Sie wurde in das Büro des Personalchefs geführt.

»Sie sind also Frau Mary. Ihr Ruf eilt Ihnen voraus, und wie ich sehe, zu Recht«, sagte der Personalchef.

»Sind Sie ein Chef?«, fragte Mary neugierig.

Etwas verblüfft über die seltsame Frage meinte der Personalchef: »Ich habe hier die Personalverantwortung, wenn Sie das meinen.«

»Das muss ja toll sein«, meinte Mary fasziniert. »Dann können Sie auch Anweisungen geben, und Ihre Mitarbeiter müssen tun, was Sie wollen! Ich möchte das auch gerne mal ausprobieren. Das muss doch ein tolles Gefühl sein, so viel Macht zu besitzen, nicht wahr?«

Völlig verwirrt von dieser Aussage wusste der Personalchef nicht, was er antworten sollte. Er fand, dass er sich das nicht bieten lassen müsse, und konterte recht aggressiv: »Was wollen Sie damit sagen? Glauben Sie vielleicht, ich nutze meine Position aus, um Macht auszuüben?«

Mary verstand nicht, warum er so unwirsch reagierte. Sie hatte doch gesehen, wie dieses Spiel funktionierte, als sie mit ihrem Geistkörper hier gewesen war. Hatte sie da etwas falsch verstanden? Sie wollte es genau wissen.

»Ist es denn nicht richtig, dass Sie Informationen für sich behalten, die Sie eigentlich weitergeben müssten, um der Einzige zu sein, der in diesem Punkt Bescheid weiß? Und dass Sie sich dadurch vor anderen Menschen schützen, die Ihnen Ihren Job streitig machen wollen? Und ist es nicht richtig, dass Sie jede Gelegenheit nutzen, um andere Menschen zu unterdrücken? Dadurch sichern Sie doch Ihre Machtposition!«

Der Personalchef fühlte sich völlig überfahren. In seinem Inneren wusste er, dass Mary Recht hatte. Dummerweise konnte er diese Frau nicht so einfach loswerden. Sie war von allerhöchster Stelle zu ihnen beordert worden, um genau das zu tun, was sie soeben mit ihm getan hatte. Er wusste, dass United Motors schon einmal das halbe Management einer Tochterfirma ausgetauscht hatte, nur weil diese Leute sich gegen Frau Mary gestellt hatten. Sie würde mit Sicherheit sein Verhalten nach oben weitertragen. Wenn er jetzt einen Fehler machte, konnte das für ihn die Kündigung bedeuten. Es gab nur eine Möglichkeit: Er musste klein beigeben und so tun, als wisse er ihre Offenheit zu schätzen. Denn er war der Meinung: Wenn man nicht die Waffen besitzt, um einen

Feind zu besiegen, dann sollte man sich auf seine Seite schlagen.

»Sie haben vollkommen Recht. Ich werde Ihre Anregungen sehr ernst nehmen. Ich freue mich auf die Veränderungen, die Sie zweifellos hier vollbringen werden.«

Mary verstand überhaupt nicht, was dieser Mensch meinte. Sie hatte doch gar keine Anregungen gegeben. Sie wollte doch einfach nur wissen, was genau man tun musste, um sich mächtig zu fühlen. Sie fand dieses Spiel mit der Macht wirklich toll. Der Mann musste sie wohl gänzlich missverstanden haben.

Mary entschied, nach diesem Misserfolg erst einmal zu versuchen, das Spiel einfach mitzuspielen, das der Personalchef gerade abzog. »Nun gut, dann auf zur Veränderung!«, erklärte sie voller Enthusiasmus.

Auf diese Aussage reagierte der Personalchef schon wieder so komisch. Danach wollte Mary der Dinge, die da kommen sollten, erst einmal harren.

»Sicher möchten Sie gerne erst einmal unsere gesamte Führungsmannschaft kennen lernen! Ich habe mir erlaubt, zu diesem Zweck für heute Mittag ein Meeting anzusetzen. Ich hoffe, Sie sind damit einverstanden?«

»Ja natürlich, gerne. Ich freue mich schon darauf, ihnen Anregungen zu geben«, meinte Mary.

Egal, was sie sagte, der Personalchef schien sich jedes Mal darüber zu wundern. Zu gerne hätte Mary ihre Fähigkeiten genutzt, um die Gedanken dieses Mannes zu lesen. Aber sie hatte nun einmal versprochen, dies zu unterlassen.

Als der Personalchef Mary zum Mittagessen einladen wollte, meinte sie, dass sie es vorziehen würde, mit seiner Sekretärin essen zu gehen. Diese Aussage erschreckte den Personalchef sichtlich. Langsam hatte Mary begonnen, sich an seine seltsamen Reaktionen zu gewöhnen. Sie hatte beschlossen, sich über nichts mehr zu wundern.

Beim Essen mit der Sekretärin versuchte es Mary noch einmal: »Wie machen Sie das eigentlich mit dem Kleinfühlen?«, wollte sie von der Sekretärin wissen.

»Wie meinen Sie das, Frau Mary?«, erwiderte diese verwirrt.

»Ich meine, Ihr Chef hat doch das Gefühl, wichtiger zu sein als Sie. Und Sie fühlen sich dann wertloser. Wie genau machen Sie das, dass Sie das Gefühl bekommen, wertloser zu sein als Ihr Chef?«

»Sie haben vollkommen Recht, Frau Mary«, sagte die Sekretärin selbstbewusst. »Ich werde es mir nicht mehr länger bieten lassen, dass er mich wie sein Eigentum behandelt. Ich danke Ihnen! Vielen Dank!«

»Sind hier denn eigentlich alle verrückt?«, dachte Mary verwirrt. »Ich stelle ganz normale Fragen und bekomme nie eine ordentliche Antwort. Stattdessen bedanken sich alle für irgendwelche Anregungen, die ich gar nicht gegeben habe.«

»Frau Mary?«, sagte die Sekretärin da, »ich sehe, Sie sind auf meiner Seite. Deshalb möchte ich Sie gerne darüber in Kenntnis setzen, dass sich das Management sehr intensiv auf Ihre Ankunft vorbereitet hat. Es gab viele Krisensitzungen, bei denen man einen Schlachtplan entworfen hat, mit dem man Ihnen den Wind aus den Segeln nehmen will. Lassen Sie sich also nicht von Augenwischerei blenden!«

Mary verstand nicht, was diese Frau ihr sagen wollte. Aber ihr war klar, dass sie niemanden an ihre Augen heranlassen würde. Die waren nämlich ganz schön schmerzempfindlich. Sie sagte also zu der Sekretärin, dass sie das gewiss nicht zulassen werde.

Nach diesem Gespräch beschloss Mary, sich auf das Essen zu konzentrieren. Sie stellte es sich sehr umständlich vor, dem Körper auf diese Art Energie zuzuführen. Als sie aber den ersten Bissen im Mund hatte, war ihr klar, warum die Menschen diese Form der Energieumwandlung gewählt hatten. Ihr Körper machte so schöne Gefühle beim Essen, dass sie gar nicht mehr damit aufhören wollte. Sie aß und aß. Nachdem sie drei ganze Menüs verdrückt hatte, spürte sie, dass ihr Magen zu schmerzen begann. Sie verstand zunächst nicht, warum. Als ihre Begleiterin dann eine Bemerkung darüber machte, wie viel sie essen könne, wurde ihr langsam klar, dass ihr Magen nur ein begrenztes Fassungsvermögen hatte. Mit ihrem übervollen Magen war jetzt sogar das Aufstehen ein Problem. Wenn sie den Mageninhalt einfach hätte entmaterialisieren können, wäre alles viel einfacher gewesen. Aber das war ja streng verboten.

Nach dem Essen wurde sie in den Sitzungssaal geführt, in dem sich die gesamte Führungsmannschaft versammelt hatte. Sie setzte sich auf einen freien Sessel und wartete ab, was passieren würde. Ein Mann stand auf, er musste wohl der oberste Chef sein, denn er begann, Mary ganz förmlich zu begrüßen. Er redete davon, wie gut die Zusammenarbeit innerhalb der Firma funktionieren würde und wie zufrieden die gesamte Belegschaft sei.

Mitten in seiner Rede musste Mary, bedingt durch das üppige Essen, laut aufstoßen. Dann spürte sie plötzlich, dass sie das überschüssige Essen irgendwie loswerden musste. Sie stand auf und ging nach draußen. Unterwegs fragte sie jemanden nach dem Badezimmer und bekam die Antwort: »Die Damentoiletten sind da vorne rechts.« Sie erkannte, dass die Tür mit der kleinen Symbolfigur einer Frau wohl die richtige für sie war.

Sie stand nun in der Toilette und hatte keine Idee, wie sie dieses Essen wieder aus dem Magen herausbekommen sollte. Nach mehreren vergeblichen Versuchen entschied sie, nach Hause zu gehen und einfach zu warten, bis ihr Magen alles verwertet hatte. Sie verließ die Firma und stieg wieder in einen dieser netten kleinen Busse ein, die zu Tausenden auf den Straßen herumfuhren. Sie sagte dem Fahrer, wohin sie wollte, und wurde tatsächlich von dem total verwirrten Mann nach Hause gebracht. Vor der Tür bedankte sie sich und küsste ihn zum Abschied links und rechts auf die Wange.

Unterdessen war in der Firma die Hölle los: Dass Mary nicht mehr auftauchte, wurde mit sehr großer Panik aufgenommen. Man konnte dieser Frau ja auch nicht einfach erzählen, alles sei in bester Ordnung und es sei deshalb nicht nötig, irgendetwas zu verändern. Dem gesamten Management war klar, dass Frau Mary alles verändern würde, woran alle seit langem gewöhnt waren. Der Personalchef berichtete von seinen Erfahrungen mit ihr, und man kam überein, dass es das Beste sein würde, alles zu tun, was sie erwartete. Schließlich war sie von der Konzernspitze geschickt worden, um etwas zu verändern. Sich ihr in den Weg zu stellen würde bedeuten, dass er seinen Hut nehmen müsste. Außerdem hatte sie mehr als deutlich demonstriert, dass man mit ihr sehr vorsichtig umgehen musste. Ja, man stellte sich auf allerhand unangenehme Überraschungen ein.

Das Meeting war schon fast zu Ende, da hatte noch jemand einen genialen Einfall. Es gab noch eine Chance, wenn man der Willkür dieser Frau entgehen wollte: Man musste ihr zuvorkommen. Wenn man bis morgen Konzepte für eine vollständige Umwandlung der gesamten Führungsstruktur ausarbeiten würde, dann hätte man die Chance, noch einmal mit einem blauen Auge davonzukommen. Dieser Vorschlag wurde einstimmig angenommen. Die ganze Nacht hindurch wurden Vorschläge für eine neue Art der Führungsstruktur gemacht, die nicht mehr auf Hierarchien aufgebaut war. Denn eines wusste man sicher: Eine Hierarchie würde Frau Mary mit Sicherheit nicht dulden. Es wurde sehr heftig diskutiert, denn alle hatten Angst, ihre Machtposition zu verlieren. Aber es gab keinen anderen Ausweg. Alle würden sich umstellen müssen, von der Putzfrau bis zum Generaldirektor.

Nachdem die ganze Nacht über verhandelt worden war, hatte man sich auf einige wichtige Grundsätze geeinigt. Diese wollte man Frau Mary am Nachmittag präsentieren.

Mary hatte sich, nachdem sie nach Hause gekommen war, erst einmal hingelegt und war dann eingeschlafen. Sie schlief am nächsten Tag sehr lange und nahm dadurch erst am frühen Nachmittag ihren »üblichen« Bus. Als sie in der Firma ankam, war schon alles für eine Präsentation vorbereitet. Das gesamte Management war wieder angetreten und wartete auf Mary.

Sie betrat den Sitzungssaal. Alle standen auf und begrüßten sie. Mary erwiderte den Gruß und sagte dann etwas ungehalten: »Darf ich jetzt auch mal mitspielen? Ich möchte mich auch mal so richtig mächtig und wertvoll fühlen und Anweisungen geben, die andere ausführen müssen.«

Einer der Männer stand auf und meinte: »Wir haben verstanden, Frau Mary! Wenn Sie erlauben, würden wir Ihnen gerne einige Konzepte vorstellen, mit denen wir Ihren Anforderungen vielleicht gerecht werden können?«

Mary verstand nur, dass diese Menschen sie aus irgendeinem Grund nicht mitspielen lassen wollten. Sie sagte daher: »Wissen Sie was? Wenn das jetzt auch wieder nichts Vernünftiges ist, dann gehe ich gleich nach Hause.«

Der Mann erzählte von einer Führungsstruktur, wo die Chefs keine Anweisungen mehr geben, sondern eher als Moderatoren von Projektteams agieren würden. In diesen Teams seien alle Mitglieder gleichwertig. Jeder sei verantwortlich für seinen eigenen Bereich. Alle Mitglieder dieser Teams würden entsprechend ihren Fähigkeiten und Stärken handeln. Diese Teams fänden sich freiwillig zusammen. Jeder Mitarbeiter habe die größtmögliche Freiheit in Bezug auf seine Arbeitsweise. Die jetzigen Führungskräfte würden in Zukunft damit beschäftigt sein, die richtigen Komponenten zusammenzufügen, die zur Erreichung eines Zieles notwendig seien.

Mary verstand von der ganzen Erklärung kein Wort. Sie hatte keine Lust mehr, noch länger in dieser Firma zu bleiben. Sie sagte, dass man sie für dieses Spiel offensichtlich nicht mehr brauche, und verabschiedete sich. Sie ging nach draußen auf die Toilette. Dort entmaterialisierte sie sich und kehrte zu den Seelen zurück.

In der Firma war man jedoch von den Fähigkeiten der Frau Mary begeistert. Man setzte die ausgearbeiteten Vorschläge in Rekordzeit um und war damit sehr erfolgreich. Frau Mary hatte ihrem Ruf wieder einmal alle Ehre gemacht.

Als Mary in der Realität von Ella ankam, war sie noch reichlich verwirrt. Sie hatte die Spielregeln der Menschen nicht im Entferntesten verstanden und hoffte, dass Ella jetzt etwas Licht in die ganze Sache bringen würde, was sie dann auch tat. »Weißt du, Mary, die Realität der Erde ist grundsätzlich anders als alles, was du kennst. Du hast bis jetzt nur Realitäten erlebt, in denen allen Lebensformen die Verbindung bewusst war, die zwischen *All-dem-was-ist* besteht. Du wusstest bisher immer, dass alles, was existiert, eins ist. Der wichtigste Punkt ist aber, dass dein natürlicher Zustand die Lebensfreude ist. Die Menschen hingegen haben damit eher Schwierigkeiten. Sie haben ganz gezielt vergessen, wer sie eigentlich sind. Sie fühlen sich in keiner Weise mit allem eins. Sie glauben, dass sie völlig voneinander getrennte Individuen seien. Sie haben sich eine Welt erschaffen, in der sie sich zwar immer nach Liebe und Lebensfreude sehnen, es aber nur ganz selten schaffen, sie zu leben. Sie kennen einen Zustand, den sie Unglücklichsein nennen. Um diesen zu erleben, haben sie sich eine sehr komplizierte Realität aufgebaut. Wenn du unter diesen Bedingungen immer noch Mensch werden möchtest, dann werde ich dir helfen.«

»Ich will es auf jeden Fall«, versicherte Mary. »Noch nie ist mir so eine spannende Realität begegnet. Es dürfte wohl, ohne Übertreibung, das größte Abenteuer dieses Universums sein.«

»Okay, Mary, dann lass uns darüber reden, was du tun musst, um ein richtiger Mensch zu werden. Im Grunde genommen müsstest du geboren werden und vergessen, wer du bist. Aber das wird im Moment noch eine Nummer zu groß für dich sein. Vielleicht fangen wir damit an, dass du erlebst, was du tun musst, um unglücklich zu sein. Was hältst du davon?«

»Das hört sich vernünftig an«, erwiderte Mary erfreut.

»Lass es aber langsam angehen!«, ermahnte sie Ella. »Es ist nicht einfach, unglücklich zu sein. Die Menschen müssen dafür sehr viele komplizierte Dinge tun. Sie haben darin eine Menge Übung. Versuch also nicht, dich mit ihnen zu messen, sondern lerne von ihnen! Wenn du erlaubst, werden wir wieder ein Leben für dich vorbereiten – ein Leben, das dir die Möglichkeit bietet, das Unglücklichsein zu erlernen.«

»Oh ja, das wäre sehr lieb von euch«, meinte Mary begeistert.

Nach der Zusammenkunft der Seelen, die Mary schon einmal hatte miterleben dürfen, erklärte ihr Ella, um was es sich bei diesem Leben handeln würde: »Du wirst nach Deutschland in das Jahr 1985 gehen und dort als anerkannte Psychotherapeutin arbeiten. In dieser Zeitperiode erleben die Menschen einen Höhepunkt in Bezug auf Unglücklichsein. Der Beruf der Psychotherapeutin ermöglicht es dir, sehr viele Menschen kennen zu lernen, die mit ihrem Leben unglücklich sind. Aus diesem Grund kommen sie nämlich zu dir. Du kannst gefahrlos Fragen stellen zu ihrem Unglück. Diese Menschen werden sich sogar darüber freuen, dass du dich so sehr für sie interessierst. Außerdem ist es in diesem Beruf nicht schlimm, wenn du dich nicht ganz an die normalen Umgangsformen hältst. Eines ist aber auch dieses Mal Bedingung:

Du darfst wieder auf keinen Fall Gebrauch von deinen übersinnlichen Fähigkeiten machen.«

»Gut, das verspreche ich«, versicherte Mary. »Mittlerweile bin ich sowieso schon daran gewöhnt, nur die menschlichen Fähigkeiten zu nutzen.«

»Dann wünschen wir dir viel Vergnügen bei diesem Leben«, sagte Ella lächelnd. »Solltest du länger in deinem physischen Körper manifestiert sein wollen, dann lass dich in deinen Träumen ruhig öfter mal bei mir blicken.«

»Das werde ich tun. Bis bald.«

Mary materialisierte sich in der Wohnung, welche die Seelen für sie vorbereitet hatten. Zu dieser Wohnung gehörte eine kleine Praxis, in der sie arbeiten würde. Das war sehr praktisch, denn so musste sie nicht jeden Tag einen neuen »Bus« finden, der sie zu ihrer Arbeitsstelle mitnahm.

Insgesamt hatte Mary bei ihrem letzten Besuch einiges gelernt. Sie wusste jetzt zum Beispiel, dass die Menschen sich in verschiedenen Zeitepochen unterschiedlich anzogen. Die Mode in der Zeit von Julie, Anfang des 21. Jahrhunderts, war wesentlich freizügiger als die der Achtzigerjahre des 20. Jahrhunderts. Mary wollte sich so ähnlich kleiden wie die Sekretärin bei Codiac. So wahnsinnig falsch konnte das ja nicht sein.

Nachdem sie sich in ihrer neuen Wohnung ein bisschen umgesehen hatte, hörte sie ein seltsames Geräusch. Es erinnerte sie an die Glocke, die Julie immer darauf aufmerksam machte, dass ihre Freundin an der Tür war. Aber wer sollte sie abholen kommen?

Nach einer Minute klingelte es wieder. Mary ging zur Tür, um nachzusehen, ob dort jemand stand. Eine Frau hatte geklingelt, mit der Mary offenbar einen Termin hatte. Sie wusste zwar nicht, was ein Termin war, aber das war ihr auch egal. Sie freute sich über jedes Zusammenkommen mit den Menschen. Diese Frau musste ein Mensch sein, den die Seelen zu ihr geschickt hatten, wegen einer Therapie. Die Frau war also gekommen, um ihr beizubringen, wie man unglücklich sein konnte.

»Ich bin froh, dass Sie so schnell einen Termin für mich einrichten konnten. Sie sind meine letzte Hoffnung«, erklärte die Patientin dramatisch.

»Ich freue mich, Sie kennen zu lernen. Nennen Sie mich bitte Mary!«

»Ich bin Susanne. Ich habe das Gefühl, dass ich bei Ihnen gut aufgehoben bin. Ich kann zwar nicht sagen, warum, aber ich fühle so etwas immer sehr schnell.«

Kein Zweifel, sie war von ihrer Seele geschickt worden. »Susanne, wollen Sie mir erklären, wie Sie es anstellen, unglücklich zu sein?«, fragte Mary daher geradeheraus.

»Sie wollen wissen, was mich unglücklich macht?«, antwortete Susanne verwirrt mit einer Gegenfrage.

»Eigentlich würde mich viel mehr interessieren, wie genau Sie es machen, dass Sie unglücklich sind«, erklärte Mary noch einmal.

»Ich verstehe nicht, was Sie meinen. Ich mache meine Probleme doch nicht selbst!«

»Wer macht sie denn, wenn Sie es nicht tun?«, hakte Mary verwundert nach.

»Die Menschen, die mich umgeben. Und die Gesellschaft, in der wir leben natürlich. Ja, genau. Es sind vor allem die gesellschaftlichen Zwänge, die meine Probleme verursachen. Könnte ich tun und lassen, was ich will, hätte ich mit Sicherheit keine Probleme.«

»Was sind denn Zwänge?«, fragte sich Mary in Gedanken. Bei Susanne hakte sie nach: »Worin bestehen denn diese gesellschaftlichen Zwänge?«

»Ich muss zum Beispiel arbeiten, um leben zu können. Dieses Problem mache ich mir ja wohl kaum selbst.«

»Das verstehe ich nicht«, erwiderte Mary völlig verwirrt. »Warum müssen Sie arbeiten? Um zu leben?!«

Susanne zögerte mit ihrer Antwort und schaute Mary forschend an. »Ich weiß zwar nicht, worauf Sie hinauswollen«, sagte sie nach einer Weile, »aber Sie werden schon wissen, was Sie tun. Ich muss natürlich nicht arbeiten, um zu leben. Ich muss arbeiten, um zu bekommen, was man zum Leben braucht.«

Mary erkannte jetzt, dass sie nach Zusammenhängen fragte, die für Menschen ganz selbstverständlich sein mussten. Sie wusste allerdings, dass Susanne von ihrer Seele geschickt worden war, um ihr gerade diese Zusammenhänge zu erklären. Also verhielt sie sich ganz selbstsicher und sagte nur: »Sie werden bald erkennen, warum ich Ihnen diese Fragen stelle.« Susanne gab sich mit dieser Antwort dann seltsamerweise zufrieden. »Warum meint Susanne, dass die Gesellschaft auf sie Zwang ausübt?«, fragte sich Mary erneut in Gedanken. »Wenn ich Sie richtig verstanden habe, dann müssen Sie arbeiten, wenn Sie etwas haben wollen. Können Sie mir erklären, wo hier der Zwang versteckt ist?«

»Ich verstehe Ihre Frage nicht. Das ist doch der Zwang, dass ich arbeiten muss«, entgegnete Susanne verständnislos.

»Wenn Sie nichts haben wollten, dann gäbe es diesen Zwang doch gar nicht, oder? Verstehe ich das richtig?«

»Ich weiß nicht, auf was Sie hinauswollen. Ohne Geld kann man in unserer Gesellschaft nun mal nicht leben. Ich muss unbedingt Geld verdienen«, erwiderte sie mittlerweile leicht ungehalten.

»Was um alles in der Welt ist nun wieder Geld?«, fragte sich Mary. Sie versuchte, die Zusammenhänge, die Susannes Probleme machten, zusammenzufassen. »Korrigieren Sie mich, wenn ich mich irre«, begann sie. »Sie müssen doch nur Geld verdienen, weil Sie in dieser Gesellschaft leben wollen. Würden Sie das nicht wollen, dann gäbe es doch keinen Zwang, oder?«

»Aber ich bin nun mal in diesem Land geboren. Und ich will auch weiterhin hier leben«, erwiderte Susanne kurz angebunden.

»Sie fühlen sich also unglücklich, weil Sie in Deutschland leben wollen!«, schlussfolgerte Mary.

»Wie meinen Sie das?«

»Nun, Sie sind unglücklich, weil Sie sich von der Gesellschaft gezwungen fühlen, Geld zu verdienen. Geld brauchen Sie jedoch nur, weil Sie in dieser Gesellschaft leben wollen. Und ich verstehe nicht, warum Sie überhaupt in einer Gesellschaft leben wollen, die dafür verantwortlich ist, dass Sie unglücklich sind. Das gibt doch gar keinen Sinn!«

Susanne sah völlig entgeistert aus. Sie war total in sich versunken. Ihr Verstand schlug Kapriolen. Die letzte Aussage von Mary hatte sie total verwirrt. Intuitiv spürte sie, dass an ihrer Denkweise irgendetwas nicht stimmen konnte, aber ihr Verstand erkannte nicht, was es war.

Als Susanne wieder zu sich kam, war sie nicht mehr in der Lage, das Gespräch fortzusetzen. Sie meinte nur noch, dass sie über das Ganze gründlich nachdenken müsse.

Nachdem Susanne gegangen war, versuchte Mary herauszukommen, was genau für ihre Verwirrung verantwortlich gewesen sein konnte. Was war so erschütternd für sie gewesen?

Nach einiger Zeit ergebnisloser Grübelei gab Mary auf. Sie beschloss, im Traum Ella aufzusuchen und sie um Rat zu fragen. Da sie versprochen hatte, nur die normalen Fähigkeiten der Menschen zu nutzen, musste sie schlafen, um den Bewusstseinszustand des Traumes dafür zu nutzen. Sie legte sich ins Bett und wartete auf den Schlaf. Sie versuchte es über eine Stunde lang, fand aber keinen. Erst jetzt wurde ihr bewusst, wie eingeschränkt Menschen in ihren Bewusstseinszuständen waren. Sie konnten noch nicht einmal schlafen, wann sie wollten. Ihr eigener Körper gab ihnen einen Rhythmus vor, von dem sie nur geringfügig abweichen konnten.

Mary war also gezwungen zu warten, bis ihr Körper nach Schlaf verlangte. Sie nutzte die Zeit, um alltägliche Dinge wie den Gebrauch ihrer Küchengeräte zu erlernen.

Nachdem sie einige Zeit mit den Gerätschaften ihres Haushaltes gekämpft hatte, spürte sie in ihrem Körper ein Gefühl, das sie eindeutig als Müdigkeit identifizierte. Endlich war ihr Körper bereit zu schlafen. Sie legte sich ins Bett und schlief nach zehn Minuten sanft ein. Der Übergang vom Wach- ins Traumbewusstsein vollzog sich für Mary sehr überraschend. Die beiden Bewusstseinszustände waren so verschieden voneinander, dass Mary zunächst Schwierigkeiten hatte, sich daran zu erinnern, was sie eigentlich im Traumbewusstsein erledigen wollte.

Nach ein paar Minuten war ihr Geist jedoch wieder klar. Dieses Traumbewusstsein war ihrem üblichen Bewusstseinszustand sehr ähnlich, jedenfalls ähnlicher als der Wachzustand. Im Traumzustand konnte Mary auch wieder fast alle ihre Fähigkeiten gebrauchen, die sie am Tag nicht nutzen durfte. Mary teleportierte sich direkt zu Ella.

»Hallo, Ella!«, begrüßte Mary ihre freundliche Seele.

»Hallo, Mary, schön dich wieder zu sehen«, erwiderte Ella den Gruß.

»Sag mal, kannst du mir erklären, wieso Susanne sich so seltsam verhalten hat bei unserem Gespräch?«

»Siehst du, Mary, du hast ihr sehr seltsame Fragen gestellt. Du hast sie dazu gebracht, ihre Lebenssituation anders zu betrachten. Bislang ging Susanne davon aus, dass sie nur Probleme hat, weil die Gesellschaft sie nicht so leben lässt, wie sie es für richtig hält. Sie glaubte, die Gesellschaft sei für ihre Probleme verantwortlich.«

»Aber wie kann sie das glauben? Wie kann sie davon ausgehen, dass andere Menschen ihre Probleme verursachen können? Glaubt sie allen Ernstes, dass andere Menschen sie zwingen können, unglücklich zu sein?«, fragte Mary verwundert.

»Das ist für Menschen etwas ganz Normales. Sie haben einen genetisch veranlagten Instinkt, der sie dazu veranlasst, sich ganz massiv gegen Zwänge zu wehren. Sie legen sehr viel Wert auf ihre Entscheidungsfreiheit und ihre Selbstbestimmtheit. Sobald die Menschen sich in ihrer Entscheidungsfreiheit eingeschränkt fühlen, wird dieser Instinkt aktiv. Das passiert zum Beispiel, wenn sie etwas als Zwang wahrnehmen. Dann fangen sie sofort an, sich dagegen zu wehren. Sie werden aggressiv und wütend. Das gilt selbst dann, wenn gar kein wirklicher Zwang vorliegt. Sie brauchen nur etwas als Zwang zu beurteilen, und schon bekommen sie diese schlechten Gefühle. Dieser Instinkt ist auch in deinem Körper angelegt. Wenn du also unglücklich sein willst, brauchst du dich nur in deiner Entscheidungsfreiheit eingeschränkt zu fühlen.«

»Aber Susanne lebt doch freiwillig in dieser Gesellschaft! Wie kann sie sich denn in dieser Hinsicht in ihrer Entscheidungsfreiheit eingeschränkt fühlen?«

»Genau das ist es, was Susanne in eurem Gespräch so verwirrt hat. Intuitiv hat sie verstanden, dass sie sich freiwillig entschieden hat, in ihrer Gesellschaft zu leben. Sie hat sich freiwillig dafür entschieden, arbeiten zu gehen und Geld zu verdienen. Da ihr die Alternativen jedoch nicht gefallen, tut sie einfach so, als gäbe es gar keine. Sie redet sich ein, dass sie keine andere Wahl hätte. Das heißt, sie ist aus ihrer Sicht gezwungen, arbeiten zu gehen, und sieht darin natürlich eine Einschränkung ihrer Freiheit. Es ist zugegebenerweise nicht immer leicht, etwas als Zwang zu beurteilen, aber es ist fast immer möglich. Was du dazu brauchst, ist die passende Sichtweise der entsprechenden Lebensumstände.«

»Heißt das, ich muss wirklich nur irgendetwas als Zwang empfinden, um unglücklich zu sein?«, fragte Mary erfreut.

»Nicht ganz«, dämpfte Ella Marys Freude. »Es ist nur eine Form von Unglücklichsein. Du wirst mehrere Arten brauchen, um wahrhaft unglücklich sein zu können. Lebensumstände als Zwang beurteilen zu können ist jedoch ein wichtiger Bestandteil, um deine Probleme dauerhaft zu machen. Durch diese Beurteilung löst du sehr starke Aggressionen in dir aus, die deinen Verstand blockieren. Solange du also etwas als Zwang siehst, stehst du dir bei der Problemlösung selbst im Weg und kannst dadurch deine Probleme verstärken. Das ist eine wichtige Maßnahme, wenn du unglücklich sein willst. Würdest du erkennen, dass der angebliche Zwang nichts anderes ist als ein Denkfehler, der daher rührt, dass dir die Konsequenzen deiner freien Entscheidung nicht gefallen, wären die ganzen Aggressionen sofort weg. Du könntest klar denken und einen Weg finden, wie du deine Probleme lösen kannst.«

»Susanne darf also nicht erkennen, dass sie sich freiwillig entschieden hat, arbeiten zu gehen, um Geld zu verdienen, sonst wären ihre schlechten Gefühle sofort weg.«

»Genau so ist es!«, bestätigte Ella. »Um unglücklich zu sein, muss sie diese Situation als Zwang beurteilen. Sie tut einfach so, als hätte sie keine Wahlmöglichkeiten. Sie nimmt es als Wahrheit hin, dass sie arbeiten gehen muss, um zu überleben. Alle anderen Möglichkeiten, wie zum Beispiel von der Sozialhilfe zu leben oder in ein anderes Land auszuwandern, sieht sie nicht als tragbar an. Diese Möglichkeiten gefallen ihr wie gesagt so wenig, dass sie so tut, als hätte sie keine Wahl. Und dadurch entsteht ihre Überzeugung, dass sie gezwungen ist, arbeiten zu gehen. In Wirklichkeit ist es natürlich ihre freie Entscheidung. Doch das ignoriert sie.«

»Wunderbar«, meinte Mary begeistert. »Das müsste ich auch hinbekommen. Ich werde es in Angriff nehmen. Langsam fängt die Sache wirklich an, Spaß zu machen. Mach's gut, Ella! Bis zum nächsten Mal.«

»Viel Erfolg, Mary.«

Mitten in ihrer Erzählung hielt meine Begleiterin inne und sagte: »Da kommen die anderen. Helfen wir ihnen beim Zusammenpacken ihrer Gleitschirme? Wenn du willst, kann ich dir ja morgen erzählen, wie die Geschichte weitergeht.«

»Das wäre schön«, antwortete ich und wunderte mich im selben Moment darüber, warum meine Pilotin mir unbedingt diese ausgefallene Geschichte fertig erzählen wollte. Irgendetwas musste sie damit bezwecken. Ich spürte, dass sie mir mit dieser Geschichte irgendwie helfen wollte. Ihr schien etwas an mir zu liegen. Aber ich war mir dessen noch nicht ganz sicher. Die Tatsache allerdings, dass sie den morgigen Tag wieder mit mir verbringen wollte, ließ mich hoffen.

Die anderen Gleitschirmpiloten hatten viel zu erzählen. Sie tauschten ihre Erfahrungswerte in Bezug auf Aufwinde und Turbulenzen aus und halfen sich gegenseitig dabei, ihre Flugausrüstungen zu verstauen.

Meine Pilotin beteiligte sich rege an ihren Gesprächen. Ich hörte die ganze Zeit aufmerksam zu und versuchte herauszuhören, ob jemand meine Traumfrau mit Namen nannte. Diesen wusste ich nämlich immer noch nicht. Nachdem wir bereits so viel Zeit miteinander verbracht hatten, fand ich es jetzt blöd, sie danach zu fragen. Ich war mir auch nicht sicher, ob sie meinen Namen überhaupt wusste. Vielleicht würde sie ja auch mich zuerst fragen, dachte ich. Aber sie fragte nicht. Und es nannte auch sonst niemand ihren Namen.

Während der gesamten Zeit bis zur Rückfahrt hatte ich kaum Gelegenheit, in ihrer Nähe zu sein. Sie war sehr mit der Gruppe beschäftigt. Ich tat so, als würden mich die Gespräche der anderen ebenfalls interessieren. Dabei dachte ich aber nur an sie. Nichts anderes fand noch Platz in meinen Gedanken. Das durfte natürlich niemand merken – und sie am allerwenigsten.

Ich wusste aus eigener Erfahrung, wie es war, wenn einem jemand zu aufdringlich wurde. Ich hatte große Angst davor, dass sie meine Zuneigung ablehnen würde oder dass sie sich sogar davon abgestoßen fühlen könnte. Nur weil sie mir ihre Geschichten erzählte, konnte ich nicht davon ausgehen, dass sie mich wirklich mochte. Und falls sie mich tatsächlich mochte, dann durfte ich sie trotzdem nicht merken lassen, dass ich mich in sie verliebt hatte. Sicher hätte ich dadurch alles kaputtgemacht, bevor es überhaupt begonnen hätte. Gut Ding braucht nun mal Weile.

Nach einer halben Stunde saßen wir alle wieder in unseren Wagen und fuhren zurück zum Camp. Meine heimliche Liebe saß wieder vorne auf dem Beifahrersitz und ich erneut hinten. Ich lehnte mich etwas nach vorne und tat so, als würde ich durch die Scheibe die Straße beobachten. Meine Augen ruhten jedoch die ganze Zeit über auf ihr, dabei war ich stets darauf bedacht, dass das niemand erkennen würde.

Nach einer Weile fiel mir wieder die Erzählung von Mary ein. Ich sollte diese Geschichten nicht einfach vergessen. Sicher fände sie es nett, wenn ich mir darüber Gedanken machen würde. Die letzte Geschichte mit Mary als Therapeutin war einfach zu durchschauen: Meine Traumfrau wollte mir wahrscheinlich klarmachen, dass ich für mein Leben selbst verantwortlich war. Und sie hatte Recht. Ich sah allzu oft in Lebensumständen, die mir nicht gefielen, eine Einschränkung meiner Freiheit. Dabei sollte ich lernen, die unerwünschten Konsequenzen meiner freien Entscheidungen selbst zu verantworten und nicht so zu tun, als wären es Zwänge. Es war meine Entscheidung, ob ich arbeiten ging oder nicht. Natürlich hatte diese Entscheidung Konsequenzen. Würde ich nicht arbeiten gehen, hätte ich weniger Geld. Ich müsste von der Sozialhilfe leben und würde mein Ansehen in der Gesellschaft dadurch möglicherweise schmälern. Doch trotzdem bestand hier kein wirklicher Zwang, arbeiten gehen zu müssen. Es war meine freie Entscheidung. Es war für mich unter den vorhandenen Möglichkeiten eben einfach die beste Wahl. So zu denken, fühlte sich viel besser an, als die Situation als Zwang zu beurteilen. Ich hatte also etwas daraus gelernt. Was ich aus der Geschichte mit Codiac lernen sollte, war mir jedoch nicht so ganz klar.

Viel zu schnell waren wir wieder zurück im Camp. Wie würde es jetzt weitergehen? Ich musste endlich handeln und einen Weg finden, den Abend mit ihr zu verbringen, ohne dabei allzu aufdringlich zu wirken.

Wir stiegen aus und räumten den Wagen leer. Dummerweise legte sie gleich ihren Rucksack an. Ich hätte ihn gerne für sie zu ihrem Bungalow zurückgetragen. Aber ihr den Rucksack wieder abzunehmen, nachdem sie ihn schon einmal angelegt hatte, wäre viel zu offensichtlich gewesen. Sie zu ihrem Bungalow zu begleiten, während sie den Rucksack schleppte, ging natürlich auch nicht. Sie hätte mich sonst für rücksichtslos halten können. Mir fiel auch kein anderer Grund ein, warum ich sie hätte begleiten sollen.

Ich wurde total nervös. Ich fühlte, wie mir der gemeinsame Abend immer mehr aus den Händen glitt. Und da war es auch schon passiert: Sie verabschiedete sich von der Gruppe und ging. Ich hatte also keine Verabredung für heute Abend.

Sie würde sicherlich mit den Leuten aus ihrem Bungalow zusammen kochen. In Restaurants ging hier aus dem Camp kaum jemand. Das gemeinsame Kochen machte den Leuten viel zu viel Spaß. Oft trafen sich auch Leute mehrerer Bungalows. Möglicherweise tat meine heimliche Liebe das heute Abend ebenfalls.

Aber das nützte mir auch nichts. Ich konnte ja nicht einfach zufällig vorbeischauen und ganz zwanglos fragen, was sie denn zubereiten würden. Das wäre erstens zu aufdringlich gewesen, da ich sonst niemanden aus ihrem Bungalow kannte, und zweitens würde es vermutlich bei ihr den Eindruck erwecken, ich wolle sie anbaggern. Außerdem hatte ich nichts zum Abendessen beizusteuern. Zum Einkaufen war ich ja immer noch nicht gekommen.

Aber da fiel mir ein, vielleicht würden sie ihr Essen wieder auf der Wiese vor dem Swimmingpool einnehmen, wie sie es auch mit dem Frühstück getan hatten?

Als ich zu meinem Bungalow kam, fragten mich meine Mitbewohner gleich, ob ich Hunger hätte. Das Essen sei fast fertig. Sie erkundigten sich so freundlich, dass ich nicht ablehnen konnte. Ich hoffte nur, dass ich sie dazu überreden könnte, das Essen draußen am Pool einzunehmen.

»Du könntest schon mal den Tisch decken«, meinte Petra, die zusammen mit ihrem Freund das Zimmer neben mir bewohnte.

»Sehr gerne«, antwortete ich. »Ist es euch recht, wenn ich draußen decke? Es ist so schön an der frischen Luft. Ich würde sehr gerne am Pool essen.«

»Klar!«, antwortete Petra. »Essen wir draußen, warum nicht?«

Ich nahm die Teller aus dem Schrank und ging nach draußen zum Pool. »An welchen Platz sollen wir uns setzen?«, überlegte ich. »Auf jeden Fall so, dass ich den Eingang von ihrem Bungalow im Auge habe, und auch deshalb, damit sie mich sofort bemerkt, wenn sie rauskommt.«

Ich stellte unseren Terrassentisch auf und holte mir schnell etwas zu trinken aus der Küche, um mit meinem Glas den Platz mit der besten Aussicht zu reservieren – den Platz, von dem aus ich freie Sicht auf ihren Bungalow hatte.

Wenig später waren wir beim Essen. Meine Mitbewohner versuchten ständig, mich in ihr Gespräch mit einzubeziehen. Doch ich konnte mich nicht recht darauf einlassen. Ich hatte Angst, den Augenblick zu verpassen, in dem sie ihren Bungalow verlassen würde.

Als sie dann tatsächlich kam, war ich völlig von den Socken. Sie war in Begleitung von drei Frauen, die ich bislang noch nicht kennen gelernt hatte. Sie sah mich sofort, als sie näher kam, genau so, wie ich es geplant hatte. Sie begrüßte mich und setzte sich dann leider so an den Tisch ihres Bungalows, dass ich sie nur von hinten sehen konnte.

Ich überlegte, was sie wohl nach dem Essen machen würde. Vielleicht war der Abend ja noch nicht ganz verloren. Ein bis zwei Stunden würden die vier wohl beim Abendessen verbringen. Manche der Leute saßen danach noch bis spät in die Nacht hinein draußen beieinander, andere gingen zurück in die Bungalows. Alle paar Tage wurde auch eine Party veranstaltet. Ich wusste jedoch nicht, ob heute Abend auch eine stattfinden würde.

Mir war klar, dass ich keine großen Chancen hatte, sie in den Bungalows des Camps ausfindig zu machen. Dafür gab es einfach zu viele, und ich konnte ja schlecht überall mal kurz hereinschneien und dann sofort wieder verschwinden. Das wäre unhöflich gewesen. Außerdem kannte ich ja noch niemanden außer den Leuten aus meinem Bungalow und meiner Traumfrau. Mich zu wildfremden Menschen einfach dazuzugesellen war nicht meine

Art. Ich wusste auch nicht, ob ich wirklich willkommen gewesen wäre. Man hatte mir bei der Anmeldung zwar diesen Eindruck vermittelt, aber so ganz konnte ich das noch nicht glauben.

Ich hatte also nur zwei Möglichkeiten: Entweder würde sie nach dem Essen noch sitzen bleiben, und wir kämen wieder rein zufällig miteinander ins Gespräch – oder es würde heute Abend eine Party geben und ich könnte sie dort treffen.

Nach einer Weile musste ich dringend zur Toilette. Ich hatte schon sehr lange damit gewartet, weil ich befürchtet hatte, sie könnte genau in dem Moment verschwinden, wenn ich auf der Schüssel hockte. Doch jetzt ließ es sich nicht mehr aufschieben, wenn ich eine Katastrophe verhindern wollte. Und als ich zurückkam, war es tatsächlich passiert: Sie war weg!

»Möglicherweise hat sie nur das Geschirr in ihren Bungalow getragen und kommt gleich wieder«, versuchte ich mich zu beruhigen.

Glücklicherweise saßen draußen noch einige Leute, so dass ich nicht allein dort sitzen musste. Es hätte sicherlich seltsam ausgesehen, wenn ich allein am Tisch gesessen und ihren Bungalow beobachtet hätte. Ich wartete fast zwei Stunden, doch sie kam nicht. So lange konnte niemand mit Geschirrspülen zu tun haben, das war klar.

»Sollte ich vielleicht doch einfach mal in ihrem Bungalow vorbeischauen?«, fragte ich mich. Doch das traute ich mich nicht. Es wäre zu eindeutig gewesen. Außer ihr kannte ich dort ja niemanden. Ich wartete also noch eine Weile. Irgendwann entschied ich mich dazu, doch einmal nachzuschauen, ob es heute eine Party geben würde. Möglicherweise könnte ich sie dann doch dort noch einmal sehen. Ich ging also zum schwarzen Brett des Camps, auf dem alle Aktivitäten bekannt gegeben wurden. Dabei ließ ich den Eingang zu ihrem Bungalow nicht aus den Augen. Doch es war keine Party angekündigt.

Ich ging also wieder zurück zu meinem Platz. An den benachbarten Tischen saßen immer noch einige Leute. Mir wurde klar, dass ich meine große Liebe für diesen Abend wohl endgültig abschreiben müsste. Das Einzige, was mich positiv stimmte, war die Gewissheit, dass sie mich am nächsten Tag wiedersehen wollte. Sie hatte gesagt, sie wolle mir erzählen, wie die Geschichte von Mary weiterging. Als ich daran dachte, wurde ich wieder etwas lockerer.

In diesem Moment sprachen mich drei Männer an und setzten sich zu mir. »Bist du nicht mit uns zusammen hier angekommen?«, fragte mich einer von ihnen.

»Kann gut sein, ihr kommt mir auch irgendwie bekannt vor«, erwiderte ich.

»Wie gefällt es dir denn hier im Camp?«, fragte einer der drei.

»Das kann ich noch gar nicht so genau sagen«, erklärte ich kurz. »Und wie ist es bei euch?«

»Na ja, wir hatten es uns hier eigentlich etwas anders vorgestellt. Wir hatten erwartet, dass es hier ganz besondere Seminare und Workshops gibt. Aber in dieser Hinsicht passiert ja rein gar nichts. Und nur um Urlaub zu machen, sind wir nicht hierhergekommen«, erklärte er unzufrieden.

»Aus welchem Grund seid ihr denn hier, wenn ich fragen darf?«

»Nun, Claude ist Therapeut, Frank arbeitet als Arzt, und ich bin Heilpraktiker. Ich heiße übrigens Klaus.«

»Ich bin Michael, hallo!«, sagte ich und reichte jedem zur Begrüßung die Hand.

»Wir dachten«, begann Klaus zu erklären, »dass hier irgendwelche besonderen Therapiemethoden angewendet würden. Wir hatten nämlich von einigen Patienten gehört, dass sie plötzlich keine Probleme mehr hatten, nachdem sie ihren Urlaub hier im Camp verbracht hatten. Aber dem scheint ja nicht so zu sein.«

Die drei wirkten sehr unzufrieden auf mich. Ich war mir nicht ganz sicher, ob ich bei ihnen bleiben sollte. Aber was hatte ich zu verlieren? Und außerdem wollte ich den Augenblick nicht verpassen, in dem meine Traumfrau ihren Bungalow verlassen würde. Ich beschloss also, mich auf das Gespräch einzulassen.

Die drei waren wirklich total unzufrieden. Sie machten Gott und die Welt für alles verantwortlich, was ihnen nicht gefiel. Plötzlich fiel mir die Geschichte von Mary und Susanne wieder ein. Auch Susanne machte jeden für ihr Unglück verantwortlich, nur nicht sich selbst. Claude, Frank und Klaus waren ebenfalls nur deshalb unzufrieden, weil es im Camp nicht so lief, wie sie es sich erwartet hatten. Sie hatten ganz klare Vorstellungen davon, wie sich die Organisatoren des Camps verhalten sollten. Dabei waren sie freiwillig hier – genauso wie Susanne freiwillig in ihrer Gesellschaft lebte und diese dennoch für all ihre Probleme verantwortlich machte. Abgesehen davon ging in diesem Camp etwas ganz Besonderes vor. Das wussten die drei auch, sonst wären sie gar nicht erst hierhergekommen. Es gab also durchaus die Möglichkeit, hier etwas Außergewöhnliches zu erfahren, auch wenn es nicht auf die Art ablief, wie wir erwartet hatten. Es lag offensichtlich an jedem selbst, ob er etwas daraus machte oder nicht.

Mir wurde plötzlich meine Eigenverantwortung bewusst. Es war wie in der Geschichte mit Susanne und Mary. Ich würde so lange ein Problem mit der Situation hier haben, wie ich jemand anderen dafür verantwortlich machte. In diesem Moment beschloss ich, den weiteren Verlauf meines Aufenthaltes im Camp sehr viel bewusster zu gestalten. Langsam wurde mir auch klar, dass die Geschichten von Mary mehr waren als einfache Märchen ohne tieferen Sinn. Ich beschloss, den Versuch zu wagen, mit den dreien das gleiche Gespräch zu führen wie Mary in der Geschichte mit Susanne. Ich konnte natürlich nicht einfach fragen, wie sie ihre Unzufriedenheit machten, so wie Mary es getan hatte. Ich wollte die drei stattdessen erst einmal darauf aufmerksam machen, wie viele Menschen in diesem Camp total glücklich aussahen. »Irgendetwas Besonderes muss sich hier doch ereignen«, sagte ich daher. »Habt ihr schon mal in die Gesichter der Menschen gesehen, die schon länger hier sind?«

»Dass das an der Leitung dieses Camps liegt, wage ich zu bezweifeln«, meinte Klaus.

»Aber an wem liegt es sonst, wenn nicht an der Leitung?«, hakte ich nach. »Wer ist deiner Meinung nach dafür verantwortlich?«

»Es kann nur an den Leuten selbst liegen«, meinte Klaus.

»Und wieso gehört ihr dann nicht zu den Leuten, die hier glücklich sind?«, fragte ich, für meine Verhältnisse ungewöhnlich provokativ.

Diese Frage hatte die gleiche Wirkung wie die Frage von Mary an Susanne, warum sie freiwillig in einer Gesellschaft lebte, die verantwortlich war für ihr Unglück.

Schließlich antwortete Klaus: »So einfach kann man das nicht sehen. Wir sind hierhergekommen, um etwas Neues zu lernen, und nicht, um unsere eigenen Methoden anzuwenden.«

»Und was habt ihr bis jetzt unternommen, um etwas Neues zu lernen?«, wollte ich wissen.

»Wieso wir? Dafür ist doch wohl die Leitung dieses Camps verantwortlich«, rief Klaus entrüstet.

»Das Camp ist also dafür verantwortlich, dass ihr etwas lernt?«, fragte ich zweifelnd.

»Natürlich, wir können zu Hause mit unseren Patienten ja auch nicht machen, was wir wollen«, gab Klaus zurück.

»Eure Patienten kommen also in eure Praxis und sagen: Los, mach mich gesund und glücklich! Findest du, dass das so richtig ausgedrückt ist?«, fragte ich provozierend.

An dieser Stelle schaltete Frank sich in das Gespräch ein. Offensichtlich war er nicht der gleichen Meinung wie Klaus. Frank war ein sehr ruhiger Typ. Er war der Einzige von den dreien, den ich auf Anhieb sympathisch fand.

»Ich finde«, begann Frank, »dass Michael gar nicht so Unrecht hat. Egal, ob es hier Seminare gibt oder nicht, das Camp bietet offensichtlich Möglichkeiten, die wir bisher nicht erkannt haben. Ich für meinen Teil habe in diesem Gespräch bereits etwas Wichtiges gelernt: Ab sofort werde ich mich selbst darum kümmern, nach einer Möglichkeit zu suchen, etwas zu lernen.«

»Willst du den Leuten hier wirklich hinterherlaufen?«, fragte Klaus abwertend.

»Ich glaube nicht, dass ich irgendjemandem hinterherlaufen muss«, gab Frank zurück. »Ich werde einfach Augen und Ohren aufsperren und abwarten, was passiert.«

»Dann viel Vergnügen!«, meinte Klaus ironisch. »So einfach werde ich es den Leuten hier nicht machen!«

An dieser Stelle des Gesprächs kamen zwei Frauen zu uns, die Frank, Klaus und Claude bereits kennen gelernt hatten. Sie fragten uns, ob wir mit ihnen in die Disco gehen wollten. Klaus und Claude willigten sofort ein und standen auf. Frank dagegen blieb sitzen und erklärte den anderen, er würde später nachkommen.

Als sie weg waren, sprach mich Frank noch einmal an. »So langsam gingen mir die beiden richtig auf die Nerven mit ihrer negativen Art. Eigentlich bin ich viel positiver eingestellt, aber ich lasse mich immer sehr schnell beeinflussen.«

»Ich denke, wenn ich die ganze Zeit mit euch verbracht hätte, wäre ich genauso drauf. Ich hatte jedoch das Glück, sehr optimistischen Menschen zu begegnen, und so empfand ich dieses Camp bis jetzt auch als äußerst gelungen. Ich kann dir noch nicht mal genau sagen, wieso, aber ich bin sicher, dass sich mein Leben hier zum Besseren verändern wird.«

»Es tut richtig gut, nach zwei trübsinnigen Tagen wieder mit jemandem zu reden, der optimistisch eingestellt ist«, erklärte Frank erleichtert. »Ich fand es toll, was du eben gesagt hast – dass jeder selbst verantwortlich ist für sein Glück. Mir ist klar geworden, dass ich meinen Patienten auch viel zu oft die Verantwortung für ihre Probleme abnehme.«

»Warum tust du das eigentlich?«

»Das weiß ich auch nicht so genau«, erwiderte Frank nachdenklich. »Irgendwie habe ich das Gefühl, es tun zu müssen. Obwohl ich eigentlich genau fühle, dass es nicht richtig ist.«

»Und wie genau fühlst du dich dabei?«

»Ich habe das Gefühl, dass ich die Probleme meiner Patienten zu meinen eigenen mache. Das Dumme ist nur, dass ich diese Probleme schnell gelöst hätte, wenn es wirklich meine wären. Doch meine Patienten tun sich meist sehr schwer damit. Das ist oft richtig frustrierend.«

»Und warum tust du es dann?«, fragte ich verwundert. »Warum machst du die Probleme deiner Patienten zu deinen eigenen?«

Frank zuckte ratlos mit den Schultern. »Tja, wenn ich das mal wüsste.«

»Aber irgendeinen vernünftigen Grund muss es wohl geben. Ich kann mir nicht vorstellen, dass du es tätest, wenn es dir nur Nachteile bringen würde.«

»Ich will es ja auch nicht. Aber ich habe immer das Gefühl, dass ich muss«, meinte Frank betroffen.

»Und warum musst du?«, wollte ich wissen.

»Entschuldigt bitte!«, sagte plötzlich ein Mann vom Nebentisch zu uns. »Ich habe zufällig euer Gespräch mitbekommen. Darf ich mich zu euch setzen?«

»Natürlich«, antwortete Frank freundlich.

»Ich bin Bodo«, stellte sich unser neuer Gesprächspartner vor.

Nachdem Frank und ich uns ebenfalls vorgestellt hatten, begann Bodo uns etwas zu erklären. »Es gibt einen Grund für dieses ungewöhnliche Phänomen, von dem ihr eben gesprochen habt. Wir Menschen sind in unserem Ursprung Rudeltiere. Wir haben bis zum heutigen Tag noch Instinkte, die auf diese Tatsache aufbauen. Einem dieser Instinkte hast du dein Gefühl zu verdanken, dass du deinen Patienten helfen kannst, wenn du dabei ein wenig zu intensiv in die Identifikation gehst.«

»Was ist das für ein Instinkt?«, wollte Frank neugierig wissen.

»Es ist der Instinkt des Rudelführers«, antwortete Bodo. »In der Zeit, als dieser Instinkt noch einen Sinn hatte, lebten wir Menschen in einer sehr gefährlichen Umwelt. Überall lauerten wilde Tiere und andere Gefahren. Damit das Rudel überleben konnte, brauchte es eine starke Führung. Der Mächtigste aus dem Rudel sollte diese Führung übernehmen.«

»Das ist sehr interessant«, unterbrach ihn Frank, »aber wie genau hängt das mit meinem Gefühl zusammen, dass ich die Verantwortung für meine Patienten übernehme?«

»Deine Patienten fühlen sich nicht dazu in der Lage, ihr Leben in den Griff zu bekommen. Du hast die Macht, ihnen zu helfen. Sobald dein Instinkt erkennt, dass du der Mächtigere bist, drängt er dich dazu, die Führung zu übernehmen.«

»Das kann ich gut nachvollziehen«, meinte Frank nachdenklich.

»Das nächste Problem, das sich vermutlich in deiner Praxis häufiger abspielt, besteht wahrscheinlich darin, dass sich deine Patienten gegen deine Führung wehren?«, spekulierte Bodo.

»Woher weißt du das?«, fragte Frank beeindruckt.

»Das ist ganz einfach! Jeder Mensch hat diesen Rudelführerinstinkt. Dadurch entsteht ein regelrechter Rudelkampf. Die Natur hat diesen Machtkampf eingerichtet, um sicherzustellen, dass wirklich der Beste an die Macht kommt. Jeder will instinktiv so hoch wie möglich in seiner Rudelhierarchie aufsteigen, denn jeder will an die Macht. Nur durch dieses Machtstreben hat die Menschheit in der Frühzeit überlebt. Heute verdanken wir unserem Machtstreben allerdings die meisten Probleme in unserer Gesellschaft. Denn besagter Machtkampf findet in jeder Firma, in jeder Beziehung und bei jedem Zusammentreffen mit anderen Menschen versteckt statt.«

»Und wie komme ich da wieder raus?«, wollte Frank begierig wissen.

»Das würde mich allerdings auch interessieren!«, bekräftigte ich.

»Eine Möglichkeit, den Machtkampf zu beenden, würde darin bestehen, alle anderen Menschen als mächtiger anzusehen. Mit dieser Einsicht würde man sich sofort unterordnen und machen, was die anderen einem sagen«, erklärte Bodo mit einem süffisanten Lächeln.

»So weit käme es noch!«, antwortete Frank.

Bodo grinste. »Ihr habt soeben den Grund erfasst, warum dieser Machtkampf nicht so einfach zu beenden ist. Das Streben nach Macht ist nur die eine Seite dieses Instinktes. Auf der anderen Seite müssen wir uns natürlich gegen diejenigen zur Wehr setzen, die Macht über uns ausüben wollen.«

»Wir müssen unsere Entscheidungsfreiheit verteidigen«, ergänzte ich. »Wir haben nämlich auch dafür einen Instinkt!«

»Genauso ist es«, stimmte Bodo zu. »Diese beiden Instinkte führen zu sehr vielen Konflikten in unserer Gesellschaft und auch in uns selbst.«

»Kann es sein, dass ich mich gegen meinen eigenen Zwang wehre?«, dachte Frank laut. »Ich habe den Zwang, die Verantwortung für meine Patienten zu übernehmen. Ich fühle mich dadurch sehr oft regelrecht unter Druck gesetzt.«

»Du hast den Nagel auf den Kopf getroffen«, meinte Bodo lächelnd. »Deine Instinkte stammen aus einer Zeit, als der Mensch eher noch den Tieren zuzuordnen war. Diese Instinkte sind nicht besonders weit in der Evolution. Sie machen ihren Job seit Jahrmillionen auf dieselbe Weise. Wenn du eine Situation als Zwang beurteilst, beginnt dein Instinkt, sich gegen diesen Zwang zu wehren. Dieser Instinkt ist geschaffen worden, um deine Entscheidungsfreiheit abzusichern. Das war für das Überleben eines Frühmenschen sehr wichtig. Leider ist die Evolution noch nicht so weit, dass die Instinkte mit unserem Intellekt zurechtkommen. Als Mensch sind wir in der Lage, uns selbst und unsere Umwelt vielfältig zu beurteilen. So, wie uns das möglich ist, kann das kein Tier. Daher passiert es recht häufig, dass wir Beurteilungen treffen, mit denen unsere Instinkte noch nicht umgehen können. Und genau so eine Beurteilung hast du getroffen: Du hast über deine Gefühle in der Arbeit mit deinen Patienten nachgedacht und bist zu dem Ergebnis gekommen, dass du dich gezwungen fühlst, die Verantwortung für sie zu übernehmen. Diese Beurteilung löste in deinem Instinkt den Impuls aus, dich gegen diesen Zwang zu wehren.«

»Ich bin also zwischen zwei Instinkten gefangen«, schlussfolgerte Frank. »Der eine bringt mich dazu, die Macht an mich reißen zu wollen, der andere fordert, dass ich mich gegen diesen inneren Zwang zur Wehr setze. Und wie komme ich da jetzt wieder raus?«

»Du kannst den Konflikt beenden, indem du dir bewusst machst, dass hier kein echter Zwang vorliegt. Es gibt keinen anderen Menschen, der dich zu etwas nötigt. Stattdessen ist es dein Instinkt, der dich zu der Entscheidung drängt, die Macht übernehmen zu wollen. Das ist kein Zwang, sondern ein Entscheidungsimpuls«, antwortete Bodo.

»Das ist eigentlich schon im Gespräch eben passiert«, erkannte Frank. »Seit ich weiß, woher das Gefühl kommt, dass ich mich gezwungen fühle, denke ich schon ganz anders darüber. Das ist erstaunlich! Ich hätte nicht gedacht, dass das so schnell geht.

Ich habe aber noch ein anderes Problem: Ich möchte keine Macht auf andere Menschen ausüben. Ich will diesen Rudelkampf beenden. Was soll das bringen – jeder will die Macht an sich reißen, und jeder andere will sich dagegen wehren und seine Freiheit verteidigen. Das gibt doch ständig Konflikte und Spannungen! Wie komme ich aus dieser Tretmühle raus?«

»Das möchte ich auch gerne wissen!«, sagte ich interessiert.

»Ihr könnt den Rudelkampf beenden, wenn ihr euch bewusst macht, dass unsere Welt sich seit der Frühzeit des Menschen stark verändert hat. Wir leben nicht mehr im Urwald, wo blanke Gewalt regiert, sondern wir existieren in einer Welt, in der unsere Gesetze jedem von uns sozusagen den höchsten Rang im Rudel zusichern. Jeder in unserem Land hat die absolute Entscheidungsfreiheit. Niemand kann über einen anderen wirklich bestimmen oder ihn zu etwas zwingen. Alle Handlungen, die einen tatsächlichen Zwang ausüben könnten, werden mit Hilfe unserer Gesetze hart bestraft, also zum Beispiel Freiheitsberaubung, Nötigung, Gewalt oder Erpressung. Es gibt also in unserer Gesellschaft nicht mehr die gleichen Zwänge wie in der Frühzeit des Menschen. Aber manchmal empfinden wir das so.«

»Zum Beispiel dann, wenn uns jemand dafür bezahlt, dass wir machen, was er will«, meinte ich nachdenklich. »In solch einem Fall haben wir oft das Gefühl, dass unser Geldgeber einen Zwang auf uns ausübt.«

»Ganz genau. Er zwingt uns mit Geld!«, stimmte Bodo mit einem ironischen Lächeln zu. »Unser Instinkt wehrt sich ganz massiv gegen Unterordnung. Er will nicht, dass wir in der Rudelhierarchie der Letzte sind. Die Letzten im Rudel haben es im Allgemeinen nämlich nicht besonders leicht. Daher will niemand der Letzte im Rudel sein. Deshalb wehren wir uns alle massiv dagegen, wenn uns jemand zu etwas zwingen will.«

»In Wirklichkeit ist es natürlich kein Zwang, wenn der

Chef uns bezahlt, damit wir machen, was er will, sondern eine Art von Geschäft«, erkannte ich. »Er gibt uns, was wir wollen, und wir geben ihm, was er will. Wenn wir uns bewusst machen, dass dabei kein Zwang vorliegt, dürfte unser Instinkt doch Ruhe geben, oder?«

»Genauso ist es«, stimmte Bodo zu.

»Und wie genau werde ich meine Verantwortungsgefühle los?«, wollte Frank erneut wissen.

»Indem du dir bewusst machst, dass du die Führung über deine Patienten nicht übernehmen musst«, antwortete Bodo. »Du bist nicht der Rudelführer für diese Menschen. Sie müssen die Führung in ihrem Leben selbst übernehmen. Du kannst ihnen Wege aufzeigen, gehen müssen sie diese jedoch selbst.«

»Das hört sich sehr vernünftig an«, meinte Frank beeindruckt. »Vielen Dank, dass du uns das alles erklärt hast.«

»Es war mir ein Vergnügen!«

Nach diesem Gespräch wollte Frank noch mal in der Disco vorbeischauen. Er fragte mich, ob ich mitkommen wollte. Ich lehnte ab, denn ich hatte die Hoffnung, meine große Liebe noch zu sehen, nicht ganz aufgegeben. Es wurde aber nichts daraus. Sie kam nicht wieder. Irgendwann sah ich schließlich ein, dass das Warten keinen Sinn mehr hatte. Ich sollte lieber am nächsten Tag rechtzeitig zum Frühstück kommen. Vielleicht würde sie wieder draußen essen. Ich ging also in mein Zimmer und legte mich schlafen.

Mit viel Sehnsucht schlief ich schließlich ein. Es war

eine sehr unruhige Nacht. Ich weiß nicht mehr, was ich geträumt habe, aber ich behielt das Gefühl zurück, dass es ein sehr aufreibender Traum gewesen war. Leider hatte ich keinen Wecker mitgenommen, und die ständige Angst, meine Traumfrau am nächsten Morgen zu verpassen, ließ mich jede halbe Stunde wach werden. Als es schließlich begann, hell zu werden, stand ich auf. Endlich war es so weit. Bald würde ich sie wieder sehen, wenn alles glattlief.

Ich ging hinunter in die Küche und kochte mir einen Kaffee. Im Haus schliefen sonst noch alle. Ich ging nach draußen und setzte mich an meinen Tisch. Alles war noch sehr ruhig im Camp, nur die Vögel zwitscherten sich aufgeregt gegenseitig zu. Offenbar war ich der Erste, der aufgestanden war.

»Möglicherweise ist sie ja ein Frühaufsteher«, dachte ich hoffnungsvoll. »Das wäre natürlich genial. Wenn sonst noch keiner wach ist, dann müsste sie ja praktisch Kontakt zu mir aufnehmen.«

Ich saß dort für mindestens eine Stunde und hörte den Vögeln zu. Weder meine heimliche Liebe noch sonst irgendjemand hatte sich bisher blicken lassen. Dann hörte ich endlich eine Terrassentür, die geöffnet wurde. Leider war es nicht ihre. Ein Mann in Sportkleidung verließ seinen Bungalow und kam auf mich zu. »Aha, ein Frühaufsteher. Guten Morgen«, begrüßte er mich. »Ich bin Jens, hallo.«

»Guten Morgen«, erwiderte ich seinen Gruß. »Ich bin

Michael. Was hat dich denn so früh aus den Federn getrieben?«

»Wir gehen morgens immer am Strand joggen«, antwortete er. »Die anderen müssten auch gleich hier sein. Willst du mitkommen?«

»Oh, nein danke«, winkte ich ab. »Um diese Zeit schon Sport zu treiben ist Mord. Dafür bin ich nicht geschaffen.«

»Das hab' ich auch immer gedacht«, meinte er. »Doch hier ist das irgendwie anders. Ich weiß auch nicht, wie das kommt. Ich habe hier Energie bis zum Abwinken. Ich hab seit einer Woche kaum geschlafen und bin trotzdem kein bisschen müde. Im Gegenteil: Ich könnte Bäume ausreißen – sogar schon um diese Zeit.«

»Du hast seit einer Woche kaum geschlafen?«, fragte ich verwundert nach. »An deiner Stelle würde ich umfallen vor Müdigkeit.«

»Gestern Nacht ist es wieder mal sehr spät geworden«, begann er zu erzählen. »Wir haben gequatscht, bis der Morgen graute. Einige sind sogar noch wach geblieben, um sich den Sonnenaufgang anzuschauen. Aber ich wollte wenigstens ein paar Stunden schlafen, damit ich fit bin fürs Laufen.«

»Was habt ihr denn so viel zu bequatschen gehabt?«, fragte ich verwundert.

»Du bist wohl noch nicht lange hier, oder? Was hier abgeht, ist echt nicht normal. Es ist so spannend, da will niemand etwas verpassen. Wie wir das alle mit so wenig

Schlaf durchhalten, versteht keiner. Aber es geht. Und es geht wunderbar. Ich fühle mich wie neu geboren.«

»Was passiert denn hier so Spannendes?«, wollte ich wissen.

Leider kam mein Gesprächspartner nicht mehr dazu, mir diese Frage zu beantworten. Seine Sportskameraden kamen aus ihren Bungalows und wollten sofort loslaufen. »Wir reden später weiter«, verabschiedete er sich.

Ich saß also wieder allein an meinem Tisch. Nachdem die Läufer weg waren, war es wieder absolut ruhig im Camp. Ich dachte erneut an die Frau meiner schlaflosen Nächte.

»Bei meinem Glück«, dachte ich, »kommt sie bestimmt erst sehr spät, wenn sie überhaupt kommt.« Aber dann musste ich doch nicht mehr so lange warten: Nach etwa einer Stunde betrat sie die Terrasse ihres Bungalows. Da ich der Einzige war, der an den Frühstückstischen saß, hatte sie mir aus der Ferne bereits zugewunken. Danach ging sie jedoch noch einmal zurück nach drinnen.

Mein Herz fing an zu rasen. Ich war froh, dass ich meinen Kaffee schon getrunken hatte, denn jetzt schnürte sich mir wieder vor Aufregung die Kehle zu. Ich überlegte schnell, wie ich mich am besten hinsetzen sollte, damit ich einigermaßen gut aussah. Ich schlug die Beine übereinander. Als sie nach einer Viertelstunde mit einer Tasse Tee in der Hand endlich kam, waren meine Beine bereits eingeschlafen. Ich blieb trotzdem so sitzen. Der Schmerz war mir egal. Hauptsache, es sah cool aus.

Ich fühlte mich toll. Sie hatte sich tatsächlich zu mir gesetzt. Sie fragte mich, ob ich gut geschlafen hätte.

»Ja, sehr gut, und du?« Ich konnte ihr ja schlecht sagen, dass ich mich ihretwegen die halbe Nacht im Bett herumgewälzt hatte. Zu gerne hätte ich erfahren, wie sie den gestrigen Abend verbracht hatte. Doch auch das konnte ich natürlich nicht einfach fragen. Ich wollte sowieso lieber wissen, was sie heute vorhatte. So zurückhaltend wie gestern Abend durfte ich dabei allerdings nicht noch einmal sein, sonst würde sie den Tag womöglich wieder ohne mich verbringen. Ich fragte sie also sehr direkt: »Was hast du denn heute vor?«

Bei diesen Worten schreckte ich selbst zusammen. Ich hatte eigentlich das »Du« betonen wollen, damit es sich so anhörte, als ob ich mich nur so nebenbei dafür interessierte. So wie ich es ausgesprochen hatte, hörte es sich allerdings an, als ob ich mich an sie dranhängen wollte. Das war mir sehr peinlich. Sie reagierte jedoch ganz normal.

»Heute ist doch das große Volleyball-Turnier!«, erklärte sie begeistert. »Da will ich natürlich mitmachen.«

»Wann beginnt das Turnier?«

»Um zehn, soviel ich weiß. Machst du auch mit?«

»Wenn das noch geht?«, meinte ich zurückhaltend.

»Da können alle mitmachen. Wir treffen uns um zehn am Strand und bilden die Mannschaften.«

»Dann bin ich dabei.«

Sich mit mehreren Leuten zum Sport zu treffen, war absolut unverbindlich. Auf diese Weise brauchte ich keine Angst zu haben, dass sie annahm, ich wollte ihr zu nahe auf den Pelz rücken. »Der Morgen wäre also schon mal geplant«, dachte ich voller Freude.

Nun wäre es schön gewesen, wenn ich mit ihr noch etwas für den Nachmittag hätte verabreden können. Unmittelbar danach zu fragen, wäre allerdings wieder einmal etwas zu offensichtlich gewesen. Irgendwie musste ich es hinkriegen, dass sie auf die Idee kam, es mir zu erzählen, ohne dass ich danach fragen musste. Ich entschied mich dafür, einfach irgendwie auf die Geschichte von Mary zu sprechen zu kommen. Schließlich wollte sie mir ja an diesem Tag erzählen, wie es weiterging. Da das beim Volleyball nicht möglich war, würde sie bestimmt von sich aus den Nachmittag deswegen ansprechen.

»Ich glaube«, sagte ich, »ich habe gestern Abend etwas Ähnliches erlebt wie Mary in deiner Geschichte.«

»Ja, was denn?«, fragte sie neugierig.

»Ich habe ein paar Leute getroffen, die sehr unzufrieden mit der Organisation dieses Camps waren. Das Interessante war, dass diese Leute die Verantwortung für ihre Zufriedenheit total auf die Leitung des Camps übertragen hatten. Sie sind nicht auf die Idee gekommen, dass sie selbst dafür verantwortlich sind, ob sie von diesem Camp profitieren oder nicht. Diese Situation erinnerte mich sehr stark an Susanne in deiner Geschichte.«

»Wenn du willst, kann ich dir die Geschichte heute Nachmittag weitererzählen!«, schlug sie erfreut vor.

»Ha! Das wäre also endlich geschafft!«, dachte ich und sagte natürlich sofort zu.

Kurz darauf setzten sich ein paar Leute aus unserem Bungalow zu uns. Mir fiel auf, dass ich hier bereits eine Menge Leute kennen gelernt hatte, derren Namen mir bereits geläufig waren – nur meine heimliche Liebe nicht. Es wurde immer unmöglicher, sie einfach nach ihrem Namen zu fragen. Es wäre zu peinlich gewesen, wenn sie gemerkt hätte, dass ich mich das bis jetzt noch nicht getraut hatte.

»Ich muss ihren Namen irgendwie anders herausbekommen«, dachte ich. »Irgendwer wird ihn irgendwann schon nennen. Entweder die Leute von unserem Bungalow oder jemand beim Volleyball.«

Im weiteren Verlauf des Frühstücks redeten wir zumeist über Volleyball. Von den anderen am Tisch nannte leider während des gesamten Gespräches nie jemand ihren Namen. Nach dem Frühstück wurde es langsam Zeit, sich zum Sport umzuziehen. Wir trafen uns kurz vor zehn Uhr am Strand beim Volleyballfeld. Es kamen erstaunlich viele Leute zusammen, die ich fast alle noch nicht kannte.

Wir bildeten drei Mannschaften mit jeweils fünf Personen. Die Dame meines Herzens war leider in einer anderen Mannschaft. Als das erste Spiel begann, war es mir schon fast peinlich, überhaupt zugesagt zu haben. Ich hatte den Eindruck, dass meine Mitspieler alle sehr professionell spielten. Ich fühlte mich plötzlich völlig deplatziert und hatte Angst, mich schrecklich zu blamieren.

Bisher hatte ich, soweit es ging, jeglichen Ballkontakt vermieden. Doch jetzt musste ich aufschlagen. Alle Blicke waren auf mich gerichtet – vor allem der Blick meiner heimlichen Liebe. Mein Aufschlag ging natürlich vor Aufregung ins Netz. Es war mir sehr peinlich. Aber die Leute in meiner Mannschaft klatschten und motivierten mich: »Macht nichts, den Ball holen wir uns zurück«, sagte einer ermutigend.

Zu meinem Glück ging der Aufschlag der gegnerischen Mannschaft auch ins Aus. Die Leute in meiner Mannschaft klatschten auch dabei, um sich selbst zu motivieren, den nächsten Aufschlag besser zu machen. Ich klatschte mit, was mich tatsächlich ganz allmählich lockerer und selbstsicherer machte.

Als der Ball erneut über das Netz kam, nahm ich ihn ohne lange zu überlegen an und hatte Glück dabei. Unsere Mannschaft machte daraufhin den Punkt, und alle gratulierten mir.

Es machte viel Spaß, mit diesen Leuten zu spielen. Niemand kritisierte einen anderen. Man bekam nur Anerkennung für gute Bälle und motivierende Worte für schlechte. Nach ein paar Minuten war meine Zurückhaltung völlig verschwunden. Ich spielte richtig gut, zumindest für meine Verhältnisse. Und es war auch nicht schlimm, wenn ich einmal einen Fehler machte. Die anderen waren so gut, dass sie ihn meistens wieder ausglichen. Ich fühlte mich richtig wohl in dieser Mannschaft. Wir funktionierten wie eine Einheit. Wir waren wirklich ein tolles Team. Der Satz ging dann auch knapp an uns.

Im nächsten Spiel war meine Traumfrau dran. Sie war in dem Team, das zuerst pausiert hatte. Sie spielten gegen die Mannschaft, gegen die wir eben gewonnen hatten. Sie sah toll aus und bewegte sich sehr sportlich. Auch in ihrem Team herrschte die gleiche gute Stimmung. Noch nie zuvor hatte ich erlebt, dass sich Menschen derart gegenseitig anspornten. Es war seltsamerweise keinem der Spieler wirklich wichtig zu gewinnen, sondern es ging ihnen offenbar nur um die gute Stimmung. Niemand tadelte einen Fehler oder zeigte sich unzufrieden mit der Leistung eines Mitspielers.

Das Team meiner großen Liebe gab ihren Satz an die gegnerische Mannschaft ab. Nun waren wir wieder dran. Ich musste jetzt gegen sie antreten. Anfangs hatte ich Bedenken, dass sie sich über mich ärgern könnte, wenn ich einen Punkt gegen sie machte. Als sie jedoch am Aufschlag war und ich ihren Ball gut angenommen hatte, merkte ich, dass diese Bedenken völlig unbegründet waren. Sie gab mir die gleichen anerkennenden Worte für diesen guten Ball wie meine eigenen Mitspieler. Es war kaum zu glauben. Ständig freuten sich alle über einen schönen Ballwechsel, egal, welche Mannschaft nun den Punkt bekam. Trotzdem war ein gewisser Ehrgeiz zu spüren. Dieser richtete sich allerdings nicht aufs Gewinnen, sondern auf die gute Leistung an sich.

Das Spiel neigte sich dem Ende zu. Wir gewannen auch diesen Satz. Seltsamerweise war es mir mittlerweile überhaupt nicht mehr wichtig zu gewinnen, was für mich sehr untypisch war. Ich freute mich einfach nur über die gute Stimmung. Die Revanche-Sätze gingen ebenfalls zu unseren Gunsten aus, und so wurde unsere Mannschaft zum Turniersieger erklärt.

Nach dem Spiel sprangen wir alle noch einmal ins Wasser und tobten in der Brandung herum. Meine Traumfrau kam leider nicht mehr mit zum Baden. Sie wollte direkt duschen. Anschließend wollten wir alle gemeinsam auf der Terrasse eines benachbarten Bungalows zu Mittag essen. Dieser Bungalow hatte die größte Terrasse des gesamten Camps, und vor allem lag sie im Schatten. Jeder brachte etwas aus seiner Küche mit, und im Nu hatten wir ein richtiges kleines Schlemmerbüfett.

Ich überlegte, was meine große Liebe und ich danach unternehmen könnten. Mir fiel nichts Rechtes ein. Aber mich beruhigte der Gedanke, dass wir eine Verabredung für den Nachmittag hatten. Ich brauchte mir also in diesem Punkt keine großen Sorgen zu machen.

Als sie zum Essen kam, war ich maßlos beeindruckt von ihrer Schönheit. Sie sah toll aus mit ihren noch nassen Haaren. Der beißende Hunger, den ich zuvor beim Volleyball noch gespürt hatte, war auf einmal wie weggeblasen. Die Schönheit dieser Frau machte mich auf eine seltsame Weise total satt – und zwar in jeder Hinsicht. Ich konnte ihr kaum in die Augen sehen, so intensiv waren meine Gefühle. Mein Magen kribbelte, mein Körper zitterte vor Aufregung. Mir war klar, dass man diese Aufregung in meiner Stimme hören könnte. Ich versuchte also, möglichst wenig zu sagen, bis dieser Anfall vorüber war.

Wir setzten uns zusammen mit zwei anderen Mitspielern an einen Tisch. Meine Traumfrau saß mir direkt gegenüber. Mit der Zeit wurde ich innerlich wieder etwas ruhiger. Alle am Tisch redeten über das Turnier. Die meisten guten Ballwechsel schienen unvergessen zu bleiben. Man schwelgte in den Erinnerungen. Ich war erstaunt über die Genussfähigkeit meiner Mitspieler. Über jede Kleinigkeit freuten sie sich. Sie kamen mir vor wie unschuldige Kinder, die ihr Leben total unbeschwert genossen. Und ich bemerkte, wie diese Genussfähigkeit mehr und mehr auf mich überging. Ich fühlte mich sehr glücklich und war froh, dass ich hier war und das alles erleben durfte.

Nach dem Essen verabschiedeten sich die meisten. Ich beschloss abzuwarten, was meine Geschichtenerzählerin vorschlagen würde. Ich hoffte, dass sie sich an unsere Verabredung für heute Nachmittag erinnern würde. Es waren noch nicht alle Leute gegangen, als sie mich schließlich fragte, ob ich die Geschichte nun weiter anhören wollte.

»Oh ja! Sehr gerne«, versicherte ich eifrig.

Wie du dich wahrscheinlich noch erinnern kannst, war Mary im Traumzustand bei Ella, um sie nach dem seltsamen Verhalten von Susanne zu fragen. Sie erfuhr daraufhin von Ella, dass die meisten Menschen ihre Probleme dramatisieren, indem sie etwas als Zwang beurteilen und sich somit in ihrer Freiheit eingeschränkt fühlen.

Als Mary am nächsten Morgen aufwachte, hatte sie zunächst Schwierigkeiten, sich an das Gespräch mit Ella zu erinnern. Als ihr Geist wieder klar war, stieg in ihr große Neugier auf, was Ella für sie an diesem Tag wohl geplant hätte. Da sie nur die normalen menschlichen Fähigkeiten nutzen durfte, wusste sie natürlich nicht, was genau auf sie zukommen würde. Aber sie war davon überzeugt, dass es mit Sicherheit etwas Interessantes sein würde.

Die Seelen hatten dafür gesorgt, dass in Marys Wohnung alles vorhanden war, was man zum Leben brauchte. Mary machte sich etwas zu essen.

Du darfst dir das allerdings nicht so vorstellen, wie du dir zu Hause etwas zu essen machen würdest. Mary nahm alles, was essbar war, aus dem Kühlschrank und stellte es auf den Tisch. Dann aß sie alles durcheinander: Erdnussbutter mit Käse, verschiedene Gemüsesorten mit Pudding und so weiter. Sie merkte sehr schnell, dass das Essen bei Codiac aus irgendeinem Grund besser geschmeckt hatte. Sie verstand nur nicht warum. Nachdem sie sich auf diese Weise mehr schlecht als recht gesättigt hatte, räumte sie alles wieder in den Kühlschrank zurück.

Gegen zehn Uhr dreißig läutete es an der Tür. Mary ahnte gleich, dass sie offensichtlich wieder einen so genannten Termin haben würde. Als sie die Tür öffnete, wurde sie von einem Ehepaar begrüßt. Mary war zuerst verwundert, denn sie hatte nur einen einzelnen Menschen erwartet. Ella hatte sie wieder einmal überrascht. Mary bat die beiden herein und ging mit ihnen ins Wohnzimmer.

Mittlerweile hatte sie verstanden, dass die Menschen, die zu ihr kamen, davon ausgingen, dass sie ihnen helfen würde, ihre Probleme zu lösen. Sie wusste allerdings auch, dass dies nur ein Spiel war. In Wirklichkeit kamen sie, um ihr beizubringen, wie Menschen es anstellten, Probleme zu haben.

»Hallo, ich bin Mary. Es freut mich, Sie kennen zu lernen.«

»Mein Name ist Hartmut, und das ist meine Frau Elvira. Wie ich bereits am Telefon sagte, möchten wir uns eine letzte Chance geben.«

Mary verstand überhaupt nichts. »Wieso Telefon?«, fragte sie sich in Gedanken. »Ich habe bisher mit niemandem telefoniert. Und von was für einer Chance redet er?«

Mary beschloss, sich so lange zurückzuhalten, bis sie erkennen würde, um was es hier eigentlich ging. Die Seelen hatten offensichtlich alles vorbereitet. Es konnte also nichts schiefgehen.

Nachdem Mary nichts sagte, ergriff Hartmut wieder das Wort. »Ich kann Ihnen leider nicht genau sagen, warum es mit uns nicht mehr klappt. Es sind unheimlich viele Kleinigkeiten, mit denen wir uns gegenseitig auf die Nerven gehen.«

Mary bemerkte, dass Elvira, die die ganze Zeit danebensaß, scheinbar keine große Lust hatte, etwas dazu zu sagen. »Elvira, worin sehen Sie denn den Grund für Ihre Probleme?«, sprach Mary sie an.

»Ich weiß nicht, was das alles hier soll. Ich sehe eigentlich gar keine Veranlassung für eine Eheberatung. Wenn mein Mann glaubt, dass er Probleme hat, dann sollte er mich nicht mit hineinziehen!«, meinte sie gereizt.

»Das kann ja wohl nicht wahr sein!«, unterbrach sie Hartmut aggressiv. »Du bist doch diejenige, die an allem schuld ist!«

»Ah ja, und was wäre das?«, fragte Elvira aggressiv.

»Wenn du es genau wissen willst, hat alles damit angefangen, dass du immer weniger Lust hattest, mit mir zu schlafen.«

»Mein Gott, jetzt geht das wieder los! Immer die gleiche Leier. Ich habe wirklich keine Lust, mich in diesem Punkt ständig zu rechtfertigen. Ich lasse mir keine Schuldgefühle mehr von dir einreden. Wenn du damit ein Problem hast, ist das deine Sache.«

Mary fand es total lustig, wie die beiden sich angifteten. Sie empfand dies als ein interessantes Spiel, das die beiden für sie initiiert hatten.

Hartmut wandte sich, nach einer Verbündeten suchend, jetzt an Mary: »Sehen Sie, das tut sie immer. Alles ist angeblich mein Problem, und sie hat überhaupt nichts damit zu tun!«

»Worin genau besteht denn das Problem eigentlich?«, wollte Mary jetzt wissen.

»Das habe ich doch gesagt. Sie will nicht mehr mit mir schlafen.«

»Und was erwarten Sie jetzt von mir?«, fragte Mary neugierig.

»Ich denke, wir sollten die Gründe besprechen, warum sie so selten mit mir schlafen will.«

»Jetzt reicht's mir aber!«, mischte sich Elvira ein. »Ich lasse mich von dir nicht mehr länger unter Druck setzen!«

»Hätten Sie denn noch Lust auf Sex, wenn Ihr Partner Sie dazu zwingen wollte?«, fragte Elvira jetzt Mary, um sie als Verbündete gegen Hartmut zu gewinnen.

In diesem Moment wurde Mary klar, worin das Problem bestand. Elvira beurteilte das Verhalten Hartmuts als Zwang und damit als Einschränkung ihrer Entscheidungsfreiheit. Wann immer Menschen das tun, fühlen sie sich unglücklich, hatte Mary von Ella gelernt. Offensichtlich fühlte sich Hartmut jedoch auch unglücklich. Sollte das bedeuten, dass auch er in das Verhalten von Elvira eine Einschränkung seiner Entscheidungsfreiheit hineingedeutet hatte? Mary beschloss, dies herauszufinden.

»Ich denke, eine Frau ist keine Maschine«, fuhr Elvira aggressiv fort. »Ich habe nun mal nicht immer Lust auf Sex. Meiner Meinung nach wäre es nötig, dass Hartmut das akzeptiert. Wir sollten dann Sex haben, wenn wir beide Lust dazu haben und es sich eben einfach ergibt.«

»Das hört sich ganz vernünftig an«, meinte Mary.

»Ja, aber du hast ja nie Lust! Wenn wir das auf diese Weise machen, dann kann ich warten, bis ich schwarz werde«, erwiderte Hartmut.

»Das stimmt nicht. Wenn du nicht immer so drängst, kann es gut sein, dass ich öfter mal Lust habe, mit dir zu schlafen. Nur vielleicht nicht so oft, wie du das willst. Und vor allem nicht immer genau dann, wann du willst.«

»Ja, und das würde bedeuten, dass wir immer nur dann Sex haben, wenn du Lust hast. Du bekommst also deinen Sex, wann du willst, und ich nicht. Das ist doch ungerecht!«

»Was ist ungerecht, Hartmut?«, wollte Mary wissen.

»Na, dass Elvira bestimmt, wann wir Sex haben und wann nicht.«

Mary wurde klar, dass Hartmut tatsächlich ebenfalls ein Problem mit seiner Entscheidungsfreiheit hatte. Er war der Meinung, dass Elvira darüber bestimmte, wann sie Sex hatten, und er in diesem Punkt keine Entscheidungsfreiheit besaß. Doch wie kam er zu dieser Beurteilung? Das interessierte Mary sehr. »Ich verstehe das nicht ganz. Wieso bestimmt Elvira das?«

»Weil sie so selten Lust hat, dass ich immer bereit bin, mit ihr zu schlafen, wenn sie endlich mal will. Sonst würden wir ja nie Sex haben«, erklärte Hartmut frustriert.

»Heißt das, Sie haben das Gefühl, dass Elvira über Sie bestimmt, weil Sie immer Lust auf Sex haben und Elvira nicht?«, wollte Mary wissen.

»Ich glaube, lieber Hartmut, du verdrehst wieder mal

alles«, meinte Elvira. »Du tust ja gerade so, als würde ich dich entmündigen, weil ich seltener Lust auf Sex habe als du. Das ist doch wohl nicht dein Ernst!«

»Du bestimmst über mich«, antwortete Hartmut aggressiv, »und das lasse ich mir nicht länger gefallen!«

»Indem stattdessen du jetzt über mich bestimmen willst oder was?«, giftete Elvira zurück.

Mary wurde langsam klar, was mit den beiden los war. Sie hatten ganz offensichtlich das gleiche Problem und wehrten sich dagegen, dass der jeweils andere über sie bestimmte. Beide fühlten sich auf eine Art unter Druck gesetzt und in ihrer Freiheit eingeschränkt.

Mary wollte noch einmal sichergehen, ob sie die Zusammenhänge richtig verstanden hatte, und fragte bei den beiden nach. »Lassen Sie mich den Sachverhalt einmal zusammenfassen und korrigieren Sie mich, wenn ich etwas Falsches sage: So, wie ich das sehe, liegt das Problem einzig und allein darin, dass Sie sich beide in Ihrer Entscheidungsfreiheit eingeschränkt fühlen. Sie, Elvira, haben das Gefühl, dass Hartmut Sie zwingen will, öfter mit ihm zu schlafen, als Sie möchten. Damit lässt er Ihnen nicht die Entscheidung, dann Sex haben zu können, wenn Sie das auch wirklich wollen. Und Sie, Hartmut, haben das Gefühl, dass Sie keine Entscheidungsfreiheit darüber haben, wie oft und wann Sie Sex haben können. Sie beide wehren sich dagegen, dominiert zu werden. Sie beide haben das gleiche Problem. Sie erkennen nicht, dass Sie aber in Wirklichkeit selbst über Ihr Leben bestimmen und nicht Ihr Partner. Ist das richtig so?«, fragte Mary sehr erfreut, denn sie glaubte, vollkommen verstanden zu haben, wie die beiden sich ihre Probleme machten.

»Ich kann ohne Sex einfach nicht leben!«, erklärte Hartmut verzweifelt. »Ich habe es versucht, aber ich denke den ganzen Tag daran. An nichts kann ich mich mehr erfreuen. Ich spüre immer nur den Frust darüber, dass ich keinen Sex haben kann. Alles andere ist mir mittlerweile total egal geworden. Mir geht es von Tag zu Tag schlechter. Deshalb würde ich mich sogar von dir trennen, obwohl ich dich immer noch sehr liebe.«

»Das hast du mir schon lange nicht mehr gesagt«, sagte Elvira ergriffen. »Ich liebe dich doch auch. Obwohl wir dieses Problem haben. Ich will nicht, dass wir uns deswegen trennen. Lass uns versuchen, die Situation in den Griff zu bekommen! Vielleicht kommen wir wirklich da raus, wenn wir uns immer wieder klar machen, dass wir tatsächlich nicht voneinander dominiert werden.«

Die beiden umarmten sich und bedankten sich bei Mary für ihre Hilfe. Nachdem sie die Sitzung bezahlt hatten, verließen die beiden ihre Wohnung.

Mary wurde zum ersten Mal mit Geld konfrontiert. Sie wusste nicht, was sie damit anfangen sollte. Sie dachte, es sei ein Geschenk von Hartmut und Elvira und nur dazu bestimmt, hübsch auszusehen. Sie bedankte sich für das Geschenk und freute sich über die neuen Erfahrungen, die sie gemacht hatte.

Das Gespräch hatte Mary sehr ermüdet. Sie spürte, dass ihr Körper nach einer Ruhephase verlangte. Daher legte sie sich auf die Couch und dachte noch einmal über das Gespräch nach. Nach einer Weile schlief sie entspannt ein.

Als sie zu träumen begann, wurde ihr Geist wieder klarer, und sie beschloss, das eben Erlebte mit Ella zu besprechen. Sie teleportierte sich direkt in die Bewusstseinsebene von ihr. »Hallo, Ella! Danke für die schöne Situation von eben.«

Ella erwiderte den Gruß mit einem freundlichen Nicken. »Was hat dir denn so gut gefallen an der Situation?«, fragte sie.

»Oh, ich habe das Gefühl, dass ich viel über die Entscheidungsfreiheit gelernt habe. Ich habe erkannt, dass man nicht zu viel darüber nachdenken darf. Sobald man über die angebliche Einschränkung der Entscheidungsfreiheit nachdenkt, erkennt man, dass sie kein Zwang ist, sondern immer die eigene Entscheidung. Und schon geht das ganze schöne Spiel mit dem Unglücklichsein kaputt.«

»Ich sehe, du beginnst zu verstehen«, erkannte Ella. »Ich denke, es ist jetzt an der Zeit, zur nächsten Stufe des Unglücklichseins überzugehen. Das Thema Entscheidungsfreiheit ist nur eines von sechs Spielen, mit denen du dich unglücklich machen kannst. Die Basis aller sechs Spiele gründet sich auf den menschlichen Instinkten. Nehmen wir zum Beispiel wieder das Gespräch mit Hartmut und Elvira: Elvira konnte sich nur deshalb in ihrer Entscheidungsfreiheit eingeschränkt fühlen, weil Hartmut versucht hat, Macht auf sie auszuüben. Hartmut hat also mit dem Spiel begonnen. Er war auch der Erste, der sich in diesem Spiel unglücklich gefühlt hat. Hartmut hat angefangen zu glauben, dass er nur glücklich sein kann, wenn Elvira sich so verhält, wie er das für richtig hält. Um seine Probleme auszulösen, musste Hartmut etwas von Elvira erwarten.

Und das ist generell wichtig, wenn du Macht auf andere ausüben willst: Du musst etwas von ihnen erwarten. Wenn diese deine Erwartung nicht erfüllen, musst du versuchen, sie dazu zu bringen, es doch zu tun. Du musst das Gefühl aufbauen, dass du das, was du dir erwartest, unbedingt brauchst. Und du musst davon ausgehen, dass es dir nur die anderen geben können, nicht du selbst. Sonst funktioniert das Ganze nicht.«

»Das ist aber ganz schön schwierig, Ella. Woher weiß ich denn, was ich erwarten muss? Und wie kann ich das Gefühl bekommen, etwas zu brauchen? Und dann muss ich auch noch ernsthaft glauben, dass mir nur andere Menschen das geben können, was ich brauche? Ich glaube, es ist vielleicht doch noch ein wenig zu früh für diese Aufgabe.«

»Du wirst alles verstehen, sobald du mit Menschen zusammenkommst, die das Spiel perfekt beherrschen«, beruhigte sie Ella. »Es ist gar nicht so kompliziert, wie es sich momentan für dich anhört. Gehe einfach Schritt für

Schritt vor. Du kannst nicht alles gleich richtig machen. Kümmere dich zunächst erst einmal darum, zu verstehen, was Erwartungen sind und wie sie sich auswirken.«

»Okay, Ella. Ich denke, das kann ich. Eine dieser Auswirkungen habe ich ja bereits verstanden: Wenn ich eine Erwartung an jemanden richte und der andere nicht tut, was ich will, kann ich mich in meiner Entscheidungsfreiheit eingeschränkt fühlen. Machen die anderen Spiele der Menschen auch so viel Spaß?«

»Manche sind sogar noch amüsanter. Aber diese wären für dich momentan noch unverständlich«, erwiderte Ella.

»Gut, Ella, dann gehe ich jetzt zurück in die Menschenwelt und erwarte die nächste Lektion.«

»Okay, viel Spaß.«

Nach diesem Gespräch schlief Mary sehr lange weiter. Ihr Körper hatte sich noch nicht vollständig auf ihren Geist eingestellt und brauchte deshalb noch sehr viel Schlaf. Mary spürte auf einer sehr tiefen Bewusstseinsebene die Anpassungsversuche ihres Körpers.

Als sie schließlich aufwachte, war es schon Nachmittag geworden. Ihr Körper verlangte schon wieder nach etwas Essbarem. Sie machte sich also erneut über ihren Kühlschrank her. Da ihr das Essen nicht sonderlich schmeckte, aß sie nur so viel wie nötig. Nach zweimaligem vergeblichem Bemühen, den Geschmack einer Mahlzeit positiv zu gestalten, beschloss sie, diese Kunst lieber von anderen Menschen zu lernen.

So wie es aussah, bekam ihr Körper alle vier bis fünf Stunden Hunger. Sie hatte bis zur nächsten Mahlzeit also noch genügend Zeit, um etwas in Erfahrung zu bringen. Sie ging hinaus auf die Straße und fragte einen Mann, der gerade vorbeikam, ob er wüsste, wie man zu einem wohlschmeckenden Essen käme. Dieser zeigte sich sehr freundlich und erklärte ihr, dass in der Nähe ein Grieche, ein Italiener und ein Chinese seien. Verwirrt bedankte sich Mary für die Antwort, mit der sie nicht viel anfangen konnte. Sie hätte gerne noch ein paar erklärende Worte gehört. Doch sie merkte, dass ihr Gegenüber es eilig hatte und weiter wollte.

Was hatten ein Grieche, ein Italiener und ein Chinese mit einem guten Essen zu tun? Mary konnte sich keinen Reim darauf machen. Der Grieche sei gleich hier um die Ecke, hatte der Mann gesagt. Mary bog ab, doch an der besagten Stelle stand niemand. Es war kein einziger Mensch auf der Straße.

Während Mary so dastand und überlegte, kam eine Frau mit Kinderwagen aus einem Haus. Mary fragte diese Frau nach dem Griechen.

»Wollen Sie mich auf den Arm nehmen? Sie stehen doch direkt davor!«, war die seltsame Antwort auf Marys Frage.

Langsam merkte Mary, dass mit der Bezeichnung Grieche kein Mensch gemeint sein konnte. Es musste sich um etwas anderes handeln. Hier gab es aber nichts als Häuser und die Straße. Mary sah sich die Häuser daraufhin genauer an. Das Haus, vor dem sie stand, wirkte etwas anders als die Nachbarhäuser.

»Vielleicht ist das der Grieche?«, dachte sie, ging zur Eingangstür und suchte die Klingel. Doch es gab keine. Die Tür stand seltsamerweise offen. Mary trat vorsichtig ein.

»Was für eine seltsame Wohnung!«, stellte sie fest. »Hier müssen sehr viele Leute wohnen. In diesem Zimmer sind ja Stühle für mindestens vierzig Leute. Wo schlafen die denn alle? Das Haus ist doch gar nicht so groß.«

Mary war so beeindruckt, dass sie den Mann, der hinter dem Tresen stand, zunächst gar nicht bemerkte. Bis dieser sie schließlich fragte, ob er ihr helfen könnte. Mary begrüßte den Mann freundlich. »Können Sie mir vielleicht sagen, wie ich zu einem guten Essen komme?«

Der Mann lächelte amüsiert und erwiderte scherzhaft: »Wenn Sie das Geschirr in der Küche abspülen, dann werde ich Ihnen vielleicht etwas zu essen geben.«

Mary empfand diese Antwort als sehr seltsam. »Aber was soll's«, dachte sie und willigte ein.

»Sehr schön!«, sagte der Mann.

»Wo ist denn das Geschirr?«, wollte Mary jetzt wissen.

»Sie wollen doch nicht wirklich das Geschirr spülen?!«, meinte der Wirt, der langsam merkte, dass Mary seine Worte ernst gemeint hatte.

»Wieso nicht? Dafür bekomme ich doch etwas zu essen?«, fragte sie verwundert.

»Das war doch nur ein Scherz. Wenn Sie hier etwas essen wollen, dann müssen Sie dafür bezahlen. Außerdem öffnet unsere Küche erst um 18 Uhr.«

»Wie geht das mit dem Bezahlen?«, wollte Mary wissen.

Der Mann sah Mary sehr seltsam an. Schließlich fragte er: »Ist mit Ihnen alles in Ordnung? Stehen Sie unter Schock oder so etwas Ähnliches?«

Mary wusste nicht, was der Mann meinte, und bejahte vorsichtshalber seine Fragen.

»Soll ich Ihnen einen Krankenwagen rufen oder ein Taxi?«, erkundigte sich der Mann besorgt. »Setzen Sie sich doch erst mal hin!« Er führte Mary zu einem Stuhl und half ihr, darauf Platz zu nehmen.

Mary merkte, dass sie irgendetwas Falsches gesagt haben musste. Der Mann hatte ab dem Zeitpunkt so seltsam reagiert, als sie ihn gefragt hatte, wie das mit dem Bezahlen ginge. Offensichtlich durfte man diese Frage nicht stellen. Mary wusste nicht, wie sie sich jetzt verhalten sollte.

Als der Mann wieder hinter den Tresen ging, um zu telefonieren, stand Mary auf und verließ das Restaurant. »Dann bis um 18 Uhr. Auf Wiedersehen!«, rief sie dem Wirt beim Hinausgehen zu. Sie lief schnell wieder nach Hause, um in Ruhe darüber nachzudenken, was sie gerade erlebt hatte.

Als sie wieder sicher in ihrem Wohnzimmer saß, wurde ihr langsam klar, dass die Ereignisse von eben irgendetwas mit Erwartungen zu tun haben mussten. Das war schließlich zurzeit ihr Lernthema. Allmählich wurde ihr die Situation etwas klarer. Die letzte Stunde hatte voller Erwartungen gesteckt. Angefangen hatte es mit der Erwartung, dass sie wieder Hunger bekommen würde. Daraufhin hatte Mary die Entscheidung getroffen, etwas zu unternehmen, um zu einem besseren Essen zu kommen. »Menschen handeln also nach ihren Erwartungen«, erkannte sie. Als Nächstes hatte sie erwartet, einen Menschen anzutreffen, als sie den Mann auf der Straße nach etwas zu essen fragte und dieser ihr einen Griechen, einen Italiener und einen Chinesen empfahl. Mary erkannte, dass ihre Erwartung sie dazu gebracht hatte, etwas ganz Bestimmtes zu suchen. Ihre Wahrnehmung war sehr stark auf das beschränkt, was sie erwartete.

Als Nächstes hatte die Frau mit dem Kinderwagen sehr seltsam reagiert, als Mary sie nach dem Griechen fragte. Sie tat dies, weil sie erwartete, dass Mary gleich bemerken würde, dass sie vor dem Griechen stand. Und bei dem Gespräch mit dem Wirt des Restaurants hatte es diese vielen Missverständnisse auch nur gegeben, weil jeder gewisse Erwartungen an den anderen stellte. Mary war nicht in der Lage gewesen, diesen Mann richtig zu verstehen, denn sie hatte ganz andere Erwartungen gehabt als er.

Langsam begann sie zu begreifen, wie sehr Erwartungen das subjektive Erleben von Menschen beeinflussten. Die gesamte Wahrnehmung ihrer Realität hing von diesen Erwartungen ab. Jegliches Handeln und Denken erhielt erst durch Erwartungen einen Sinn. Es ging bei ihrem derzeitigen Lernprozess also nicht nur um das Verstehen, welche Phänomene Erwartungen hervorbringen konnten, wie beispielsweise das Problem mit der Schuld, sondern es ging vielmehr um die Erkenntnis, dass Menschen allen Ereignissen erst durch ihre Erwartungen eine Bedeutung gaben. Nur so konnten sie beurteilen, ob etwas gut oder schlecht war und ob sie zufrieden oder unzufrieden sein mussten.

Mary erkannte, dass das Thema Erwartungen unendlich viel Spielraum bot, um Probleme zu schaffen. Sie spürte, dass sie einen großen Schritt vorangekommen war, um irgendwann ein richtiger Mensch zu werden. Ihr war zwar noch nicht so ganz klar, wie sie ihre Erwartungen gestalten musste, um auch wirklich unglücklich zu werden. Doch sie war zuversichtlich, auch dies noch zu lernen.

Allmählich spürte sie, wie ein Hungergefühl in ihr aufstieg. Sie hatte allerdings wenig Lust, wieder über ihren Kühlschrank herzufallen. Und zum Griechen fühlte sie sich auch nicht gerade hingezogen. Sie überlegte, wie sie herausbekommen könnte, warum der Grieche so seltsam reagiert hatte, als sie sich nach dem Bezahlen erkundigte. Einen fremden Menschen konnte sie wohl nicht danach fragen. Und Ella würde sie erst heute Nacht fragen können.

Plötzlich kam sie auf die Idee, den Fernseher einzuschalten, der in ihrem Wohnzimmer stand. Sie konnte sich noch daran erinnern, dass sie zusammen mit Julie in diesem Kasten Bilder über die Menschenwelt gesehen hatte. Vielleicht konnte sie auf diese Weise ganz unverfänglich etwas lernen. Nachdem sie herausgefunden hatte, wie dieser Kasten angestellt werden konnte, starrte sie wie gebannt in die Röhre. Dieser Fernseher war nicht zu vergleichen mit dem von Julie. Er war viel kleiner, und auch das Bild sah nicht so echt aus wie bei Julies Fernseher. Aber vor allem nahm ihr Fernseher dummerweise keine Anweisungen entgegen. Sie sagte ihm unentwegt, was sie sehen wollte, aber er reagierte einfach nicht.

Nach einer Weile begann Mary, sich für die Bedienknöpfe am Fernseher zu interessieren. Als sie darauf drückte, schaltete das Gerät plötzlich auf einen anderen Kanal. Mary machte noch ein letztes Mal den Versuch, dem Fernseher zu sagen, was sie sehen wollte, und drückte gleichzeitig auf einen Knopf. Sie schaltete zufällig auf einen Kanal um, auf dem gerade Werbung lief.

Mary war begeistert von den vielen schönen Sachen, die dort gezeigt wurden. Nach ein paar Minuten begann sie zu merken, dass der Fernseher irgendetwas damit bezweckte, diese kleinen Filme zu zeigen. Mary hatte das Gefühl, als ob er sie dazu bringen wollte, all diese schönen Sachen haben zu wollen. Sie fragte sich, warum der Fernseher das wohl machte. Und wie sollte sie diese Sachen bekommen?

Sie verfolgte weiterhin aufmerksam die Werbesendung. Es gab viele Aussagen innerhalb dieser kleinen Filme, die Mary nicht verstand. Es wurde oft von »günstig«

gesprochen oder von »preiswert«. Zu Anfang fielen ihr diese Begriffe nicht sonderlich auf. Doch bald merkte sie, dass genau diese Worte Dreh- und Angelpunkt des ganzen Spiels sein mussten.

Dann kam der Moment, der Mary die Augen öffnete: In einem Werbefilm über ein Auto wurde gesagt, man könne das Auto bereits heute kaufen und müsse es erst in drei Monaten bezahlen.

»Bezahlen! Das war doch das schlimme Wort, das die seltsame Reaktion bei dem Griechen ausgelöst hat«, dachte Mary. »Bezahlen muss etwas so Selbstverständliches sein, dass sich keiner vorstellen kann, dass man das nicht kennt.«

Jetzt verstand sie, warum der Grieche so komisch reagiert hatte. Offensichtlich funktionierte das Spiel so, dass man für alles, was der Fernseher zeigte, bezahlen musste – genau wie beim Griechen für das Essen.

»Aber was genau ist Bezahlen?«

Der Werbeblock war zu Ende, und es ging mit einem Spielfilm weiter. Mary wollte jedoch lieber weiterhin diese hübschen kleinen Filmchen sehen und sagte dies dem Fernseher. Doch der reagierte nicht. Sie probierte es also noch einmal mit lauterer Stimme und drückte dabei auf einen der Knöpfe. Der Fernseher schaltete zwar um, aber auf dem anderen Kanal lief keine Werbung. Mary versuchte es weiter. Sie probierte einen anderen Knopf und fragte den Fernseher dabei, was Bezahlen ist. Zufällig schaltete sie auf eine Krimiserie und beobachtete, wie ein

Mann einem anderen einen Beutel mit weißem Pulver gab und dieser ihm dafür einen Koffer hinstellte. Als der Koffer geöffnet wurde, fing Mary schallend an zu lachen. Der Koffer war mit den gleichen kleinen Bildchen gefüllt, die sie von Hartmut und Elvira geschenkt bekommen hatte. Das musste wohl Bezahlen sein. Sie selbst war also auch schon einmal bezahlt worden.

»So funktioniert das Spiel also«, dachte sie. »Wenn mir jemand etwas gibt oder wenn er etwas für mich tut, dann gebe ich ihm dafür diese Bildchen. Das ist ein lustiges Spiel. Ich habe etwas für Hartmut und Elvira getan und bekam dafür die Bildchen. Wenn der Grieche mir etwas zu essen gibt, dann bekommt er dafür ebenfalls solche Bildchen.«

Mary bedankte sich bei dem Fernseher für diese Information und ging wieder nach draußen. Sie wollte jemanden nach dem Italiener oder dem Chinesen fragen, denn sie vermutete, dass der Grieche sich wieder so komisch verhalten würde.

Auf der Straße traf sie eine Frau, die einen Hund ausführte. Mary fand den kleinen Hund sehr lustig. Sie hatte so etwas noch nie gesehen. Doch ihr Magen schien im Moment wichtiger zu sein als der Hund. Die Frau wusste glücklicherweise den Weg zum Italiener und erklärte ihn ihr. Dieses Mal wusste Mary, wonach sie suchen musste, und fand den Italiener auf Anhieb. In ihren Augen sah der Italiener genauso aus wie der Grieche. Nur waren dieses Mal viele Leute zugegen.

Mary wurde von einer Frau angesprochen, die ihr einen Tisch zuwies. Die Frau war sehr nett. Sie brachte ihr etwas zu trinken und die so genannte Karte. Das war ein kleines Buch, in dem alles stand, was man hier essen konnte. Mary war von den Seelen mit der Fähigkeit ausgestattet worden, zu lesen, was sie in diesem Augenblick erst bewusst realisierte. Sie fand es toll, auf diese Weise Informationen zu erhalten. Sie suchte sich etwas aus der Karte aus, was sich vom Namen her gut anhörte. Sie sagte es der Bedienung und bekam nach einer Viertelstunde ihr Essen. Es schmeckte vorzüglich – sogar noch besser als bei Codiac.

Nachdem sie gegessen hatte, wollte Mary der Bedienung die kleinen Bildchen geben. Sie hatte 80 Euro für ihre Arbeit mit Hartmut und Elvira bekommen. Die Bedienung schaute sie verwundert an, als sie merkte, dass Mary es ernst meinte. Sie erklärte ihr, dass dies viel zu viel sei und dass das Essen nur 7,50 Euro kosten würde. Mary verstand nicht, was sie damit meinte. Die Bedienung gab ihr zwei von ihren eigenen Bildchen zurück und zusätzlich noch mehrere andere. Mary bekam sogar noch ein paar runde Metallstücke dazu.

»Das ist aber komisch«, dachte Mary. »Ich habe ihr drei Bildchen gegeben, und sie gibt mir ganz viele zurück. Vielleicht habe ich das mit dem Bezahlen doch falsch verstanden?«

Auf jeden Fall wollte Mary wieder hierherkommen, denn hier bekam sie richtig gutes Essen. Auf dem Weg nach Hause spürte sie, wie müde sie das Essen gemacht hatte. Sie beschloss, sich schlafen zu legen und im Traum Ella aufzusuchen.

Nachdem sie in ihrem Bett eingeschlafen war, teleportierte sie sich in die Bewusstseinsebene von Ella. »Hallo, Ella. Ich habe eine Menge Fragen.«

»Hallo, Mary. Ich weiß, was du wissen willst. Du hättest gerne alle Informationen, die das gesellschaftliche Zusammenleben betreffen. Aber ich habe dir diese Informationen bisher bewusst nicht gegeben, um dich selbst erleben zu lassen, was Erwartungen sind. Auf diese Weise konntest du die Begriffe, die auf der Erde verwendet werden, nicht direkt verstehen. Dadurch hast du gemerkt, dass deine Erwartungen allen Dingen einen eigenen Wert geben. Hätte ich dir alle Informationen gegeben, die die Menschen besitzen, so wäre dir durch die große Übereinstimmung mit den anderen Menschen niemals aufgefallen, wie sich Erwartungen auswirken.«

»Das war eine tolle Idee, Ella. Ich bin schon sehr gespannt, was ich als Nächstes erleben werde«, meinte Mary neugierig und begeistert.

»Nun, wenn du einverstanden bist, dann werde ich dich weiterhin im Unklaren lassen, was die gesellschaftlichen Normen betrifft. Denn es gibt neben den Erwartungen noch viele andere Dinge, die ich dir leichter begreiflich machen kann, wenn du nicht vorher schon Bescheid weißt.«

»Okay, ich bin einverstanden«, stimmte Mary zu.

»Als Nächstes möchte ich dich erleben lassen, wie du

Erwartungen einsetzen musst, damit du dir damit Probleme schaffen kannst.«

»Das wird bestimmt sehr spannend«, freute sich Mary.

Die beiden verabschiedeten sich voneinander, und Mary fiel in ihren normalen Schlafzustand zurück.

Und damit endet unsere Geschichte für heute«, sagte meine Traumfrau und schaute mir tief in die Augen.

Allmählich wurde mir klar, dass mein Interesse an ihren Geschichten nicht nur darin bestand, in ihrer Nähe sein zu wollen. Ich spürte in mir auch Neugier aufsteigen, wie ich es wohl anstellte, mir selbst mit meinen Erwartungen Probleme zu erschaffen. Mitten in meinen Gedanken geschah etwas Unerwartetes: Meine heimliche Liebe erklärte, sie sei total müde. Sie wollte in ihr Apartment gehen und sich eine Weile hinlegen.

»Wann kommst du denn wieder?« Ich hatte diese Frage noch nicht ganz ausgesprochen, als mir klar wurde, dass ich schon wieder am klammern war. Mein Magen krampfte sich augenblicklich zusammen, und mir wurde heiß und kalt. Mir war klar, dass sie diese Frage als aufdringlich empfinden musste. Und dementsprechend fiel dann auch ihre Antwort aus.

»Ich weiß noch nicht, was ich nachher machen werde«, sagte sie und ging.

»So ein Mist! Ich habe es wieder mal total vermasselt«, begann ich mich zu beschimpfen. »Warum konnte ich nur meinen blöden Mund nicht halten? Das war's dann wohl. Wie soll ich das wieder in Ordnung bringen? Ich könnte mir die Zunge herausreißen!«

In dieser Weise redete ich eine ganze Weile auf mich ein. Wenn ich nicht ein kleines bisschen Hoffnung gehabt hätte, dass meine Traumfrau das Ganze vielleicht doch nicht so krass aufgefasst hatte, dann hätte ich meinem Leben wahrscheinlich gleich hier an Ort und Stelle ein Ende gesetzt.

Ich hatte keine andere Wahl. Ich musste abwarten, wie sie sich mir gegenüber in den nächsten Tagen verhalten würde. Wenn sie dann überhaupt noch hier sein würde, fiel mir mit Schrecken ein. Sie hatte bereits vorgestern gesagt, dass sie schon seit fast zwei Wochen hier sei. Möglicherweise würde sie morgen abreisen. Panik brach in mir aus.

Ich wollte mein Leben nicht so weiterführen wie bisher. Ich fühlte mich sehr einsam, wenn ich ehrlich war. Ich hatte gehofft, dass für mich nun zusammen mit ihr ein neues Leben beginnen würde. Doch im Moment sah alles so aus, als ob mein Leben bereits zu Ende sei. Die Chancen, dass sie sich in den nächsten zwei Tagen für mich als Partner entschied, waren realistisch betrachtet mehr als dürftig. Was konnte so eine tolle Frau auch an mir schon finden?

Ich wollte auf mein Zimmer gehen und mir die Decke über den Kopf ziehen. Doch dann entschied ich in meinem Frust, lieber zum Strand zu gehen. Zwar wollte ich keine Gesellschaft, aber andererseits auch nicht ganz allein sein. Ich setzte mich an eine Stelle, wo viele Leute waren, die mich alle nicht kannten.

Während ich so dasaß und aufs Meer hinausschaute, fühlte ich mich unsagbar deprimiert. Alles erschien mir hoffnungslos. Ich war so fertig mit der Welt, dass ich zunächst gar nicht bemerkte, wie sich jemand neben mich setzte. Ich erkannte erst, wer es war, als er mich ansprach.

»Ich habe das Gefühl, dass du ziemlich fertig bist. Kann ich dir irgendwie helfen?«, fragte Bodo, der Mann vom Nebentisch am Vorabend freundlich.

»Danke für dein Angebot. Aber ich denke nicht, dass mir da irgendjemand helfen kann. Da müsstest du schon hexen können.«

»Na, vielleicht kann ich das ja«, erwiderte Bodo lächelnd. »Möglicherweise würde es dir guttun, wenn du einmal über dein Problem reden würdest.«

Ich weiß nicht, warum – es war normalerweise nicht meine Art –, aber ich erzählte ihm die ganze Geschichte, vom Anfang bis zum vermeintlichen Ende.

Als ich damit fertig war, fragte mich Bodo: »Hast du dir schon mal überlegt, worin das eigentliche Problem besteht?«

»Wie meinst du das? Das habe ich dir doch eben erzählt«, gab ich verständnislos zurück.

»Du hast mir erzählt, was sich ereignet hat und wie du dich fühlst. Aber du hast mir nicht gesagt, was der Grund für deine schlechten Gefühle ist«, erwiderte Bodo.

»Ich verstehe nicht, auf was du hinauswillst. Das Problem ist, dass ich so nicht weiterleben will.«

»Wie würdest du denn leben wollen?«, wollte er wissen.

»Ich will mit ihr zusammen sein«, gab ich ohne Umschweife an.

»Versteh mich jetzt nicht falsch! Mir ist klar, dass du mit ihr zusammen sein willst. Aber ich weiß auch, dass es sehr nützlich für dich sein kann, wenn du weißt, warum du das überhaupt möchtest.«

»Ich habe das Gefühl, ich brauche sie wie die Luft zum Atmen«, erklärte ich verzweifelt.

»Wozu brauchst du sie genau?«

Diese Frage konnte ich so einfach gar nicht beantworten. Es dauerte einige Minuten, bis ich schließlich sagte: »Ich brauche sie, um leben zu wollen.«

»Warum brauchst du sie, um leben zu wollen?«, hakte Bodo nach.

Und wieder war ich zunächst nicht in der Lage, diese Frage zu beantworten.

»Ohne sie ist mein Leben so trist und unsinnig – so tot. Wenn ich mit ihr zusammen bin, habe ich das Gefühl, dass alles in Ordnung ist – dass ich lebendig bin.«

»Du willst also im Grunde genommen, dass alles in Ordnung ist, und deine Traumfrau, wie du sie nennst, wäre der Schlüssel zu diesem Ziel«, fasste Bodo zusammen.

»Das wäre sie«, stimmte ich zu. »Das Leben könnte so schön sein mit ihr zusammen.«

»Und ohne sie? Könnte dein Leben auch ohne sie schön sein?«

»Ganz klar, nein! Ich weiß, wie mein Leben bisher war. Ich habe immer nur darauf gewartet, dass mir eine Frau wie sie begegnet. Und nun habe ich sie getroffen und alles versaut.«

»Du sagtest, dein Leben könnte ohne sie nicht schön sein. Ist dir klar, dass dies dein eigentliches Ziel ist?«

»Was soll mein eigentliches Ziel sein?«, fragte ich verwundert.

»Du willst, dass dein Leben schön ist. Wenn du keine Chance mehr siehst, dieses Ziel zu erreichen, dann würdest du sogar deinem Leben ein Ende bereiten.«

»Das ist sicherlich richtig. Ich denke, das ist wohl bei jedem so. Aber das hilft mir momentan auch nicht weiter«, meinte ich frustriert.

»Du erkennst aber, dass dein wahres Problem nicht darin liegt, dass sie vielleicht nicht mit dir zusammen sein will, sondern darin, dass du glaubst, dein Ziel nicht erreichen zu können – das Ziel, dass dein Leben schön wird. Du glaubst, sie dazu zu brauchen.«

»Ich bilde mir das nicht ein«, wehrte ich mich. »Ich weiß, dass ich allein nicht glücklich werden kann. Ich habe lange genug allein gelebt, um das zu wissen.«

»Das ist auch der Grund, warum du so klammerst. Es ist klar, dass sie so reagiert hat«, meinte Bodo überzeugt.

»Wieso ist das klar?«, fragte ich alarmiert.

»Stell dir die Situation doch einmal umgekehrt vor!

Da ist jemand, der mit dir zusammen sein will, weil er sich dann gut fühlt. Allein kann er sich nicht gut fühlen. Aus diesem Grund versucht er ständig, in deiner Nähe zu sein.«

»Ich glaube, ich hätte ein bisschen das Gefühl, von ihm benutzt zu werden.«

»Ganz genau. Und wer will das schon?! Fast alle Menschen spüren es ganz genau, wenn man sie benutzen will. Das kannst du noch so geschickt verbergen – irgendwann merken sie es. Was dich selbst betrifft, gibt es aber noch ein anderes Problem, das durch das Gefühl, sie zu brauchen, entsteht. Und dieses würde ich als noch viel gravierender betrachten.«

»Was für ein Problem?«

»Du sagst, dass dein Leben mit ihr glücklich sein würde. Damit gibst du ihr die Verantwortung für dein Lebensglück. Wenn du sie dafür verantwortlich machst, dass es dir gut geht, dann würdest du sie auch dafür verantwortlich machen, wenn es dir mal schlecht geht.«

»Das würde ich niemals tun!«, entgegnete ich vehement.

»Du würdest es sicherlich nicht bewusst tun. Dein Gefühl spricht jedoch eine ganz eindeutige Sprache. Sie ist dafür verantwortlich, dass es dir gut geht. Verhält sie sich jedoch einmal nicht so, wie es dir guttut, wirst du ein Problem damit haben. Tut sie Dinge, mit denen du ein Problem hast, wird sie für dich das Problem sein. Du wirst dann automatisch versuchen, sie dazu zu bringen, sich so zu verhalten, wie du es für richtig hältst. Du wirst Macht auf sie ausüben und sie verändern wollen. Das wiederum wird sie nicht zulassen, und es wird zu dem allseits beliebten Machtkampf und möglicherweise zum Ende der Beziehung kommen.«

»Aber wie kann ich das ändern? Ich brauche sie doch wirklich«, fragte ich verzweifelt.

»Ich weiß, dass du glaubst, sie zu brauchen«, erwiderte Bodo. »Du bist dir hundertprozentig sicher. Aber es stimmt trotzdem nicht. Auch wenn alles für dich danach aussieht. Gefühle sind nicht immer die Wahrheit.«

»Mir ist klar, dass es besser wäre, wenn ich diese Gefühle nicht hätte. Aber wie werde ich sie los?«

»Indem du fühlst, dass es keine Wahrheit ist. Momentan empfindest du dieses Gefühl noch als Wahrheit«, betonte Bodo erneut. »Du fühlst es als Wahrheit, weil deine Gefühle so stark sind.«

»Und wie kann ich das ändern?«

»Es gibt eine einfache Regel, wenn es darum geht, warum Gefühle so stark werden. Du fühlst sie so intensiv, weil du einen Grund dazu hast.«

»Was meinst du genau damit?«, hakte ich nach.

»Du kannst beispielsweise an allem und jedem zweifeln«, begann Bodo zu erklären. »Du könntest zum Beispiel daran zweifeln, dass die Erde rund ist. Solange du jedoch keinen Grund hast, wirklich daran zu zweifeln, wirst du diesen Zweifel nicht ernst nehmen und ihn auch nicht wirklich fühlen können.

Oder du hoffst, dass du etwas bekommst. Wenn du keinen Grund hast, dies zu hoffen, spürst du auch kaum Hoffnung. Die Hoffnung ist dann nur in deinem Kopf, nicht aber in deinem Bauch. Bekommst du aber einen triftigen Grund zu hoffen, schlagen deine Gefühle Kapriolen. Überlege doch nur mal, was deine Gefühle machen würden, wenn du plötzlich Grund zur Hoffnung bekommen würdest, dass deine Traumfrau mit dir leben möchte.«

»Das wäre das Größte«, schwärmte ich.

»Siehst du, allein der Gedanke daran, einen Grund zur Hoffnung zu haben, gibt dir schon tolle Gefühle. Aber genauso schnell bekommst du auch schlechte Gefühle, wenn du einen Grund für schlechte Gefühle zu haben glaubst – zum Beispiel für das Gefühl, sie zu brauchen, um glücklich sein zu können.«

»Und wie werde ich dieses Gefühl jetzt los?«

»Indem du erkennst, dass der Grund für dein Gefühl nicht wahr ist«, meinte Bodo noch einmal.

»Wie soll ich das erkennen«, fragte ich frustriert. »Ich habe doch erlebt, dass es so ist. Ich habe erfahren, dass ich nicht glücklich sein kann, wenn ich allein sein muss. Das kann ich nicht einfach vergessen.«

»Das ist sicherlich richtig. Du kannst nicht einfach vergessen, was du erlebt hast. Aber du kannst deine Erfahrungen neu beurteilen, wenn du mehr über die Ursachen deiner Gefühle erfährst.«

»Ich dachte, die Ursache meiner Gefühle läge darin,

dass ich einen Grund für diese Gefühle habe«, sagte ich verwirrt.

»Die Tatsache, dass du einen Grund für deine Gefühle hast, ist nicht die Ursache deiner Gefühle. Es macht deine Gefühle nur intensiver. Die wahre Ursache deiner Gefühle liegt in deinen Instinkten begründet. Alle Menschen wollen instinktiv vermeiden, einsam zu sein. Das hat etwas mit dem Ursprung der Menschheit zu tun. In der Zeit, als unsere Instinkte entstanden, konnte man allein in der Wildnis nicht überleben. Man brauchte ein Rudel. Das Rudel zu verlassen, war gleichbedeutend mit dem sicheren Tod. Um zu vermeiden, dass Menschen das Rudel verlassen und allein ihr Glück suchen wollen, hat die Natur diesen Instinkt erschaffen. Nur durch diesen Instinkt hat die Menschheit überhaupt so lange überlebt.

Dein Instinkt hat also allen Grund dazu, dir die unangenehmsten Gefühle der Welt zu machen, wenn du allein bist. Er fürchtet um dein Leben. Mit den schrecklichen Gefühlen will er dich dazu bringen, diesen Zustand des Alleinseins so schnell wie irgend möglich zu beenden.«

»Ich würde ihn ja liebend gerne beenden. Das ist genau mein Problem«, sagte ich verzweifelt.

»Dein Problem ist, dass du dich allein *fühlst*«, korrigierte mich Bodo. »Du bist niemals wirklich allein. Du fühlst dich nur so. Und genau das kannst du ändern. Sobald du das änderst, sind deine schlechten Gefühle sofort weg.«

»Und wie kann ich das ändern?«

»Werde dir bewusst, dass du in Wirklichkeit in einem gigantisch großen Rudel lebst. Die ganze zivilisierte Welt ist dein Rudel! Wir beide und alle Menschen, die du um dich herum siehst, gehören zu diesem Rudel.«

»Das würde ich wirklich sehr gerne tun, aber wie soll ich mich so einfach zu allen zugehörig fühlen? Ich kenne sie ja noch nicht mal.«

»Gut, dann backen wir zunächst etwas kleinere Brötchen«, schlug Bodo vor. »Du hast sicher ein paar Freunde und Bekannte, die du ganz gerne magst, oder?«

»Ja, schon«, bemerkte ich skeptisch, »aber das ist nicht dasselbe.«

»Eine Freundschaft ist keine Beziehung, da gebe ich dir Recht. Trotzdem bist du nicht allein, wenn du Freunde hast. Du bist in Wirklichkeit nicht allein, aber du kannst dich so fühlen. Du kannst deine Freunde in deinem Gefühl unwichtig machen, weil du immerzu nur daran denkst, dass du eine Partnerin willst. Damit entsteht in deinem Kopf die Vorstellung, du wärst allein. Deine Freunde tauchen in dieser Vorstellung nicht auf, weil sie dir nicht wichtig genug sind. Nur eine Partnerin wäre wichtig genug. Doch die ist ja nicht da. Du siehst also in dieser Vorstellung nur dich und die Frau, die nicht da ist.

Nun hat dein Instinkt keine eigenen Augen und Ohren. Er ist darauf angewiesen, was du ihm an Vorstellungen in deinem Kopf zeigst. Bei dem Bild, das du ihm vermittelst, muss er davon ausgehen, dass du ganz allein bist. Infolgedessen wirst du dich auch so fühlen: nämlich einsam. Dieses Gefühl macht dir, wie gesagt, dein Instinkt, damit du diesen lebensgefährlichen Zustand schnellstmöglich abstellst. Es entsteht also die Fixierung auf eine Partnerschaft. Und wenn du Pech hast, entsteht sogar die Fixierung auf eine bestimmte Person.«

»Und wie kann ich das jetzt ändern?«

»Indem du das Bild von deinem Rudel in deinem Kopf korrigierst«, antwortete Bodo. »Was du dir unter deinem Rudel vorstellst, ist ja nicht wahr. In Wahrheit lebst du zusammen mit gigantisch vielen Menschen in einem Rudel. Viele davon kennst du bereits, und viele wirst du noch kennen lernen. In diesem Rudel gibt es eine Unmenge an Menschen, die zu deinen Freunden werden könnten. Unter ihnen sind auch viele Frauen, die eventuell als Partnerin für dich in Frage kämen.«

»Um ehrlich zu sein, kann ich mir nicht vorstellen, dass ich jemals wieder eine andere Frau lieben könnte«, sagte ich traurig.

»Warst du früher schon einmal verliebt?«

»Sicher!«

»Konntest du dir damals vorstellen, dass du jemals eine andere Frau lieben könntest?«

»Das weiß ich ehrlich gesagt nicht mehr«, antwortete ich aufrichtig.

»Wenn man richtig verliebt ist, kann man sich das nicht vorstellen. Dieses Gefühl gehört zum Verlieben dazu«, erklärte Bodo. »Auch das Verlieben wird von einem Instinkt ausgelöst. Durch das Verlieben soll eine dauerhafte und stabile Partnerbindung aufgebaut werden. Dazu gehört, dass man sich nicht vorstellen kann, jemals einen anderen Menschen lieben zu können. Dieses Gefühl soll dazu führen, dass man sich an den momentan auserwählten Menschen bindet.

Es ist also normal, dass du dir das nicht vorstellen kannst. Genauer gesagt kannst du es nicht fühlen. Vom Kopf her kannst du aber erkennen, dass du dich ziemlich sicher nach einiger Zeit doch wieder in einen anderen Menschen verlieben könntest. Und das genügt. Bring in die Vorstellung deines Rudels deshalb trotz deiner Verliebtheit ein paar potenzielle zukünftige Partnerinnen hinein. Schau dir deine Freunde und Bekannten an, die du jetzt schon hast. Schau dir auch zukünftige Freunde und Bekannte an, die zu deinem Rudel hinzustoßen werden, und bedenke die potenziellen Partnerinnen, die möglicherweise in der Zukunft auf dich warten.

So sieht deine Welt wirklich aus. Du bist also überhaupt nicht allein. Du kannst dich nur allein fühlen, wenn du deinen Instinkten eine falsche Wirklichkeit aufzeigst.«

»Es fühlt sich tatsächlich besser an, wenn ich mir diese ganzen Menschen vorstelle«, sagte ich beeindruckt.

»Dann denk doch bitte noch einmal an deine neue Liebe! Wie sieht es jetzt mit deinem Problem von vorhin aus?«

»Ich glaube, ich habe vorhin etwas übertrieben. Aber ich kann nicht sagen, dass ich sie jetzt nicht mehr haben will«, wandte ich ein.

»Das war auch nicht Sinn der Übung«, erklärte Bodo lächelnd. »Du merkst jetzt wahrscheinlich, dass es dein Leben nicht zerstören würde, wenn ihr beiden nicht zusammenkommen würdet?«

»Es ist unglaublich, aber so empfinde ich tatsächlich. Ich brauche sie nicht um jeden Preis, aber ich will sie immer noch.«

»Wir können jetzt etwas tun, was deine Gefühle noch besser macht«, schlug Bodo vor. »Je besser sie werden, desto größer werden nämlich deine Chancen, deine große Liebe für dich zu gewinnen.«

»Wieso das?«, fragte ich verwundert.

»Stell dir die ganze Sache doch mal umgekehrt vor«, bat mich Bodo. »Mal dir aus, du wärst sie! Vor dir stehen zwei Männer. Beide sehen gleich aus und sind auch sehr ähnlich in ihrer Art. Der einzige Unterschied zwischen den beiden besteht darin, dass der eine das Gefühl hat, er wird unglücklich sein, wenn du ihn nicht glücklich machst. Der andere weiß, dass er auch ohne dich glücklich sein wird, aber er will dich mehr als alles andere auf der Welt. Welchen würdest du nehmen?«

»Was für eine Frage! Auf keinen Fall würde ich den nehmen, der meint, ich müsste ihn glücklich machen!«, sagte ich beeindruckt. »Wie kann ich dafür sorgen, dass ich niemals so drauf bin wie der?«

»Das ist ganz einfach«, meinte Bodo erfreut. »Es gibt einen Weg, der ohne Umwege direkt zum Glück führt. Wenn du den gehst, wirst du nicht mehr das Gefühl haben, sie zu brauchen, denn glücklich bist du ja sowieso. Du wirst jedoch noch immer mit ihr zusammen sein wollen. Und zwar nicht um glücklich zu werden, sondern weil du glücklich bist!«

»Und was ist das für ein Weg?«, fragte ich wissbegierig.

»Wir haben vorhin schon einmal darüber gesprochen. Du willst, dass dein Leben schön ist. Nur deshalb wolltest du deine große Liebe für dich gewinnen. Die Frage ist, woran du eigentlich erkennen würdest, dass dein Leben schön ist?«

»Das ist eine seltsame Frage!«, bemerkte ich nachdenklich. »Ich spüre eben, dass bestimmte Dinge schön sind und andere nicht.«

»Und wie kannst du das eine vom anderen unterscheiden?«

»Das eine fühlt sich gut an und das andere nicht.«

»Deshalb sagt man auch, man empfindet etwas als schön. Und genau in diesem Empfinden liegt der Schlüssel zu einer glücklicheren Lebensweise!«, deutete Bodo gewichtig an.

»Wie genau soll das funktionieren?«, hakte ich ahnungslos nach.

»Ich schlage vor, dass wir nicht lange drumherum reden, sondern dass du es einfach selbst ausprobierst. Bist du also bereit für ein kleines Experiment?«

»Warum nicht?! Was muss ich tun?«

»Denke einmal an etwas, was du als schön empfindest, und danach an etwas, was du nicht magst.«

»Okay, mit meiner Traumfrau zusammen zu sein, ist schön. Mich einsam zu fühlen ist scheußlich.«

»Woran merkst du, dass das eine schön ist und das andere nicht? Wie genau fühlt sich das in deinem Körper an? Nehmen wir als Erstes das Gefühl, dass etwas nicht schön ist. Wo spürst du dieses Gefühl? Denk fest daran, dass es nicht schön ist, einsam zu sein!«

»Ich fühle ein dumpfes Gefühl in der Magengegend. Es ist ein flaues Druckgefühl. So, als würde mir ein Wackerstein im Magen liegen.«

»Okay. Dann schauen wir uns jetzt einmal das schöne Gefühl an. Denk also daran, wie es wäre, wenn du und deine neue Liebe tatsächlich zusammenkommen würdet. Wo in deinem Körper empfindest du dieses Gefühl?«

»In meiner Herzgegend. Um genau zu sein, eher in Herzhöhe in der Mitte meiner Brust. Es ist ein sehr angenehmes Gefühl.«

»Kannst du das Gefühl vielleicht noch ein wenig genauer beschreiben?«, bat Bodo. »Ist es ein Kribbeln, ein Pochen, ein Bitzeln, ein Vibrieren, ein Druck oder ein Zug?«

»Es ist ein leichtes Ziehen in der Brust. Aber ein sehr angenehmes Ziehen. Ein wenig kribbelt es auch.«

»Und fühlt es sich warm oder kalt an?«

»Das kann ich gar nicht so genau sagen. Spontan hätte ich gedacht, dass es warm sein muss. Aber ich kann die Wärme nicht direkt fühlen.«

»Das Ziehen, das du spürst, ist das ein elastisches Ziehen, oder fühlt sich dein Brustkorb eher starr an?«

»Es ist sehr elastisch! Und ganz weich und weit. Ich spüre es bei jedem Atemzug. Ich kann richtig frei durchatmen. Alles ist ganz leicht, weit und weich. Und es zieht sanft, ja fast liebevoll nach vorne. Um genau zu sein, zieht es nach schräg oben zum Himmel hinauf. Das fühlt sich echt gut an!«

»Konzentriere dich auf dieses Gefühl! Was passiert dabei?«

»Es breitet sich langsam aus. Ich spüre es jetzt auch im Hals und im Kopf. Und auch der Magen beginnt sanft zu kribbeln.«

»Lass dieses Gefühl noch ein wenig stärker werden! Und jetzt denk noch einmal über dein Leben nach!«

»Bodo, ein Wunder ist geschehen! Ich habe tatsächlich den Eindruck, dass mein Leben gar nicht so schlecht ist. Das ist unglaublich!«

»Jetzt denk bitte noch einmal an deine große Liebe! Wie sieht es nun mit dem Problem von vorhin aus?«

»Ich glaube, ich habe vorhin tatsächlich übertrieben. Ich habe jetzt das Gefühl, vollkommen frei zu sein. Ich brauche sie wirklich nicht, aber ich will sie immer noch.«

»Gebraucht hättest du sie nur, weil du dein Leben nicht als schön empfinden konntest, solange du alleine warst. Da du das jetzt tust, hast du nur das Gefühl, sie zu wollen. Wie würdest du jetzt deine Chancen beurteilen, sie für dich zu gewinnen? Sind sie in diesem emotionalen Zustand besser oder schlechter als in dem depressiven Zustand, in dem ich dich hier vorgefunden hatte?«

»Gar keine Frage! Viel besser! Das ist genial!«, schwärmte ich. »Wenn ich dieses Gefühl immer haben könnte, dann gäbe es eigentlich gar keine Probleme mehr in meinem Leben.«

»Du brauchst nur deine Aufmerksamkeit auf die Körperempfindungen dieses Gefühls zu lenken, und schon hast du es. Aber es gibt viele Fallen, in die du hineintappen kannst. Du wirst oft in deine alte, gewohnte Fühlweise zurückfallen. Wenn du das merkst, erinnere dich einfach an diese Körperempfindungen der Weite, Weichheit und des angenehmen kribbeligen Ziehens nach schräg oben. Stell dir diese Empfindungen fest vor. Mit ein wenig Übung werden deine Gefühle dadurch noch viel stärker.«

»Ich danke dir, du hast mir wirklich sehr geholfen«, rief ich voller Freude.

»Es war mir ein Vergnügen. Ich möchte dir noch sagen, dass es dank deines neuen Gefühls in den nächsten Tagen einige Überraschungen geben wird.«

»Was für Überraschungen?«, fragte ich verwundert.

»Das wirst du schon selbst herausfinden. Ich möchte dir den Spaß daran nicht nehmen. Ich muss jetzt auch los. Wir sehen uns.«

Es war komisch. Irgendwie machte hier jeder Andeutungen, dass ich etwas herausfinden würde. Und alle wollten mir den Spaß daran nicht verderben. Selbst meine Traumfrau hatte sich so ähnlich ausgedrückt, als sie mir von diesem Seminar erzählte, das kein wirkliches Seminar war.

Auf jeden Fall ging es mir momentan wieder richtig gut. Ich war zwar gelegentlich noch etwas wackelig in meinem neuen Gefühl, aber ich konnte es halten. Immer wenn der Druck auf die Magengegend zurückkam, machte ich mir klar, dass ich in einem riesigen Rudel lebte, und konzentrierte mich auf das weiche, elastische Ziehen in der Brust.

Nach einer Weile beschloss ich, am Strand spazieren zu gehen. Ich war so erfüllt von meinem schönen Gefühl, dass ich die Zeit total vergaß. Der Strand sah plötzlich sehr viel schöner aus. Es war sehr lebendig hier. Junge Bodybuilder trainierten an einer Reckstange, die am Strand aufgestellt war, andere machten im Sand ihre Gymnastikübungen.

Erst jetzt erkannte ich, dass die Sonne dem Wasser eine wunderschöne türkisgrüne Farbe verlieh. Auch fiel mir auf, wie viele wunderschöne Frauen es hier gab. Blind wie ich zuvor in meinem Frust gewesen war, hatte ich das alles nicht bemerkt.

Wieder ging mir durch den Kopf, zu meiner Traumfrau zurückzugehen. Doch ich wusste, dass diese Motivation nicht zu einem Erfolg führen würde. Mein Gefühl war noch nicht stabil genug dafür. Würde ich ihr zu früh begegnen, käme der Druck auf meine Magengegend sofort zurück und ich würde sie erneut bedrängen. Das durfte ich nicht zulassen.

Während ich so nachdachte und mich auf das gute Gefühl in der Brust konzentrierte, kam ich an einer kleinen Gruppe vorbei. Einige von ihnen waren am Morgen beim Volleyball dabei gewesen. Sie riefen mir zu, ich solle mich zu ihnen setzen. Ein junger Mann mit Rastalocken und Nickelbrille hatte eine Gitarre dabei. Er sagte mir, sie wollten sich hier den Sonnenuntergang ansehen und zusammen Lieder singen. Ich setzte mich also zu ihnen.

Ich hatte noch nie mit anderen Menschen zusammen gesungen. Ich sang zuweilen gern beim Autofahren, wenn mich keiner hörte. Auch dachte ich, dass sie wahrscheinlich sowieso nur Lieder singen würden, die ich nicht kannte – eben diese typischen Lagerfeuerlieder. Doch da hatte ich mich geirrt. Sie sangen moderne Popmusik – die gleichen Songs, die ich auch im Auto oft mitsang, wenn sie im Radio liefen. Ich kannte viele Texte auswendig. Es war so, als ob diese Leute die Musik genau auf mich abgestimmt hätten. Es machte mir viel Spaß, auch wenn ich mich nicht so richtig traute, laut zu singen.

Als wir bestimmt schon eine Stunde gesungen hatten, begann meine Stimme langsam frei zu werden. Bei vielen unserer Lieder war ich sogar der Einzige, der die Texte komplett auswendig konnte. Es geschah immer häufiger, dass ich ganze Passagen allein sang, nur begleitet von der Gitarre. Meine Hemmungen waren mittlerweile ganz verschwunden. Es war wunderschön, mit diesen Leuten zu singen. Ich hätte es mir vorher nie so schön vorgestellt.

Langsam wurde es spät, und der Sonnenuntergang stand kurz bevor. Zwischenzeitlich musste ich immer wieder einmal an *sie* denken. Aber ich konnte den Drang, zurück in meinen Bungalow zu gehen, um sie zu treffen, immer wieder vertreiben. Ich fühlte mich sehr wohl und dabei mehr und mehr unabhängig. Das Leben konnte so schön sein – sogar ohne meine Traumfrau.

Mitten in einem Lied, das ich wieder einmal fast allein sang, setzte sich plötzlich eine Frau neben mich. Ich erschrak fast zu Tode: Es war meine heimliche Liebe! Durch meine Inbrunst beim Singen hatte ich sie gar nicht kommen sehen. Plötzlich schnürte sich mir die Kehle zu. Ich hatte den Eindruck, dass ich nur noch krächzende Geräusche herausbringen konnte. Zum Glück war das Lied kurz darauf zu Ende.

Die Schönste aller Schönen wurde von der Gruppe herzlich begrüßt. Leider stellte sie sich auch hier nicht mit Namen vor. Es fragte auch niemand. Ich wusste also immer noch nicht, wie sie hieß.

Ich war total aufgeregt, dass sie sich neben mich gesetzt hatte. Offensichtlich hatte sie mir den Ausrutscher von heute Mittag doch nicht so übel genommen. Sie verhielt sich ganz normal. Ich war maßlos erleichtert, obwohl ich spürte, dass meine ganzen guten Vorsätze, von ihr unabhängig sein zu wollen, erst einmal dahin waren. Ich fühlte mich aber wieder so wohl in ihrer Nähe, dass mir das erst einmal egal war. Ich war gespannt, ob sie jetzt mitsingen würde, und auch darauf, ob ich selbst noch einen vernünftigen Ton herausbekommen könnte.

Sie sang mit. Und wie sie sang! Sie hatte eine tolle, klare Stimme. Man hätte fast glauben können, dass sie ihr Geld damit verdiente. Sie kannte seltsamerweise fast alle Texte, egal welches Lied wir anstimmten.

Nach einer Weile kam es, wie es kommen musste: Wir sangen in Begleitung der Gitarre viele Lieder zu zweit. Meine Stimme war durch die Hemmungslosigkeit, mit der sie sang, auch wieder frei geworden.

Während wir sangen, wurde mir immer wieder das schöne Gefühl in meiner Brust bewusst. Das elastische, weiche Ziehen hatte sich mittlerweile in meinem ganzen Körper ausgebreitet. So stark war es zuvor mit Bodo nicht gewesen. Es war einfach gigantisch!

Als dann schließlich die Sonne unterging und ich mit meiner heimlichen Liebe zusammen der Nacht entgegensang, war ich der glücklichste Mensch der Welt. Kein Gedanke daran, dass sie mich vielleicht nicht wollen könnte. Kein Gedanke daran, was morgen sein würde. Es gab für mich nur das Jetzt, alles andere war egal.

Sie und ich harmonierten immer besser beim Singen. Noch nie zuvor hatte ich zweistimmig gesungen, doch mit ihr war das kein Problem. Ich wurde immer lockerer und erlaubte mir zwischendurch, auch mal Quatsch zu machen. Bei Liedern, wo es um Herz und Schmerz ging, sahen wir uns mit schmachtenden Blicken an und lachten uns dabei halb schief.

Wir sangen bis tief in die Nacht hinein. Schließlich kam der Zeitpunkt, an dem die meisten der Gruppe nach Hause wollten. Ich fühlte mich kein bisschen müde und hätte noch ewig so weitermachen können. Aber es half nichts. Es wäre sehr unklug gewesen, meine Herzensdame zu fragen, ob sie noch ein wenig hierbleiben wollte.

Auf dem Rückweg zum Camp wurde wenig geredet. Sie fragte mich, ob wir morgen Abend das Gleiche machen würden. Ich sah darin eine Bestätigung, dass ich bei ihr zumindest als Gesangspartner erwünscht war. Es hatte ihr offensichtlich gefallen, mit mir zu singen. Ich sagte, dass ich das toll fände, und auch einige andere aus der Gruppe stimmten sofort zu.

Als wir an ihrem Bungalow ankamen, war es wieder so weit. Ich musste von ihr Abschied nehmen. Nur, wie sollte ich mich von ihr verabschieden? Mit einem Händedruck? Das war zu unpersönlich. Mit einem Küsschen auf die Wange oder einer Umarmung? Das war nun wieder zu persönlich.

Ich war so intensiv in meine Überlegungen vertieft, dass ich gar nicht bemerkte, dass schon alles gelaufen war. Sie sagte einfach »Gute Nacht« und verschwand in ihrem Bungalow.

Das war nun wirklich sehr unpersönlich. Für ein paar Minuten hatte ich wieder mit dem schlechten Gefühl zu kämpfen, dass sie sich vielleicht doch nicht für mich interessierte. Der flaue Druck auf meine Magengegend breitete sich unbarmherzig aus.

Doch dann erinnerte ich mich an das Gespräch mit Bodo. Ich schaffte es, die negativen Gefühle wieder aufzulösen, indem ich mir klarmachte, dass ich in Wirklichkeit eine Menge Leute kannte, die mich mochten. Ich hatte zwar keine Partnerin, aber ich war als Single wirklich nicht alleine!

Nachdem der Druck auf meinen Magen nachgelassen hatte, konzentrierte ich mich wieder auf das angenehme weiche Ziehen in meiner Brust. Es dauerte eine Weile, bis ich mir diese Körperempfindung vorstellen konnte, aber schließlich gelang es. Meine Brust fühlte sich schließlich weit und mein Herz offen an. Das war sehr schön.

Jetzt, mit diesem Gefühl, sah ich die Situation wieder ganz anders. Ich erinnerte mich an die Momente beim Singen, in denen wir herumgealbert und uns verliebt angesehen hatten. Das waren eindeutige Bestätigungen dafür, dass sie mich mochte. Ich konnte mir nicht vorstellen, dass dies von ihrer Seite aus nur gespielt gewesen war.

Als ich am nächsten Morgen aufwachte, war es schon recht spät und wieder ein wunderschöner Tag. Ich war immer noch erfüllt von den Gefühlen der letzten Nacht. Meine Gedanken beschäftigten sich immer wieder mit ihr. Ich hoffte, dass sie vielleicht genauso lange geschlafen hatte wie ich und dass ich sie beim Frühstück sehen würde. Doch sie kam nicht. Nach über zwei Stunden

Warterei wurden meine Gefühle immer schlechter. Die Euphorie, mit der ich am Morgen aufgestanden war, hatte sich nun endgültig verflüchtigt.

Zum Frühstücken war es eigentlich schon zu spät. Sie würde sicher auf keinen Fall mehr kommen. Ich überlegte, wo sie sonst noch sein könnte. Ich hoffte, dass sie überhaupt noch im Camp war und nicht über Nacht abgereist. Möglicherweise mochte sie keine Abschiede und hatte deshalb gestern nichts von ihrer Abreise gesagt. Andererseits konnte ich mir auch nicht vorstellen, dass sie in diesem Fall noch danach gefragt hätte, ob wir heute wieder gemeinsam singen wollten. Vermutlich war sie also nicht abgereist. Aber wo war sie?

Ich suchte überall nach ihr. Fast eine Stunde lang schlich ich um alle Bungalows herum, in der Hoffnung, sie irgendwo zu sehen. Ich fühlte mich mittlerweile richtig schlecht. Zwar dachte ich gelegentlich an das Gespräch mit Bodo, aber ich hatte keinen Nerv und keine Lust, mich wieder auf das weiche Ziehen in der Brust zu konzentrieren.

Ich lief noch einmal zu der Stelle, an der wir gestern gesungen hatten. Doch da war natürlich auch niemand. Ziemlich enttäuscht, dass ich sie nicht gefunden hatte, setzte ich mich in den Sand. Ich sah aufs Meer hinaus und fühlte mich wieder total einsam. Ich versank immer mehr in meiner depressiven Stimmung. In meinen Gedanken malte ich mir aus, dass sie weit weg von mir war und ich sie wahrscheinlich an diesem Tag nicht mehr sehen würde. Möglicherweise sogar nie wieder? Gelegentlich drehte ich mich um, ob sie vielleicht zufällig doch zu der Stelle von gestern kommen würde. Aber es war ja gerade erst Mittag, und wir wollten uns erst wieder am Abend dort treffen. Sicher war ich allerdings nicht mehr, dass sie und die anderen tatsächlich wieder dort sein würden. So verbindlich war das gestern nicht abgesprochen worden. Ich konnte also nur hoffen.

Nach einer Weile beschloss ich, ins Camp zurückzugehen, um nachzusehen, ob meine Traumfrau vielleicht doch irgendwo zu finden war. Auf dem Weg dorthin begegnete mir Bodo. Sofort wurde mir klar, dass ich mich wieder in meine alte Stimmung hatte hineinfallen lassen. Bodo hatte nicht viel Zeit. Wir sahen uns nur so im Vorbeigehen. Er fragte kurz: »Na, alles klar?«

»Geht so«, war meine ablenkende Antwort.

»Du bist wohl schon in die erste Falle getappt, stimmt's?«, erkundigte er sich.

»In welche Falle meinst du?«, fragte ich verwirrt.

»Hast du dein schönes Gefühl noch?«

»Momentan nicht so richtig«, gab ich zu.

»Ich habe jetzt leider keine Zeit. Wenn du willst, können wir uns später darüber unterhalten.«

»Das wäre ganz gut, denke ich.«

Und damit verschwand er und ließ mich nachdenklich zurück. Warum fühlte ich mich eigentlich so schlecht? Was war schon groß passiert? Hatte ich denn wirklich einen Grund dafür, mich einsam zu fühlen? Ich beschloss, mir das Gespräch von gestern mit Bodo noch einmal durch den Kopf gehen zu lassen.

»Das schlechte Gefühl löse ich dadurch auf, indem ich mir klarmache, dass es keine Wahrheit ist«, rief ich mir in Erinnerung. »Es stimmt nicht, dass ich einsam bin. Es ist nur eine falsche Vorstellung, die ich meinem Instinkt zeige. Damit sollte ich unbedingt aufhören. So, wie ich mich jetzt fühle, habe ich keine Chance, meine große Liebe für mich zu gewinnen. Ich sollte also schleunigst meine Gefühle in Ordnung bringen.«

Ich machte mir also erneut klar, dass ich nicht einsam, sondern lediglich Single war. Das war keine Krankheit, verdammt noch mal! Ich hatte viele Freunde – Menschen, denen ich etwas bedeutete. Menschen, denen es etwas ausmachen würde, wenn es mich nicht mehr gäbe. Ich war nicht alleine!

Es dauerte ein paar Minuten, bis meine Bemühungen Früchte trugen, doch dann löste sich der flaue Druck auf meinen Magen vollständig auf. Ich konnte wieder frei durchatmen.

Ich konzentrierte mich wieder auf meinen Brustkorb in der Herzgegend. Das weiche Ziehen konnte ich mir zunächst nicht zurückholen. Aber ich spürte die Weite und die Elastizität in der Brust, und das war auch schon sehr schön. Nachdem ich mich eine Weile mit diesem Empfinden beschäftigt hatte, stellte sich das weiche Ziehen in Richtung vorne oben immer mehr von selbst ein. Ich hatte den seltsamen Eindruck, als sei alles um mich herum strahlender und heller geworden. Die Welt sah durch dieses schöne Gefühl hindurch irgendwie viel schöner aus.

Ich konnte plötzlich gar nicht mehr verstehen, warum ich mich an diesem Morgen so fertiggemacht hatte. Es war doch eigentlich alles in Ordnung. Sogar mehr noch – eigentlich lief sogar alles sehr gut! Ich erinnerte mich wieder an die schönen Situationen von gestern, als ich mit meiner großen Liebe zusammen zweistimmig gesungen hatte. Das war so toll gewesen! Das musste ihr doch auch total gut gefallen haben.

Nach und nach stellte sich das Gefühl bei mir ein, dass ich meiner Traumfrau einfach nicht gleichgültig sein konnte. Ich konnte mir nicht vorstellen, dass nur ich allein mich in ihrer Gesellschaft so wohl fühlte.

Plötzlich spürte ich einen mächtigen Hunger. Durch meine miesen Gefühle hatte ich gar nicht bemerkt, dass ich völlig unterzuckert war. Ich beschloss, ins Camp zurückzugehen, um etwas zu essen. Zum ersten Mal ging ich meinen Weg, ohne darauf zu warten, dass ich ihr begegnen würde. Ich fühlte mich echt gut. Mir war klar, dass ich diesen Tag irgendwie genießen würde, mit ihr oder ohne sie.

Als ich bei meinem Bungalow ankam, sah ich die Gesangsgruppe vom Vorabend wieder am Pool beisammensitzen und mir zuwinken. Meine Traumfrau war nicht dabei. Ich freute mich sehr, diese Leute wieder zu sehen, und bemerkte, dass es mir gar nichts ausmachte, dass sie nicht da war. Sofort redeten wir wieder vom Singen. Wir beschlossen, an diesem Abend wieder das Gleiche zu tun.

Die Gruppe wollte in den Supermarkt fahren, um etwas einzukaufen. Ich entschied kurzerhand, mich ihnen anzuschließen. Bisher hatte ich von den Einkäufen meiner Mitbewohner gelebt. Es wurde so langsam Zeit, dass auch ich mal etwas dazu beisteuerte. Ich schaute also in der Küche nach, was wir noch gebrauchen könnten, und zog mit den anderen los zum Supermarkt.

Es muss wohl daran gelegen haben, dass wir alle mächtigen Hunger hatten: Wir luden unseren Einkaufswagen so voll, dass er fast die Grätsche machte. Solch einen Berg von Lebensmitteln im Wagen hatte ich in meinem ganzen Leben noch nicht gesehen. Wir amüsierten uns alle sehr ausgelassen darüber, was wir alles eingekauft hatten.

Als wir wieder im Camp waren, beschlossen wir, erst einmal die Sachen in die Kühlschränke zu räumen und uns dann alle am Pool zum gemeinsamen Essen zu treffen.

Ich belegte mir ein Baguette und setzte mich damit zu den anderen nach draußen. Mein Baguette schmeckte einfach vorzüglich. Der Aufenthalt in diesem Camp schien mir von Tag zu Tag schöner zu werden. Die Leute, mit denen ich zusammensaß, waren sehr nett. Ich hatte das Gefühl, richtige Freunde gefunden zu haben. Nach der kurzen Zeit, die wir uns jetzt kannten, empfand ich dies als sehr ungewöhnlich. Es war fast schon, als hätte ich eine neue Familie gefunden. Und dieses Gefühl schien sich bei den anderen ebenfalls eingestellt zu haben.

Wir saßen nach dem Essen noch eine ganze Weile zusammen und redeten über Gott und die Welt. Mitten im Gespräch bekam ich plötzlich ein komisches Gefühl. Es war, als ob irgendetwas hinter mir war, das mich zwang, mich umzudrehen. Und da war *sie*! Meine heimliche Liebe kam auf uns zu und setzte sich zu uns. Sie setzte sich zwar nicht direkt neben mich, denn da war leider kein Platz mehr, aber ich fühlte mich ihr trotzdem sehr nahe. Ich stellte fest, dass ich sie während der ganzen Zeit, in der ich mit diesen Leuten hier gesessen hatte, nicht vermisst hatte. Jetzt, wo sie da war, klopfte mein Herz jedoch wieder bis zum Hals. Sie beteiligte sich ganz zwanglos an unserem Gespräch.

Ich hätte sie zu gerne gefragt, wo sie den ganzen Morgen über gewesen war. Aber ich konnte mich wohlweislich zurückhalten. Stattdessen sagte ich ihr nur, dass wir uns für diesen Abend wieder zum Singen verabredet hatten – in der Hoffnung, dass sie auch kommen würde. Ich hatte Glück: Sie wollte kommen. Nachdem ich das wusste, war mir egal, was für den Rest des Tages passieren würde.

Langsam begann die Gruppe, sich aufzulösen. Völlig unerwartet fragte mich meine Traumfrau, ob ich die Geschichte von Mary weiter hören wollte. Ich willigte natürlich sofort ein. Euphorie begann in mir aufzusteigen.

Ich hatte von diesem Tag überhaupt nichts mehr erwartet, und nun bekam ich alles, was ich mir hätte wünschen können.

Meine Angebetete wollte zum Strand gehen und fragte mich, ob ich mitkäme. Sie hatte vor, einen kleinen Verdauungsspaziergang zu machen und mir unterwegs die Geschichte weiterzuerzählen. Ich nickte ihr zu, um meine Bereitschaft zu signalisieren, und wir standen auf. Wir verabschiedeten uns noch kurz vom Rest der Gruppe und spazierten dann den Strand entlang. Kurz darauf begann sie mir die Geschichte zu erzählen.

»Kannst du dich noch daran erinnern, wie die Geschichte gestern endete?«, fragte sie.

»Ja. Mary war bei Ella und besprach mit ihr das weitere Vorgehen.«

»Genau. Ella wollte sie erleben lassen, wie sie durch Erwartungen Probleme schaffen konnte.«

Als Mary am Morgen nach diesem Gespräch aufwachte, war sie sehr neugierig, was der kommende Tag für sie bringen würde. Sie hatte sich mittlerweile daran gewöhnt, ihr Wissen auf das der Menschen zu beschränken. Sie empfand das Gefühl der menschlichen Neugier als eine richtig geniale Sache. Du musst verstehen, dass diese Art von Neugier für ein Wesen, das zu dem Wissen über die Zukunft genauso Zugang hat wie zur Vergangenheit, schon etwas sehr Seltsames ist. Mary genoss ihre Neugier daher in vollen Zügen.

Nachdem sie sich angezogen hatte, beschloss sie, wieder zum Italiener zu gehen, um etwas zu essen. Leider hatte er jedoch noch nicht geöffnet, was Mary nicht so recht verstand. Einen Augenblick später begann sie laut zu lachen. Sie spürte den Hunger ihres Körpers und wusste nicht, wie sie etwas dagegen tun sollte. Sie hatte sich darauf verlassen, dass es bei dem Italiener immer etwas Gutes zu essen gab, und erkannte nun, dass sie ein Problem hatte. Darüber freute sie sich sehr. Der Tag hatte gut begonnen. Sie war kaum eine Stunde wach, und schon hatte ihr Ella gezeigt, wie sie durch die Erwartung, hier etwas zu essen zu bekommen, ihr erstes Problem bekommen konnte. Sie freute sich so sehr über diese Erfahrung, dass sie ihren Hunger gar nicht mehr richtig bemerkte.

»Langsam fange ich an, wie ein richtiger Mensch zu denken«, stellte sie fest. »Ich bin gespannt, wie viele Probleme noch auf mich warten. Das Menschsein ist ein tolles Spiel.«

Nachdem Mary die Freude über ihr Problem ausgiebig genossen hatte, machte sie sich wieder auf den Rückweg nach Hause. Unterwegs kam ihr ein Mann entgegen, der ein belegtes Brötchen aß. Mary sprach ihn sofort an.

»Wo kann ich denn so etwas bekommen?«, fragte sie und deutete auf das Brötchen.

»Im Metzgerladen da vorne«, erklärte der Mann.

»Ah ja, danke«, antwortete Mary, ohne zu begreifen, was nun wieder ein Metzgerladen war. Sie ging in die

Richtung, in die der Mann gedeutet hatte. Sie sah durch die Schaufenster des Metzgers, dass die Leute im Laden allen Menschen, die hineingingen, etwas zu essen gaben. Mary ging hinein. Die Leute, die in diesem Laden das Essen austeilten, hatten sehr viel zu tun.

Mary wartete dort nun schon eine ganze Weile und war immer noch nicht an der Reihe. Neben ihr stand eine Frau mit ihrer kleinen Tochter. Das Mädchen war vielleicht zwei Jahre alt und hatte nichts als Unsinn im Kopf. Sie rannte ständig aus dem Geschäft und genoss es, wie ihre Mutter ihr nachlief. Wenn ihre Mutter sie an die Hand nahm, wartete sie eine Minute ganz brav, bis ihre Mutter sie nicht mehr ganz so fest hielt, dann riss sie sich sofort wieder los und rannte aus dem Geschäft. Mary fand dieses Spiel total lustig. Dem kleinen Mädchen schien das genauso zu gehen.

Unterdessen verschwanden die beiden Verkäuferinnen zwischendurch immer wieder einmal im Lager. In einem Moment, als beide Verkäuferinnen einmal gleichzeitig hinten waren, kam Mary plötzlich auf die Idee, dass man Leuten, die so viel arbeiten mussten, doch helfen könnte – besonders jetzt, wo beide weg waren und die Menschen hier warten mussten. Sie ging hinter die Theke und nahm wahllos Fleisch- und Wurstwaren in die Hand und reichte sie den Kunden. Diese wollten das komischerweise nicht und benahmen sich recht seltsam. Also nahm Mary sich ein Brötchen und etwas Wurst, so wie sie es bei dem Mann auf der Straße zuvor gesehen hatte, und verließ den Laden. Eine Menge Leute schauten hinter ihr her, was sie aber nicht sonderlich störte. Sie beschäftigte sich mit ihrem Essen und ging weiter die Straße entlang.

Plötzlich hielt ein Wagen direkt neben ihr, und zwei Männer stiegen aus. Sie waren lustigerweise beide gleich angezogen. Sie grüßte die beiden freundlich und wollte weitergehen. Doch die beiden hielten sie fest. Mary verstand nicht, was das sollte.

»Sie bleiben erst mal hier!«, befahl einer der beiden. »Ist es richtig«, fuhr er fort, »dass diese Wurst vom Metzger Scherer stammt?«

Der Ausdruck Scherer sagte Mary zwar nichts, aber Metzger war richtig. Sie bejahte also seine Frage.

»Dann kommen Sie jetzt bitte mit aufs Präsidium. Uns liegt eine Anzeige gegen Sie vor«, erklärte einer der beiden.

Mary verstand nicht, was genau die beiden lustigen Männer wollten, außer dass sie in ihrem »Bus« mitfahren sollte. Sie stieg also ein, und der Wagen fuhr los. Unterwegs redeten die beiden Männer kein Wort.

Als der Wagen wieder hielt, stiegen die Männer aus und öffneten Mary die Tür. Sie gingen zusammen in ein großes Haus. Dort waren noch mehr Männer, die alle diese lustigen Mützen hatten und auch genauso gekleidet waren wie die beiden Männer, die sie mitgenommen hatten. Mary gefiel die Sache recht gut. Das konnte nur lustig werden mit diesen komischen Leuten. Die beiden

Männer baten Mary, sich auf einen Stuhl zu setzen, und begannen, ihr Fragen zu stellen.

»Wie heißen Sie?«

»Mary, und Sie?«, fragte Mary und reichte dem Polizisten zur Begrüßung die Hand.

»Wollen Sie mich auf den Arm nehmen? Ich möchte Ihren Namen und Ihre Anschrift!«, erklärte dieser barsch.

Mary verstand kein Wort. Sie hatte ihm doch ihren Namen gesagt, und was sollte eine Anschrift sein? Und diesen schweren Mann auf den Arm nehmen wollte sie bestimmt nicht.

»Nein«, sagte sie, »ich glaube nicht, dass ich Sie auf den Arm nehmen kann. Wollen Sie das denn?«, fragte Mary zweifelnd.

»Sie verkennen wohl Ihre Lage«, erwiderte der Polizist drohend. »Ihnen wird Ihr Lachen schon noch vergehen. Sagen Sie mir jetzt Ihren Namen und Ihre Anschrift, sonst muss ich andere Saiten aufziehen!«

»Andere Saiten aufziehen?«, dachte Mary. »Das habe ich doch vorhin beim Metzger auch schon mal gehört. Das hat doch die Mutter zu ihrer Tochter immer gesagt, als sie dieses lustige Spiel spielten. Der will also mit mir spielen«, erkannte Mary. »Au ja, das wird lustig.«

Mary sah den Polizisten lächelnd an und stand ganz langsam auf. Der Polizist schaute ganz irritiert und sagte: »Was soll das? Setzen Sie sich wieder hin!«

Aber Mary dachte nicht daran, sich wieder zu setzen. Der Polizist spielte das Spiel genauso gut wie die Mutter beim Metzger. Sie bewegte sich langsam von dem Tisch weg, an dem sie gesessen hatte – immer darauf bedacht, dass der Mann ihr folgte und das Weglaufspiel so richtig beginnen könnte.

Plötzlich stand er auf, und Mary lief laut lachend davon. Sie rannte um die Tische und Schränke und der Polizist immer hinter ihr her. So ging das eine ganze Weile – bis sich andere Polizisten mit einmischten und Mary festhielten. Sie brachten sie wieder zurück zu ihrem Stuhl. Nass geschwitzt setzte sich der Polizist, der sie vernehmen sollte, wieder auf seinen Stuhl und setzte seine Befragung fort.

»Was sollte denn das eben?«, fragte er aggressiv. »Sind Sie noch ganz richtig im Kopf? Noch so eine Aktion, und ich stelle Sie unter Arrest. Ich möchte jetzt endlich Ihren Namen und Ihre Anschrift wissen!«

»Mein Name ist Mary. Was eine Anschrift ist, weiß ich nicht«, erklärte Mary ehrlich.

»Sie glauben wohl, Sie wären hier im Kindergarten. Gut, wenn Sie auf die gute Tour nicht wollen – ich kann auch anders.«

Mary dachte, dass die Minute jetzt bestimmt um sei, in der man ganz brav sein musste, so wie das Mädchen beim Metzger. Sie stand also wieder auf und lief weg – der Polizist sofort hinter ihr her.

Mittlerweile waren die anderen Polizisten im Revier bereits sensibilisiert für Marys Fluchtversuche. Sie fingen sie schnell wieder ein und brachten sie zurück zu ihrem

Stuhl. Dieses Mal bekam Mary sogar Handschellen angelegt.

»Es wäre besser für Sie, wenn Sie jetzt Vernunft annehmen würden. Also, zum letzten Mal! Wie lauten Ihr vollständiger Name und Ihre Anschrift?«

»Mary«, sagte sie. »Und Anschrift weiß ich nicht. Muss ich denn eine Anschrift haben?«

»Mir reicht es jetzt! Sie werden erst mal hierbleiben. Vielleicht sind Sie ja morgen bereit, Vernunft anzunehmen.«

Der Mann stand auf und half Mary vom Stuhl hoch. Er führte sie am Arm durch das halbe Haus bis zu einem Zimmer, in dem sie bleiben sollte. Es war ein ganz kleines Zimmer, das noch nicht einmal ein Fenster hatte. Sie setzte sich auf das Bett, das in diesem Zimmer stand, und der Mann schloss die Tür hinter ihr zu. Das passte Mary ziemlich gut, denn sie hatte sowieso Lust, sich ein wenig auszuruhen. Sie legte sich aufs Bett und dachte über das Menschsein nach. So viel Spaß wie an diesem Morgen hatte sie noch nie gehabt. Es war echt toll, Mensch zu sein.

Nachdem sich Mary ein paar Stunden ausgeruht hatte, kam ein Polizist und führte sie wieder zurück in den Raum, in dem sie zuvor gespielt hatten. Er platzierte sie sehr bestimmt auf einen Stuhl und begann, wieder die gleichen Fragen zu stellen.

»Sagen Sie mir jetzt Ihren Namen?!«

Mary dachte, er wolle wieder anfangen zu spielen.

Aber sie hatte jetzt keine Lust mehr dazu. Sie wollte lieber wieder versuchen, Probleme zu erschaffen, denn dazu war sie ja schließlich hier. »Ich will jetzt nicht mehr spielen«, sagte sie daher zu dem Polizisten.

»Wenn Sie jetzt nicht mit mir zusammenarbeiten, werden Sie echt große Probleme bekommen!«

»Au ja, das ist gut. Was muss ich machen, um Probleme zu bekommen?«, fragte Mary begeistert.

»Sie halten das wohl alles für einen Witz, wie? Ihnen wird das Lachen schon noch vergehen. Sie gehen jetzt erst mal wieder in Ihre Zelle! Wir werden Sie schon noch kleinkriegen.«

Er führte Mary wieder zurück in ihre Zelle und verschloss die Tür. Mary verstand nicht ganz, was für ein Spiel dieser Mann mit ihr spielen wollte. Aber sie wusste ja, dass es um Probleme ging. Sie legte sich wieder aufs Bett. Lieber hätte sie zwar gleich Probleme erschaffen, aber es machte ihr auch nichts aus, noch so lange zu warten, bis der lustige Mann auch so weit war. Außerdem war es auch nicht schlecht, sich in diesem Zimmer auszuruhen.

Unterdessen waren zwei Polizisten zu der Metzgerei gefahren und hatten die Bedienungen befragt, ob sie etwas über die Frau wüssten, die den Schaden angerichtet hatte.

Wie der Zufall es wollte, war der Grieche, bei dem Mary einen Tag zuvor essen wollte, im Laden, um einzukaufen. Er vermutete, dass es um die gleiche Frau ging, die bei ihm einen Nervenzusammenbruch gehabt hatte, und erzählte alles, was sich in seinem Restaurant ereignet hatte. Die Polizisten baten den Griechen, mit aufs Revier zu kommen, um Mary zu identifizieren. Als Mary erneut aus ihrer Zelle geholt wurde, saß der Grieche bereits im Vernehmungsraum.

»Das ist sie«, sagte er, als er Mary sah. »Das ist die Frau, die gestern bei mir im Restaurant war.«

Mary wurde sofort wieder in ihre Zelle zurückgebracht. Die Polizisten entschieden, sofort eine einstweilige Verfügung zu besorgen, die es erlauben würde, Mary auf ihre geistige Zurechnungsfähigkeit untersuchen zu lassen. Man war der Meinung, dass Mary am besten in einem Landeskrankenhaus aufgehoben sei, bis man Angehörige von ihr ausgemacht hätte.

Nachdem der Papierkrieg erledigt war, wurde Mary mit offizieller Genehmigung in ein Landeskrankenhaus eingewiesen. Zwei Polizisten fuhren sie hin und besprachen mit dem verantwortlichen Arzt alle Einzelheiten. Ihr wurden die Handschellen abgenommen, und sie wurde durch mehrere Gänge, die mit Gitterstäben abgetrennt waren, in ein Zimmer gebracht. Man sagte ihr, sie könne sich in diesen Räumen frei bewegen. Offenbar hielt man sie nicht für gefährlich.

Mary gefiel es in diesem Haus recht gut. Es waren viele Menschen dort. Einige saßen zusammen und spielten oder unterhielten sich. Mary setzte sich zu einem Mann, der ganz allein an einem Tisch saß.

»Hallo, ich bin Mary«, sagte sie zu diesem Mann.

»Ich denke, ich brauche dir wohl nicht zu sagen, wer ich bin«, entgegnete der Mann geheimnisvoll.

»Warum brauchst du mir das nicht zu sagen?«, fragte Mary verwundert.

»Ja kennst du mich denn nicht? Mich kennt doch jedes Kind! Ich bin Clark Kent«, betonte der Mann.

»Und wieso kennt dich jedes Kind?«, wollte Mary wissen.

»Du machst Witze! Ich bin doch Clark Kent – ich bin Superman!«, flüsterte der Mann.

»Superman? Was heißt das?«, fragte Mary abermals verwundert.

»Du weißt wirklich nicht, wer Superman ist?«, zweifelte der Mann entsetzt.

»Nein«, gab Mary zurück.

»Superman ist kein Mensch. Ich habe übernatürliche Kräfte, denn ich stamme vom Planeten Krypton. Durch die Strahlung der gelben Sonne auf diesem Planeten erhalte ich meine Superkräfte.«

»Was hast du denn für Superkräfte?«, fragte Mary neugierig.

»Ich kann schneller fliegen als das Licht. Meine Körperkraft ist fast unbegrenzt. Außerdem bin ich unverwundbar. Ich kann mit einem einzigen Lufthauch ganze Häuser zum Einstürzen bringen oder mit meinem Hitzeblick Stahl schmelzen.«

»Das ist toll! Und warum spielst du mit den Menschen?«, wollte Mary wissen.

»Ich spiele niemals mit Menschen! Ich beschütze sie!«, erklärte Superman entrüstet.

»Wovor beschützt du sie?«

»Vor Unglück und Verbrechen.«

»Bist du deshalb in diesem Haus, um die Menschen zu beschützen?«

»Nein. Meine Gegner haben mich hier reingebracht, um ihre Verbrechen ungestört begehen zu können«, erwiderte Superman.

»Wie haben die das geschafft? Haben die noch größere Kräfte als du?«, fragte Mary verwundert.

»Nein, sie hatten grünes Kryptonit in ihren Taschen. In der Gegenwart von grünem Kryptonit verliere ich meine Kräfte. Sie haben auch überall in diesem Haus Kryptonit untergebracht, damit ich nicht ausbrechen kann.«

»Vielleicht kann ich ja das Kryptonit für dich verschwinden lassen, damit du deine Kräfte zurückgewinnen kannst. Du musst mir nur zeigen, wo es ist«, versprach Mary.

»Kann ich dir vertrauen, Mary?«, flüsterte Superman.

»Klar, warum nicht?«, bejahte Mary.

»Sie tun mir immer Kryptonit ins Essen. Und sie verabreichen es mir nachts, wenn ich schlafe, mit einer Spritze. Da ich durch das Kryptonit keine Kraft habe, kann ich mich nicht dagegen wehren.«

»Ich werde versuchen, dies zu verhindern«, versprach Mary.

»Ich danke dir. Du bist in Ordnung. Und jetzt muss ich gehen. Das Kryptonit hat mir so viel Kraft geraubt, dass ich schlafen muss.«

Daraufhin verließ Superman den Raum. Mary blieb sitzen und beobachtete die anderen Menschen, die anwesend waren. Sie waren alle sehr lustig – besonders diejenigen, die ganz weiß angezogen waren. Zwei von ihnen standen am Eingang und beobachteten alles, was sich in diesem Zimmer ereignete. Sie sahen sehr ernst aus, wohingegen alle anderen Leute offenbar viel Spaß hatten. Mary hatte den Eindruck, dass diese beiden wohl ein ganz besonderes Spiel spielen mussten. Sie überlegte, was für ein Spiel das wohl sein könnte.

Nachdem sie sich die beiden eine ganze Weile betrachtet hatte, stand Mary auf und stellte sich neben sie. Sie versuchte, genauso finster zu schauen. Die anderen Leute im Raum fingen an zu lachen.

»Oh, ich habe wohl zufällig genau das Richtige getan«, stellte Mary fest.

»Setzen Sie sich wieder hin!«, befahl einer der Männer.

Er nahm Mary am Arm und führte sie wieder zu ihrem Platz. Die Leute im Raum buhten, was Mary sehr beeindruckte. Offenbar war sie Mittelpunkt dieses Spiels. Sie verstand zwar nicht, wie es funktionierte, doch sie merkte, dass die Leute wollten, dass sie erneut aufstand. Also stellte sie sich wieder neben die beiden Männer in Weiß – begleitet vom begeisterten Beifall der Leute.

Wieder wurde sie von dem einen Mann zu ihrem Stuhl gebracht.

»Du bleibst jetzt hier sitzen!«, befahl er dominant.

Die Leute buhten wieder. Mary beschloss, eine Minute sitzen zu bleiben und es dann wieder zu probieren. Das Spiel kannte sie ja schon von der Polizei. Als sie dann wieder aufstand, erhoben sich alle anderen Leute im Raum ebenfalls und stellten sich genauso wie Mary neben die beiden Männer in Weiß. Diese regten sich daraufhin ziemlich auf. Einer der beiden pfiff auf einer Pfeife, woraufhin noch mehr dieser lustigen Menschen in Weiß dazukamen. Einer der Neuen packte Mary und brachte sie zurück in ihr Zimmer. Dieses Mal wurde die Tür hinter ihr abgeschlossen. Nach einer halben Stunde brachte man Mary etwas zu essen. Sie freute sich sehr darüber, denn nun brauchte sie nicht den Weg zum Italiener zu suchen. Sie wusste nämlich gar nicht, wie sie von hier aus dorthin kommen sollte.

Nachdem sie gegessen hatte, legte sie sich müde ins Bett und schlief nach ein paar Minuten friedlich ein. Zuerst ruhte sie für über zwei Stunden einfach nur aus und genoss die Erholung ihres Körpers. Dieser hatte sich immer noch nicht richtig an ihren Geist gewöhnt und brauchte diese Ruhephase dringend. Als sie sich fürs Erste erholt hatte, beschloss Mary zu träumen. Sie ging im Traum die Erlebnisse des Tages noch einmal durch und versuchte, alles ein wenig zu ordnen. Es war viel passiert für einen einzigen Tag. Nachdem sie damit fertig war, beschloss sie, Ella aufzusuchen. Sie teleportierte sich in den Bewusstseinszustand von Ella.

»Hallo, Mary. Es freut mich, dass du gekommen bist.«

»Hallo, Ella. Das war ein toller Tag heute. Ich möchte dir dafür danken.«

»Bitte, bitte. Schön, dass er dir so gut gefallen hat.«

»Wann werde ich denn erleben, wie man Probleme schafft?«, wollte Mary wissen.

»Du hast bereits mehr Probleme erschaffen, als die meisten Menschen bereit sind, auf sich zu nehmen.«

»Wie denn das? Welche Probleme habe ich erschaffen?«, fragte Mary irritiert.

»Du bist in eine Irrenanstalt eingeliefert worden. Das will normalerweise niemand. Deine Chancen, dort wieder herauszukommen, sind sehr dürftig.«

»Warum sollte ich denn dort wieder herauskommen wollen?«, fragte Mary verständnislos.

»Die Menschen haben sehr viele Gründe, warum sie das wollten, wenn sie in deiner Lage wären«, erwiderte Ella.

»Das verstehe ich nicht ganz. Es ist doch nett in dieser Irrenanstalt. Warum sollte ich da wieder wegwollen? Ich bin sehr froh, weil ich dort mit vielen Menschen Kontakt habe.«

»Du hast aber nicht die Entscheidungsfreiheit, zu tun, was du willst. Und das mögen die Menschen überhaupt nicht«, erklärte Ella.

»Jetzt verstehe ich auch, warum Superman aus der Anstalt heraus will. Er fühlt sich in seiner Entscheidungsfreiheit eingeschränkt«, stellte Mary fest.

»Ganz genau. Für ihn ist es ein Problem, dass er eingesperrt ist.«

»Wenn ich also ein Problem haben will, dann muss ich auch rauswollen«, schlussfolgerte Mary.

»Genau so ist es«, stimmte ihr Ella zu.

»Und warum ist es so schwierig, wieder herauszukommen?«

»Die Menschen, die dich dort hineingebracht haben, halten dich für verrückt. Und verrückten Menschen traut man nicht über den Weg. Deshalb sperrt man sie in eine solche Anstalt und beaufsichtigt sie.«

»Dann gibt es also nicht nur Verrückte dort, sondern auch ganz normale Menschen?«, wollte Mary wissen.

»Das ist richtig. Aber du musst jetzt gehen. Man versucht, dich zu wecken. Du sollst zum Frühstück aufstehen. Es würde auffallen, dass du nicht richtig in deinem Körper bist, wenn du noch länger hierbleibst.«

»Okay, Ella. Dann bis zum nächsten Mal.«

»Bis bald, Mary.«

Mary schlüpfte wieder in ihren Körper und erwachte.

»Sie müssen aufstehen«, sagte eine Frau, die auch ganz in Weiß gekleidet war. »Es ist Zeit zum Frühstück.«

Noch etwas benommen von dem schnellen Erwachen stand Mary auf. Sie wurde in einen Waschraum geführt und bekam ein Handtuch und eine Zahnbürste. Sie wusste durch das Erlebnis mit Julie, wie man diese Sachen benutzen sollte. Doch hier waren viele Frauen, die ganz andere Dinge damit machten. Eine der Frauen schmierte sich die Zahnpasta in die Haare, woraufhin eine der Frauen in Weiß zu ihr ging und ihr die Zahnpasta abnahm.

»Ach Mensch, jetzt muss ich dir schon wieder die Haare waschen. Was soll denn das?«, sagte sie aufgebracht.

Die Frau, die sich die Haare verklebt hatte, lächelte nur.

Nach der Morgentoilette ging Mary mit all den anderen Frauen in einen großen Raum, in dem das Frühstück eingenommen werden sollte. Sie fand das alles gar nicht so schlecht. Sie bekam etwas zu essen, ohne etwas dafür tun zu müssen. Sie wusste, dass sie sich etwas einfallen lassen musste, um das Ganze als Problem empfinden zu können. Irgendwie musste sie sich einreden, dass sie wieder hier rauswollte. Sie fand bloß keinen Grund dafür.

Nach einer Weile begann sich Mary dafür zu interessieren, wer wohl hier die Verrückten waren und wer die Aufpasser. Sie vermutete, dass die Leute in den weißen Kleidern wohl die Normalen sein mussten – obwohl die sich auch ganz schön seltsam verhielten. Auf jeden Fall konnten es nur die einen Leute sein oder die anderen. Denn es war klar erkennbar, dass alle Weißen zusammengehörten. Mary beschloss, der Sache auf den Grund zu gehen und mit Sicherheit herauszufinden, wer nun die Verrückten waren und wer die Normalen.

Nach dem Frühstück durfte sich Mary frei in den Räumen bewegen, die nicht durch Gitter verriegelt waren. Sie kam an einem Raum vorbei, in dem bestimmt zehn Weiße im Kreis um einen leeren Stuhl herumsaßen und diesen anstarrten. Plötzlich fing einer der Leute an, mit dem leeren Stuhl zu reden – er sprach auf ihn ein, als ob sein Vater auf dem Stuhl sitzen würde. Aber da saß niemand. Der Weiße verhielt sich so, als ob der Stuhl ihm antworten würde, und alle anderen hörten ganz interessiert zu.

»Das müssen die Verrückten sein«, stellte Mary fest. »Die Weißen sind also die Verrückten.«

Sie blieb noch eine Weile stehen, um die Verrückten zu beobachten. Sie waren immer ganz schön fertig, wenn sie mit dem Stuhl geredet hatten. Einige heulten sogar dabei.

»Diese armen Menschen«, dachte Mary. »Verrücktsein scheint nicht so schön zu sein.«

Im selben Moment, als sie dies dachte, stand einer der Weißen auf und schloss die Tür, direkt vor Marys Nase.

»Na ja«, dachte Mary. »Sehr freundlich sind die Verrückten ja nicht gerade.«

Eine Frau in Weiß, die den Gang entlangkam, sagte zu Mary: »Sie dürfen da nicht stehen. Das sind unsere Ärzte. Die haben gerade einen Gestalttherapie-Workshop, da dürfen Sie nicht stören.«

Mary entschied, dieser Verrückten keine Widerworte zu geben. Schließlich hatte sie es ja schwer genug. Sicherlich ging es ihr genauso schlecht wie den Ärzten.

Mary ging in den Raum, in dem sie sich gestern mit Superman unterhalten hatte. Dieser saß auch wieder an seinem Tisch und freute sich über alle Maßen, sie zu sehen. Mary merkte sofort, dass er einer der Normalen sein musste. Er war nett und freundlich. Auch die anderen hier im Raum waren ganz in Ordnung. Nur die Leute in Weiß waren nicht so nett. Sie standen wieder an der Tür und schauten sehr grimmig.

Mary setzte sich zu Superman. Dieser beugte sich zu ihr herüber und flüsterte ihr zu:

»Ich will nicht, dass die« – er deutete dabei auf die Weißen – »uns hören. Ich habe eine Idee, wie du mir helfen kannst, hier rauszukommen. Heute Mittag werden sie mir wieder Kryptonit ins Essen mischen. Für euch Menschen ist das völlig unschädlich. Du könntest dein Essen mit mir tauschen. Auf diese Weise kann ich spätestens heute Abend meine Kräfte wieder mobilisieren und hier abhauen. Bist du damit einverstanden?«

»Klar, warum nicht?«, erwiderte Mary. »Und wenn die Wirkung des Kryptonits heute Abend noch nicht verschwunden ist, dann machen wir das beim Abendessen wieder genauso.«

»Das ist ein Wort. Du bist in Ordnung. Dann lass uns jetzt ganz unauffällig tun, sonst merkt noch jemand etwas.«

»Okay«, flüsterte Mary.

Superman schaute sich unruhig im Raum um. Mary tat es ihm nach. Sie wollte genau das tun, was er auch tat.

So saßen die beiden noch recht lange – bis ein Mann vom Nebentisch Mary fragte, ob sie mitspielen wollte.

»Aber immer doch«, antwortete sie und setzte sich zu ihm.

Er wollte Dame spielen und fragte sie, ob sie die Spielregeln kenne. Mary verneinte und bekam das Spiel erklärt. Es war nicht sonderlich schwierig. Die ersten beiden Spiele verlor Mary haushoch. Beim dritten Spiel jedoch sah es für sie recht günstig aus. Als sie mit einem ihrer Steine mehrere Steine ihres Spielpartners übersprang und diese vom Spieltisch wegnahm, nahm ihr Gegenüber plötzlich ihren eigenen Stein und steckte ihn in den Mund. Dann verschluckte er ihn. Mary schaute ihn verwirrt an.

»Davon hat er zu Beginn des Spiels überhaupt nichts gesagt. Na egal, jetzt weiß ich es ja«, dachte sie.

Als ihr Spielgefährte seinerseits einen Stein von ihr übersprang und diesen entfernte, griff sie schnell seinen Stein und schluckte ihn gleichermaßen hinunter. Ihr Partner schaute drein, als ob ihn ein Pferd getreten hätte.

»Das kannst du doch nicht machen!«, rief er entrüstet.

»Warum nicht? Das hast du doch auch getan!«, meinte sie verwirrt.

»Aber sonst tut das hier niemand«, erklärte ihr Spielpartner.

»Warum nicht?«

»So was tut man nun mal nicht!«, meinte er energisch.

»Warum tust du es dann?«

»Das weiß ich auch nicht. Aber wenn du es nicht mehr tust, dann tue ich es auch nicht mehr«, schlug er vor.

»Okay, einverstanden. Wirklich gut hat der Stein ja nicht geschmeckt.«

Die beiden spielten noch eine ganze Weile, ohne dass einer von ihnen noch einen Stein verschluckte. Danach ging Mary wieder auf ihr Zimmer und legte sich auf ihr Bett.

Sie hatte sich gerade entspannt, da stürzte ein Mann in ihr Zimmer und gab ihr einen Zettel. Danach stürzte er genauso panisch wieder hinaus.

»Helfen Sie mir! Ich bin ein Geheimagent und werde hier festgehalten«, stand auf dem Zettel.

Mary wusste nicht, was ein Geheimagent war. Sie dachte, dass dies auch ein Spiel sei. Sie stand auf und ging wieder zu ihrem Freund, Superman. Sie fragte ihn, was ein Geheimagent sei, und er erklärte es ihr. Langsam verstand sie, wie dieses Spiel funktionierte.

Sie nahm einen Zettel und schrieb darauf: »Ich bin ihre Kontaktperson. Ich habe Anweisungen für Sie. Sie müssen streng geheim halten, dass Sie ein Agent sind, und Sie müssen sich absolut normal verhalten. Niemand darf ahnen, dass Sie Agent sind. Warten Sie dann auf weitere Anweisungen. Aber egal, was passiert, erzählen Sie keiner Menschenseele, dass Sie Geheimagent sind. Es kann etwas dauern, bis Sie weitere Anweisungen bekommen.«

Diesen Zettel gab sie dem Geheimagenten unauffällig,

als dieser an ihr vorbeiging. Er nickte ihr dezent zu und verschwand.

Mittlerweile war es Zeit zum Mittagessen geworden. Sie ging mit Superman zum Essen. Als keiner hinschaute, vertauschten die beiden ihre Teller. Das Essen schmeckte ganz gut: kein Kryptonitgeschmack, stellte Mary fest.

»Das ist doch klar«, erklärte Superman. »Kryptonit ist geschmacksneutral.«

Nach dem Essen wurde Mary zu einem Mann in Weiß gebracht. Dieser sagte, er sei ihr behandelnder Arzt und wolle zuallererst einmal feststellen, was mit ihr los sei. Mary wusste, dass man den Männern in Weiß besser nicht widersprach, und nickte freundlich. Diese Ärzte hatten es ja wirklich schwer genug. »Vielleicht kann ich ihm ja irgendwie helfen, wieder normal zu werden«, dachte sie.

Er machte alle möglichen Tests mit ihr. Mary machte alles brav mit. Als sie fertig waren, sagte der Arzt in sehr unfreundlichem Tonfall zu ihr: »Ich bin jetzt schon seit zweiundzwanzig Jahren hier, aber so etwas wie Sie ist mir noch nie untergekommen.«

»So lange war dieser arme Mann hier schon eingesperrt!«, dachte Mary. »Kein Wunder, dass er sich diese unsinnigen Spielchen ausgedacht hat, die er Tests nennt.« Sie schaute den Arzt freundlich an und beschloss, ihn etwas aufzumuntern. »Guter Mann, so schlecht ist es hier doch gar nicht. Man bekommt drei Mal am Tag etwas zu essen und hat ein warmes Zimmer.«

»Hören Sie auf mit Ihrer Maskerade!«, fuhr sie der Arzt

aggressiv an. »Sie sind nicht verrückt. Sie versuchen, mir hier etwas vorzugaukeln. Aber das läuft nicht. Ich werde der Polizei melden, dass Sie voll zurechnungsfähig sind. So einfach werden Sie sich nicht aus der Affäre ziehen. Ich habe die Schnauze voll von Verbrechern, die auf unzurechnungsfähig plädieren. Mit mir nicht, sage ich Ihnen! Mit mir nicht!«

Danach stand der arme Mann auf und verließ den Raum. Ein anderer Mann in Weiß kam direkt danach herein und führte Mary in ihr Zimmer. Kurze Zeit später sagte man ihr, sie solle sich anziehen. Sie würde gleich wieder von der Polizei abgeholt.

Eine halbe Stunde später war Mary wieder auf dem Weg ins Präsidium. Dort angekommen, sagte man ihr, dass der Besitzer der Metzgerei die Anzeige gegen sie zurückziehen würde, wenn sie den Schaden bezahlen würde. Auch wolle man von einer Anzeige wegen Widerstand gegen die Staatsgewalt absehen, wenn sie jetzt Vernunft annehmen würde.

Mary verstand zwar nicht, um was es eigentlich ging, aber sie hatte begriffen, dass der Besitzer der Metzgerei ein paar von ihren Bildchen haben wollte. Sie willigte ein und gab dem Polizisten das Geld, das sie noch übrig hatte. Dieser wollte gar nicht alles haben. Einen Teil der Bildchen gab er ihr wieder zurück. Mary konnte gehen. Sie war wieder frei. Das passte ihr ziemlich gut, denn sie bekam langsam wieder Hunger. Es war Zeit, zum Italiener zu gehen.

Als Mary an diesem Abend ins Bett ging, war sie sehr müde. Es war ein ereignisreicher Tag gewesen. Sie dachte vor dem Einschlafen noch lange über die armen Ärzte und die anderen Menschen in Weiß nach, die jeden Tag in dieser Irrenanstalt sein mussten, obwohl sie es nicht schön fanden.

Als sie schließlich eingeschlafen war, teleportierte sie sich sofort zu Ella. Da sie das Gespräch beim letzten Mal so abrupt abbrechen mussten, wollte Mary keine Zeit verlieren. Sie war sehr gespannt, was ihr Ella alles zu sagen hatte.

»Hallo, Mary. Schön, dass du kommst«, begrüßte sie Ella.

»Hallo, Ella. Ich möchte dir noch einmal danken für den schönen Tag, den du mir bereitet hast.«

»Eigentlich sollte dieser Tag gar nicht so schön sein. Ich habe dich sehr viele schwerwiegende Probleme erleben lassen«, entgegnete Ella.

»Was für Probleme denn?«, fragte Mary verwundert.

»Das ist genau der Punkt, über den ich mit dir reden will. Du bist momentan noch nicht in der Lage, Probleme zu spüren. Die letzten beiden Tage wären für einen normalen Menschen die Hölle gewesen, aber du fandest alles sehr lustig. Das Leben als Mensch bietet kaum Möglichkeiten, noch größere Probleme zu bekommen.«

»Aber was mache ich falsch?«, fragte Mary fast verzweifelt.

»Du machst nichts falsch«, beruhigte sie Ella. »Dir fehlen lediglich die Grundlagen, um Probleme empfinden zu können.«

»Kannst du mir diese Grundlagen beibringen?«

»Das kann man leider nicht lernen.«

»Warum kann man das nicht lernen?«, fragte Mary verständnislos.

»Um das zu verstehen, solltest du wissen, was Probleme überhaupt sind. Um ein Problem entstehen zu lassen, musst du als Erstes einmal ein Ziel haben.«

»So wie das Ziel, etwas zu essen zu bekommen, und dann ist beim Italiener geschlossen?«

»Ganz genau«, stimmte Ella zu. »Du brauchst für jedes Problem ein Ziel. Das Ziel allein macht jedoch noch kein Problem. Du musst bei diesem Ziel das Gefühl haben, dass du es unbedingt erreichen musst. Nur so macht es dir etwas aus, wenn du es dann doch nicht erreichst. Wenn dir dein Ziel egal ist, kannst du auch kein Problem haben. Und noch etwas ist wichtig: Du musst dich machtlos fühlen, wenn du daran denkst, dein Ziel erreichen zu wollen. Du darfst nicht wissen, wie es geht, oder du musst wenigstens starke Zweifel daran haben, dass du es schaffen wirst. Um es zusammenzufassen: Du brauchst ein Ziel, das du glaubst, unbedingt erreichen zu müssen, musst dich aber machtlos fühlen. Wann immer du dir solche Ziele erschaffen kannst, hast du Probleme.«

»Das hört sich nicht wirklich schwierig an«, meinte Mary irritiert.

»Es hört sich nicht schwierig an, aber es ist schwierig.

Dir fehlen die genetischen Grundlagen für diese Vorgehensweise. Menschen haben Instinkte. Sie werden bereits mit sechs elementaren Zielsetzungen geboren, die sie glauben unbedingt erreichen zu müssen. Auf diese Zielsetzungen bauen sie dann alle weiteren Ziele auf, die sie sich im Laufe ihres Lebens suchen. Und mit Hilfe von diesen Zielen schaffen sie dann ihre Probleme. Ohne die Grundlagen in deinen Instinkten kannst du keine wirklichen Probleme empfinden. Du kannst ansatzweise ein paar schlechte Gefühle bekommen. Doch richtig dramatische Probleme bleiben dir verwehrt.

Ich könnte höchstens versuchen, dich Realitäten erleben zu lassen, die dir diese genetischen Grundlagen simulieren«, dachte Ella laut.

»Das wäre sehr lieb von dir«, meinte Mary begeistert. »Ich will unbedingt erleben, die Welt zu sehen wie die Menschen.«

»Ich werde es versuchen«, versprach Ella. »Ich möchte dir jedoch noch kurz erzählen, was du in den letzten beiden Tagen für einige Menschen getan hast, denen du begegnet bist.«

»Für wen habe ich etwas getan und wieso?«, fragte Mary verwundert.

»Für Superman zum Beispiel hast du viel getan.«

»Wie denn das?«, wollte Mary verwirrt wissen.

»Zuallererst möchte ich dich darüber aufklären, dass du etwas grundsätzlich falsch verstanden hast im Landeskrankenhaus. Die Verrückten waren nicht die Weißen, auch wenn das so aussah. Die Weißen waren die Normalen und die anderen die so genannten Irren. Du gehörtest auch zu diesen Irren. Genau wie Superman, der Mann, der die Steine aß, und auch der Geheimagent. Allen dreien hast du geholfen, in ein paar Monaten aus der Anstalt herauszukommen.«

»Wie denn das? Hat Superman seine Kräfte wiedergewonnen und die anderen befreit?«, spekulierte Mary.

»Nein, Superman hat in Wirklichkeit keine übermenschlichen Kräfte. Das hatte er sich bloß eingebildet. Er ist ein ganz normaler Mensch und wurde wegen dieser Einbildung für verrückt erklärt. Alle Menschen, die ihre Welt extrem anders sehen als die meisten anderen Menschen, werden von diesen für verrückt gehalten.«

»Und wieso kommt Superman dann wieder aus der Anstalt heraus?«, fragte Mary verwundert.

»Das liegt an dir. Du hast Superman geglaubt, dass er übermenschliche Kräfte hat. Deshalb hat er dir vertraut. Als du das Essen mit ihm getauscht hast, war Superman hundertprozentig sicher, dass er seine Kräfte am Abend zurückhaben würde. Als dies nicht geschah, fand er zunächst keine Erklärung für dieses Phänomen. Nach ein paar Tagen war ihm klar, dass es nur eine Erklärung geben konnte: Er war wohl doch nicht Superman. Er erkannte, dass er sich alles nur eingebildet hatte, und wurde wieder er selbst. In ein paar Monaten wird er entlassen.

Ähnlich lief das auch mit dem Mann, der die Steine aß.

Es hat ihn so geschockt, dass du auch einen Stein gegessen hast, dass er begann, über sich nachzudenken. Durch die Hilfe der Ärzte wird er in etwa einem Jahr als gesund entlassen werden.

Das mit dem Geheimagenten hast du wirklich total genial gelöst. Er glaubt immer noch, dass er Geheimagent ist, doch du hast ihm die Anweisung überbracht, dies zu verbergen. Aus diesem Grund wird er sich in den nächsten Monaten völlig normal verhalten und schließlich als gesellschaftsfähig aus der Anstalt entlassen werden. Er wird einen normalen Job annehmen, da er der Meinung ist, dass er so am besten untertauchen kann. Er wird stets ein normales, zufriedenes Leben führen und bis zum Ende seines Lebens auf seinen Einsatz als Geheimagent warten.«

»Das ist lustig, Ella. Es freut mich, dass ich, ohne es zu merken, den Menschen geholfen habe«, freute sich Mary.

»Gut, Mary. Du wirst bald wieder aufwachen. Ich habe mir erlaubt, dir eine neue Existenz vorzubereiten. Wenn du einverstanden bist, werde ich dich damit überraschen. Ich habe diese Existenz so gewählt, dass du die gleichen Instinkte hast wie die Menschen. Dadurch sollte es dir möglich sein, Probleme zu empfinden.«

»Klar bin ich einverstanden. Ich freue mich immer sehr auf Überraschungen«, stimmte Mary erwartungsvoll zu.

»Dann möchte ich mich jetzt von dir verabschieden.

Ich muss noch ein paar Dinge vorbereiten, bevor du aufwachst.«

»Okay, Ella. Ich danke dir. Tschüss, bis zum nächsten Traum.«

»Tschüss, Mary.«

»Wie es weitergeht, erzähle ich dir ein anderes Mal. Ich muss mich jetzt erst mal hinsetzen«, sagte meine Traumfrau.

Wir waren die ganze Zeit, während sie mir die Geschichte erzählt hatte, spazieren gegangen. Mittlerweile waren wir wieder zum Anfang des Strandes zurückgekehrt. Ich muss gestehen, dass auch ich ganz schön müde war. Doch das wollte ich ihr gegenüber natürlich nicht zeigen.

Es war komisch. Während sie die Geschichte erzählte, hatte ich andauernd das Gefühl, dass diese Erzählung nicht erfunden war. Und noch schlimmer – ich hatte sogar das Gefühl, dass sie ihre eigene Geschichte erzählte! Aber das war natürlich vollkommener Unsinn.

Während wir so dasaßen, redeten wir noch eine ganze Weile über die Geschichte und was man daraus lernen konnte. Ich fühlte mich wunderbar. Ich war hier, zusammen mit der bezauberndsten Frau dieser Welt, und das würde den ganzen Tag noch so bleiben. Wir hatten mindestens noch eineinhalb Stunden Zeit, bis die Sonne unterging. Dann würden wir zu Abend essen und danach zu der Stelle gehen, an der wir unser Gesangstreffen abhalten wollten. Ich freute mich schon sehr auf diesen Abend. Vielleicht würde sich ja zu später Nacht etwas ergeben mit uns beiden.

Als wir wieder zurück ins Camp kamen, ging ich mit ihr in ihren Bungalow. Wir wollten gemeinsam etwas kochen. Es war zwar noch früh, aber wir hatten beide einen mächtigen Hunger von dem langen Spaziergang. Ich freute mich immer noch, dass ich diesen Tag fast ununterbrochen mit ihr verbringen würde. In ihrer Gegenwart fühlte ich mich wie verzaubert. Ich sah die Welt mit ganz anderen Augen. An jeder Kleinigkeit konnte ich mich erfreuen.

Das Kochen mit ihr machte mir viel Spaß. Mit den wenigen Gewürzen, die wir hatten, versuchten wir, ein halbwegs schmackhaftes Reisgericht hinzubekommen. Mir war eigentlich egal, wie es schmecken würde. Doch die Zubereitung als gemeinsame Aufgabe anzusehen, machte die Sache sehr aufregend.

Wir setzten uns schließlich auf ihre Terrasse und ließen uns unser erstes gemeinsam gekochtes Essen schmecken. Alles war wunderschön und vertraut mit ihr. In ihrer Gesellschaft konnte ich alles Schöne noch intensiver wahrnehmen.

Während ich so in meinem Glück schwelgte, kam ein Mann auf unsere Terrasse. Sie konnte ihn nicht sehen, denn er hielt ihr mit seinen Händen von hinten die Augen zu. »Rate mal, wer hier ist!«, rief der Kindskopf.

Meine Traumfrau sprang auf und umarmte ihn vor

Freude. Mir blieb das Herz fast stehen. »Das muss dann wohl ihr Freund oder Mann sein!«, dachte ich geschockt. Am liebsten wäre ich gleich tot umgefallen. Ich konnte es kaum vermeiden, dass mir die Tränen in die Augen schossen. Jetzt war alles vorbei. Mir war auf einmal so übel, dass ich das Essen am liebsten wieder ausgespuckt hätte.

»Das ist Elmar«, sagte sie, nachdem sie sich aus der Umarmung dieses Typen gelöst hatte.

»Hallo«, quetschte ich heraus. »Ich bin Michael.«

»Es freut mich, dich kennen zu lernen, Michael«, gab dieser Typ arrogant zurück.

»Freut mich auch«, zwang ich mich zu sagen.

»Elmar und ich sind zusammen hier angekommen«, erklärte meine Traumfrau euphorisch.

»Das heißt, dass sie zumindest nicht verheiratet sind«, dachte ich. »Aber so wie die beiden sich bei der Begrüßung verhalten haben, sind sie mit Sicherheit ineinander verliebt.«

Was sollte ich jetzt tun? Mich unter irgendeinem Vorwand zurückziehen? Oder sollte ich so masochistisch sein, mir ihre Zweisamkeit anzutun? Dieser Augenblick gehörte wohl zu den schlimmsten meines gesamten Lebens.

Elmar setzte sich natürlich zu uns. Er hatte viel zu erzählen. Am Tag nach meiner Ankunft war er mit einer kleinen Gruppe zu einer Outdoor-Exkursion ins Landesinnere aufgebrochen. Es musste eine bombastische

Erfahrung gewesen sein. Sie hörte ihm die ganze Zeit mit Bewunderung zu. Ich fand eher blöd, was er erlebt hatte.

Meine Traumfrau sagte ihm natürlich, dass wir uns am Abend mit ein paar Leuten treffen wollten, um zu singen. Wenn ich mir vorstellte, wie die beiden sich anhimmeln würden, blieb mir bereits der Gedanke ans Singen im Halse stecken.

Nach einer Weile kam noch ein zweiter Mann von hinten an sie herangeschlichen. Auch er hielt ihr die Augen zu. »Überraschung!«, sagte er. Jetzt verstand ich gar nichts mehr. Auch ihn umarmte sie sehr herzlich. Es stellte sich heraus, dass auch dieser Mann – er hieß Markus – bei der Exkursion dabei gewesen war. Sie verhielt sich ihm gegenüber ebenfalls sehr liebevoll.

»Welcher ist denn nun ihr Freund?«, fragte ich mich in Gedanken. »Oder geht sie mit allen Menschen so um, die sie mag?« Meine schlechten Gefühle beruhigten sich wieder etwas. Es schien, als hätte sie mit beiden keine wirkliche Liebesbeziehung. »Sicherlich, es könnte sich aber doch etwas entwickeln«, dachte ich ängstlich. Ich beschloss, aus diesem Grund auf jeden Fall zum Singen mitzugehen. Ich wollte sie noch nicht ganz aufgeben.

Während wir so dasaßen, fühlte ich mich total ausgeschlossen. Ich hatte den Eindruck, dass sie sich kaum noch für mich interessierte – jetzt, wo ihre Freunde wieder da waren.

»Ich war wohl in den letzten Tagen nur der Lückenbüsser«, dachte ich mir frustriert. »Wahrscheinlich ist jetzt auch Schluss mit den Geschichten von Mary.«

Ich machte gute Miene zum bösen Spiel und versuchte, möglichst lustig zu wirken. Aber die drei nahmen sowieso kaum Notiz von mir. Niemand hatte mich gefragt, wie es mir hier gefiel oder was ich hier wollte. Die beiden Männer waren offensichtlich beide an meiner Traumfrau interessiert. Sie versuchten ständig, sich gegenseitig auszustechen. Jeder hatte noch etwas Tolleres erlebt als der andere. Natürlich wollte auch Markus mit zum Singen kommen.

Ich hatte nicht das Gefühl, mit diesen beiden Männern konkurrieren zu können. Einer von beiden würde wohl das Rennen bei ihr machen.

Als wir uns dann schließlich auf den Weg zu unserem Treffpunkt machten, konnte ich nur hinter den dreien herlaufen. Beide Männer bemühten sich sehr, an ihrer Seite zu sein, was ich durchaus verstehen konnte.

Ich hasste diese zwei Konkurrenten. Sie hatten mir meine große Liebe weggenommen. Ich hatte mir den Tag so schön vorgestellt, und jetzt war alles ganz großer Mist. Trotzdem gab ich die Hoffnung nicht auf, dass sie sich aus irgendeinem Grund doch für mich entscheiden würde. Verzweifelt klammerte ich mich an diesen Gedanken und lief weiter brav hinter den dreien her. Sie sah so schön aus, wie sie vor mir herlief. So schön und unerreichbar.

Als wir an unserem Treffpunkt ankamen, hatte ich für

die schöne Umgebung und die gute Stimmung, die ich gestern noch so genossen hatte, überhaupt keinen Sinn. Ich empfand nur Traurigkeit, Wut und Verzweiflung und ein wenig Hoffnung. Aber wirklich nur sehr wenig.

Der Gitarrist, den ich gestern noch so gut gefunden hatte, spielte heute total schlecht. Die anderen schien das nicht zu stören. Sie waren genauso vergnügt wie am Vortag. Teilweise war es schon ziemlich schlimm, wie manche aus der Gruppe sangen. Aber mich interessierte der Gesang heute sowieso nicht. Ich beobachtete nur, wie meine beiden Kontrahenten sich bemühten, meine Traumfrau anzumachen. Ich hatte das Gefühl, dass sie Elmar favorisierte. Mit ihm schien sie viel vertrauter zu sein als mit Markus. Nur singen konnte dieser Elmar überhaupt nicht. Das schien sie aber nicht zu stören. Sie vergnügte sich mit ihm genauso wie am Vortag mit mir.

»Es hatte also doch nichts zu bedeuten, dass sie mich gestern manchmal so verliebt angesehen hat beim Singen«, dachte ich ernüchtert. »Es war wohl nur ein Spaß für sie. Ich sollte mir wirklich nicht immer gleich so viel Hoffnung machen. Dann würde ich auch nicht so tief verletzt werden.«

Der Abend nahm und nahm kein Ende. Ich quälte mich sehr mit meiner Müdigkeit und dem Gefühl, ausgeschlossen zu sein. Aber ich wollte Elmar das Feld nicht kampflos überlassen. Ich hielt also durch, bis meine heimliche Liebe zurück in ihren Bungalow gehen wollte. Natürlich wollten Markus und Elmar auch gleich mit zurückgehen.

Wir liefen also wieder den Weg zurück ins Camp – ich den dreien erneut hinterher.

Als wir an ihrem Bungalow ankamen, hatte ich zunächst große Angst, dass sie einen der beiden mit auf ihr Zimmer nehmen würde. Die zwei bemühten sich nach wie vor sehr um ihre Gunst. Aber sie verabschiedete sich in der gleichen herzlichen Weise von ihnen, wie sie sie auch begrüßt hatte. Danach umarmte sie mich auf die gleiche Art. Mir verschlug es den Atem. Noch nie hatte ich sie so nah gespürt. Ich empfand die fünf Sekunden, in denen sie mich hielt, wie eine Ewigkeit. Ich war heilfroh, dass es fast ganz dunkel war, denn mir schossen sofort die Tränen in die Augen. Ich fühlte einen so starken seelischen Schmerz, dass ich glaubte, mein Herz würde zerspringen. Die schmerzhafte Sehnsucht nach Liebe, die ich in diesem Moment empfand, begleitete mich die ganze Nacht. Obwohl ich mehr als müde war, brauchte ich eine Ewigkeit, um einzuschlafen.

Als ich am nächsten Morgen aufwachte, fühlte ich mich zunächst wieder einigermaßen normal. Die Verzweiflung der letzten Nacht war etwas abgeklungen. Ich versuchte, möglichst wenig an gestern und an sie zu denken. Unterschwellig spürte ich jedoch immer noch diese schmerzhafte Sehnsucht nach ihrer Liebe. Ich versuchte, mich abzulenken, soweit es ging. Ich beeilte mich wie ein Verrückter, um zu meinem Frühstück zu kommen. Es gab zwar überhaupt keinen Grund dafür, aber ich tat es, weil ich mir ein wenig Stress zur Zerstreuung antun wollte.

Es hatte noch niemand Brot fürs Frühstück besorgt. Deshalb ging ich los, um einzukaufen. Auf dem Weg zur Bäckerei konnte ich nicht umhin, zu erkennen, wie allein ich war. Die Sehnsucht, die ich die ganze Zeit latent gespürt hatte, brach jetzt voll durch. Mir standen sofort wieder die Tränen in den Augen. Immer wieder ertappte ich mich dabei, dass ich umhersah, um ja nicht zu verpassen, falls sie zufällig irgendwo auftauchen würde.

So konnte das nicht weitergehen. Ich musste eine Lösung finden. So wie ich jetzt drauf war, würde ich mit Sicherheit nicht sehr attraktiv auf meine Angebetete wirken. Diese Gedanken ließen mir die Aussichtslosigkeit der Situation noch deutlicher werden. Je schlechter ich mich fühlte, desto weniger Chancen hatte ich, ihr zu gefallen. Und je weniger ich ihr gefallen würde, desto depressiver würde ich. Auf diese Weise steigerte ich mich immer tiefer in meine emotionalen Abgründe hinein – bis zu dem Punkt, wo ich beschloss, schnell wieder in mein Zimmer zu gehen, damit sie mich auf keinen Fall so sehen würde.

Als ich unseren Bungalow betrat, kam mir Bodo mit seiner Freundin entgegen. »Hallo, Michael«, begrüßte er mich. »Wie geht es dir?«

»Ich habe mich schon mal besser gefühlt«, erklärte ich die Form wahrend und bemühte mich zu lächeln.

»Dich hat es wieder so richtig gebeutelt, wie es aussieht«, stellte Bodo fest.

»So könnte man das ausdrücken«, gab ich verzweifelt zu.

»Willst du mir erzählen, was vorgefallen ist?«, fragte Bodos Freundin. »Ich bin Romina«, stellte sie sich vor und reichte mir die Hand.

»Im Moment ist mir eigentlich nicht danach«, lehnte ich freundlich ab.

»Dann lass mich dir nur Folgendes sagen: Viele Dinge sehen manchmal ganz schrecklich aus, und später erkennst du, dass doch alles in Ordnung ist.«

»Ich glaube nicht, dass das dieses Mal zutrifft«, bezweifelte ich. »In diesem Punkt kann ich mich gar nicht so stark getäuscht haben, leider.«

»Bist du wirklich sicher, dass du dich nicht getäuscht hast?«, hakte Romina nach.

»Ich muss los«, verabschiedete sich Bodo und ließ mich mit Romina alleine.

»Komm, erzähl mir, was passiert ist! Vielleicht kann ich die Angelegenheit etwas neutraler sehen als du, weil ich außen stehe. Was hältst du davon?«, schlug sie vor.

Also setzte ich mich mit Romina ins Wohnzimmer und erzählte ihr die gesamte Geschichte: von Markus und Elmar und auch von der schmerzlichen Sehnsucht, die ich empfand. Romina hörte sich alles an. Als ich den ganzen Müll von meiner Seele abgeladen hatte, sagte sie: »Das kannst du aber auch ganz anders sehen. Wenn du jetzt dieser Elmar gewesen wärst, von dem du ja glaubst, er habe die größten Chancen – wärst du dir an seiner Stelle sicher, dass sich deine große Liebe nicht in Markus oder gar in Michael verliebt hat? Würdest du dich vollkommen wohl fühlen, wenn du Elmar wärst? Denk mal darüber nach! Wie hättest du es empfunden, wenn du mitbekommst, dass deine Traumfrau sich die letzten Tage mit Michael herumgetrieben hat? Wärst du dir sicher, dass zwischen den beiden nichts gelaufen ist? Und wie hättest du dich dabei gefühlt, dass sie die beiden anderen genauso zärtlich umarmt wie dich selbst? Und war die Umarmung für Michael vielleicht doch noch etwas liebevoller? Was meinst du?«

Es dauerte eine Weile, bis ich Romina antworten konnte. Auf jeden Fall erkannte ich, dass ich als Elmar genauso wenig zufrieden gewesen wäre. Ich hätte sicherlich Eifersucht auf Markus und mich empfunden. Vielleicht hätte ich sogar mir selbst die größten Chancen eingeräumt. Wenn ich mir vorstellte, ich sei Elmar und ich hätte erfahren, dass die Frau meines Herzens diesem Michael seit Tagen eine seltsame Geschichte erzählte und dadurch sehr viel Zeit mit ihm verbrachte, dann hätte ich in ihm mit Sicherheit die größte Gefahr gesehen. Meine Gefühle wurden allmählich wieder besser.

»Du hast gar nicht so Unrecht«, stimmte ich erleichtert zu. »Von dieser Seite hatte ich die Sache noch gar nicht betrachtet. Ich fühle mich schon wieder viel besser. Danke!«

»Wie du siehst, Michael, ist alles eine Frage der Sichtweise. Was glaubst du? Welche Sichtweise ist nun die Wirklichkeit?«, wollte Romina wissen.

»Keine Ahnung. Das kann ich nicht wissen«, antwortete ich.

»Du warst dir vorhin aber noch absolut sicher, dass deine alte Sichtweise die einzig wahre ist, oder?«, machte sie mich darauf aufmerksam.

»Vorhin schon, aber jetzt nicht mehr.«

»Dann überleg noch einmal! Mit welcher Sichtweise hast du die besten Chancen, deine neue Liebe für dich zu gewinnen?«

»Sicherlich mit der, dass ich ihr Favorit bin«, erklärte ich hoffnungsvoll.

»Das denke ich auch. Und mit welcher Sichtweise fühlst du dich grundsätzlich am besten?«

»Na, mit der gleichen natürlich«, erkannte ich. »Wenn es dann aber trotzdem nicht so ist, wie ich es mir erhoffe, dann wäre ich allerdings umso mehr enttäuscht.«

»Du willst diese Enttäuschung vermeiden, das ist klar. Lieber nimmst du eine negative Einstellung an, denn dann kannst du nicht so stark enttäuscht werden. Doch ist es das wert? Dir ist bewusst, dass du durch diese negative Einstellung deine Chancen auf eine Beziehung eindeutig verringerst, oder?«

»Das ist mir leider bewusst. Und das macht das Problem nicht kleiner. Ich habe einfach Angst, dass ich verletzt werde.«

»Weißt du, was eine Verletzung eigentlich genau ist? Eine Verletzung ist ein Gefühl, das richtig heftig weh tut. Oder bist du auch verletzt, wenn du dich gut fühlst?«

»Nein, natürlich nicht«, antwortete ich verwirrt.

»Wer, glaubst du, ist für dieses verletzende Gefühl verantwortlich?«

»Na, offensichtlich mache ich mir meine Gefühle selbst«, antwortete ich nachdenklich.

»Und wenn du dir diese schlechten Gefühle nicht machen würdest, wärst du auch nicht verletzt. Richtig?«

»Richtig!«, stimmte ich skeptisch zu. »Doch das ist offensichtlich nicht so einfach.«

»Alles ist einfach, wenn du weißt, wie es geht«, entgegnete Romina. »Was du vermeiden möchtest, ist das Gefühl von Einsamkeit. Dieses Gefühl ist die Verletzung, um die es geht. Weißt du, wie du dieses Gefühl vermeiden kannst?«

»Ich darf meine große Liebe nicht zu meinem alleinigen Rudel machen«, antwortete ich. »Das hat mir Bodo schon erklärt. Ich muss daran denken, dass ich viele Menschen habe, die zu mir passen und die mich mögen.«

»Und das solltest du deinen Instinkten am besten mehrfach bestätigen«, meinte Romina. »Es braucht nämlich eine Weile, bis sie endgültig Ruhe geben.«

»Und wie bestätige ich ihnen das?«

»Woran kannst du erkennen, dass du mir sympathisch bist?«, antwortete Romina mit einer Gegenfrage.

»Du schaust mich sehr offen an. Das ist mir gleich aufgefallen. Da fühlt man sich schon gemocht, wenn ich ehrlich sein darf.«

»Und wie ist es mit den Leuten hier im Camp, die du bereits kennen gelernt hast? Woran kannst du erkennen, dass sie dich ebenfalls mögen?«

»Die Leute in meinem Bungalow sind alle unglaublich nett zu mir. Das ist nicht schwer zu erkennen. Die anderen Leute im Camp, mit denen ich sonst noch Kontakt habe, begrüßen mich immer sehr freundlich. Sie freuen sich ganz offensichtlich wirklich, mich zu sehen und mit mir ihre Zeit zu verbringen.«

»Wie fühlst du dich, wenn du an all diese Leute denkst?«

»Ich fühle mich gut«, antwortete ich erfreut.

»Und jetzt denk noch einmal an deine neue Liebe! Gibt es Anzeichen dafür, dass sie dich möglicherweise auch mag? Bist du als Freund bei ihr erwünscht?«

»Ich denke schon. Eigentlich bin ich sogar sicher. So, wie sie sich mir gegenüber verhält, kann ich da eigentlich sehr sicher sein. Ich weiß nur nicht, ob sie mich als Partner will.«

»In dieser Hinsicht gilt es offensichtlich, Geduld zu üben und dir in der Zwischenzeit klarzumachen, dass du viele Menschen hast, die dich mögen und die zu dir passen. Auf diese Weise hast du die größten Chancen, dass mehr daraus wird.«

»Ich glaube, du hast Recht.«

»Gleichzeitig kann dich dann niemand mehr verletzen. Letztendlich kannst nur du dich selbst verletzen, indem du deinen Instinkten vorgaukelst, du wärst einsam. Und das kannst du ganz leicht verhindern, wenn du dir immer vor Augen hältst, wie die Welt wirklich ist. Du hast viele Menschen, die zu dir passen und bei denen du erwünscht bist. Das solltest du niemals vergessen.«

Damit verabschiedete sich Romina von mir und überließ mich meinen Gedanken, die jetzt sehr viel positiver waren als noch ein paar Minuten zuvor. Ich verstand nicht, wieso ich es immer wieder zulassen konnte, dass ich mich so in derart negative Gefühle hineinsteigerte. Ich wollte das nicht mehr!

Ich konzentrierte mich daher wieder auf das schöne Gefühl in meiner Brust. Ich hatte es bereits im Ansatz beim Gespräch mit Romina gespürt, doch jetzt, wo ich meine bewusste Aufmerksamkeit darauf lenkte, wurde es sehr viel stärker. Ich spürte den weichen Zug nach oben vorne und die Weite in meiner Brust. Nach wenigen Minuten fing dieses Gefühl an, sich in meinem Körper auszubreiten.

Mann, ging es mir jetzt wieder gut! Das Leben hatte seine Schönheit zurückgewonnen. Ich war sehr froh, hier zu sein. An die große Sehnsucht von vorhin konnte ich mich kaum noch erinnern. Es war, als ob ich das alles nur geträumt hätte. Ich fühlte mich überhaupt nicht mehr allein. Überall um mich herum waren nette Leute. Und auch viele der Frauen, die hier waren, fand ich sehr interessant. Eigentlich fand ich sie alle irgendwie schön. Wenn meine Traumfrau mich also nicht haben wollte, wäre das gar nicht so schlimm. Die Welt war voll von tollen Frauen.

Und trotzdem, die Tollste von allen war in meinen Augen momentan sie.

Ich fühlte mich gerade so wohl, dass ich beschloss, in die Stadt zu gehen und den Menschen zuzusehen. Ein wunderschönes Gefühl von innerem Frieden erfüllte mich, während ich das tat.

Ich ging ins Stadtzentrum und setzte mich auf eine Parkbank. Ich wagte es kaum, mich zu bewegen, um dieses schöne Gefühl nicht zu verlieren. Das Leben konnte so schön sein. Mir war klar, dass ich eigentlich keinen Grund für diese Freude hatte. Aber das war mir vollkommen egal. Wenn es so einfach war, wunschlos glücklich zu sein, dann konnte mir überhaupt nichts mehr passieren. Ich fühlte mich so frei und so voller Liebe für das ganze Leben, wie ich es bis dahin noch nie erlebt hatte.

So saß ich dort für mindestens zwei Stunden. Plötzlich hielt mir von hinten jemand die Augen zu. Ich erschrak fast zu Tode. Es war meine heimliche Liebe! Ich freute mich so sehr, dass ich aufsprang und sie genauso liebevoll umarmte, wie sie gestern Markus und Elmar umarmt hatte. Ich konnte gar nichts dagegen tun. Es kam einfach so aus mir heraus. Das Schöne war, dass ich mir überhaupt keine Gedanken darüber machte, wie sie das jetzt auffassen würde. Ich tat es einfach und fühlte mich wunderbar. Sie erwiderte die Umarmung genauso liebevoll. Ich konnte das Glück kaum aushalten. Es war nicht zu fassen. Am liebsten hätte ich sie überhaupt nie mehr losgelassen. Aber nach ein paar Sekunden merkte ich, dass sie die Umarmung lösen wollte.

»Hallo, Michael. Es freut mich, dich hier zu treffen. Ich bin gerade auf dem Weg zurück zum Camp. Ich möchte tauchen gehen. Hast du Lust mitzukommen?«

»Ich komme sehr gerne mit euch«, erklärte ich, denn ich ging davon aus, dass sie bereits mit Markus und Elmar vereinbart hatte, tauchen zu gehen. »Ich kann allerdings nicht tauchen. Meinst du, das geht trotzdem?«

»Ich habe auch noch nie getaucht. Das macht gar nichts. Wir machen einen Anfängerkurs bei Uli.«

»Meinst du, dass da noch Plätze frei sind? Oder habt ihr euch schon angemeldet?«, wollte ich wissen.

»Wir können uns noch anmelden. Es ist noch Zeit. Aber wen meinst du immer mit euch?«

»Na, Markus und Elmar. Kommen die etwa nicht mit?«

»Nicht dass ich wüsste. Willst du, dass wir sie fragen?«

Am liebsten hätte ich geantwortet: »Ganz bestimmt nicht. Es sei denn, dass wir ihre Taucherflaschen mit Wasser füllen und sie damit ins Meer werfen. Dorthin, wo es ganz tief ist!« Aber ich sagte nur schlicht: »Nicht unbedingt. Die haben bestimmt schon irgendetwas vor.«

»Okay, dann lass uns zu Uli gehen. Mal sehen, ob das noch klappt heute.«

Es war einfach gigantisch. Meine Traumfrau ging mit mir allein zum Tauchen. Ich hätte mir die Heulerei in dieser Nacht wirklich ersparen können.

Mit Uli hatten wir Glück. Wir mussten uns allerdings beeilen. Wir brauchten noch Badetücher und unsere Badesachen. Gesagt, getan – zehn Minuten später standen wir wieder mit unseren Badetaschen vor Uli. Es waren noch weitere vier Teilnehmer gekommen. Wir fuhren mit Ulis VW-Bus die Küste entlang zu einer Stelle, die er für unsere ersten Tauchversuche ausgesucht hatte.

Ich war so aufgeregt! Zum einen wusste ich nicht, was beim Tauchen auf mich zukommen würde, und zum anderen war ich wieder einmal zusammen mit meiner großen Liebe unterwegs. Dieses Mal konnte ich sogar im Wagen direkt neben ihr sitzen.

Die Fahrt war leider viel zu schnell zu Ende. Wir wurden zunächst mit allem ausgerüstet, was man zum Tauchen brauchte. Danach gingen wir mit unseren Sachen zum Strand. Der Sandstrand ging zweihundert Meter weiter rechts in eine schroffe Felsenküste über. Hier würde es unter Wasser viel zu sehen geben, erklärte Uli.

Als Erstes machte er uns mit der Ausrüstung vertraut. Für meinen Geschmack war er dabei etwas zu gründlich. Doch Tauchen ist nun mal ein gefährlicher Sport, wenn man nicht weiß, was man zu tun und zu lassen hat. Ich war sehr ungeduldig. Am liebsten hätte ich mir einfach eine Tauchmaske und eine Pressluftflasche geschnappt und wäre losgetaucht.

Stattdessen wurde die komplette Ausrüstung erst einmal sehr sorgfältig überprüft. Nach dem theoretischen Unterricht und der Überprüfung der Sachen ging ich davon aus, dass wir uns nun mitsamt dem Material in die Fluten stürzen würden. Aber Uli ließ uns zunächst die Taucheranzüge anziehen und gab uns dann nur Schnorchel und Taucherbrille. Wir sollten erst einmal erleben, wie es war, wenn man unter Wasser atmen konnte, und das sei mit einem Schnorchel wesentlich ungefährlicher als direkt mit der Pressluftflasche. Wir trabten also mit unserem Schnorchel ins Wasser.

Uli sagte, wir sollten erst einmal im Sitzen unser Gesicht ins Wasser halten und nur das Atmen üben. Mein erster Eindruck war, dass ich hier in eine ganz andere Welt hineinschauen konnte – eine Welt, in der der Mensch eigentlich nichts zu suchen hat. Ich war fast überwältigt von der Klarheit, mit der man durch die Brille unter Wasser sehen konnte.

Nach ein paar Sekunden merkte ich, dass ich vergessen hatte, zu atmen. Irgendwie war meine Atmung richtig blockiert. Mein Gehirn schien dauernd zu sagen: »Unter Wasser kann man nicht atmen!« Ich nahm den Kopf erst einmal aus dem Wasser und holte noch einmal tief Luft durch den Schnorchel. Daraufhin versuchte ich es wieder. Ich zwang mich regelrecht, weiterzuatmen, während ich meinen Kopf ins Wasser absenkte. Nach ein paar Minuten hatte ich mich daran gewöhnt. Uli sagte, wir sollten jetzt versuchen, zu schwimmen. Die Anzüge würden uns dabei oben halten. Wir könnten uns also einfach treiben lassen und die schöne Aussicht genießen.

Es war toll. Durch die Sonne leuchtete der Boden

richtig. Ich sah ein paar Fische an mir vorbeischwimmen, und auch diese leuchteten. Sie blieben zwar in sicherem Abstand, aber es war auf jeden Fall näher, als ich jemals einem Fisch in freier Wildbahn zuvor gewesen war.

Es war wunderschön, auf diese Weise einen Einblick in die Unterwasserwelt zu bekommen. Meine heimliche Liebe schwamm direkt neben mir. Als ich freundlich zu ihr hinübersehen wollte, musste mein Schnorchel dabei unter Wasser geraten sein. Ich nahm einen tüchtigen Atemzug Meerwasser und verschluckte mich fürchterlich. Ich schoss aus dem Wasser wie eine Rakete. Glücklicherweise hielt mich der Taucheranzug immer schön oben.

Nach einer Minute ging es mir wieder gut. Die Frau meines Herzens hatte sich bei dieser Aktion schiefgelacht. Sie nahm den Schnorchel aus dem Mund und lächelte mir zu. Ich leerte meinen Schnorchel erst einmal aus und versuchte es dann erneut. Der Geschmack des Salzwassers blieb mir unvergessen. Von nun an war ich sehr vorsichtig mit meinem Schnorchel.

Nach einer Weile rief uns Uli wieder zurück an Land. Wir waren nur ein paar Meter vom Ufer weggeschwommen. Er bat uns, unsere Schwimmflossen anzuziehen. Nachdem ich vergeblich versucht hatte, die Flossen an Land anzuziehen, erklärte er mir, dass dies mit trockenen Flossen nur schwer funktionieren würde. Ich solle sie mit ins Wasser nehmen und sie dort anziehen. Das klappte dann viel besser.

Es war ein komisches Gefühl, mit diesen Dingern zu schwimmen. Man wurde dadurch richtig flott. Ich hatte die Flossen etwas schneller angezogen als meine Herzensdame. Also schwamm ich zurück, um nach ihr zu sehen. Sie hatte mit dem Handling dieser Dinger ein paar Probleme. Offensichtlich konnte sie nur brustschwimmen. Sie versuchte nämlich, die Beinbewegungen des Brustschwimmens mit den Flossen zu machen, was nicht so gut klappte. Nachdem bei ihr der Groschen gefallen war, schwammen wir gemeinsam am Strand entlang.

Es war einfach göttlich, so durch das Wasser zu gleiten und sich völlig mühelos in einer fremden Welt zu bewegen. Ich fühlte mich wie ein Entdecker.

Uli ließ uns ziemlich lange umherpaddeln. Nachdem er uns wieder zusammengerufen hatte, erzählte er uns mit einem hämischen Grinsen im Gesicht, dass wir die Taucherflaschen hier im offenen Meer heute nicht ohne Aufsicht benutzen würden. Er habe die Sachen nur mitgebracht, um es für uns etwas spannender zu machen.

Niemand von uns konnte Uli böse sein. Wir waren alle erfreut über das, was wir bereits erlebt hatten, so dass wir alle herzhaft darüber lachten. Uli fragte uns, ob wir zurück zur Anlage wollten, um dort im Swimmingpool einzeln unter seiner Aufsicht die Flaschen auszuprobieren. Wir könnten das aber auch auf den nächsten Tag verschieben und noch etwas hierbleiben. Die Gruppe war einstimmig dafür, weiterhin hierzubleiben und zu schnorcheln.

Nach zwei Stunden Schnorcheln hatte ich langsam genug. Ich setzte mich an den Strand und wartete auf die anderen.

Ich fühlte mich immer noch sehr gut. Und dabei wollte ich es auch belassen! Sicherheitshalber konzentrierte ich mich daher noch einmal auf das schöne Gefühl in meiner Brust. Ich wollte so einen Absturz wie heute Morgen nicht noch einmal riskieren. Sofort wurde das weiche Ziehen in meiner Brust intensiver. Mein Brustkorb fühlte sich extrem weit und elastisch an. Auch hatte ich wieder den Eindruck, als sei die Welt irgendwie heller und farbenfroher geworden. Das war wunderschön.

Kurze Zeit später kamen meine heimliche Liebe und die anderen aus dem Wasser. Als meine Traumfrau ihren Taucheranzug auszog, sah ich sie zum ersten Mal im Bikini. Sie war so schön! Es war einfach unglaublich. Ich musste mich ständig zwingen, sie nicht anzustarren.

Sie redete mit mir, während sie sich umzog. Ich bemühte mich, ihr in die Augen zu sehen, was gar nicht so einfach war!

Nach einer wohltuenden Dusche am Strand, um das Salzwasser abzuspülen, fuhren wir wieder zurück zum Camp. Ich überlegte, wie ich es anstellen könnte, auch den Rest des Tages mit ihr zu verbringen. Irgendetwas musste mir einfallen, was wir gemeinsam unternehmen könnten – etwas, wovon ich sicher sein könnte, dass sie Lust dazu hatte. Sie war sehr sportlich. Und wenn ich an das Gleitschirmfliegen dachte, dann mussten es vor allem etwas heftigere Sportarten sein, die ihr gefielen. Nach ein paar Minuten hatte ich die Idee! Wir könnten zum Wasserskifahren gehen. Natürlich musste ich erst einmal herausbekommen, ob sie sich für Wasserski überhaupt interessierte. Sonst könnte es ja passieren, dass ich sagte, ich würde zum Wasserskilaufen gehen, und sie dann einfach darauf meinte: »Na dann viel Spaß!« Ich fragte sie also: »Bist du schon mal Wasserski gelaufen?«

»Nein, noch nie, und du?«, erwiderte sie interessiert.

»Ich auch noch nicht. Würdest du das gerne mal probieren?«

»Warum nicht? Gerne«, stimmte sie zu.

»Wenn du Lust hast, dann könnten wir nachher zum Strand gehen. Ich habe gesehen, dass man nicht weit von hier Wasserski mieten kann«, erklärte ich.

»Prinzipiell gerne«, meinte sie. »Nur habe ich mich für heute Mittag schon mit Claudia verabredet. Ich wollte mit ihr noch ein paar Dinge besprechen und ich weiß nicht, wie lange das dauern wird. Wenn du willst, dann geh doch schon mal vor. Wenn ich frühzeitig mit Claudia fertig werde, komme ich nach. Wenn nicht, fährst du allein und erzählst mir, wie es war.«

Ich willigte ein. Was sollte ich auch sonst tun? Mein Versuch, den Tag auch weiterhin mit ihr zu verbringen, war also fehlgeschlagen. Ich befürchtete, dass sie es wieder als aufdringlich empfinden würde, wenn ich sie jetzt noch fragte, ob wir uns danach sehen könnten. Ich war mir nicht sicher, ob sie für mich mehr empfand als für

Elmar oder Markus. Sie hatte zwar mittlerweile schon ziemlich viel Zeit mit mir verbracht, aber das Gleiche galt auch für die anderen beiden. Meine Gedanken waren wieder die des alten Michael geworden. Mein schönes Gefühl hatte ich, ohne es zu merken, plötzlich komplett verloren. Ich fühlte mich wieder allein.

Wir verabschiedeten uns voneinander – und zwar auf die gewohnte unpersönliche Art und Weise. Ich zögerte einen Augenblick, um zu sehen, ob sie mich nicht vielleicht doch noch umarmen würde, aber sie tat es nicht. Also ging ich zurück zu meinem Bungalow.

Nachdem ich noch einmal sorgfältig geduscht hatte, legte ich mich aufs Bett und dachte nach. Meine Gefühle wurden immer schlechter. Ich fühlte mich wieder sehr allein. Ich dachte daran, was sie wohl jetzt machte, und sehnte mich danach, bei ihr zu sein. Nach einer Weile war ich sehr müde. Kurz vor dem Einschlafen spürte ich plötzlich einen Stromstoß durch meinen Körper jagen. Es war, als hätte ich in eine Steckdose gegriffen. Ich erschrak fast zu Tode. Unmittelbar danach hatte ich den Eindruck, eine Stimme zu hören, die mir sehr eindringlich sagte: »Erinnere dich daran, wie die Welt in Wirklichkeit ist!«

Mit Herzklopfen sprang ich auf. Wo kam diese Stimme her? Und woher dieser Stromstoß? Was passierte gerade mit mir? Ein kalter Schauer lief mir über den Rücken. Ich zog mich an, so schnell ich konnte, und verließ das Zimmer.

Jetzt wollte ich unbedingt unter Menschen sein. Ich lief wahllos im Camp umher. Ich musste mit irgendjemandem darüber sprechen, was mir eben passiert war. Aber mit wem? Sicherlich würden mich alle für verrückt halten.

Es dauerte eine Weile, bis ich mich wieder beruhigt hatte. Die einzige Erklärung, die ich finden konnte, war, dass mein eigenes Unterbewusstsein mir diese Botschaft mitgeteilt hatte, weil es wollte, dass ich mich wieder auf das schöne Gefühl in der Brust konzentrierte. Aber ich hatte große Mühe, diese Erklärung für den seltsamen Stromstoß wirklich zu glauben. Das merkte ich, als ich daran dachte, in mein Zimmer zurückzugehen. Mir wurde bei diesem Gedanken ganz mulmig.

Nach einer Weile entschied ich, dass es das Beste wäre, zu tun, was die Stimme vorgeschlagen hatte. Ich machte mir klar, dass ich nicht wirklich einsam war. Ich war einfach nur Single. Und es gab sehr viele andere Singles, die zu mir passten und die mit mir befreundet – ja vielleicht sogar als Beziehungspartner mit mir zusammen sein wollten. Und wenn ich wollte, könnte ich sogar noch viel mehr Menschen kennen lernen. Die Welt war voll von netten Menschen.

Es funktionierte. Meine schlechten Gefühle erschienen mir zunehmend unsinniger. Nachdem ich die unerwünschten Gefühle los war, begann ich, mich wieder auf das weiche Ziehen und die Weite in meinem Brustkorb zu konzentrieren. Es war erstaunlich: Je öfter ich das tat, desto leichter und schneller gelang es. Ich fühlte mich schon nach wenigen Minuten total gut.

Plötzlich hatte ich riesige Lust, Wasserski laufen zu gehen. Im Gegensatz zu heute Mittag, als ich es meiner heimlichen Liebe vorgeschlagen hatte, wollte ich es jetzt tatsächlich für mich selbst. Ich ging also zurück in meinen Bungalow, um meine Sachen zu holen. Als ich die Tür zu meinem Zimmer öffnete, verspürte ich zunächst ein leicht mulmiges Gefühl. Ich dachte noch einmal an den seltsamen Stromstoß und an die Stimme. Doch dann wurde mir wieder bewusst, dass ich es dieser Stimme zu verdanken hatte, dass es mir wieder richtig gut ging.

Während ich meine Sachen zusammenpackte, ging mir durch den Kopf, dass ich ja auch mal mutig sein und mich noch einmal hinlegen könnte, um zu sehen, ob die Stimme wiederkäme. Ich spürte jedoch, dass ich mir damit lieber noch ein wenig Zeit lassen wollte.

Auf dem Weg zum Strand begegneten mir sehr viele Leute. Ich hatte den Eindruck, dass sie mich heute alle viel freundlicher anschauten als sonst. Es war wirklich schön hier, und die Leute waren alle wirklich nett. Nie wäre ich zu dieser Zeit auf die Idee gekommen, dass dies in Wirklichkeit an mir liegen könnte!

Eine halbe Stunde später kam ich an der Stelle des Strandes an, an der man Wasserski mieten konnte. Zu meinem Glück musste ich nicht lange warten. Man verpasste mir einen Neoprenanzug und erklärte mir, was ich zu tun hatte. Da ich die Sprache nicht verstand, wurde es eine sehr kurze und oberflächliche Einweisung. Aber ich war sicher, es schon irgendwie auf die Reihe zu bekommen.

Ich lag genau so im Wasser, wie man es mir erklärt hatte, und hielt den Griff des Seiles fest, an dem ich gezogen werden sollte. Als das Motorboot anfuhr, dachte ich, es würde mir die Arme herausreißen! Irgendetwas musste ich falsch gemacht haben. Ich schaffte es nicht, mich festzuhalten, sondern fiel sofort ins Wasser. Ich fand das irgendwie lustig und war ein bisschen froh, dass meine Traumfrau es nicht gesehen hatte.

Beim nächsten Versuch klappte es besser. Ich weiß zwar bis heute nicht warum, aber ich hielt mich irgendwie auf diesen Brettern. Ich ließ mich einfach hinter dem Boot herziehen und bemühte mich nur darum, die Ski zusammenzuhalten. Nach einer Weile wurde mir bewusst, wie verkorkst ich auf diesen Dingern stand. Ich muss ausgesehen haben, als ob ich in die Hose gemacht hätte. Erneut war ich froh, dass sie nicht mitgekommen war und mich nicht so sehen musste. Besonders sportlich sah ich nun wirklich nicht aus.

Nach einer Viertelstunde war meine Wasserskitour zu Ende. Es war schön. Obwohl ich es schon tausend Mal gesehen hatte, fand ich es fantastisch, selbst zu fühlen, dass man auf dem Wasser stehen konnte.

Ich blieb noch eine ganze Weile sitzen und schaute den anderen Leuten zu, die das Wasserskifahren probierten. Einerseits war ich neugierig, einmal von außen zu sehen, wie dämlich ich wohl ausgesehen hatte, und andererseits wollte ich warten, ob *sie* vielleicht doch noch kommen würde.

Sie kam aber nicht. Ich wartete über zwei Stunden und beschloss dann, mich wieder auf den Rückweg zu machen. Ich spürte schon wieder, wie ich begann, ein Gefühl der Einsamkeit zu entwickeln. Ich schaute immerzu den Strand entlang, ob sie nun endlich käme. Dieses Mal wurde mir aber rechtzeitig bewusst, dass ich anfing, meine Welt wieder mit meinen alten Augen zu betrachten. Ich konzentrierte mich daher sofort auf das weiche Ziehen in meiner Brust. Innerhalb einer Minute war die Welt wieder in Ordnung. So einfach war es bis jetzt noch nie gegangen. So langsam schien ich mich an dieses Gefühl zu gewöhnen.

Als ich zurückkam, saßen die Leute aus meinem Bungalow an den Tischen vorm Swimmingpool. Sie hatten gemeinsam gekocht und luden mich sofort zum Essen ein. Ich fühlte mich erneut sehr erwünscht bei ihnen und sagte sofort zu. Insgeheim hoffte ich, dass meine heimliche Liebe auch vorhatte, draußen beim Swimmingpool zu Abend zu essen. Ich ging schnell in mein Zimmer, duschte und war zehn Minuten später wieder bei den anderen am Pool.

Als ich herauskam, winkte sie mir schon zu. Ich war total überrascht und gleichzeitig begeistert, dass sie offensichtlich auf mich gewartet hatte. Das konnte doch eigentlich nur bedeuten, dass sie mich vermisst hatte!

Sofort begann mein Herz wieder, wie verrückt zu schlagen. »Sollte das vielleicht wirklich bedeuten, dass sie mich mag?«, fragte ich mich. Mit einem flauen Gefühl im Magen ging ich zu ihr.

»Hallo, Michael«, begrüßte sie mich. »Ich muss dich unbedingt etwas fragen.« Als sie das sagte, bekam ich ein Gefühl auf der Haut, als würde ich in einem Ameisenhaufen liegen. Mein Nervensystem schien kaum damit fertig zu werden, dass ich von *ihr* so freudig erwartet wurde. »Aber setz dich doch erst mal und nimm dir was zu essen!«, redete sie weiter.

Ich konnte jetzt unmöglich etwas essen. Mir war total übel vor Aufregung. Ich begann am ganzen Körper zu zittern und sagte ziemlich aufgeregt: »Ich habe noch keinen Hunger. Ich werde später essen.«

Ich setzte mich zu ihr und wartete darauf, dass sie mir ihre Frage stellte. Insgeheim spürte ich, dass es dabei um etwas sehr Persönliches ging. Als sie dann sagte: »Ich weiß gar nicht, wie ich anfangen soll«, rutschte mir schier das Herz in die Hose. Mir brach sofort der kalte Schweiß aus.

»Michael, ich habe heute mit Claudia einen Versuch gestartet. Claudia hat mir geholfen, ein geistiges Potenzial in mir zu eröffnen, von dem ich bisher keine Ahnung hatte.«

Es ging also doch nicht um uns beide. Ich hatte mich wieder einmal vollkommen umsonst aufgeregt. Aber immerhin wollte sie diese Sache nicht mit irgendjemandem besprechen, sondern mit mir. Das war wenigstens eine

Art Bestätigung dafür, dass sie mich mochte. Ich wurde wieder etwas ruhiger.

»Es ging dabei um Gedankenübertragung, oder genauer gesagt, um Energieübertragung. Ich möchte dich jetzt etwas fragen, und ich bitte dich, wirklich genau zu überlegen.«

»Natürlich, schieß los!«

»Hast du heute Mittag irgendetwas Ungewöhnliches erlebt?«

Ich wusste sofort, was sie meinte. Von ihr stammten also dieser Stromstoß und diese Stimme, die ich gehört hatte. Ich bekam von Kopf bis Fuß eine Gänsehaut.

»Du warst das also!«, sagte ich beeindruckt. »Natürlich habe ich etwas Sonderbares erlebt. Es war wie ein Stromstoß.«

»Ehrlich? Wann genau war das?«, fragte sie fasziniert.

»Gegen zwei Uhr, schätze ich.«

»Und was genau hast du gefühlt?«, wollte sie aufgeregt wissen.

»Es war ein Gefühl, als ob ich an eine Stromleitung gegriffen hätte. Und dann kam plötzlich eine Stimme, die sagte, ich solle mich erinnern, wie die Welt in Wirklichkeit ist. Aber es war nicht deine Stimme.«

»Das ist ja toll! Es hat funktioniert!«, rief sie euphorisch. »Das mit der Stimme wundert mich allerdings. Ich habe nur versucht, meine Energie auf dich zu übertragen. Ob diese Stimme dadurch entsteht, muss ich Claudia noch mal fragen.«

»Wie hast du das gemacht?«, wollte ich wissen.

»Claudia sagte, ich solle einfach mal an jemanden denken und ihm dann symbolisch Energie schicken. Und ich habe dir diese Energie geschickt. Ich hoffe, es hat dich nicht gestört.«

»Aber ganz im Gegenteil, es hat mir gutgetan.«

Was sich wirklich abgespielt hatte, wollte ich ihr nicht sagen, nachdem ich nun wusste, woher die Energie gekommen war. Ich fühlte mich besonders bei dem Gedanken gut, dass sie speziell an mich gedacht hatte. Denn ich nahm dies als eindeutige Bestätigung, dass sie mich mochte. Das ließ mich weiterhin hoffen.

»Wenn du willst, dann kannst du das gerne noch öfter mit mir ausprobieren. Ich sage dir dann jedes Mal, wie es war«, schlug ich nicht ohne Hintergedanken vor.

»Wenn du einverstanden bist, würde ich das wirklich gerne tun«, willigte sie ein.

»Klar bin ich einverstanden. Warum nicht?«

Wir redeten noch eine ganze Weile über das, was ich empfunden hatte. Sie wollte es immer und immer wieder hören. Und so oft ich es ihr auch erzählte, sie war immer wieder davon begeistert.

Nach dem Essen setzten wir uns an den Rand des Pools und ließen unsere Füße ins Wasser baumeln. Ich machte mir überhaupt keine Gedanken darüber, ob ich diesen Abend weiterhin mit ihr verbringen würde. Es war irgendwie einfach selbstverständlich.

Als wir so dasaßen, fragte sie mich, ob ich die Geschichte von Mary noch weiter hören wollte. Ich bejahte natürlich auch diese Frage nachdrücklich.

»Also, du weißt ja sicherlich noch, dass Ella Mary sagte, sie hätte ein neues Leben für sie vorbereitet.«

»Ja, sie wollte Mary erleben lassen, wie sie Probleme empfinden kann«, erklärte ich und tat damit kund, dass ich mich an ihre Geschichte in allen Einzelheiten sehr gut erinnern konnte.

Ganz genau. Mary wachte am nächsten Morgen auf. Sie lag aber nicht in einem Bett und war auch nicht in einer normalen Wohnung. Sie befand sich in einem Raum, der keiner Wohnung, die sie bisher kannte, in irgendeiner Form ähnlich war. Ein Bett gab es hier nicht. Sie schwebte in einem Kraftfeld, das sie schwerelos machte. Es dauerte einen Augenblick, bis sie richtig realisierte, dass sie wach war und nicht mehr träumte. Ihr war nicht ganz klar, wie sie aus diesem Kraftfeld wieder herauskommen sollte. Sie versuchte es wie in der Zeit von Julie: »Ausschalten!«, sagte sie. Doch nichts passierte. »Programm beenden!« Wieder kam keine Reaktion. Nachdem sie vergeblich alle möglichen Befehle ausprobiert hatte und sich nichts tat, begann sie, irgendwelche Knöpfe zu suchen. Aber da waren keine. Nach über einer Stunde gab sie schließlich auf. Sie hatte keine Idee mehr, wie sie dieses Kraftfeld ausschalten konnte. Sie begann sich schon vorzustellen, wie sie völlig machtlos in dem Kraftfeld hin und her schweben würde, bis sie wieder eingeschlafen wäre und Ella endlich fragen könnte, wie sie hier herauskäme.

Während dieser Vorstellung begann Mary tatsächlich hin und her zu schweben, was sie natürlich sofort bemerkte. Sie stellte sich vor, nach oben zu schweben, und tatsächlich: Sie schwebte nach oben! Jetzt war ihr klar, wie dieses Kraftfeld zu bedienen war. Sie stellte sich vor, wie sie nach unten schweben und das Kraftfeld verlassen würde. Und genau so geschah es.

»Das ist ja ein tolles Gerät«, dachte sie. »Ob wohl alles so funktioniert hier?«

Mary begann ihre neue Wohnung zu erkunden. Es war ein sehr kleiner, runder Raum. Hier gab es keine Küche, kein Badezimmer und auch keine Sitzgelegenheiten. Irgendwie war es schon etwas seltsam hier. Es standen auch keine elektrischen Geräte herum, so wie bei Julie oder in ihrer alten Wohnung. Und was das Seltsamste war: Es gab keine Fenster oder Türen, um aus diesem Raum herauszukommen. Mary wunderte sich sehr über dieses leere Zimmer.

Dann kam sie plötzlich auf die Idee, dass vielleicht alles hier so funktionieren würde wie ihr Schlafkraftfeld. Sie stellte sich vor, dass in diesem Raum eine Tür sei, und schwups – direkt vor ihr entstand eine offene Tür! Sie ging rasch hindurch, bevor sich die Tür wieder schließen konnte.

Als sie draußen war, erkannte sie, dass sie in einer kleinen Siedlung wohnte, die aus sehr vielen dieser kleinen, runden Räume bestand. Diese Siedlung war offenbar direkt in einen Wald hineingebaut. Denn egal, in welche Richtung sie schaute, sie sah hinter den Räumen immer Wald. Sie beschloss, sich zu Fuß auf den Weg zu machen, um diese Siedlung zu erkunden. Unterwegs traf sie viele nette Menschen, die ihr freundlich zulächelten. Mary begann sich zu fragen, in welcher Zeit sie wohl war. Sie beschloss, einfach einen dieser netten Menschen zu fragen. Ein junger Mann kam ihr gerade entgegen, und Mary sprach ihn an.

»Entschuldigen Sie bitte! Können Sie mir sagen, in welcher Zeit ich hier bin?«

»Du bist am Anfang des Tages«, erwiderte der Mann. »Du hast wohl deinen Regenerator nicht richtig eingestellt.«

»Was meinst du damit?«, fragte Mary verwundert.

»Oh, dein Gedächtnis hat wohl auch etwas abbekommen«, stellte der Mann fest. »Wenn du willst, dann zeige ich dir, wo du das wieder in Ordnung bringen kannst. Ich denke, das hast du wahrscheinlich auch vergessen?«

»Stimmt, ich kann mich nicht daran erinnern. Es wäre sehr nett, wenn du mich dort hinbringen würdest«, bat Mary geistesgegenwärtig.

»Wenn du willst, gehe ich danach noch mit dir zu deiner Einheit. Ich bin Spezialist im Programmieren von Einheiten«, gab der Mann an.

»Danke, du bist sehr nett.«

Mary verstand nicht, was hier passierte. Sie schloss sich

ihrem Führer einfach an. Er hieß Manu und war vielleicht Anfang zwanzig.

Die beiden gingen quer durch die Siedlung, bis sie an einen seltsamen Ort kamen. Auf einem freien Platz stand eine gläserne Pyramide, etwa drei Meter hoch. Von ihr ging ein sonderbares Leuchten aus. Manu bat sie, mit ihm in die Pyramide hineinzugehen. Aber es gab keine Tür. Wie sollte sie dort hineinkommen? Außerdem sah die Pyramide nicht so aus, als wäre sie innen hohl. Mary folgte Manu zaghaft. Als er in die Pyramide eintauchte, knallte Mary voll dagegen, ganz wie an eine feste Wand.

»Oh, was hast du nur mit deinem Regenerator gemacht?«, fragte Manu ratlos. »Du weißt wohl gar nichts mehr. Du musst dir doch vorstellen, wie du hineingehst!«

Mary stellte es sich vor und ging zusammen mit Manu hinein. Die Wand der Pyramide bot überhaupt keinen Widerstand mehr. Sie stellten sich beide in die Mitte der Pyramide. Manu schloss die Augen und konzentrierte sich.

»Das ist aber seltsam«, sagte er. »Du hast ja überhaupt keine Erinnerung mehr. So etwas habe ich noch nie erlebt. Deine ganze Vergangenheit ist weg. Es ist, als ob du gerade erst geboren worden wärst. Wie kann das sein? Mary, ich kann deine Erinnerung nicht aktivieren.«

Die beiden verließen die Pyramide und gingen zurück in die Siedlung. Manu wollte mit Mary zu ihrer Einheit gehen, um herauszufinden, was denn wohl passiert sein könnte.

Mary fand glücklicherweise den Weg zurück zu ihrer Wohneinheit. Als sie davorstand, stellte sie sich wieder vor, dass eine Tür erscheinen würde, was auch sofort geschah. Manu schaute sie ganz irritiert an. Er hatte noch nie gesehen, dass jemand seine Einheit auf diese Weise betrat.

Als sie im Inneren der Einheit waren, begann Manu mit seiner Inspektion. Er konzentrierte sich, und es erschienen Gegenstände im Raum und verschwanden dann wieder. Er aktivierte Kraftfelder, deren Funktionen Mary gänzlich unbekannt waren.

»Ich verstehe das nicht«, erklärte er dann verwirrt. »Deine Einheit ist vollkommen in Ordnung. Was kann hier nur passiert sein? Du kannst dich wohl immer noch an nichts erinnern, oder?«

»Nein«, bestätigte Mary.

Sie wusste, dass ihr nichts Besseres passieren konnte, als dass dieser Manu sich weiterhin um sie kümmern würde. Ihr war auch klar, dass Manu nicht verstehen würde, wer sie wirklich war. Ella hatte wohl bewusst nichts in dieser Hinsicht vorbereitet.

»Im Moment weiß ich auch nicht weiter«, erklärte Manu ratlos. »Wir könnten höchstens noch zu unserer Wissenschaftlerin gehen. Vielleicht kann sie dir helfen.«

»Das wäre toll.«

Manu verließ die Wohneinheit, indem er einfach durch die Wand hindurchging.

»Deshalb hat er so irritiert geschaut, als ich eine Tür geschaffen habe«, dachte Mary.

Sie gingen wieder quer durch die Siedlung und kamen schließlich zu einer Wohneinheit, die genauso aussah wie alle anderen. Manu blieb vor dieser Einheit stehen und konzentrierte sich einen Augenblick. Ein paar Sekunden später wurde die Wand der Wohneinheit durchsichtig. Eine Frau mittleren Alters saß in der Einheit und war damit beschäftigt, einen rhomboederförmigen Energiekristall zu bearbeiten. Mary konnte nicht erkennen, was diese Frau genau machte. Es sah jedenfalls außerordentlich interessant aus. Manu sprach die Frau an: »Kala, ich habe hier eine Frau mitgebracht, die aus irgendeinem Grund kein Gedächtnis mehr hat. Ich war mit ihr schon bei der Pyramide, aber das hat ihr nicht geholfen. Die Konfiguration in ihrer Einheit habe ich mir auch schon angeschaut. Sie ist so weit in Ordnung. Kannst du dich vielleicht mal um sie kümmern?«

Kala drehte sich um, und sofort verschwand der Energiekristall, mit dem sie sich zuvor beschäftigt hatte.

»Kannst du dich noch an deinen Namen erinnern?«, fragte sie.

»Ja, ich bin Mary.«

»Weißt du sonst noch irgendetwas?«, wollte Kala wissen.

Mary wusste, dass sie diesen Menschen nicht ihre wahre Geschichte erzählen konnte. »Das Einzige, woran ich mich erinnern kann, ist die Stelle, wo meine Einheit steht«, antwortete sie deshalb.

»Sonst ist alles weg?«, fragte Kala ungläubig.

»Ja, vollkommen«, bestätigte Mary.

»Das ist wirklich sonderbar. Und du sagst, Manu, der Regenerator in ihrer Einheit war vollkommen in Ordnung?«

»Ja, ich habe ihn genau überprüft.«

»Da bin ich momentan auch überfragt«, meinte Kala ratlos. »Offenbar ist hier etwas passiert, das noch nie zuvor geschehen ist. Ich kann mir nicht erklären, was das gewesen sein könnte. Wir können nur eines machen: Ich arbeite gerade an einer Energiekonfiguration, die es dir ermöglichen kann, alles zu erleben, was du brauchst, um dich wieder in unserer Siedlung zurechtzufinden. Ansonsten wird sich im Laufe der Zeit zeigen, ob wir in der Lage sind, dein Gedächtnis wiederherzustellen.«

»Ich denke, das ist eine gute Idee«, antwortete Mary.

»Hast du denn das Gefühl, dass du bestimmte Informationen ganz besonders dringend brauchst?«, wollte Kala wissen.

»Ich weiß nicht. Im Grunde genommen würde ich gerne Probleme empfinden können«, antwortete Mary.

»Du willst Probleme empfinden können?«, wiederholte Kala ungläubig. »Ist das wirklich die Sache, die du am dringendsten brauchst?«

»Ja, ich glaube schon«, entgegnete Mary.

»Na gut, wenn du meinst, dann machen wir das eben so. Und was willst du genau empfinden?«

»Ich möchte gerne wissen, wie es sich anfühlt, wenn man Probleme spürt«, meinte Mary.

»Du hast wirklich seltsame Wünsche«, erwiderte Kala. »Aber du wirst wohl schon wissen, was für dich das Richtige ist. Und welche Gefühle sind das genau, die du erleben willst?«

»Wenn wir mit Angst und Verzweiflung beginnen könnten, dann wäre das toll«, schlug Mary vor.

»Mit diesen Wünschen kam bisher noch nie irgendjemand zu mir. Du musst eine außergewöhnliche Persönlichkeit sein.«

Kala drehte sich wieder um, und sofort erschien der Energiekristall erneut. Mehrfach wechselte er seine Farbe. Schließlich begann er zu wachsen, bis er eine Größe angenommen hatte, die es Mary ermöglichte, in den Kristall hineinzusteigen. Kala bat sie, dies zu tun. Als Mary in den Kristall eintrat, spürte sie einen leichten Schauer auf ihrer Haut.

»Okay«, sagte Kala. »Ich werde jetzt den Kristall mit meinen eigenen Ängsten laden und diese dann auf dich übertragen. Wenn es dir zu viel wird, dann brechen wir sofort ab. Sobald du bereit bist, fangen wir an.«

»Ich bin bereit.«

Plötzlich wurde Marys Blick glasig. Sie war für einen Augenblick total benommen. Als sie wieder zu sich kam, hatte sie das Gefühl, Kala zu sein. Allerdings erlebte sie sich nicht in Kalas jetzigem Alter. Sie war noch ein Kind. Der ganze Zustand war sehr seltsam. Das Wissen, wer sie wirklich war, wurde durch diesen Kristall irgendwie gedämpft. Sie empfand die Identität des kleinen Mädchens Kala viel intensiver als ihre eigene. Sie erlebte mit all ihren Sinnen, wie sie von ihrer Mutter ausgeschimpft wurde und schreckliche Angst hatte, dass diese sie nicht mehr lieben würde. Es war überwältigend für sie, dies zu spüren. Ihr Körper bekam dabei so viele seltsame, unangenehme Gefühle, dass Mary kaum in der Lage war, alles gleichzeitig zu erfassen.

Nachdem diese Situation beendet war, unterbrach Kala die Übertragung. »Es ist etwas Seltsames passiert«, sagte sie. »Ich weiß nicht, welche Situation du eben eigentlich gespürt hast, denn es war etwas, das ich tief in mein Unterbewusstsein verdrängt hatte. Aber ich konnte ganz deutlich fühlen, dass sich die Angst bei mir selbst ein für alle Mal aufgelöst hat. Ich möchte jetzt erst einmal sicherstellen, dass meine Angst nicht vollständig auf dich übergegangen ist. Wie war es für dich?«

»Oh, es war wirklich scheußlich. Richtig grässlich«, gab Mary an. »Ich wusste nicht, dass Angst so schlimm sein kann. Können wir das gleich noch mal machen?«, fragte sie begeistert.

Kala und Manu sahen sich sprachlos an. Sie merkten, dass Mary das vollkommen ernst gemeint hatte. Es dauerte einen Moment, bis Kala auf Marys Frage antworten konnte. »Mary, ich verstehe das nicht. Du sagst, dass es schrecklich war, aber gleichzeitig willst du es wieder erleben. Wie kann das sein?«

Mary merkte, dass sie etwas gesagt hatte, was für Menschen völlig unlogisch war. Sie versuchte, sich auf die

Schnelle eine Begründung einfallen zu lassen, welche die beiden akzeptieren würden. »Ich habe das Gefühl, dass ich kein richtiger Mensch mehr wäre, wenn ich keine Angst kennen würde«, erklärte sie schnell.

»Da hast du sicherlich Recht«, sagte Kala, und Manu nickte. »Machen wir also weiter.«

Der Energiekristall erschien wieder direkt um Mary herum. Kala schloss die Augen und konzentrierte sich. Kurz darauf veränderte sich Marys Wahrnehmung erneut. Sie war wieder Kala als kleines Mädchen und erlebte dieses Mal eine Situation, in der sie sich im Wald verirrt hatte. Ihre Mutter hatte ihr immer wieder gesagt, sie solle nicht allein in den Wald gehen, aber Kala tat es trotzdem. Es gab keine Wege in diesem Wald. Sie irrte schon seit Stunden umher. Langsam wurde es dunkel. Mehr und mehr geriet sie in Panik. Sie rannte wie eine Verrückte durch den Wald und war bereits am Ende ihrer Kräfte. Dabei rief sie immerzu nach ihrer Mutter. Doch niemand hörte sie. Mitten in ihrer Panik hatte sie das Gefühl, beobachtet zu werden. Sie vermutete, dass ein wildes Tier hinter ihr her war, das sie fressen wollte. Sie mobilisierte ihre letzten Kräfte und rannte noch schneller. Nach ein paar Minuten brach sie völlig erschöpft zusammen. Sie war total verzweifelt. Sie glaubte, nie wieder zurückzukommen, und war überzeugt, jetzt sterben zu müssen. Nie mehr würde sie ihre Eltern oder ihre Freunde sehen. In diesem Moment packte ein Tier sie am Arm. Sie erschrak fürchterlich und versuchte, das

Tier abzuschütteln. Aber nach ein paar Sekunden erkannte sie, dass es gar kein Tier war, sondern ihr Vater, der sie gesucht hatte. Er sagte ihr nachdrücklich, dass sie nie wieder in den Wald gehen dürfe, und nahm sie mit nach Hause. Danach verschwanden diese Bilder wieder. Mary bemerkte, dass sie sich in der Einheit der Wissenschaftlerin befand.

»Mary, etwas Sonderbares geht hier vor«, sprach diese sie an. »Während ich die Übertragung machte, hatte ich den Eindruck, Waldboden zu riechen. Aber ich kann mich nicht erinnern, dass ich jemals im Wald gewesen bin. Ich fürchte mich nämlich vor dem Wald. Aber jetzt habe ich seltsamerweise das Gefühl, dass ich gerne einmal dort hingehen möchte.«

»Ich habe eben erlebt, wie du als kleines Mädchen im Wald warst und nicht mehr zurückgefunden hast. Du hattest sehr große Angst und warst total verzweifelt«, erklärte Mary.

»Wirklich? Daran kann ich mich überhaupt nicht mehr erinnern«, erwiderte Kala erstaunt. »Und wie war es für dich? Hast du erlebt, was du erleben wolltest?«

»Ja, ich denke schon. Ich weiß jetzt, wie es sich anfühlt, Angst zu haben und verzweifelt zu sein. Ich habe nur noch nicht richtig verstanden, wo die Angst und die Verzweiflung hergekommen sind.«

»Wie wäre es, wenn wir dir jetzt die Informationen über unsere Siedlung geben?«, schlug Kala vor. »Du kannst gerne morgen wiederkommen. Ich möchte jetzt nämlich herausfinden, was bei mir während der Übertragung passiert ist.«

»Ja, das wäre toll«, stimmte Mary zu.

»Dann geh wieder in den Kristall. Ich übertrage dir alles, was ich von hier weiß.«

Dieses Mal ging die Übertragung viel schneller. Mary wurden alle Informationen einfach in ihr Unterbewusstsein eingepflanzt, ohne dass sie bewusst erlebte, welche Auskünfte dies im Einzelnen waren.

Als Mary den Kristall verließ, hatte sie das Gefühl, in dieser Siedlung wirklich zu Hause zu sein. Sie verabschiedete sich von Kala und ging zusammen mit Manu ganz selbstverständlich durch die Wand der Einheit hindurch nach draußen. Durch die Informationen von Kala wusste sie genau, wo sie war und wie sie zu ihrer eigenen Einheit zurückkommen würde. Sie dachte daran, dass sie normalerweise jetzt etwas essen würde, merkte aber, dass ihr Körper nicht danach verlangte. Offenbar brauchte man in dieser Zivilisation nicht zu essen. Man konnte es zwar tun, wenn man wollte, musste es jedoch nicht. Mary hatte sich allerdings ans Essen gewöhnt. Es war zwar eine komplizierte Art der Energieaufnahme, aber sie machte auch Spaß. Daher fragte sie Manu, ob er auch gerne essen wolle. Manu sah sie erstaunt an und entgegnete, dass er jetzt am Anfang des Tages noch nicht viel Lust auf diese komplizierte Prozedur habe.

»Na ja, dann esse ich eben auch nichts«, dachte Mary.

Ihr wurde nach und nach bewusst, dass sie durch den

Regenerator, in dem sie geschlafen hatte, ausreichend Energie für den ganzen Tag verspürte.

Auf dem Weg zurück zu ihrer Einheit kamen Manu und Mary an einer Gruppe Menschen vorbei, die sehr vergnügt aussahen. Sie hatten sich im Kreis aufgestellt und wollten offensichtlich gerade beginnen, etwas ganz Besonderes zu tun. Mary hatte nicht das Gefühl, dass ihr die Informationen über das, was hier vorging, von Kala mitgeteilt worden waren. Manu begann sofort zu lächeln.

»Da machen wir mit, Mary«, sagte er begeistert.

»Bei was machen wir mit?«, wollte sie wissen.

»Wir bauen eine Einheit. Das macht einen Riesenspaß«, erklärte Manu.

»Du meinst eine richtige Wohneinheit?«

»Ja, natürlich. Komm, stell dich auf!«

Mary wusste nicht, was hier passieren sollte. Sie stellte sich einfach mit in den Kreis und harrte der Dinge. Es kamen immer mehr Leute dazu. Alle stellten sich ganz selbstverständlich zu den anderen in den Kreis. Nach ein paar Minuten wurde es plötzlich ruhig. Alle schlossen die Augen – Mary aber nicht, denn sie wollte wissen, was hier passierte.

Plötzlich fing die Luft an, auf eine seltsame Weise zu schwingen. Mary war, als würde sie einen tiefen Ton hören. Doch ihre Ohren vernahmen nicht wirklich etwas. Sie hatte das Gefühl, dass der Ton, den sie nicht hören konnte, immer lauter wurde. Nach und nach veränderte sich dieser Ton auch. Mary konnte es nicht fassen. Sie empfand Musik. Jedoch hörte sie diese nicht, sie fühlte sie. Innerhalb des Kreises, den die Leute gebildet hatten, begann die Schwingung der Luft immer stärker zu werden. Mary hatte den Eindruck, als ob die Luft in diesem Kreis beginnen würde, eine runde Kontur anzunehmen. Diese Kontur wurde allmählich deutlicher. Mary spürte, wie ihre Stirn zu kribbeln begann. Sie hatte das Gefühl zu schweben. Ihr Gleichgewichtssinn geriet völlig durcheinander. Nach einer weiteren Minute glaubte sie, sich nicht mehr aufrecht halten zu können. Sie hatte den Eindruck zu fallen. Aber das passierte nicht. Sie wurde auf eine seltsame und angenehme Weise gehalten. Mary merkte, dass sie sich völlig gehen lassen konnte. Sie ließ sich einfach nur treiben und hatte dabei unbeschreibliche Glücksgefühle.

Kurze Zeit später bemerkte sie, dass sie mit allen Menschen in diesem Kreis auf eine wunderbare Art und Weise verbunden war. Sie fühlte die Emotionen dieser Menschen und wusste zugleich, dass diese auch ihre Emotionen spürten.

Das Kribbeln in ihrer Stirn war allmählich sehr deutlich geworden. Mary erkannte, dass diese seltsame Musik, die man nicht hören konnte, von ihrer Stirn ausging. Je mehr sie sich treiben ließ, desto deutlicher empfand sie ihren eigenen Anteil an der Gesamtmusik. Sie spürte, dass sie mit der Wahrnehmung dieser Musik diese gleichsam beeinflusste und ihren eigenen Wesensanteil mit einbrachte.

Unterdessen hatte sich die runde Kontur der Luft innerhalb des Menschenkreises immer mehr verdichtet. Man konnte die Umrisse der neuen Einheit schon deutlich erkennen. Nach etwa zehn Minuten begann die Kontur zu leuchten. Das Leuchten wurde so hell, dass Mary nicht mehr hinschauen konnte. Sie musste die Augen schließen. Zu ihrem Erstaunen stellte sie fest, dass sie die neue Einheit immer noch deutlich sehen konnte. Sie wirkte sogar noch viel schöner als mit geöffneten Augen. Jetzt war ihr auch klar, warum die anderen Menschen in diesem Kreis die Augen die ganze Zeit geschlossen hielten. Die schönen Empfindungen und der Eindruck der Musik waren mit geschlossenen Augen viel stärker.

Allmählich erkannte Mary, wie sich die einzelnen Komponenten der Einheit bildeten. Es entstanden nacheinander die verschiedensten Kraftfelder, darunter auch der Regenerator, in dem man schlief und mit Energie für den Tag versorgt wurde.

Nach weiteren zehn Minuten war die Einheit fast fertig. Die Musik wurde schwächer, und Mary spürte, wie sie allmählich wieder Boden unter die Füße bekam. Kurz darauf öffnete sie die Augen und erkannte, dass die neue Einheit in der Mitte des Kreises schwebte. Die neuen Bewohner der Einheit betraten den Kreis und ließen die Einheit an den Ort schweben, an dem sie sie haben wollten. Es war ein junges Paar, dessen erste gemeinsame Wohnung diese Einheit werden sollte. Die Freude aller Beteiligten war groß. Sie feierten das Ereignis, als wäre es eine Hochzeit. Manu und Mary blieben noch einen Augenblick stehen.

Mary wurde langsam klar, warum man durch die Wände dieser Einheiten einfach hindurchgehen konnte: Sie bestanden aus reiner Energie.

»Die Menschen hier müssen einen Weg gefunden haben, wie sie reine Energie in eine verdichtete Form bringen können«, dachte sie.

Als Mary mit Manu an ihrer Einheit angekommen war, fragte Manu, ob er noch mit in ihre Einheit kommen könne. Mary verstand nicht, warum er das wollte, hatte aber nichts dagegen. Im Inneren ihrer Einheit begann Manu, ihr Komplimente zu machen. Mary konnte sich nicht so recht vorstellen, warum er das tat. Nachdem Manu ihr über eine Viertelstunde lang immer wieder gesagt hatte, wie toll er sie fand und wie schön sie sei, wurde es Mary allmählich zu langweilig. Sie wollte lieber wissen, wie man zu diesen scheußlichen Gefühlen kommen konnte, die sie bei Kala erlebt hatte. Sie versuchte, mit Manu darüber zu sprechen. Doch dieser kam immer wieder nur darauf zurück, wie toll er sie fand.

Es dauerte nicht lange, da beschloss Mary, ihren Regenerator zu benutzen und Ella aufzusuchen. Kurzerhand bat sie Manu, zu gehen. Manu benahm sich daraufhin sehr seltsam und verließ schließlich ihre Einheit.

Mary wusste durch die Informationsübertragung bei Kala, wie der Regenerator zu benutzen war. Sie stellte sich das Kraftfeld vor und begann sofort zu schweben.

Sie selbst bestimmte, wie lange sie schlafen würde und was sie im Schlaf erleben wollte. Innerhalb einer halben Minute war sie eingeschlafen. Sie kam sofort in die Bewusstseinsebene von Ella. »Hallo, Ella«, sagte sie. »Das ist ja wirklich ein interessantes Leben, das du mir da ausgesucht hast.«

»Hallo, Mary. Ich freue mich, dich zu sehen«, begrüßte sie Ella.

»In welche Zeit hast du mich da geschickt? Wie viele Jahrhunderte wird es noch dauern, bis die Menschen so weit entwickelt sind?«, fragte Mary.

»Mary, du bist nicht in der Zukunft. Du bist in einer fernen Vergangenheit – in einer Zeit, wo man noch keine Zeitrechnung kannte. Nach den Maßstäben der Welt, in der du das letzte Mal warst, existierte diese Welt lange vor ihrer Zeitrechnung. Du bist in einer Stadt namens Atlantis, von der deine vorherige Welt glaubt, dass sie im Meer versunken ist.«

»Ich entnehme deinen Worten, dass das nicht richtig ist.«

»Atlantis existiert immer noch. Nur sind die Menschen nicht in der Lage, die Stadt und ihre Bewohner wahrzunehmen. Die Menschen in Atlantis haben sich so weit entwickelt, dass sie in eine andere Energiedimension gegangen sind. Ihre Möglichkeiten, das Leben zu gestalten, haben das, was du erlebt hast, im Laufe der Zeit um ein Vielfaches überschritten. Sie haben ihren gesamten Kontinent auf diese Energieebene mitgenommen.

Ursprünglich lebten die Menschen auf Atlantis an der Meeresküste. Im Laufe der Zeit kamen jedoch fremde Menschen von anderen Kontinenten. Diese waren sehr gewalttätig. Die Bewohner von Atlantis konnten mit dieser Gewalt nicht umgehen. Daher zogen sie sich weit ins Landesinnere zurück.

Ein paar Jahrhunderte reichte der Schutz des Urwaldes aus. Doch dann kamen die Fremden wieder. Die Bewohner von Atlantis flohen noch tiefer in die Wälder. Von der Küste trennten sie jetzt bereits mehrere hundert Kilometer dichtester Urwald. Aber sie fühlten sich trotzdem nicht mehr sicher. Aus diesem Grund gingen ihre Bestrebungen schrittweise dahin, eine Welt zu erschaffen, die man nicht mehr finden konnte. Viele Jahrhunderte vergingen, bis sie so weit waren. Sie hoben den gesamten Kontinent auf ein Energieniveau an, das Menschen erst dann in der Lage sind wahrzunehmen, wenn sie sich selbst auf diesem Niveau befinden. Und das würde bedeuten, dass diese Menschen reine Liebe leben würden. Von diesen Menschen würden keine Gewalttaten mehr ausgehen. Die Bewohner von Atlantis haben somit eine Möglichkeit gefunden, sich von der Gewalt abzugrenzen, ohne sich vollkommen vom Rest der Menschheit zu isolieren. Menschen aus aller Welt beginnen, Atlantis wahrzunehmen, sobald sie dieses Energieniveau erreicht haben. Und das geschieht immer wieder, durch alle Zeiten hindurch.

Du bist zu der Zeit in Atlantis, in der sich die Menschen zum ersten Mal in den Wald zurückgezogen haben. Das nur zu deiner Orientierung. Aber ich denke, du bist eigentlich aus einem anderen Grund zu mir gekommen, stimmt's?«

»Ja, Ella. Ich möchte gerne wissen, wie ich mir Problemgefühle verschaffen kann«, stimmte Mary zu.

»Wie ich bereits in unserem letzten Gespräch sagte, bräuchtest du dazu ein überaus wichtiges Ziel. Die Empfindung, dass ein Ziel überaus wichtig ist, kannst du jedoch nur aufbauen, wenn du die menschlichen Instinkte zu Grunde legst. Die erhältst du jedoch erst dann, wenn du dich voll und ganz entschieden hast, Mensch zu werden. Du müsstest geboren werden wie alle anderen Menschen. Und du müsstest vergessen, wer du bist. Ansonsten sind deine Möglichkeiten, echte Probleme zu empfinden, stark begrenzt. Ich werde mein Bestes tun, dich dennoch so viele Problemgefühle empfinden zu lassen, wie es in deiner jetzigen Existenzform möglich ist. Versuche, dir ein Ziel möglichst wichtig zu machen. Mehr können wir im Moment nicht tun.«

Kurz nach diesem Gespräch wachte Mary in ihrem Regenerator erholt auf. Sie verließ ihn auf die Weise, wie sie es gelernt hatte, und ging nach draußen. Sie lief durch die Siedlung und überlegte dabei, wie sie ein wichtiges Ziel erschaffen könnte. Möglicherweise könnte Kala sie erfahren lassen, wie man ein Ziel als wichtig empfinden konnte. Aber Kala wollte dummerweise den Rest des Tages für sich allein haben. Mary musste eine andere Lösung finden.

Auf ihrem Spaziergang durch die Siedlung sah sie viele eigenartige Dinge, mit denen die Menschen sich hier beschäftigten. Aber sie sahen dabei alle so fröhlich aus, dass sie sich bestimmt nicht dazu eigneten, um von ihnen zu lernen, wie man Probleme empfinden konnte. Überall wurde Mary sehr freundlich begrüßt. Normalerweise hätte sie sich mit Freude zu diesen Menschen gesellt und miterlebt, was sie hier taten. Aber sie würde von keinem dieser Leute etwas darüber erfahren, wie man ein wichtiges Ziel schuf. Sie versuchte es mehrmals, aber immer ohne Erfolg. Die Leute hier waren einfach zu glücklich. Niemand hier machte sich etwas daraus, wenn er ein Ziel nicht erreichen konnte.

Während Mary weiter durch die Siedlung streifte, kam ihr die Idee, die Menschen auf die Gewalt der Fremden anzusprechen. Ella hatte ja gesagt, dass diese Menschen sich gerade zum ersten Mal in den Urwald zurückgezogen hatten, sich aber trotzdem nicht wirklich sicher fühlten. Das mussten die Menschen hier als Problem empfinden. Mary beschloss, jemanden danach zu fragen.

Sie begegnete einer älteren Frau, die damit beschäftigt war, Kleider herzustellen. Sie ließ diese Kleider in einem Energiefeld entstehen und veränderte sie so lange, bis sie ihr richtig gefielen. Danach verschenkte sie die Kleider. Als Mary zu ihr kam, hatte sie gerade wieder eines fertig.

»Möchtest du das haben?«, fragte die Frau.

»Sicher! Das ist ein sehr schönes Kleid«, freute sich Mary.

»Wenn du noch etwas bleiben willst, mache ich dir gerne noch eins«, schlug die Frau vor.

»Oh, das ist sehr nett von dir«, stimmte Mary zu.

Mary setzte sich zu ihr und schaute ihr bei der Arbeit zu. Nach einer Weile beschloss sie, diese Frau nach den Fremden zu fragen.

»Darf ich dich mal etwas fragen?«

»Natürlich, was gibt's?«

»Hast du Angst davor, dass Fremde hierherkommen könnten?«

Die alte Frau schaute Mary erschrocken an. Ihr Blick wurde immer misstrauischer. »Wo hast du diese Kleider her, die du anhast?«, fragte sie plötzlich in einem sonderbaren Tonfall.

Mary wusste nicht, warum die alte Frau sie das fragte. Sie spürte nur, dass ihr Gegenüber wohl gerade Problemgefühle empfand. »Toll«, dachte Mary. »Endlich mal jemand, der Probleme empfindet.« Sie überlegte, wie sie es anstellen könnte, dass diese Gefühle bei der alten Frau noch deutlicher würden. »Jetzt weiß ich es«, freute sich Mary. »Ich tue so, als sei ich eine Fremde. Ja, das mache ich.«

»Da wo ich herkomme, trägt man solche Kleidung«, sagte sie also zu der alten Frau.

»Willst du damit sagen, dass du nicht von hier kommst?«, fragte diese und sah sehr aufgeregt aus.

»Oh ja, es klappt«, freute sich Mary. »Ihre Problemgefühle werden immer stärker.«

»Ich komme von sehr weit her«, entgegnete Mary deswegen.

Als sie dies sagte, sprang die alte Frau wie von der Tarantel gestochen auf und lief, so schnell sie konnte, weg. Dabei schrie sie immer wieder: »Eine Fremde! Sie ist eine Fremde! Bringt euch in Sicherheit!«

»Beruhige dich!«, sagte ein Mann, der ihr zu Hilfe kam. »Wir sind so weit von der Küste weg, dass kein Fremder uns je finden kann.«

»Dann schau dir doch mal ihre Kleider an«, erklärte die alte Frau. »Das ist kein Kleid von hier. Sie ist eine Fremde. Sie hat es sogar selbst gesagt.«

Der Mann kam sofort zu Mary und schaute sie an. »Bist du wirklich eine Fremde?«, fragte er.

Mary erkannte, dass auch dieser Mann Problemgefühle bekam, und freute sich, dass es jetzt schon zwei waren, von denen sie erfahren könnte, wie man diese Gefühle aufbaute. Sie sagte also: »Ja, es stimmt. Ich bin eine Fremde.«

Mit dem, was dann geschah, hatte Mary nicht gerechnet. Der Mann rannte weg und rief: »Helft mir! Sie ist wirklich eine Fremde. Wir müssen sie unschädlich machen. Sie darf Atlantis auf keinen Fall lebend verlassen, sonst kommen noch weitere von ihnen!«

Nach anfänglichem Zögern der Menschen um sie herum begannen sich einige der Männer zusammenzutun. Sie gingen voller Angst auf Mary zu und waren entschlossen, sich gegen sie zu verteidigen. Mary erkannte den

Ernst der Lage noch nicht. Kurz bevor sich die Männer auf sie stürzen wollten, platzte Manu in das Geschehen hinein.

»Sie ist keine Fremde!«, rief er. »Sie hat nur ihr Gedächtnis verloren. Es kann sogar sein, dass sie sich für eine Fremde hält, aber daran ist nur ihr Regenerator schuld.«

Manu ließ den Männern, die Mary bedrohten, keine Chance zur Diskussion. Er schnappte sie und rannte mit ihr weg. Es dauerte einen Augenblick, bis die Männer reagierten. Sie liefen hinter den beiden her. Dieser Augenblick hatte jedoch genügt, damit Manu und Mary verschwinden konnten. Als sie um eine Ecke bogen, entdeckte Manu eine leer stehende Einheit. »Los, gehen wir da rein!«

Manu und Mary hörten, wie die Männer, die hinter ihnen her waren, an dieser Einheit vorbeikamen. Sie konnten nicht hierbleiben, denn der Besitzer dieser Einheit würde sicherlich bald zurückkommen und sie verraten. Die Männer würden dafür sorgen, dass bald jeder in der Siedlung wusste, dass Mary eine Fremde war. Manu war ebenfalls klar, dass Mary wirklich eine Fremde sein musste. Aber er war sicher, dass sie nicht gewalttätig sein konnte. Er hatte sich Hals über Kopf in sie verliebt und war entschlossen, ihr auch weiterhin zu helfen. »Wir müssen irgendwie hier raus«, sagte er.

»Haben wir ein Problem?«, fragte Mary.

»Du bist gut, wie würdest du das hier denn sonst nennen?«, erwiderte Manu verständnislos.

»Oh, gut«, sagte Mary und freute sich darüber, dass der Tag wohl doch nicht so sinnlos weiterging wie bisher.

»Los, du musst deine Kleider wechseln! Zieh das hier an!«, sagte Manu und deutete auf das neue Kleid, das Mary von der alten Frau bekommen hatte.

Mary tat, was Manu wollte, und zog ihre Kleider aus. Manu ließ sich die Gelegenheit nicht entgehen und riskierte einen flüchtigen Blick auf ihren Körper. »Wir müssen noch irgendetwas mit deinen Haaren machen. Binde sie zusammen!«, forderte er sie auf.

Mary wusste nicht, was er damit meinte, und sah ihn verständnislos an. Manu griff kurz entschlossen selbst in ihre Haare und flocht einen Zopf daraus. »Los, wir müssen hier verschwinden!« Er ging als Erster durch die Einheit ins Freie und gab ihr ein Zeichen, hinter ihm herzukommen.

»Tu so, als ob nichts Besonderes wäre. Wir gehen zu meiner Einheit. Dort sind wir sicher«, sagte Manu leise.

Mary tat, was Manu ihr geraten hatte. Sie empfand das alles als sehr spannend. Auf dem Weg zu Manus Einheit begegneten sie vielen Menschen, die ihnen erzählten, dass eine Fremde in der Siedlung sei. Alle waren sehr aufgeregt. Mary war klar, dass alle Leute dieses Spiel nur für sie begonnen hatten, und freute sich sehr darüber. Aus diesem Grund war sie auch ganz entspannt, im Gegensatz zu Manu. Aber das war nicht weiter schlimm, da fast alle anderen Menschen in der Siedlung ebenfalls total aufgeregt waren. Die beiden fielen also nicht auf. Sie durften bloß keinem der Menschen begegnen, die Mary wirklich gesehen hatten.

Als sie es fast bis zu Manus Einheit geschafft hatten, stoppte Manu plötzlich abrupt: »Warte! Ich habe so ein komisches Gefühl.« Er ging allein weiter und drehte sich sofort wieder um, als er seine Einheit sehen konnte. »Es muss mich jemand erkannt haben«, rief er panisch. »Bei meiner Einheit stehen unheimlich viele Menschen. Wir müssen woanders hin.«

Manu nahm Mary am Arm und ging mit ihr in eine andere Richtung. Offenbar wollte er zu einem Freund. Aber als er die Einheit dieses Freundes sehen konnte, zog er Mary erneut schnell zur Seite. Auch bei seinem Freund waren einige Männer, die offensichtlich nach Manu und Mary suchten.

»Gehen wir doch in den Wald«, schlug Mary vor.

»Das kann ich nicht«, erwiderte Manu entsetzt.

»Warum nicht?«

»Ich würde innerhalb von einer Woche sterben«, erklärte er.

»Das verstehe ich nicht. Wieso würdest du sterben?«

»Ich bin schon zu alt.«

»Was, du bist doch noch fast ein Junge.«

»Das kannst du nicht wissen. Wir altern hier nicht. Wir können durch unsere Regeneratoren das Alter behalten, das wir haben wollen. Wenn ich nicht jeden Tag in meinen Regenerator gehe, werde ich von Tag zu Tag älter. Mein natürliches Alter habe ich schon lange überschritten. Normalerweise wäre ich seit Jahren tot, deshalb hätte ich ohne meinen Regenerator höchstens noch eine Woche zu leben.«

»Das ist ein Problem«, stellte Mary fest. »Du willst noch länger leben, und wenn du nicht täglich in deinen Regenerator gehst, dann stirbst du innerhalb einer Woche.«

»Mary, ich kann nicht bei dir bleiben. Ich muss zurück«, sagte Manu verzweifelt. »Egal, was sie mit mir machen werden. Ich habe keine andere Wahl.«

»Vielleicht können wir in meine Einheit gehen. Mich kennt doch außer dir hier keiner«, schlug Mary vor.

»Ja war das denn wirklich deine Einheit? Wieso hast du als Fremde hier eine Einheit?«, fragte Manu verwirrt.

»Das kann ich dir jetzt nicht erklären. Lass es uns versuchen!«

Und schon waren Manu und Mary wieder unterwegs durch die Menschenmengen. Manu hatte riesige Angst, dass sie erkannt werden könnten. Als sie bei Marys Einheit ankamen, war er völlig fertig mit den Nerven. Sie hatten jedoch Glück. Marys Einheit war unbewacht. Offenbar hatte sie wirklich noch niemand erkannt. Sie betraten die Einheit schnell. Manu musste sofort in den Regenerator. Er hatte durch seine Angst sehr viel Energie verloren. Mary hatte den Eindruck, dass er bereits viel älter aussah. Manu blieb über eine Stunde im Regenerator. Sie wartete so lange und nutzte die Zeit, um über ihre Situation nachzudenken.

Hatte sie jetzt ein Problem oder nicht? Manu verhielt

sich so, als ob sie eins hätte. Aber um ein Problem zu haben, müsste sie doch auch ein Ziel haben. Sie konnte aber kein Ziel finden. Sie beschloss zu warten, bis Manu aufwachen würde. Sie wollte ihn nach ihrem Ziel fragen.

Als Manu wieder aufwachte, sah er wieder sehr viel besser aus. Er war auch insgesamt ruhiger geworden. Mary hatte die ganze Zeit in ihrer Einheit gestanden. Manu fragte sie, warum sie sich nicht hingesetzt hätte, und ließ zwei Sitzgelegenheiten erscheinen. Sie setzten sich beide.

»Manu, ist es richtig, dass wir ein Problem haben?«, wollte Mary sich vergewissern.

»Meinst du diese Frage ernst?«, antwortete Manu und sah sie verwirrt an.

»Ja, natürlich.«

»Ich möchte dir einen Vorschlag machen, Mary. Ich denke, du willst viel wissen. Machen wir einen Handel. Für jede Frage, die ich dir beantworte, beantwortest du mir auch eine.«

»Gut, wer fängt an?«

»Fang du an, wenn du willst.«

»Wenn du ein Problem haben willst, dann musst du auch ein Ziel haben. Was für ein Ziel hast du, Manu?«

»Was für eine Frage! Wir werden gejagt, und du fragst, wo das Problem liegt?«, entgegnete Manu verständnislos.

»Meine Frage lautet: Worin besteht das Ziel bei diesem Problem?«, hakte Mary nach.

»Willst du denn nicht in Frieden leben können? Also ich schon«, erwiderte Manu.

»Ist das dein Ziel bei diesem Problem?«

»Ja, natürlich.«

»Und wenn du dieses Ziel nicht hättest, dann gäbe es auch kein Problem?«, fragte Mary, um sich zu vergewissern.

»Rein theoretisch, nein«, stimmte Manu zu.

»Okay, dann bist du dran mit deiner Frage.«

»Mary, wo kommst du her?«

»Was genau meinst du damit?«

»Wo bist du geboren und aufgewachsen?«

»Ich bin nicht geboren worden, und ich hatte auch keine Kindheit.«

»Willst du mich auf den Arm nehmen?«, fragte er verärgert.

»Nein, wirklich nicht. Es ist so, wie ich es sage«, beteuerte sie.

»Das würde zumindest erklären, wieso du keine Erinnerung mehr an deine Vergangenheit hast«, stellte er fest. »Wenn das tatsächlich wahr sein sollte, dann verstehe ich auch, warum die Pyramide dein Gedächtnis nicht wiederherstellen konnte.«

»Es ist wahr. Warum sollte ich dir nicht die Wahrheit sagen?«

»Das weiß ich nicht. Aber es ist nicht so einfach zu glauben, dass ein Mensch nicht geboren worden sein soll. Wo kommst du dann her?«

»Ich komme aus einer nichtmateriellen Welt und möchte gerne ein Mensch werden.«

»Willst du etwa behaupten, du bist gar kein Mensch?«, fragte er mehr als erstaunt.

»In gewissem Sinne bin ich schon ein Mensch, aber noch kein richtiger.«

»Was solltest du denn sonst sein?«, fragte Manu ungläubig.

»Ich bin ein Wesen, genau wie du. Nur kann ich das Menschsein noch nicht so gut wie du.«

»Mary, ich glaube dir kein Wort. Wenn du kein Mensch bist, dann beweise es«, forderte er sie auf.

»Wie soll ich es denn beweisen?«

»Mach irgendetwas, was ich nicht kann.«

»Das geht nicht. Ich habe Ella versprochen, nur die Fähigkeiten zu nutzen, die auch die anderen Menschen nutzen können.«

»Wer in aller Welt ist denn Ella?«

»Manu, ich glaube, so langsam bin ich wieder mit Fragen dran«, wandte sie ein.

»Okay, entschuldige. Was willst du wissen?«

»Ich möchte auf dein Ziel zurückkommen. Du willst in Frieden leben. Was genau meinst du damit?«

»So langsam fange ich wirklich an zu glauben, dass du kein Mensch bist. Solche Sachen würde ein Mensch niemals fragen. Bevor wir weiterreden, möchte ich, dass du mir dein Ehrenwort gibst, dass du uns nichts antun willst«, sagte Manu mit Angst in den Augen.

»Natürlich will ich euch nichts tun. Ich möchte einfach nur ein richtiger Mensch werden.«

»Na gut. Ich versuche einfach mal, dir das zu glauben. Also, in Frieden leben zu können heißt, dass ich hingehen kann, wo ich will. Dass die anderen Menschen meine Freunde sind. Und es bedeutet, Freiheit zu haben.«

»Aber die hat man doch immer«, meinte Mary verständnislos.

»Wieso hat man die immer? Momentan sieht es nicht so aus, als ob wir einfach tun und lassen könnten, was wir wollen.«

»Wieso nicht?«, fragte Mary, weiterhin verständnislos.

»Natürlich weil wir gesucht werden. Ich weiß nicht, was sie mit uns machen, wenn sie uns finden. Es wird aber mit Sicherheit nichts Gutes sein.«

»Und wieso haben wir dann keine Freiheit?«

»Ja, verstehst du denn nicht? Die anderen werden dich einsperren oder sogar noch Schlimmeres.«

»Wenn ich das jetzt als Problem empfinden will, welches Ziel müsste ich dann genau annehmen?«, wollte Mary wissen.

»Willst du denn nicht in Freiheit leben?«, fragte Manu verwundert.

»Aber meine Freiheit kann mir doch niemand nehmen. Wie soll ich denn das als Ziel annehmen? Ich kann doch nicht etwas anstreben, was man gar nicht nicht haben kann.«

»Mary, wieso sagst du immer, dass dir keiner deine

Freiheit nehmen kann?«, erwiderte Manu verständnislos. »Natürlich nehmen sie dir deine Freiheit, wenn sie uns erwischen.«

»Ich wollte, ich könnte das so sehen wie du. Aber es stimmt einfach nicht«, gab sie zurück.

»Ich weiß nicht, was ich dir noch dazu sagen soll.«

»Wie machst du es, dass du glauben kannst, dass man dir deine Freiheit nehmen kann?«, hakte sie nach.

»Das brauche ich nicht zu machen. Das ist einfach so. Ich verstehe nicht, wie du das anders sehen kannst.«

Mary merkte allmählich, dass es keinen Sinn hatte, mit Manu über dieses Thema zu reden. Sie lebten noch zu sehr in verschiedenen Welten. Was sie aber auf jeden Fall erkannte, war, dass Manu diese Probleme nicht schön fand. Daher beschloss sie, ihm zu helfen. Ihr war bloß nicht klar, wie sie das tun könnte. Manu wollte noch so viel von ihr wissen, aber auch Mary war nicht in der Lage, Manus Fragen so zu beantworten, dass er etwas damit anfangen konnte.

Nach einer Weile drängte Manu immer mehr darauf, Mary solle ihm beweisen, dass sie tatsächlich ein Wesen aus dem All sei, so wie Manu es ausdrückte. Mary machte ihm klar, dass sie sich auflösen würde, wenn sie irgendetwas dergleichen täte.

Plötzlich kam ihr eine Idee. Da sie sowieso wenige Chancen sah, hier noch irgendetwas über das Unglücklichsein zu lernen, konnte sie eigentlich Manus Forderung nachkommen und etwas Außergewöhnliches tun.

Und wenn sie dies auch noch in aller Öffentlichkeit tun würde, konnte sie vielleicht sogar erreichen, dass man Manu verzeihen würde. Wenn die anderen Menschen sahen, dass sie kein fremder Mensch war, sondern ein gänzlich fremdes Wesen, das mit Sicherheit keine Gewalt ausüben wollte, dann könnte Manu wieder in der Illusion leben, dass er seine nie verlorene Freiheit wiedergewinnen würde. Mary überlegte eine Weile, was sie genau tun könnte.

»Manu, ich werde jetzt alles wieder in Ordnung bringen. Ich habe erkannt, dass die ganze Geschichte für dich kein Spiel ist. Jetzt möchte ich, dass du mit mir zu dem Platz gehst, wo du mich gerettet hast. Ich werde dir und allen anderen zeigen, dass ich kein normaler Mensch bin.«

»Mary, mach keinen Quatsch! Sie werden uns dort gefangen nehmen«, flehte sie Manu verzweifelt an.

»Mach dir keine Sorgen! Es wird alles gut werden. Ich verspreche es dir!«

Es dauerte sehr lange, bis sie ihn überzeugt hatte. Manu hatte große Angst, dass Mary einfach nur verrückt war. Aber ihm war klar, dass er vom Leben sowieso nicht mehr viel zu erwarten hatte, wenn sie ihren Vorschlag nicht umsetzten. Sie würden sich nicht ewig in dieser Einheit verstecken können, und ganz von der Siedlung wegzugehen war sowieso ausgeschlossen, da Manu schon zu alt war und den Regenerator brauchte.

Sie machten sich also wieder zusammen auf den Weg

durch die Siedlung. Die Menschen waren immer noch sehr aufgeregt. An der Stelle, wo alles angefangen hatte, standen sehr viele Menschen herum. Mary ging mit Manu in die Mitte der Menschenmenge. Sie stellte sich auf einen großen Stein und rief so laut sie konnte: »Ich bin wieder hier!« Die Menge verstummte.

»Das ist sie!«, schrie eine Frau. »Das ist sie! Ich erkenne sie. Sie trägt mein Kleid!« Es war die alte Frau, die ihr das Kleid geschenkt hatte.

Mary sah sich die Menschen, die um sie herumstanden, genau an. Dann sagte sie: »Ich bin eine Fremde, aber ich bin kein Mensch. Ich bin ein Wesen aus dem All. Ich weiß, dass ihr mir das nicht glauben werdet. Deshalb werde ich es euch beweisen. Vorher möchte ich, dass ihr wisst, dass Manu mir nur geholfen hat, weil er wusste, dass ich kein fremder Mensch bin. Ihr dürft ihm nicht böse sein.«

Daraufhin begann Mary zu schweben. Obwohl diese Menschen jeden Tag in ihren Regeneratoren schwebten, war es für sie doch ein Phänomen, dass jemand das in der freien Natur machen konnte. Ein erstes Raunen ging durch die Menge. Mary schwebte auf eine Höhe von drei Metern. Nach ein paar Sekunden löste sich ihre körperliche Gestalt auf. Sie wurde zu einer sehr hellen Lichtkugel. Plötzlich explodierte diese Kugel lautlos, und eine Welle aus Licht dehnte sich nach allen Seiten aus. Die Menschen wurden von dieser Welle durchdrungen. Alle Menschen, die diese Welle erreichte, spürten eine unbeschreiblich tiefe Liebe. Sie blieben noch lange, nachdem die Welle verschwunden war, regungslos stehen und fühlten diese Liebe.

Mary teleportierte sich indessen direkt zu Ella. »Entschuldige bitte, dass ich mich nicht an die Regeln gehalten habe. Ich konnte nicht anders. Es war die einzige Möglichkeit, dafür zu sorgen, dass Manu so weiterleben kann wie vor meiner Ankunft.«

»Es ist alles in Ordnung, Mary. Ich habe erwartet, dass das passieren würde. Du hast dies nicht zufällig getan. Ich habe dir doch erzählt, dass Atlantis nach einiger Zeit auf ein Energieniveau gegangen ist, das man nur erreichen kann, wenn man reine Liebe lebt. Nun, durch das, was du getan hast, ist diese Entwicklung erst in Gang gekommen. Durch deine Handlung entstand ein Mythos. Man glaubte dort, du wärst ein Gott und hättest den Menschen den Weg gezeigt – den Weg zur reinen Liebe. Es entstand aber auch ein anderer Mythos. Es gab viele Menschen, die nicht glauben konnten, dass du ein Gott warst. Es handelte sich vor allem um die Menschen, die bei dem Ereignis von eben nicht selbst dabei waren, sondern nur davon hörten. Diesen Leuten war zu verdanken, dass die Bewohner von Atlantis sich noch tiefer in den Urwald zurückzogen.«

»Das hört sich ja alles so an, als ob ich in den Verlauf der Geschichte eingeplant gewesen wäre?«, fragte Mary erstaunt.

»So ist es«, stimmte Ella zu. »Wie du eigentlich wissen

müsstest, gibt es keinen Zufall. Dies hatte für deine alte Existenzform keine Bedeutung. Auf dieser Welt ist es jedoch wichtig, zu wissen, dass es keinen Zufall gibt. Alles, was du bisher als Mensch getan hast, diente der Geschichte – manchmal bezogen auf einzelne Menschen, und dieses Mal auf eine ganze Kultur.«

»Also habe ich nichts verkehrt gemacht in diesem Spiel?«

»Nein, ganz und gar nicht. Wenn du willst, dann können wir sogar noch besprechen, was du alles gelernt hast.«

»Das wäre toll, Ella.«

»Was dir bisher noch nicht auffiel, ist, dass du bereits ein Problem empfunden hast. Du hast es nicht bewusst bemerkt. Nur deshalb konnte es auch funktionieren. Dein Problem war, dass du keine Möglichkeit gefunden hast, etwas darüber zu erfahren, wie man Probleme empfinden kann. Du hast vergeblich versucht, etwas von den Menschen zu lernen, als du durch die Siedlung gingst. Dass du dies wirklich als Problem empfunden haben musst, erkennst du daran, dass du die vielen interessanten Dinge, die in der Siedlung vor sich gingen, nicht genießen konntest. Du hattest keinen Blick für diese Dinge. Du wolltest nur eins: Du wolltest wissen, wie man Probleme empfinden kann. Das war dein Problem.«

»Das ist ja toll, Ella. Dann war das Ganze ja auch für mich ein Erfolg«, freute sich Mary.

»So würde ich das auch sehen. Du bist schon viel mehr Mensch geworden, als du dachtest. Wenn du es jetzt noch schaffen würdest, mehr zu ignorieren, wer du eigentlich bist, dann kämst du der ganzen Sache noch ein ganzes Stück näher. Das war auch der einzige Grund, warum du Manu nicht verstehen konntest. Wenn du dich als Mensch fühlen könntest, der nur ein einziges Leben hat, dann hätte es für dich sehr viel Sinn gemacht, was Manu dir sagte.«

»Heißt das, dass alles daran scheitert, dass ich weiß, wer ich bin?«, fragte Mary erstaunt.

»Natürlich. Das ist der wichtigste Punkt«, stimmte Ella zu. »Aus diesem Grund gehen ja die Menschen bei der Geburt durch den Kanal des Vergessens. Nur so können sie das Spiel wirklich mit voller Inbrunst spielen. Wenn du weißt, dass du dich einfach entmaterialisieren kannst, sobald dir ein Leben nicht mehr zusagt, dann kannst du keine großen Probleme wahrnehmen.«

»Das leuchtet mir ein, Ella. Kannst du mir ein Leben erschaffen, in dem ich dies üben kann?«

»Das wollte ich dir gerade vorschlagen. Wir stehen jetzt allerdings an einem Punkt, an dem es nichts mehr bringen würde, wenn wir so weitermachen wie bisher. Nun wäre es sinnvoll für dich, durch den Kanal des Vergessens zu gehen und somit die Voraussetzungen zu schaffen, die du brauchst, um wie ein richtiger Mensch zu empfinden.«

»Ella, kann man das mit der Geburt nicht irgendwie anders regeln?«, fragte Mary, denn sie wollte lieber gleich das Leben einer Erwachsenen leben.

»Prinzipiell geht das schon. Es ist nur üblich, geboren zu werden. Aber wenn du das nicht möchtest, werden wir eine andere Möglichkeit finden.«

»Das wäre mir sehr lieb.«

»Du wirst dich in diesem Leben allerdings nicht mehr an mich erinnern können. Du wirst dich noch nicht einmal an dich selbst erinnern. Unsere Gespräche werden zwar immer noch stattfinden, aber es wird auf die gleiche Weise geschehen, wie es bei den anderen Menschen auch ist. Der Bewusstseinszustand, in dem wir dann miteinander reden werden, ist vollkommen getrennt von deinem normalen Tages- und Traumbewusstsein. Du wirst tief in dir verwurzelt den Drang verspüren, bestimmte Ziele erreichen zu müssen. Es sind Ziele, die dir genetisch einprogrammiert sind. Auf diese Ziele wirst du dein Leben aufbauen.«

»Kannst du mir das genauer erklären? Um welche Ziele handelt es sich dabei genau?«

»Als Erstes wirst du unbedingt überleben wollen«, begann Ella zu erklären. »Das wird das dominanteste aller Ziele sein, die dir angeboren sein werden. Du wirst Angst vor Gewalt haben und Angst zu verhungern oder zu erfrieren. Diese Ängste entspringen dem Überlebenstrieb, mit dem du geboren wirst.

Weiterhin wirst du das überaus starke Ziel haben, Menschen zu finden, die zu dir passen und bei denen du erwünscht bist. Dieses Ziel zieht die Angst vor Einsamkeit, Ausgrenzung und Verlassenwerden nach sich. Diese

Ängste entstammen einem Instinkt, den die Menschen Herdentrieb nennen.

Der dritte Instinkt, mit dem du geboren wirst, heißt Vergnügungstrieb. Diesem Instinkt wirst du es verdanken, dass du Spaß und Genuss empfinden kannst. Gleichzeitig wird dieser Instinkt jedoch dafür sorgen, dass du Angst hast, deine Entscheidungsfreiheit zu verlieren. Du wirst Angst haben, dass man Macht über dich ausübt. Gleichzeitig wirst du jedoch deinerseits versuchen, Macht über die anderen Menschen auszuüben. Du wirst sie manipulieren wollen.

Die sechs Ziele deiner Instinkte können nicht abgeschaltet werden. Du kannst dich also nicht willentlich dagegen entscheiden. Du wirst so lange den Drang verspüren, sie zu erfüllen, bis du sie erfüllt hast. So lange das nicht der Fall ist, wirst du dich unglücklich fühlen.«

»Wäre es möglich, dass wir für ein oder zwei Jahre richtig große Probleme erschaffen und ich danach aber richtig glücklich werde?«, schlug Mary vor.

»Ganz wie du willst. In diesem Fall würde ich dir ein Leben vorschlagen, das im Übergang vom zweiten ins dritte Jahrtausend beginnt. In dieser Zeit sind die grundlegenden instinktiven Ziele normalerweise so gut wie immer erfüllt. Du wirst es jedoch nicht bewusst merken. Daher wirst du trotzdem Probleme empfinden. Du wirst einfach dem Denkfehler unterliegen, dass diese Ziele nicht genug abgesichert seien, obwohl sie es sind.

Nach zwei Jahren wirst du dann auf die Wahrheit stoßen. Dir wird bewusst werden, dass alle deine instinktiven Ziele erfüllt und abgesichert sind. Du wirst erkennen, dass du immer Menschen haben wirst, die zu dir passen und bei denen du erwünscht bist. Du wirst erkennen, dass du einen sehr großen Schutz vor Gewalt genießt und dein Überleben abgesichert ist. In dieser Zeit muss man in einem harten Winter nicht mehr verhungern oder erfrieren. Dein Überleben ist also gesichert. Weiterhin hast du die absolute Entscheidungsfreiheit über dein Leben. Du allein bestimmst, was du tust. Und du wirst erkennen, dass du einen großen Einfluss auf andere Menschen hast. Du kannst dich mit deinen Ideen und Fähigkeiten in die Gesellschaft einbringen und so auf eine positive Weise Macht ausüben. Und natürlich wirst du auch Sex haben können, wobei hier für deinen Instinkt die sexuelle Befriedigung im Vordergrund steht. Dafür brauchst du im Grunde genommen keinen anderen Menschen. Deine sechs angeborenen Ziele sind also allesamt erfüllt. Das ist das Leben, das ich dir anzubieten habe. Ist dir das recht?«

»Oh, ja, sehr recht sogar. Und ich werde mich ganz und gar als Mensch fühlen? Mit dem Gefühl, sterben zu können und allem anderen?«, freute sich Mary.

»Du wirst ein richtiger Mensch sein. Niemand wird merken, dass du nicht geboren wurdest.«

»Lass uns das tun, Ella! Ich will ein Mensch werden.«

»Gut, dann schicke ich dich jetzt durch den Kanal des

Vergessens. Sage mir aber vorher noch, wie alt du sein willst.«

»Kann ich mein jetziges Alter behalten? Ich habe mich daran gewöhnt und finde es eigentlich ganz angenehm.«

»Kein Problem. Ich wünsche dir viel Spaß mit diesem Leben. Ich denke, du hast eine sehr gute Wahl getroffen. Wir werden uns in deinen Träumen wiedersehen, auch wenn du dich nicht daran erinnern wirst. Also mach's gut, Mary.«

»Bis bald, Ella.«

Mary verließ Ella und ging durch den Kanal des Vergessens. Sie wurde ein richtiger Mensch, wie du und ich. Und wenn sie sich nicht entmaterialisiert hat, dann lebt sie noch heute.

»Damit ist die Geschichte von Mary zu Ende«, sagte meine Geschichtenerzählerin und machte mir damit auf erschreckende Weise bewusst, dass unsere gemeinsame Zeit mit diesen Geschichten an dieser Stelle ebenfalls zu Ende war.

Es war bereits recht spät geworden. Wir saßen immer noch am Pool. Ich vermutete, dass sie wahrscheinlich bald in ihr Zimmer gehen wollte, um sich schlafen zu legen. Ich wünschte mir, sie würde noch bleiben und wir könnten über die Geschichte reden. Allerdings wollte ich auch nicht aufdringlich sein. Wenn sie wirklich schon müde war, dann würde sie es sicherlich als Belästigung auffassen, wenn ich sie jetzt nicht gehen ließe. Ich entschied mich, abzuwarten, was sie tun würde. Nach einer Weile fragte sie mich, ob ich zu der Geschichte noch irgendwelche Fragen hätte. Die Art, wie sie das fragte, klang für mich so, als ob sie es mir verübeln würde, wenn ich keine Fragen und damit auch kein Interesse an ihrer Geschichte hätte. Und das war ja nun wirklich das Letzte, was ich erreichen wollte.

Es war plötzlich eine komische Stimmung zwischen uns entstanden. Das schöne, harmonische Gefühl von heute Abend war auf einen Schlag verschwunden. Ich hatte das Gefühl, dass irgendetwas kaputtgegangen war. Ich spürte ganz deutlich, dass sie mit mir ein Problem hatte. Vielleicht fühlte sie sich nicht richtig ernst genommen, weil ich nicht direkt etwas zu der Geschichte gesagt hatte? Oder sie könnte annehmen, ich wollte nur wegen ihres Aussehens in ihrer Nähe sein und hätte an der Geschichte gar kein wirkliches Interesse. Ich spürte ganz deutlich, dass unsere Beziehung an einem ganz gefährlichen Punkt angekommen war. Wenn ich jetzt einen Fehler machte, dann könnte alles aus sein. Ein ungeheurer Druck breitete sich in meiner Magengegend aus. Was sollte ich jetzt tun? Was konnte ich sagen, um wieder Harmonie zu erzeugen? Außerdem musste ich schnell handeln. Ich hatte nicht die Zeit, lange zu überlegen, was ich tun sollte. Ich musste versuchen, einen richtigen Treffer zu landen – mit einer wirklich guten Frage zu der Geschichte. Nur so konnte ich ihr beweisen, dass die Geschichte für mich sehr, sehr wichtig war.

Durch den Druck, den ich in mir aufbaute, hatte ich plötzlich einen totalen Black-out. Ich konnte mich überhaupt nicht mehr daran erinnern, was sie mir eigentlich erzählt hatte. Ich war nicht in der Lage, eine Frage zu formulieren, geschweige denn eine wirklich gute. Mir wurde plötzlich furchtbar heiß. Ich sah, wie sie mich erwartungsvoll anschaute, war aber nicht in der Lage, etwas Sinnvolles zu tun. Alles, was ich jetzt sagen würde, konnte nur falsch sein. Ich bekam keinen einzigen Ton heraus, sondern sah sie nur entgeistert an. Und ich merkte, dass sie meine Verhaltensweise nicht verstand.

Nach einer halben Minute, die ich als eine Ewigkeit empfand, sagte sie: »Aber wir können uns auch ein anderes Mal darüber unterhalten. Ich bin sowieso schon müde. Außerdem wollte ich eher früh schlafen gehen, weil ich für morgen eine kleine Rundreise ins Landesinnere gebucht habe. Wenn ich das richtig in Erinnerung habe, werde ich erst übermorgen Abend zurückkommen. Also mach's gut. Ich gehe dann jetzt.«

Ich versuchte, gute Miene zum bösen Spiel zu machen, und entgegnete: »Das wird bestimmt toll. Viel Spaß.«

Es war wieder einmal alles ganz falsch gelaufen. So, wie es aussah, war das jetzt wohl das Ende unserer Beziehung. Ich bezweifelte, dass sie tatsächlich eine Rundreise gebucht hatte. Vielmehr vermutete ich, dass sie das nur gesagt hatte, um mehr Abstand zu mir gewinnen zu können. Es war ein klarer Rückzug, so viel war sicher. Wahrscheinlich würde sie in den nächsten beiden Tagen einfach nur darauf achten, dass sie mir nicht begegnete. Und dann würde sie vermutlich endgültig abreisen und damit unsere Bekanntschaft für immer zu den Akten legen. Es gab ja genug Männer, die sich für sie interessierten. Sie brauchte mich nun wirklich nicht.

Es ging mir sehr schlecht. Ich wollte jetzt allein sein. Ich zögerte noch etwas, ob ich mich an den Strand setzen oder in mein Zimmer gehen sollte. Ich entschied mich dafür, mich ins Bett zu legen.

Erst als ich in meinem Zimmer angekommen war, begann mir richtig bewusst zu werden, wie ernst die Lage war. Ich war total verzweifelt. Soeben hatte ich unsere gemeinsame Zukunft die Gosse hinuntergespült. Alles war so unsagbar sinnlos. Aus welchem Grund sollte ich jetzt noch weiterleben?

Dieser Abend und die darauffolgende Nacht waren mit Abstand die schlimmste Zeit meines Lebens. Erst sehr spät schlief ich ohne die geringste Hoffnung ein. Dann wachte ich regelmäßig alle paar Stunden schweißgebadet auf. Am nächsten Morgen war ich nicht in der Lage aufzustehen. Ich war seelisch und körperlich so fertig, dass ich den ganzen Tag im Bett blieb und nur aufstand, um auf die Toilette zu gehen. Essen konnte ich an diesem Tag auch nichts. Ich versuchte, so viel wie möglich zu schlafen, weil ich diese seelischen Schmerzen dann nicht aushalten musste. Jedes Mal, wenn ich aufwachte, überfiel mich das Grauen in Form von Verzweiflung und Hoffnungslosigkeit. Genauso ging es auch in der nächsten Nacht weiter.

Als ich am zweiten Morgen aufwachte, ging es mir ein klein wenig besser. Irgendwie dachte ich, das Leben muss doch weitergehen. Ich kämpfte mich aus dem Bett, duschte und zog mich an. Essen konnte ich immer noch nicht. Aber ich wollte wieder unter Menschen sein, um mich abzulenken.

Wenn ich ehrlich bin, muss ich gestehen, dass ich sogar noch ein klein wenig hoffte, dass sie mir mittlerweile verziehen hatte. Meine Gedanken beschäftigten sich bereits am Vormittag ausschließlich damit, ob ich sie vielleicht am Abend sehen würde. Wenigstens noch ein letztes Mal. Ich merkte allerdings, dass mir diese Gedanken überhaupt nicht guttaten. Ich spürte vielmehr die pure Verzweiflung, wenn ich an sie dachte, als ein bisschen Hoffnung. Ich war jedoch nicht in der Lage, mich geistig abzulenken. Je mehr ich versuchte, mich auf etwas anderes zu konzentrieren, desto energischer schienen die Gefühle der Verzweiflung mich zu überfallen.

Ich wollte zunächst in unserem Bungalow bleiben und hoffte, auf die gleiche Weise wie am Tag meiner Ankunft Kontakt zu meinen Mitbewohnern zu bekommen. Eigentlich hatte ich sie bisher nicht wirklich kennen gelernt. Sie hatten sich zwar alle darum bemüht, aber ich war zu sehr mit meiner heimlichen Liebe beschäftigt gewesen.

Als ich nach unten kam, musste ich erkennen, dass keiner meiner Mitbewohner da war. Mir wurde in diesem Augenblick sehr deutlich bewusst, dass ich, obwohl ich schon eine Woche hier lebte, nicht wirklich dazugehörte. Ich war einfach zu fixiert auf meine Traumfrau. Sogar jetzt ertappte ich mich ständig dabei, dass ich immer wieder unbewusst hoffte, sie würde zur Tür hereinkommen – so wie am Tag meiner Ankunft. Jedes Mal loderten die Gefühle der Verzweiflung erneut in mir auf.

Ich setzte mich nach draußen an die Tische vor dem Pool. Allerdings war auch hier keine Menschenseele. Offenbar mussten sich alle irgendwo zum Frühstück verabredet haben, und ich hatte nichts davon mitbekommen.

Ich saß dort bestimmt eine Stunde lang und wartete, dass irgendjemand zum Frühstück kommen würde. Ich wollte gerade gehen, da kam eine junge Frau auf mich zu und fragte, ob sie sich zu mir setzen könne. Ich bejahte natürlich, und sie nahm Platz.

»Bist du schon länger hier?«, wollte sie wissen.

»Seit einer Woche«, antwortete ich freundlich.

»Ich bin Theresa, hallo«, sagte sie und reichte mir zur Begrüßung die Hand.

Ich stellte mich ebenfalls vor.

»Ich bin vor zwei Tagen hier angekommen und habe schon erstaunlich viel über mich selbst gelernt«, begann Theresa das Gespräch.

»Was denn zum Beispiel?«, fragte ich interessiert.

»Ich habe vor allem kapiert, dass ich mir das Leben

immer viel zu schwer gemacht habe. Immer jagte ich irgendeinem Ziel hinterher, von dem ich dachte, dass ich es auf jeden Fall erreichen müsste. Und als ich das Ziel schließlich erreicht hatte, merkte ich, dass das allein mir noch gar nichts nutzte.«

»Warum nutzte es dir nichts?«

»Prinzipiell nutzte es mir schon etwas«, korrigierte sie ihre Aussage. »Ich kam einen Schritt weiter. Aber im Endeffekt kam ich nie dort an, wo ich eigentlich hinwollte.«

Ich spürte, dass es mir guttat, mich mit Theresa zu unterhalten. Sie war sehr lustig und lebensfroh. Ihre leichte und wissenshungrige Art wirkte auf mich regelrecht heilsam.

»Ich habe mich in den letzten beiden Tagen viel mit Stefan unterhalten«, begann Theresa jetzt zu erzählen. »Kennst du ihn?«

»Nein, noch nicht.«

»Er hat mir einiges klargemacht. Das Leben kann so einfach sein«, sagte sie völlig euphorisch.

»Was hat er dir denn genau klargemacht?«, fragte ich neugierig.

»Er hat mir klargemacht, wonach ich eigentlich die ganze Zeit gesucht habe. Ich wollte glücklich sein. Doch dieses Glück habe ich immer im Außen gesucht. Nie wäre ich auf die Idee gekommen, dass ich wahres Glück nur in mir selbst finden kann. Es sind die glücklichen Gefühle, die mich glücklich machen. Habe ich keine glücklichen Gefühle, bin ich auch nicht glücklich – ganz egal, wie toll meine Lebensumstände auch sein mögen.«

»Das ist wohl wahr«, stimmte ich zu.

»Stefan hat mir auch erklärt, wie ich mir die guten Gefühle erschaffen kann. Es ist ganz einfach. Weißt du schon, wie das geht?«, wollte Theresa wissen.

»Ich muss auf das Körperempfinden in meiner Brust achten«, antwortete ich.

»Auf das Körperempfinden in deiner Brust?«, hakte sie verwundert nach. »Das sagt mir ehrlich gesagt eigentlich nichts. Ich habe gelernt, dass man seine guten Gefühle einfach so auslösen kann. Es ist ganz einfach. Man braucht sich nur vorzustellen, wie es sich anfühlen würde, wenn man glücklich wäre. Das ist schon alles.«

»Kannst du mir das genauer erklären?«, fragte ich interessiert.

»Weißt du, wie sich Freude anfühlt?«

»Sicher!«

»Kannst du dir vorstellen, wie es sich anfühlen würde, wenn du jetzt Freude fühlen würdest?«

»Das kann ich«, bestätigte ich.

»Dann stell dir das jetzt einmal vor! Stell dir vor, wie sich das anfühlen würde, wenn du jetzt Freude fühlen würdest. Und jetzt stell dir vor, wie es sich anfühlen würde, wenn diese Freude immer stärker würde. Kannst du das?«

»Ich denke schon.«

»Dann stell dir vor, diese Freude würde noch stärker!

Stell dir vor, sie würde so stark, dass du es nicht verhindern kannst, dass du grinsen musst!«

In dem Moment, als Theresa das sagte, musste ich tatsächlich grinsen. Sie griff das sofort auf. »Ich sehe, du machst es ganz richtig! Und jetzt stell dir vor, wie es sich anfühlen würde, wenn diese Freude so stark würde, dass du richtig euphorisch wirst.«

Ich tat, worum mich Theresa gebeten hatte, und spürte, dass ich noch breiter grinsen musste.

»Wie fühlst du dich jetzt?«, fragte sie mich unerwartet.

»Ich fühle mich gut!«

»Was genau fühlst du?«

»Ich denke, ich fühle Freude. Das Gefühl, das ich mir vorstellen sollte.«

»Das bedeutet, du kannst Freude fühlen, auch wenn es keinen äußeren Anlass für deine Freude gibt. Das bedeutet, dass du deine guten Gefühle selbst erschaffen kannst. Verstehst du?«, fragte sie begeistert.

»Das ist nicht schlecht«, antwortete ich von ihrer Begeisterung angesteckt. »Das ist wirklich nicht schlecht!«

»Ich muss jetzt leider wieder los«, meinte Theresa plötzlich und stand auf. »Es war sehr nett, mit dir zu reden. Wir sehen uns sicherlich noch öfter. Ist ja kaum zu vermeiden hier im Camp. Und du bist ja auch noch eine Weile hier. Also, tschüss. Bis bald.«

»Tschüss, Theresa. Viel Spaß noch.«

Dieses Gespräch hatte mir sehr gutgetan. Irgendwie

hatte mich Theresa wieder zurück ins Leben geholt. Meine Laune war zwar noch lange nicht so gut, wie sie vor ein paar Tagen gewesen war, aber ich hatte wenigstens nicht mehr diese Weltuntergangsstimmung. Es war wirklich schön gewesen, dass Theresa sich einfach zu mir gesetzt und mir das mit den Gefühlen erklärt hatte.

Nachdem sie gegangen war, konnte ich mich wieder meinem wahren Problem zuwenden. Und plötzlich konnte ich gar nicht mehr so genau nachvollziehen, warum es mir in den letzten Tagen so schlecht gegangen war. Offenbar musste die Freude, die ich durch das Gespräch mit Theresa aktiviert hatte, meine Sichtweise verändert haben.

Ich erinnerte mich an meine Gespräche mit Bodo. Er hatte mich gewarnt, dass es einige Fallen geben würde, in die ich tappen könnte. Vermutlich war mir genau das passiert. Ich hatte das schöne Gefühl in meiner Brust aus den Augen verloren. Sofort beschloss ich, es nie wieder so weit kommen zu lassen. Mit diesem Gefühl sah die Welt einfach viel positiver aus. Und wenn ich es genau betrachtete, beurteilte ich sie damit sogar realistischer!

Hätte ich Bodos Rat befolgt und besser auf das weiche Ziehen in meiner Brust geachtet, hätte ich mir die Depression die letzten beiden Tage ersparen können.

Also traf ich die Entscheidung, dass mir das nie wieder passieren sollte. Ich würde ab sofort darauf achten, mein Gefühl immer und überall zu spüren. Wenn nötig, würde ich alle fünf Minuten daran denken und alles stehen und liegen lassen, um es wiederherzustellen. Dem bösen Druck auf die Magengegend wollte ich jedenfalls nie wieder gestatten, mein Leben zu bestimmen.

Nachdem ich diese Entscheidung getroffen hatte, ging es mir schon viel besser. Erst jetzt fiel mir auf, wie müde ich von den Strapazen der letzten 36 Stunden war. Ich ging also auf mein Zimmer, um mich auszuruhen.

Ein paar Mal merkte ich, dass ich kurz eingenickt war. Und dann spürte ich plötzlich wieder den Stromstoß, den mir meine heimliche Liebe das letzte Mal verpasst hatte. Es ging mir durch Mark und Bein. Und da war auch wieder diese Stimme: »Denk immer daran, wie die Welt wirklich ist!«, sagte sie eindringlich.

Ich war plötzlich wieder hellwach. Was hatte das zu bedeuten? War das wirklich sie? Mein Herz raste wieder genauso wie beim ersten Mal.

Aber, wenn der Stromstoß von ihr war, dann hatte sie soeben an mich gedacht und mir Energie geschickt. Das bedeutete, dass sie mir sehr wahrscheinlich nicht mehr böse war. Bedingt durch diese Hoffnung, wurde das weiche Ziehen in meiner Brust noch stärker. Ich sah die Sache mit ihr wieder sehr viel optimistischer und war mir gar nicht mehr so sicher, dass sie sich tatsächlich von mir zurückgezogen hatte. Vielleicht war sie ja wirklich auf einer Rundreise. Aber andererseits hätte sie mich auch fragen können, ob ich Lust hätte mitzufahren. Wenn ich ihr wirklich wichtig gewesen wäre, hätte sie das bestimmt getan. Es konnten natürlich auch andere Gründe vorliegen, warum sie allein fahren wollte. Vielleicht wollte sie über uns beide nachdenken. Andererseits bestand natürlich auch die Möglichkeit, dass sie mit Elmar unterwegs war oder dass sie einen anderen Mann kennen lernen wollte. Dieser Gedanke gefiel mir am allerwenigsten.

Ich spürte, wie sich der flaue Druck in meiner Magengegend ausbreitete. Das wollte und konnte ich nicht mehr zulassen. Wenn ich noch eine Chance hatte, mit ihr zusammenzukommen, dann sicherlich nicht mit diesen Gefühlen. Ich konzentrierte mich also ganz stark auf das weiche Ziehen nach vorne oben und die Weite in meiner Brust. Es dauerte nur wenige Minuten, bis ich mich wieder gut fühlte. Doch ich konnte nach dieser Aufregung nicht mehr still liegen bleiben. Daher ging ich zum Strand.

Ein paar von den Gesichtern am Strand kamen mir bekannt vor. Aber niemanden kannte ich so gut, dass ich mich hätte dazusetzen wollen. Ich zog meine Schuhe aus und ging am Wasser entlang. Nach einer Weile wurde es mir zu warm. Ich hätte mich gerne im Wasser abgekühlt, aber ich hatte keine Badehose an. Ich beschloss, zu meinem Bungalow zurückzugehen und meine Badesachen zu holen.

Als ich schnellen Schrittes den Strand entlangging, rief jemand meinen Namen. Es war der Rastalocken-Typ mit der Gitarre, mit dem wir am Strand gesungen hatten. Ich wusste seinen Namen nicht mehr.

»Du hast es ja ganz schön eilig, Michael. Wo willst du so schnell hin?«, wollte er wissen.

»Ich möchte nur meine Badesachen holen. Mir ist in diesen Klamotten zu warm«, rief ich ihm zu.

»Kommst du nachher wieder? Ein paar von den anderen wollen auch noch dazustoßen«, sagte er in einem Tonfall, der deutlich erkennen ließ, dass ich sehr willkommen war.

»Ja, das mache ich. Bis gleich dann.«

Ich fühlte mich richtig gut und freute mich auf das Treffen mit diesen Leuten. Wenn ich mich nicht so auf meine Traumfrau fixiert hätte, wäre ich bestimmt viel mehr mit dieser Gruppe zusammen gewesen. Sie waren alle sehr nett. Meine Laune besserte sich immer mehr bei dem Gedanken daran, dass ich gleich mit ihnen am Strand sitzen würde. Am liebsten wäre ich zu meinem Bungalow gerannt. Es konnte mir gar nicht schnell genug gehen. Nach ein paar Minuten begann ich tatsächlich zu laufen. Es war zwar sehr warm, aber das war mir egal. Meine Kleider waren mittlerweile sowieso ganz verschwitzt.

Nach fünf Minuten kam ich endlich an. Ich ging auf mein Zimmer und zog eine Badehose und ein T-Shirt an. Dann schnappte ich mir noch ein Badetuch und ging schnell wieder in Richtung Strand. Unterwegs ertappte ich mich dabei, wie ich nach *ihr* Ausschau hielt. Aber sie war natürlich nicht da.

Am Strand joggte ich wieder im Dauerlauf zu der Stelle, an der ich erwartet wurde. Ein paar von den Leuten, von denen der Gitarrist gesprochen hatte, waren bereits angekommen. Sie gingen gerade ins Wasser. Ich warf mein Badetuch auf den Boden, zog schnell mein T-Shirt aus und ging mit.

Die Leute waren alle sehr lustig. Sie verbreiteten richtig gute Stimmung. Offenbar war ich der Einzige hier, der mit irgendetwas Probleme hatte. Die anderen waren alle die Lebensfreude in Person. Es war unglaublich, wie ansteckend das war. Nach ein paar Minuten hatte ich die Gefühle der letzten beiden Tage und meine Erschöpfung völlig vergessen. Als wir wieder aus dem Wasser herauskamen, konnte ich mir nicht verkneifen, den Gitarristen zu fragen, wie sie das alle anstellten, so guter Laune zu sein.

»Wieso sollten wir denn keine gute Stimmung haben?«, fragte er verwundert.

»Habt ihr denn alle keine Probleme mehr?«

»Natürlich haben wir noch Probleme. Aber das ist eher ein Grund mehr, gut drauf zu sein.«

»Machst du Scherze?«, fragte ich verwirrt, denn er sah nicht so aus, als hätte er einen Spaß gemacht.

»Ich mache keine Scherze«, sagte er vehement. »Du glaubst vermutlich, dass du keine Probleme haben darfst, wenn du glücklich sein willst, stimmt's? Du glaubst, dass man nur glücklich sein kann, wenn man keine Probleme hat. Aber das ist Unsinn!«

»Wieso ist das Unsinn?«, fragte ich skeptisch.

»Meinst du, dass du automatisch glücklich bist, wenn du keine Probleme mehr hast? Meinst du, dass du dann automatisch immer gute Gefühle hast?«

»Das dachte ich bisher. Aber wenn du mich so fragst, dann bin ich mir da nicht mehr so ganz sicher.«

»Man ist nicht automatisch glücklich, wenn man keine Probleme hat. Man ist aber auch nicht automatisch unglücklich, wenn man Probleme hat. Das eine hat mit dem anderen nichts zu tun. Oder fast nichts«, korrigierte er sich.

»Fast nichts?!«, hakte ich nach.

»Probleme haben schon etwas mit dem Glücklichsein zu tun. Du kannst sie nämlich viel schneller und besser lösen, wenn du glücklich bist. Wenn du gute Gefühle hast, bist du im Vollbesitz deiner geistigen und körperlichen Leistungsfähigkeit. Hast du aber schlechte Gefühle, beraubst du dich all deiner Fähigkeiten. Es gibt daher eine wichtige Regel, wenn es um Probleme geht: Sorge erst mal dafür, dass du gute Gefühle hast, und versuch dann, deine Probleme zu lösen.«

»Ich soll also nicht erst meine Probleme lösen, um dadurch glücklich zu werden, sondern soll erst mal glücklich sein, um dann meine Probleme besser lösen zu können?«, fasste ich nachdenklich zusammen.

»Genau so ist es! Anders herum funktioniert es nicht. Das ist der Grund, warum so viele Menschen unglücklich sind. Sie versuchen, das Pferd von hinten aufzuzäumen.«

»Bisher hielt ich es für normal, dass man so vorgeht. Ich wäre nie auf die Idee gekommen, dass ich erst mal glücklich sein kann und dann meine Probleme in Angriff nehme. Mir leuchtet aber ein, dass es so herum besser funktioniert.«

»Sorge sicherheitshalber dafür, dass du immer bei deinen guten Gefühlen bleibst!«, meinte der Gitarrist. »Du weißt ja nicht, wann ein Problem auftritt. Auf diesen Moment solltest du vorbereitet sein, sonst zieht dich das Problem ganz schnell in seinen Bann, und du findest keinen Ausweg mehr.«

Ich wusste ganz genau, wovon der Gitarrist redete! Die letzten beiden Tage waren das beste Beispiel dafür gewesen. Ich wollte zu gerne permanent mein schönes Brustgefühl aufrechterhalten, doch wusste ich ehrlich gesagt nicht, ob ich das schaffen konnte. Ich sprach ihn daher auf meine Bedenken an.

»Natürlich kann es sein, dass dich mal etwas runterzieht und du dich schlecht fühlst«, erklärte er. »Aber du solltest dann so schnell wie möglich dafür sorgen, dass es wieder aufwärtsgeht. Wenn du es zulässt, dass es dich erst bis in die tiefsten Tiefen deiner seelischen Abgründe runterzieht, kostet es verdammt viel Kraft, wieder nach oben zu kommen. Es ist wie beim Flug eines Flugzeugs. Würde das Flugzeug ständig starten und landen, würde es dabei eine Unmenge an Energie verbrauchen. Bleibt es aber oben, verbraucht es nur sehr wenig. Und genauso ist es mit deinen Gefühlen. Es braucht nur wenig Energie, wenn du dafür sorgst, oben zu bleiben. Und wenn das Leben dich dann doch einmal zur Landung zwingt, dann starte einfach so schnell wie möglich wieder. Jeder Start lohnt sich!«, fügte er überzeugt hinzu.

»Das hört sich vernünftig an. Am besten fange ich gleich damit an.«

»Das ist eine gute Entscheidung«, meinte der Gitarrist. »Du solltest dich erst wieder mit deinen Problemen beschäftigen, wenn du stabil in deinen guten Gefühlen bleiben kannst. Bis dahin solltest du es dir richtig gut gehen lassen. Schaff dir also gute Gefühle!«

Ich nickte überzeugt und legte mich auf mein Badetuch, um mich noch stärker auf das weiche Ziehen in meiner Herzgegend zu konzentrieren. Doch meine Gedanken kehrten immer wieder zu dem Problem mit meiner Traumfrau zurück. Ich fühlte mich nicht schlecht, aber so richtig gut kriegte ich meine Gefühle nicht hin.

In diesem Moment fragte einer aus der Gruppe, ob jemand Lust hätte, mit ihm Volleyball zu spielen. Überraschenderweise wollten alle. Ich wusste noch nicht so recht, ob ich mitmachen oder lieber weiterhin versuchen sollte, meine Gefühle zu verbessern. Ich zögerte, bis der Gitarrist mich schließlich fragte, ob ich auch mitspielen wolle.

Ohne meine Antwort auf diese Frage abzuwarten, ging er mit den anderen zu einer freien Stelle am Strand, an der genügend Platz zum Spielen war. Ich lief hinterher.

Wir stellten uns alle im Kreis auf und begannen, den Ball in der Runde hin und her zu spielen. Ich war nicht sehr gut – obwohl ich mich wirklich anstrengte. Irgendwie fühlte ich mich gehemmt. Mir war nie so ganz klar, ob ein Ball jetzt für mich bestimmt war oder für meine Nachbarn rechts oder links. Ich wollte niemandem auf die Füße treten.

Durch mein ständiges Zögern ergriffen die anderen immer öfter die Initiative und nahmen auch die Bälle an, die eigentlich ganz klar für mich waren. Ich merkte, dass ich in dieser Gruppe nicht voll dazugehörte, und fühlte mich dementsprechend nicht besonders gut. Aber ich wollte auch nicht mit dem Spielen aufhören. Vielleicht würden sie mich ja doch noch akzeptieren. Sie waren alle sehr nett, und ich hätte mich sehr gefreut, wenn ich mich ihnen hätte anschließen können. Dadurch hätte ich immer jemanden hier im Camp gehabt, mit dem ich etwas unternehmen konnte.

Nach etwa einer halben Stunde wurde der Kreis kleiner. Drei von der Gruppe wollten ins Wasser, um sich abzukühlen. Wir spielten nur noch zu viert. Jetzt gab es nicht mehr so viele Missverständnisse, wenn es darum ging, den Ball anzunehmen. Allmählich wurde ich lockerer. Auch machte ich nicht mehr so viele Fehler wie vorher. Nach einer Weile lief es sogar so gut, dass mich einer meiner Mitspieler fragte, was denn mit mir passiert sei – wieso ich auf einmal so gut spielte. Ich lächelte und meinte: »Ich brauche halt immer etwas länger, bis ich warmgelaufen bin.«

Das Spielen machte nun richtig Spaß. Wir harmonierten wirklich sehr gut miteinander. Ich hatte das Gefühl, nun endlich dazuzugehören, zumindest zu diesen dreien. Unser Spiel wurde immer wilder. Wir warfen uns häufig in den Sand, um noch an einen Ball heranzukommen. So langsam ging meine Kondition zu Ende. Ich sagte, ich könne nicht mehr und würde jetzt auch ins Wasser gehen. Die anderen waren sofort dabei. Ich hatte jetzt wirklich das Gefühl, neue Freunde gefunden zu haben. Der Rest der Gruppe tummelte sich ebenfalls noch im Wasser.

Durch diese Leute waren meine Gedanken an meine heimliche Liebe weitestgehend verschwunden. Ich dachte nur noch alle halbe Stunde einmal an sie.

Als wir wieder aus dem Wasser herauskamen, wollten die meisten der Gruppe zurück ins Camp zum Kochen. Durch die Bewegung im Freien war auch mein Hunger wieder zum Leben erweckt worden. Ich ging also mit zurück und beschloss, gemeinsam mit ihnen etwas zu essen. Ich wollte weiterhin Gesellschaft haben, denn ich spürte, dass es mir nicht gutgetan hätte, wenn ich jetzt wieder allein gewesen wäre. Die Hoffnungslosigkeit der letzten zwei Tage war immer noch latent vorhanden, aber ich stellte auch fest, dass alles halb so schlimm war, wenn man Freunde hatte – und natürlich das schöne weiche Ziehen in der Herzgegend.

Eigentlich hätte ich das Bedürfnis gehabt zu duschen. Aber da ich mich nicht vor der Arbeit drücken wollte, ging ich lieber mit den anderen mit. Es machte sehr viel Spaß, mit ihnen gemeinsam zu kochen. Jeder trug ganz nebenbei seinen Teil zur gemeinsamen Mahlzeit bei. Währenddessen alberten wir herum und lachten über die blödesten Witze.

Nach dem Essen beschloss ich, das Abspülen zu übernehmen. Stefan, der zu dieser Gruppe gehörte, wollte mir dabei helfen. In der Küche kamen wir dann ins Gespräch. Es stellte sich heraus, dass er meine Traumfrau kannte. Er fragte mich nach ihr. »Wo hast du denn Mary gelassen?«, wollte er wissen.

»Wen?«, fragte ich erstaunt. Ich wusste natürlich sofort, wen er meinte, aber sie hieß doch nicht Mary. Das war doch nur der Name des Wesens aus der Geschichte.

»Du weißt nicht, wen ich meine?«, fragte Stefan verwundert. »Die Frau, mit der du die ganze Zeit zusammen warst.«

»Ja, aber die heißt doch nicht Mary«, widersprach ich. »Die aus der Geschichte ist Mary.«

»Welche Geschichte?«, fragte er ahnungslos.

»Die Geschichte, die sie mir erzählt hat«, erklärte ich kurz.

»Davon weiß ich nichts. Die Frau, mit der du die letzten Tage unterwegs warst, heißt auf jeden Fall Mary. Ich kenne sie.«

»Na ja, es ist ja auch egal, wie sie heißt. Es ist sowieso alles gelaufen«, erwiderte ich frustriert.

»Wie kommst du denn darauf? Was ist passiert?«

»Wir hatten eine Unstimmigkeit, und ich habe sehr

deutlich gespürt, dass alles kaputt ist«, erklärte ich deprimiert.

»Und du glaubst, dass dieses Gefühl die Wahrheit ist?«, weckte Stefan plötzlich Zweifel in mir. »Ist dir noch nicht der Gedanke gekommen, dass dieses Gefühl falsch sein könnte?«

»Wenn du dabei gewesen wärst, hättest du es bestimmt genauso gesehen. Es war unmissverständlich. Außerdem hat sie mir erzählt, dass sie eine Rundreise ins Landesinnere machen würde und die nächsten beiden Tage nicht hier sei.«

»Und weiter?«

»Na ja, ich denke, dass sie gar nicht weg war. Sie hat das wahrscheinlich nur gesagt, damit ich sie in Ruhe lasse.«

»Wie kommst du nur auf so eine irrsinnige Idee? Mary ist nicht der Typ Mensch, der so einen Scheiß erzählt«, sagte Stefan verständnislos. »Wenn sie von dir in Ruhe gelassen werden wollte, dann hätte sie dir das gesagt. Ich kenne Mary ein wenig. Ich habe schon erlebt, dass sie ganz klare Grenzen setzt, wenn ihr jemand zu nahe kommt.«

»Aber wenn ihr etwas an mir liegen würde, dann hätte sie mich gefragt, ob ich mitkommen wollte«, meinte ich.

»Das hätte nichts genützt«, gab Stefan zurück. »Diese Rundreisen werden eine Woche im Voraus organisiert, und es ist nicht möglich, sich kurzfristig dafür anzumelden. Mary wusste das sicherlich. Außerdem weiß ich nicht, ob ihr beide euch schon so gut kennt, dass Mary dir dies angeboten hätte. So wie ich das mitbekommen habe, kannst du momentan noch nicht wissen, ob sie sich für dich als Partner interessiert oder nicht.«

»Wahrscheinlich eher nicht«, meinte ich pessimistisch.

»Du bist echt unverbesserlich«, ermahnte er mich und lachte dabei. »Lass den Dingen doch ihren Lauf und bleib etwas lockerer. Es bringt dir doch nichts, immer alles schlechtzureden. Du kannst nicht wissen, ob sie dich als Partner will. Du kannst aber auch nicht wissen, ob es nicht so ist. Das solltest du akzeptieren. So, wie ich das sehe, ist noch alles offen. Lass es auf dich zukommen und versuch bis dahin, so glücklich wie möglich zu sein.«

»Du hast Recht. Ich habe diese Entscheidung schon längst getroffen. Ich sollte es jetzt wirklich einmal tun und nicht immer nur darüber reden.«

»Das ist ein Wort«, sagte Stefan. »Hand drauf!« Er reichte mir die Hand, um aus meiner Aussage eine verbindliche Vereinbarung zu machen. »Okay, dann fangen wir gleich damit an, gute Gefühle zu schaffen«, meinte er.

»Es fällt mir ehrlich gesagt nicht schwer, mir kurzfristig gute Gefühle zu schaffen, aber es fällt mir schwer, meine negativen Denkgewohnheiten loszuwerden. Ich habe schon versucht, von meinem Pessimismus wegzukommen – mit nicht allzu überwältigendem Erfolg, muss ich gestehen.«

»Es ist sehr schwer, sich etwas abzugewöhnen«, meinte

Stefan. »Es ist aber sehr leicht, sich etwas Neues anzugewöhnen. Wenn man das tut, vergisst man die alte Angewohnheit sehr schnell. Das ist der leichte Weg. Ich für meinen Teil habe mir einfach einen einfachen Gedanken angewöhnt.«

»Was für einen Gedanken?«, hakte ich nach.

»Ich habe mir alle paar Minuten klargemacht, dass alle meine Grundmotive ganz offensichtlich erfüllt sind.«

»Was sind denn Grundmotive?«, fragte ich ahnungslos.

»Die grundsätzlichen Ziele, die du seit deiner Geburt versuchst zu erfüllen – die Ziele, die dir genetisch einprogrammiert sind. Sind diese Ziele erfüllt, erzeugen deine Instinkte Glücksgefühle. Sind sie nicht erfüllt, schaffen sie dir unglückliche Gefühle. Es ist also nicht schwer, glücklich zu sein. Du musst deinen Instinkten nur zeigen, dass ihre Grundmotive erfüllt sind. Und das sind sie in unserer heutigen Gesellschaft glücklicherweise so gut wie immer. Wir reden uns nur sehr häufig ein, sie wären nicht erfüllt. Aber das sind Denkfehler. Die Instinkte reagieren leider auf diese Denkfehler, als wären sie Wahrheiten. Deshalb fühlen wir uns dann unglücklich. In Wirklichkeit sind aber unsere sieben Grundmotive so gut erfüllt, dass unsere Instinkte ständig Glücksgefühle erzeugen könnten.«

»Sieben Grundmotive?«, fragte ich verwirrt. »Mary hat mir von sechs angeborenen Zielen erzählt.

»Dann hat sie eines vergessen«, meinte Stefan überzeugt. »Es sind definitiv sieben. Du willst Menschen haben, die zu dir passen. Das ist das erste. Dann willst du bei diesen Menschen erwünscht sein. Das ist das zweite. Als Drittes willst du Schutz vor Gewalt. Außerdem willst du deine Existenz sichern. Das wäre Nummer vier. Deine Entscheidungsfreiheit willst du auch sichern – Nummer fünf. Und du strebst nach Macht, was Nummer sechs wäre. Als Letztes hast du als Erwachsener das Grundbedürfnis nach sexueller Befriedigung. Also sieben Grundmotive, wie ich es gesagt habe.«

»Dann hat Mary das siebte Grundmotiv ausgelassen«, erkannte ich.

»Sie hat es wohl vergessen«, meinte Stefan. »Ist auch nicht so wichtig, das siebte Grundmotiv macht normalerweise sowieso kaum Probleme.«

»Wieso denn das? Es haben doch sehr viele Menschen Probleme mit dem Sex.«

»Das schon«, stimmte Stefan zu. »Sie haben aber selten ein Problem mit der sexuellen Befriedigung. Ihre Probleme entstammen meistens den anderen sechs Grundmotiven.«

»Wie zum Beispiel der Entscheidungsfreiheit oder der Macht«, stimmte ich zu und dachte an die Geschichte, die mir Mary von Elvira und Hartmut erzählt hatte. Darin ging es nicht wirklich um Sex.

»Ganz genau«, meinte Stefan. »Oder sie haben Probleme mit dem Erwünschtsein. Wenn einer nicht so oft will wie der andere, dann fühlt sich derjenige, der öfter will, meistens nicht mehr richtig geliebt. Er hat also ein Problem mit dem Erwünschtsein und nicht mit der sexuellen Befriedigung.«

»Können wir noch mal zu dem Gedanken zurückkommen, den ich mir angewöhnen soll?«, bat ich Stefan. »Was genau muss ich mir jetzt sagen?«

»Es wird dir nichts nützen, dir diesen Gedanken einfach vorzubeten«, meinte Stefan. »Du solltest ihn als wahr empfinden. Am besten überprüfen wir die einzelnen Grundmotive erst mal für deine Instinkte. Hast du zum Beispiel genug Menschen in deinem Umfeld, die zu dir passen, um überleben zu können?«

»Um überleben zu können?!«, hakte ich verwundert nach.

»Deinen Instinkten geht es nur ums Überleben«, erklärte Stefan. »Es geht ihnen nicht ums Glücklichsein. Sie lassen dich glücklich sein, wenn dein Überleben gesichert ist, und lassen dich unglücklich sein, wenn dein Überleben gefährdet ist. Auf diese Art und Weise versuchen sie, dich dazu zu bringen, dass du dein Überleben sicherst. Der einzige Grund, warum du Menschen willst, die zu dir passen, besteht darin, dass du im Rudel größere Überlebenschancen hast als allein.«

»Jetzt fange ich an, das Ganze zu verstehen«, meinte ich beeindruckt. »Die guten und schlechten Gefühle sind im Grunde genommen Werkzeuge meiner Instinkte.«

»So ist es. Es sind Werkzeuge, mit denen deine Instinkte dein Überleben sichern wollen. Zeige ihnen, dass dein Überleben gesichert ist, und sie machen dich glücklich.

Wie sieht es gerade mit den Menschen um dich herum aus? Hast du genug Leute, die zu dir passen, um überleben zu können oder nicht?«

»Natürlich habe ich die«, antwortete ich und fühlte mich tatsächlich gut bei diesem Gedanken.

»Hast du auch genug Menschen, die zu dir passen und bei denen du erwünscht bist, um überleben zu können?«, fragte er weiter.

»Natürlich mögen mich genug Menschen, damit ich überleben kann«, erkannte ich mit einem guten Gefühl.

»Genießt du einen ausreichenden Schutz vor Gewalt und vor wilden Tieren in unserer Gesellschaft, damit du dir darüber nicht ständig Sorgen machen musst?«

»Ich würde mal sagen, dass ich diesen Schutz als durchaus ausreichend bewerten würde«, antwortete ich zufrieden.

»Hast du genug zu essen, um überleben zu können? Oder musst du jeden Tag Angst haben, dass du verhungerst oder erfrierst?«

»Nicht wirklich!«, gab ich amüsiert zurück.

»Du lachst! Deinen Instinkten ist das über alle Maßen wichtig. Viele Menschen machen sich so große Sorgen darüber, dass sie nicht genug Geld haben, dass ihre Instinkte anfangen zu glauben, sie müssten jetzt verhungern oder erfrieren. Die Instinkte erzeugen dann Existenzängste ohne Ende. In Wirklichkeit beziehen sich diese Ängste aber nicht auf den Lebensstandard, den man zu verlieren glaubt, sondern auf das Verhungern und Erfrieren.

Den Instinkten ist der Lebensstandard ziemlich egal. Sie wollen nur gesichert sehen, dass wir am Leben bleiben. Ob das im Slum oder in einem luxuriösen Penthouse ist, kümmert sie nicht sonderlich. Sie erzeugen Glücksgefühle, wenn sie erkennen, dass wir genug zu essen haben und einen warmen Schlafplatz. Wie ist es also in Wirklichkeit? Ist dein Überleben diesbezüglich ausreichend gesichert?«

»Das ist es«, stimmte ich zu und fühlte mich dabei gut.

»Wie sieht es mit deiner Entscheidungsfreiheit aus? Hast du genug Entscheidungsfreiheit, um überleben zu können? Oder gibt es Menschen, die dir befehlen könnten, dein Leben aufs Spiel zu setzen?«

»Das kann mir keiner befehlen!«, antwortete ich mit Gewissheit.

»Du hast also genug Entscheidungsfreiheit?«, hakte Stefan noch einmal nach.

»Die habe ich definitiv«, stimmte ich zu.

»Das nächste Grundmotiv ist etwas schwieriger zu verstehen«, begann Stefan zu erklären. »Menschen streben nach Macht. Sie tun das aber aus gutem Grund. Hinter diesem Machtstreben steckt die Absicht, dass der Stärkste im Rudel an die Macht kommt, weil das Rudel mit ihm als Rudelführer die größten Überlebenschancen hat. Es geht also auch wieder ums Überleben. Wie sieht es in deinem Leben aus? Hast du genug Macht über dein Umfeld, damit du überleben kannst?«

»Das ist eine seltsame Frage!«, antwortete ich.

»Sie ist nur seltsam für deinen Verstand. Für deinen Instinkt hat sie sehr viel Sinn. Es ist wichtig, deinen Instinkten immer die Welt von heute vor Augen zu halten. Tust du das nicht, gehen sie von der rauen und gefährlichen Welt der Frühzeit des Menschen aus. Aus dieser Zeit stammen unsere Instinkte. Sie sind fast unverändert geblieben über die Jahrtausende.«

»So gesehen habe ich natürlich genug Macht, um am Leben zu bleiben«, stimmte ich zu.

»Das bedeutet, dass du in der heutigen Zeit alles hast, was du brauchst, um am Leben zu bleiben«, stellte Stefan zusammenfassend fest. »Damit hast du in Wirklichkeit auch alles, was du brauchst, um glücklich sein zu können. Es liegt jetzt nur an dir, ob du diese Tatsache im Bewusstsein behältst oder ob du deinen Instinkten vorgaukelst, deine Grundmotive wären nicht erfüllt. In deinem alten, gewohnten Denken gehst du oft davon aus, dass deine Grundmotive nicht erfüllt sind. Diese Denkgewohnheiten gilt es jetzt zu ändern. Erinnere dich dazu einfach immer wieder daran, dass deine Grundmotive in Wirklichkeit erfüllt sind. Das ist schon alles. Dir werden dann automatisch alle möglichen Anzeichen auffallen, die dir die Erfüllung deiner Grundmotive bestätigen. Versuchen wir es mal: Welches deiner Grundmotive ist gerade deutlich erfüllt?«

»Ich fühle mich bei dir erwünscht«, antwortete ich. »Ich fühle mich genauer gesagt als Gesprächspartner erwünscht.«

»Und als Abspülpartner«, fügte Stefan scherzend hinzu. »Das machst du nämlich echt gut. Ich bin beeindruckt! Und gibt es noch ein anderes Grundmotiv, das gerade deutlich erfüllt ist?«, fragte er weiter.

»Ich habe einen vollen Bauch«, sagte ich in wenig ernsthaftem Tonfall. »Das bedeutet, dass mein Überleben erst mal gesichert ist.«

»Du nimmst die Sache wohl nicht so ganz ernst, was?«, meinte Stefan vorwurfsvoll. »Das ist genau die richtige Einstellung!«, fügte er dann lachend hinzu.

»Das sehe ich genauso«, bekräftigte ich. »Das Leben ist schon ernst genug.«

»Unsinn!«, erwiderte er. »Das Leben ist nur so ernst, wie du es dir machst.«

»Vor ein paar Tagen hätte ich dich vermutlich gesteinigt, wenn du das zu mir gesagt hättest, aber jetzt verstehe ich, dass du Recht hast. Die sieben Grundmotive, von denen du gesprochen hast, sind eigentlich für jeden in unserer Gesellschaft erfüllt – bis auf das siebte vielleicht.«

»Das siebte Grundmotiv zu erfüllen, kann ja wohl nicht so schwer sein«, meinte Stefan süffisant. »Wie ich sehe, hast du zwei geschickte Hände. Im Ernst, bei dem siebten Grundmotiv geht es tatsächlich nur um die sexuelle Befriedigung. Dafür braucht man niemanden sonst.«

»Na ja, ich denke, da gibt es schon noch einen kleinen Unterschied. Richtiger Sex ist doch wohl was ganz anderes«, wandte ich ein.

»Natürlich ist es etwas anderes. Die sexuelle Befriedigung ist aber die gleiche. Der Unterschied liegt in den anderen Grundmotiven begründet. Du fühlst dich beim Sex zum Beispiel sehr erwünscht. Außerdem lässt Sex ein sehr starkes Passensgefühl entstehen. In deinem Gehirn wird dabei Oxytocin ausgeschüttet – ein Hormon, das für die Partnerbindung verantwortlich ist. Es erzeugt Passensgefühle ohne Ende. Und es sorgt für die Treue. Je höher die Oxytocin-Dosis ist, desto treuer ist ein Mensch.«

»Davon habe ich noch nie gehört.«

»Tja, es lohnt sich halt, sich mit mir zu unterhalten«, meinte er lächelnd. »Das stimmt wirklich. Oxytocin ist das Treuehormon. Menschen und Tiere werden gleichermaßen davon beeinflusst. Gibt man Tauben, die bekanntlich zu den treuesten Tieren gehören, ein Gegenmittel gegen Oxytocin, werden sie sofort untreu. Verabreicht man dagegen Tieren, die normalerweise überhaupt nicht treu sind, eine hohe Dosis Oxytocin, sind sie auf einmal treu – natürlich nur, solange die Dosis wirkt.«

»Heißt das, dass häufiger Sex die Menschen treu macht?«

»So ist es. Aber es macht sie nicht nur treu. Oxytocin sorgt auch dafür, dass man ewig verliebt bleiben kann. Normalerweise gewöhnt sich das Nervensystem an alle Gefühle. Sie werden ganz schnell einfach normal. Oxytocin wirkt diesem Prozess entgegen. Es sorgt dafür, dass die Gefühle genauso stark bleiben wie am Anfang einer Partnerbeziehung.«

»Und wo kann man dieses Wundermittel kaufen?«, fragte ich scherzhaft.

»Im Schmuseland«, antwortete Stefan. »Oxytocin wird zum Beispiel durch Zärtlichkeiten ausgeschüttet. Denk an Affen, die sich gegenseitig kraulen. Dieses Kraulen verstärkt die Zusammengehörigkeit, weil dadurch Oxytocin ausgeschüttet wird. Lass dich also kraulen, wenn du deine Liebe aufrechterhalten willst«, scherzte er. »Es bringt nicht so viel wie Sex, aber Kleinvieh macht auch Mist.«

»Du weißt über Hormone und Gefühle ziemlich gut Bescheid«, stellte ich fest.

»Man informiert sich halt. Aber ich weiß noch etwas anderes: Ich weiß, dass es wieder an der Zeit wäre, dich zu erinnern, dass alle deine Grundmotive erfüllt sind. Du hast in Wirklichkeit alles, was du brauchst, um glücklich zu sein.«

»Dieser Gedanke fühlt sich wirklich gut an. Ich habe alles, was ich brauche, um glücklich zu sein!«, wiederholte ich seine Aussage noch einmal.

»Das Geniale an diesem Gedanken ist, dass er wirklich wahr ist!«, betonte Stefan. »Wenn du das immer im Hinterkopf behältst, kannst du gar keine ernsthaften Probleme mehr bekommen. Und wenn du doch mal ein richtig starkes schlechtes Gefühl bekommst, dann beweise dir einfach, dass deine Grundmotive erfüllt sind. Such nach Bestätigungen dafür. Was ist jetzt zum Beispiel gerade am stärksten erfüllt?«

»Ich denke, das Passen ist gerade am meisten erfüllt«, antwortete ich. »Ich empfinde dich als Gesprächspartner als äußerst passend. Ich habe lange kein so interessantes Gespräch mehr geführt.«

»Es war mir ein Vergnügen«, meinte er und trocknete das letzte Glas ab. »Und wie sieht es jetzt mit dir und Mary aus? Kannst du die Dinge in Zukunft etwas lockerer angehen?«

»Ich denke schon. Ich bin gespannt, wie es sein wird, wenn ich sie tatsächlich wieder sehe.«

»Dabei wünsche ich dir viel Glück«, sagte Stefan abschließend. »Ich habe Lust, wieder an den Strand zu gehen. Willst du mitkommen?«

Ich willigte ein und machte mich mit ihm auf den Weg. Als wir am Strand ankamen, landete gerade ein Ultraleichtflugzeug auf dem Wasser. Wir blieben stehen und schauten uns das seltsame Gerät einmal genauer an. Wenn mir jemand davon erzählt hätte, hätte ich es wohl nicht geglaubt. Es war tatsächlich ein Schlauchboot mit Flügeln.

Das kleine Flugzeug kam direkt auf uns zugefahren, nachdem es gelandet war. Zwei Leute saßen darin. Als das Flugzeug, oder besser Schlauchboot, näher kam, erkannte ich einen der beiden als einen Mann aus dem Camp, mit dem ich mich schon einmal unterhalten hatte. Er hieß Claude. Claude war komplett aus dem Häuschen. Einerseits sah er sehr blass aus, andererseits auch total glücklich. Sie holten das Flugzeug an Land. Es bestand aus einem Drachen, der eigentlich genauso aussah wie die Dinger, die manchmal im Gebirge herumfliegen, und dem Schlauchboot. Im Schlauchboot waren zwei Sitze mit Sicherheitsgurt hintereinander montiert. Die Konstruktion sah nicht sehr vertrauenerweckend aus. Claude erkannte mich erst, als er aus dem Boot ausstieg.

»Das war klasse«, schwärmte er. »So was habe ich noch nie erlebt. Das müsst ihr unbedingt auch machen! Ehrlich, es lohnt sich!«

»Für mich ist das nichts«, meinte Stefan. »Ich gehe lieber schon mal vor. Du kannst ja nachkommen, wenn du Lust hast.« Daraufhin verschwand er.

Ich blieb noch bei Claude, denn dieses kleine Flugzeug interessierte mich sehr. »Kann man das Ding mieten?«, fragte ich interessiert.

»Nein, aber du kannst Rundflüge damit machen. Achim fliegt hier Touristen herum.«

Unterdessen kam der Besitzer des Gerätes zu uns. »Hast du auch Interesse an einem Rundflug?«, sprach er mich an.

»Ich weiß noch nicht«, gab ich zögernd zurück.

»Du kannst einen kleinen Rundflug machen, der ungefähr eine Viertelstunde dauert, oder einen etwas größeren von einer halben Stunde. Wenn du willst, machen wir auch einen großen Rundflug ins Landesinnere. Der dauert dann fast drei Stunden«, schlug Achim vor. »Dabei kannst du bestimmen, wo wir hinfliegen.«

»Das würde mich schon interessieren, aber ich muss

noch mal überlegen«, erklärte ich weiterhin zurückhaltend.

»Klar, mach das«, meinte Achim. »Du findest mich hier, wenn du dich entschieden hast.« Er machte sein Flugzeug an einer Kette fest und ging mit einem Benzinkanister in der Hand in Richtung Stadt.

Ich setzte mich mit Claude in den Sand. Er war immer noch total begeistert. Er meinte, das mit dem Rundflug ins Landesinnere sollte ich unbedingt machen. Er selbst habe zwar nur einen halbstündigen Flug gehabt, aber den großen wolle er auch noch machen. Man könne sich kaum besser einen Überblick über das Hinterland verschaffen als mit diesem Flugzeug. Und es sei auf jeden Fall viel interessanter als die Rundreise, welche die Reisegesellschaft anbieten würde, und die sei sogar teurer.

Ich konnte mich gegen die Begeisterung von Claude kaum wehren. Nach höchstens fünf Minuten stand für mich fest, dass ich es machen würde. Ich wollte Achim, gleich nachdem er zurück war, fragen, wann wir losfliegen könnten. Claude meinte, jetzt am Nachmittag sei mit Sicherheit die beste Zeit. Er gab mir noch den Rat, etwas Warmes und Luftdichtes anzuziehen, denn es würde mit der Zeit sehr kühl in der Luft.

Claude hatte mich so heiß auf den Flug gemacht, dass ich nicht mehr länger warten wollte. Außerdem dachte ich an meine heimliche Liebe. Falls sie doch wieder mit mir reden würde, dann wäre es toll, wenn ich das Landesinnere auch etwas besser kennen würde.

Auf dem Weg zu meinem Bungalow war ich schon zum zweiten Mal an diesem Tag drauf und dran, zu rennen, damit ich schneller wieder zurück war. Ich holte mir ein paar warme Klamotten aus meinem Zimmer und ging, so schnell ich konnte, wieder zurück zu Achims Flugzeug. Als ich dort ankam, war er gerade damit beschäftigt, aufzutanken. Er erkannte sofort, was ich im Sinn hatte.

»Na, das ging ja schnell mit dem Überlegen«, meinte er erfreut.

»Ja, ich würde sehr gerne den Ausflug ins Landesinnere machen«, sagte ich erwartungsvoll und aufgeregt.

»Wenn du willst, können wir gleich losfliegen. Ich muss nur noch alles checken.«

Nachdem Achim fertig war, zog er sich seinen Fliegeroverall an und brachte sein Flugzeug zu Wasser. Er bat mich, einzusteigen. Dann zeigte er mir, wie die Sicherheitsgurte anzulegen waren, und gab mir ein paar Einweisungen, wie ich mich zu verhalten hatte. Danach reichte er mir einen Helm. Er selbst setzte sich in seinen Sitz und schloss den Gurt. Der Motor des Flugzeugs sprang schnell an. Achim ließ uns langsam aufs Meer hinaustreiben. Gelegentlich gab er ein bisschen mehr Gas, und man ahnte, wie leistungsstark der Motor tatsächlich war. Als wir weit genug draußen waren, machte mir Achim klar, dass es jetzt losgehen würde. Er gab Vollgas. Das Schlauchboot nahm erstaunlich schnell Fahrt auf. Es war imposant, in einem Schlauchboot mit Flügeln über das Wasser zu flitzen.

Nach einer kurzen Anlaufstrecke hoben wir schließlich ab. Mir war ganz schön mulmig. Mein Magen schien für solche Erlebnisse einfach nicht geschaffen zu sein. Wir stiegen in einem steilen Winkel an. Momentan konnte ich den Flug noch nicht so richtig genießen. Ich war viel zu angespannt. In einer Höhe von etwa 150 Metern über dem Strand drosselte Achim den Motor. Von nun an wurde es ruhiger. Wir flogen etwa 50 km/h schnell. Auf der rechten Seite lag der Strand, links befand sich das offene Meer. Von hier oben aus hatte man eine tolle Aussicht. Achim erklärte mir immer, was es unten an der Küste gerade zu sehen gab. Aus der Luft wirkte der Strand, als ob er total überfüllt wäre. Am Boden hatte man da einen ganz anderen Eindruck. Die Leute unten schauten zu uns herauf, einige winkten uns sogar zu. Wir waren eine kleine Attraktion mit unserem fliegenden Schlauchboot. Es dauerte nicht lange, bis ich den Flug richtig genießen konnte. Auf jeden Fall fühlte ich mich in diesem Sitz wesentlich sicherer als im Gurtzeug beim Gleitschirmfliegen.

Während wir die Küste entlangflogen, musste ich immer wieder an *sie* denken und daran, wo sie wohl schon überall gewesen war. Nach einer halben Stunde Flug kamen wir an einen Jachthafen. Achim drosselte das Tempo und ging tiefer. Wir überflogen den Hafen in höchstens 50 Metern Höhe. Einige der Jachten, die dort vor Anker lagen, kosteten sicher mehrere Millionen Euro. Es war ein komisches Gefühl, dort vorbeizufliegen und zu wissen, dass die meisten der Leute, die uns da zuwinkten, Millionäre sein mussten. Ich fühlte mich ein bisschen, als würde ich zur High Society dazugehören.

Nachdem wir uns sattgesehen hatten, gab Achim wieder Gas. Wir stiegen auf unsere normale Flughöhe. So abwechslungsreich, wie diese Küste sich darstellte, hatte ich sie mir nicht vorgestellt. Wir flogen über hellgelbe Sandstrände, dann wieder über eine schroffe Felsenküste. Dazwischen kamen viele kleine Buchten mit hellem oder dunklem Sand. Stellenweise war die Küste total karg, dann abschnittsweise wie eine grüne Oase. Die Küste fiel manchmal recht flach ins Meer ab und dann wieder mehrere hundert Meter fast senkrecht.

Achim gab mir zu verstehen, dass wir jetzt ins Landesinnere abdrehen würden. Wir mussten dafür jedoch noch fast achthundert Meter höher steigen, denn zunächst hatten wir einen Berg zu überqueren. Es wurde merklich kühler. Achim meinte, dass es im Landesinneren aber wieder wesentlich wärmer werden würde als an der Küste.

Wir überquerten schließlich den Berg in mehr als 1000 Metern Flughöhe. Von hier oben hatte man einen überwältigenden Ausblick auf die Gebirge des Hinterlandes. Wir gingen tiefer. Kein Ort lag in Sicht – nur Natur, Natur und nochmals Natur. Die einzige Straße, die es hier gab, war die Küstenstraße, die wir beim Überfliegen des Berges überquert hatten. Ansonsten sah man nur ein paar Schotterpisten, die wohl lediglich zu Fuß oder mit dem Pferd zu benutzen waren. Der Flug wurde ziemlich turbulent in dieser Gegend. Achim meinte, dass wir am besten ins nächste Tal fliegen sollten, denn dort sei die Luft etwas ruhiger. Er wollte wieder etwas Höhe machen und schob den Gashebel nach vorne.

Plötzlich setzte der Motor aus. Ich blieb zunächst noch ruhig, denn ich dachte, dass Achim ihn ganz einfach wieder anlassen könnte. Er versuchte es auch sofort. Doch der Motor wollte nicht mehr anspringen. So langsam wurde ich nervös, denn ich merkte, wie Achim anfing zu rotieren. Er probierte weiterhin, den Motor zu starten – so lange, bis die Batterie des Starters leer war. Jetzt gab es keine Chance mehr. Wir mussten hier landen. Achim drehte sich zu mir um und gab mir zu verstehen, dass wir runtermussten. Er suchte nach einem geeigneten freien Platz. Aber wir hatten nicht mehr genug Höhe, um lange zu suchen. So wie es aussah, gab es keinen guten Landeplatz in unserer Reichweite. Hier zu landen war für ein fliegendes Schlauchboot eine ganz schöne Herausforderung. Bei unserer Geschwindigkeit hätten wir uns eventuell sogar überschlagen können.

Ohne den Motor ging es sehr schnell runter. Der Wind pfiff beängstigend durch die Drahtseile des Drachens. Achim drehte sich wieder zu mir um und sagte, ich solle mich gut festhalten, was ich auch augenblicklich tat. Er löste den Rettungsschirm aus, der am Turm des Drachens befestigt war, und ein gewaltiger Ruck bremste das Flugzeug ab. Wir pendelten unter dem Fallschirm hin und her.

Mir gingen tausend Gedanken durch den Kopf. Ich dachte an meine Traumfrau und daran, ob ich sie jemals wiedersehen würde. Gleichzeitig bereitete ich mich auf den Aufschlag vor. Ich sah, wie der Boden immer näher kam. Kurz darauf fielen wir mit unserem Schlauchboot in einen großen Strauch. Nachdem wir uns vom ersten Schrecken erholt hatten, schnallten wir uns los. Ich wusste nicht, was wir jetzt tun sollten. Zum Camp war es ein weiter Weg. Und hier war keine Menschenseele – kein Ort, keine befahrene Straße, gar nichts. Wir hatten noch nicht einmal Proviant dabei, nur einen Kanister mit Wasser.

Achim holte ein Funkgerät aus dem Flugzeug und machte einen Versuch, ob ihn jemand hören konnte. Aber es kam keine Reaktion. Entweder war das Ding kaputt, oder die Berge um uns herum behinderten den Funk.

»Was sollen wir jetzt tun?«, fragte ich panisch.

»Zunächst mal Ruhe bewahren«, meinte Achim locker. »So schlimm, wie es jetzt aussehen mag, ist das nicht. Als Drachenflieger kommt es sehr häufig vor, dass man irgendwo in der Pampa landen muss, wenn man keinen Anschluss mehr zur Thermik findet. Wir haben mehrere Möglichkeiten, die wir durchdenken sollten. Als Erstes müssen wir den Leuten im Camp irgendwie mitteilen, dass uns nichts passiert ist. Ich würde vorschlagen, dass wir den Berg hochgehen und dort versuchen, über Funk irgendjemanden zu erreichen. Danach kommen wir wieder hierher zurück. Für einen langen Fußmarsch fehlt uns jetzt die Zeit. Wir können in diesem Gelände nicht im Dunkeln herumlaufen.«

»Meinst du, dass sie nach uns suchen werden?«, fragte ich ängstlich.

»Vor morgen wird mit Sicherheit keiner auf den Gedanken kommen, uns zu suchen«, meinte Achim. »Wir sollten aber versuchen, jemanden aus dem Camp zu erreichen, damit sich wirklich keiner Sorgen macht. Und eventuell könnte uns jemand mit dem Auto holen kommen. Sollten wir keinen Funkkontakt bekommen, müssen wir morgen zu Fuß zum nächsten Ort gehen. Klar ist nur, dass wir auf jeden Fall hier übernachten müssen. Es ist dummerweise kein Ort in der Nähe.«

Wir taten, was Achim vorgeschlagen hatte. Wir banden die Tragegurte aus dem Flugzeug so an den Wasserkanister, dass man ihn wie einen Rucksack tragen konnte, und machten uns auf den Weg. Achim übernahm den Kanister für den ersten Teil der Strecke.

Wir mussten etwa 600 Höhenmeter überwinden und das durch ein sehr unwegsames Gelände. Wir kamen deshalb nur sehr langsam voran. Nach einer Stunde fanden wir einen Feldweg, der offensichtlich den Berg hinaufführte. Zu diesem Zeitpunkt waren wir schon ziemlich geschafft. Im Gegensatz zur Küste war es hier drückend heiß. Ich schätzte die Temperatur auf mindestens vierzig Grad im Schatten. Es wehte kaum ein Wind, denn wir befanden uns hier an der Rückseite des Berges. Die Sonne brannte unbarmherzig, obwohl sie schon ziemlich tief stand. Lange würde es nicht mehr dauern, bis sie hinter dem Berg verschwinden würde. Leider konnten wir darauf nicht warten, da wir sonst nicht genug Zeit gehabt hätten, wieder rechtzeitig zu unserem Flugzeug zurückzukommen. Doch wir mussten zurück, weil es hier in der Nacht zu kalt werden würde. Im Flugzeug hatten wir eine Thermodecke und Achims Fliegerkombi, um uns vor der Kälte der Nacht zu schützen.

Wir machten kurz Rast und tranken etwas Wasser. Bei diesem Aufstieg konnte man gar nicht so schnell trinken, wie man das Wasser wieder ausschwitzte.

Nach der Rast nahm ich den Kanister. Wenn wir freiwillig eine Wandertour gemacht hätten, wäre es hier sehr schön gewesen. Es gab unheimlich viele seltsame Pflanzen, die ich noch nie zuvor gesehen hatte.

Als wir an einer Gruppe großer Kakteen vorbeikamen, meinte Achim, wir sollten etwas für unseren Kalorienhaushalt tun. Ich verstand zunächst nicht, was er meinte. Dann ging er zu einer Kaktee und schnitt eine stachelige Frucht ab. Er war dabei sehr vorsichtig, denn die Stacheln dieser Pflanze waren aus der Haut nur schwer wieder herauszubekommen. Er hielt die Frucht auf ein Messer aufgespießt und schälte sie mit einem zweiten. Zwischendurch fiel ihm die Frucht auch einmal auf den Boden, und es blieb etwas Sand daran haften. Als er fertig war, reichte er mir die Frucht. Ich versuchte den Sand abzuwischen. Achim bat mich, zu warten, bis er noch einige geschält hätte. Wir würden die Früchte dann mit Wasser waschen.

Ich weiß nicht, ob diese Früchte wirklich so gut schmeckten, ob es an den Umständen oder an meinem Hunger lag – in diesem Moment war ich jedenfalls sicher, noch nie etwas so Gutes gegessen zu haben.

Nach unserem Abendmahl gingen wir gestärkt weiter. Ich hatte mindestens acht dieser Früchte gegessen und war jetzt richtig satt. Mittlerweile fühlte ich mich gar nicht mehr so schlecht. Die Katastrophenstimmung, die ich direkt nach dem Absturz gehabt hatte, war verschwunden. Die Sonne war inzwischen hinter dem Berg untergegangen und die Temperatur dadurch angenehmer. Außerdem erwies Achim sich als ein wirklich netter Kerl. Irgendwie war das Ganze schon ein außergewöhnliches Abenteuer. Ich dachte an meine Traumfrau und daran, dass ich ihr alles, was ich hier erlebte, später erzählen konnte. Sie war ja auch so begeistert von den Erzählungen von Elmar und Markus gewesen. Unter diesem Gesichtspunkt hätte mir eigentlich nichts Besseres als dieser Absturz passieren können.

»Und wenn sie sich jetzt noch Sorgen um mich machte, wäre das ein schönes Gefühl«, ging mir durch den Kopf. Durch diese Überlegungen begann ich, mich mehr und mehr über die augenblickliche Situation zu freuen.

Während wir den Berg hochgingen, versuchte Achim immer wieder, über Funk jemanden zu erreichen. Es kamen aber nur Rauschen und total verzerrte Stimmen. Wir gingen also weiter hoch.

Als wir schon fast am Gipfel waren, bekam Achim einen besseren Empfang. Man hörte die Funkverbindung vom Tower eines Sportflugplatzes zu einem landenden Flugzeug. Achim versuchte auf Englisch, eine Antwort zu erhalten. Nach ein paar Versuchen gelang dies auch. Achim erklärte, was passiert war, und bat darum, die Bungalowanlage von Ella Kensington zu kontaktieren. Er gab unsere ungefähre Position durch und teilte mit, dass keiner von uns verletzt sei. Nach ein paar Minuten meldete der Flugplatz, dass man Bescheid gesagt habe und man im Camp vorgeschlagen hätte, uns am nächsten Morgen abzuholen. Wir sollten an die Küstenstraße kommen.

Es hatte also alles funktioniert, wie wir uns das vorgestellt hatten. Wir überlegten noch, ob wir den Rest des Weges bis zum Gipfel hochlaufen sollten, um zu sehen, wie weit es noch bis zur Küstenstraße war. Doch dann beschlossen wir, unsere Kräfte für morgen zu sparen und zurückzugehen. Lieber würden wir die Zeit darauf verwenden, noch einige dieser köstlichen Kakteenfrüchte zu pflücken. Der Rückweg bergab ging schneller, als wir dachten. Wir kamen mit unseren Früchten am Flugzeug an, bevor es dunkel wurde. Achim gab mir die Thermodecke und legte sich selbst seine Fliegerkombi für die Nacht zurecht.

Es war sehr still in diesen Bergen. Man hörte überhaupt keine Geräusche – weder von Flugzeugen oder Autos noch vom Meer. Auch war es total windstill. Kein Rascheln von Blättern oder Ähnliches. Es gab auch keine

Tiere, die irgendwelche Geräusche von sich gaben. Eine solche absolute Ruhe hatte ich bis dahin noch nie erlebt.

Wir bauten das Schlauchboot vom Drachen ab und legten uns hinein. Es war gar nicht so unbequem. Ich genoss den Sternenhimmel, den ich noch nie so deutlich gesehen hatte. Das lag wohl an der klaren Luft und daran, dass sich hier keine störenden Lichter befanden. Da Neumond war, gab es außer den Sternen keine einzige Lichtquelle weit und breit.

Später am Abend musste ich oft an meine große Liebe denken. Ich erzählte Achim von ihr, denn ich hatte das Gefühl, in ihm einen Freund gefunden zu haben. Durch dieses gemeinsame Erlebnis waren wir uns menschlich sehr nahe gekommen.

Achim machte mir richtig Mut. Es tat gut, so viele optimistische Gedanken zu hören. Wir schliefen nach den ganzen körperlichen Anstrengungen dieses Tages relativ früh ein. Zeitig am nächsten Morgen wachte ich wieder auf. Achim war schon länger wach und hatte damit begonnen, sein Flugzeug auseinanderzubauen. Als er merkte, dass ich aufgestanden war, brach er seine Arbeit ab.

»Wenn du schon fit bist«, meinte er, »dann sollten wir uns gleich auf den Weg machen. Unser Frühstück finden wir ja sowieso unterwegs, wie du weißt.«

»Okay. Lass uns losgehen, bevor es wieder so heiß wird!«

Ich schnallte mir den Wasserkanister um, der mittlerweile mehr als halb leer war, und wir gingen los. Der Aufstieg zum Berg ging zügiger als gestern. Die Temperaturen waren noch viel angenehmer.

Wir wussten nicht, wann genau uns jemand abholen würde. Die Fahrzeit mit dem Auto konnte nicht mehr als fünfundvierzig Minuten betragen. Wir vermuteten also, dass der Wagen vor uns da sein würde. Der Fahrer würde bestimmt die Küstenstraße auf und ab fahren, bis er uns entdecken würde.

Achim schaute sich unterwegs nach einem Weg um, der mit dem Auto befahrbar wäre, fand aber keinen. Der Pfad, den wir beschritten, war zu schmal für ein Fahrzeug. Ich vermutete, dass dies für Achim wegen seines Flugzeugs ein großes Problem darstellte. Doch er blieb ganz locker.

»Irgendwie werden wir das Flugzeug schon bergen«, meinte er.

Nach etwa drei Stunden kamen wir an der Küstenstraße an. Wir setzten uns an den Straßenrand und warteten auf unseren Abholer. Bei jedem Auto, das um die nahe gelegene Kurve bog, erhofften wir unsere Rettung.

Schließlich kam der Wagen – allerdings aus der anderen Richtung. Er musste schon früher hier vorbeigefahren sein und war nun wohl bereits auf dem Rückweg.

Als der Wagen hielt, traf mich fast der Schlag. *Sie* saß auf dem Beifahrersitz! Ich konnte nicht mehr klar denken. Das hätte ich niemals erwartet.

»Hatte sie Angst um mich?«, fragte ich mich in Gedanken. »Liebt sie mich etwa? Wird sie mich stürmisch umarmen, wenn sie aussteigt?«

Sie und der Fahrer des Wagens stiegen aus. Ich ging fassungslos auf sie zu. Ich war drauf und dran, sie zu umarmen und zu küssen. Doch bevor ich das tun konnte, fragte sie: »Ist mit euch alles in Ordnung? Seid ihr verletzt?«

Achim antwortete. »Keine Verluste zu beklagen, außer einem Flugzeug, das noch im Baum hängt. Aber es fühlt sich wohl dort.«

Damit war mein leidenschaftlicher Angriff erst einmal gestoppt. Der Fahrer des Wagens sagte, dass Mary mitgekommen sei, weil sie den Weg am besten kenne. Es sei genau die gleiche Strecke, die auch zu dem Startplatz fürs Gleitschirmfliegen führe.

»Oh, oh«, dachte ich. »Da wäre ich ja beinahe schwer ins Fettnäpfchen getreten.«

Und sie hieß tatsächlich Mary. Warum nur hatte sie dem Wesen aus der Geschichte ihren eigenen Namen gegeben?

Achim erklärte, dass man die Stelle, wo das Flugzeug lag, mit dem Auto nicht erreichen konnte. Unser Fahrer schlug vor, Hilfe von ortskundigen Einheimischen zu holen.

Wir fuhren in den nächsten Ort, der auf der Karte eingezeichnet war und kamen an einen Dorfplatz, auf dem sich mehrere Männer versammelt hatten. Achim erklärte einem der Männer mit dem bisschen Spanisch, das er beherrschte, was passiert war. Überraschenderweise fühlte der sich sofort dafür verantwortlich, das Flugzeug zu bergen. Er ging zu seinen Freunden und erklärte diesen die Sachlage. Gleich darauf standen alle gemeinsam auf und verließen eilig den Platz. Der Mann kam zu uns zurück und erklärte, dass die anderen ihre Esel holen gingen. Damit würden sie das Flugzeug zurücktransportieren.

Wir verabredeten mit Achim, dass wir schon einmal zurück ins Camp fahren würden und er dort anrufen würde, wenn er mit dem Flugzeug im Dorf war. Das könnte unter Umständen jedoch erst am nächsten Tag sein.

Auf der Rückfahrt zum Camp war ich hin und her gerissen zwischen der Freude, dass Mary wieder mit mir redete, und dem Bedauern, dass sie mich nicht wirklich so vermisst hatte, wie ich es erhofft hatte. Wenigstens wollte sie jetzt genau wissen, was passiert war. Ich erzählte es ihr in allen Einzelheiten. Am meisten beeindruckt war sie von dem tollen Sternenhimmel und der Stille, die ich in dieser Nacht erlebt hatte.

Während ich ihr all das erzählte, hatte ich das Gefühl, dass nie wirklich etwas zwischen uns gestanden hatte. Offensichtlich war mir nur manchmal meine eigene Einbildung im Weg.

Viel zu schnell waren wir wieder zurück im Camp. Ich wäre gerne noch länger mit Mary in diesem Wagen gefahren und hätte mich mit ihr unterhalten. Jetzt wusste ich wieder einmal nicht, wie es weitergehen würde.

»Will sie den Rest des Tages mit mir verbringen? Kann ich etwas dafür tun, dass sie es will?«, fragte ich mich, als wir ausstiegen.

»Treffen wir uns nachher zum Essen bei mir im Bungalow? Ich habe etwas vorbereitet«, sagte sie da und lud mich damit zum Essen ein. »Du willst jetzt sicherlich erst mal duschen.«

»Ja, sehr gerne«, nahm ich ihre Einladung erfreut an. »Ich denke, Duschen wäre vorher wirklich angebracht. Nach dieser Tour muss ich wohl eine Geruchsnote verbreiten, die einem die Tränen in die Augen treibt.«

Mary lächelte. »Dann gehe ich jetzt auch duschen, und wir treffen uns nachher mit ungefährlicher Duftnote auf unserer Terrasse.«

Es lief alles wunderbar. Mary hatte für mich gekocht! Das war noch viel schöner, als ich es mir hätte vorstellen können. Ich schwebte im siebten Himmel. Überhaupt hatte sich irgendwie alles sehr gut entwickelt seit dem Gespräch mit Stefan. Sogar in der verlassenen Gegend des Vortages hatte ich nie das Gefühl gehabt, dass mir irgendetwas fehlte. Im Gegenteil: Eigentlich hatte ich diesen Tag recht schön gefunden. Ich hatte sogar nach dem Absturz alles gehabt, was ich brauchte, um glücklich zu sein.

Eine Viertelstunde später ging ich zurück zu Marys Bungalow. Sie hatte den Tisch schon gedeckt. Als wir uns setzten, betrat gerade Elmar die Terrasse. Plötzlich geschah etwas total Unerwartetes: Mary griff nach meiner

Hand und hielt sie, wie das gewöhnlich nur Verliebte tun. Ich war wie vor den Kopf gestoßen. Ein kalter Schauer jagte mir über die Haut.

Elmar konnte natürlich nicht umhin, unser Händchenhalten zu bemerken. Anstatt über Mary herzufallen, wie das gewöhnlich seine Art war, sagte er deshalb nur im Vorbeigehen: »Hallo, wie geht es euch?«

»Gut. Sehr gut«, erwiderte Mary freundlich. Mir fehlten in diesem Moment die Worte. Als Elmar wieder weg war, meinte Mary: »Du bist mir doch nicht böse, dass ich so getan habe, als wären wir ein Paar? Elmar wurde mir in letzter Zeit etwas zu aufdringlich.«

Ich konnte noch keinen klaren Gedanken fassen, so hatte mich das aus der Fassung gebracht. Deshalb sagte ich nur kurz: »Kein Problem!«, und schluckte.

Nachher dachte ich, dass ich mir wirklich etwas Netteres hätte einfallen lassen können. Aber es war auch nicht so wichtig. Es machte mich mächtig stolz, dass Mary in aller Öffentlichkeit so getan hatte, als wären wir zusammen. Ich wusste nicht, ob es taktisch klug war, nach dem Grund für diese Abwehrmaßnahme gegenüber Elmar zu fragen. Doch meine Neugier scherte sich einen Dreck um die Taktik. Ich musste es einfach wissen.

Zwar schaffte ich es noch, mich zurückzuhalten, bis wir mit dem Essen fast fertig waren. Was Mary gekocht hatte, schmeckte nicht wirklich gut. Aber das war mir vollkommen gleich. Sie hatte für mich gekocht! Allein darauf kam es an. Ich aß mit großer Begeisterung und gab ihr damit zu verstehen, dass ich ihr Essen wirklich zu schätzen wusste.

Als Mary mich einmal etwas länger anschaute, ergriff ich die Gelegenheit und brachte zur Sprache, was mir die ganze Zeit schon unter den Nägeln brannte. »Mary, darf ich dich mal etwas fragen?«

»Natürlich, was gibt's?«, erwiderte sie freundlich.

»Mich würde interessieren, warum du Elmar loswerden willst.« Ich musste wohl einen wunden Punkt getroffen haben, denn sie wurde plötzlich sehr unsicher. Das hatte ich nun wirklich nicht bezwecken wollen. »Entschuldige, wenn meine Frage zu persönlich war. Ich wollte dich nicht an irgendetwas Unangenehmes erinnern«, sagte ich einfühlsam und hoffte, dass sie mir nicht böse sein würde.

»Das ist genau der Punkt, Michael. Ich habe keine Erinnerung«, erwiderte sie mysteriös.

»Wie meinst du das?«, hakte ich ahnungslos nach.

»Ich hatte vor 18 Monaten einen Unfall. Man fand mich bekleidet mit einem Skianzug unter einer Lawine. Es war wohl ein Skiunfall«, erzählte sie zweifelnd.

»Was heißt, es war wohl ein Skiunfall?! Kannst du dich denn nicht daran erinnern?«

»Ich kann mich an überhaupt nichts erinnern, was vor diesem Unfall war. Besser gesagt, ich weiß erst wieder etwas ab der Zeit im Krankenhaus. Es ist so, dass ich viele Dinge einfach kann oder weiß, aber ich weiß nicht, woher.«

»Konnten deine Angehörigen dir nicht alles über dich erzählen?«, fragte ich verwundert.

»Leider nicht, denn man fand keine Angehörigen. Ich wuchs offensichtlich in einem Kinderheim als Waise auf. Ich habe versucht, in diesem Kinderheim jemanden zu finden, der mich kennt. Doch auch dort fand ich niemanden. Die Schwestern, die mich aufgezogen hatten, waren entweder schon tot oder unbekannt verzogen. Es war wie verhext. Auch von den Kindern, die damals mit mir zusammen aufgewachsen sein mussten, konnte sich niemand an mich erinnern.«

»Und was hat das mit Elmar zu tun, wenn du diese Frage nicht als zu aufdringlich empfindest?«, fragte ich vorsichtig.

»Dabei geht es um Sex«, erwiderte Mary ehrlich. »Ich spüre, dass Elmar nur sexuelles Interesse an mir hat, aber ich merke, dass für mich Sexualität etwas Besonderes ist. Es hat mit Liebe zu tun. Ich kann mich auch nicht mehr daran erinnern, ob ich jemals Sex hatte. Ich vermute schon. Aber ich habe trotzdem das Gefühl, dass es das erste Mal für mich wäre. Und es ist mir sehr wichtig, die schönste Sache der Welt nur mit einem Menschen zu teilen, den ich wirklich liebe. Aus diesem Grund habe ich bis jetzt immer einen Rückzieher gemacht, wenn ich das Gefühl hatte, dass jemand Sex mit mir haben wollte. Ich möchte mich wirklich dafür entschuldigen, dass ich dich eben so benutzt habe. Es tut mir leid.«

»Mary, du brauchst dich nicht bei mir zu entschuldigen. Ich möchte dein Freund sein. Und Freunde sind doch dafür da, sich gegenseitig zu helfen.«

Es stimmte mich sehr nachdenklich, dass Mary wohl jedes Mal einen Rückzieher machte, wenn sie merkte, dass jemand sexuelles Interesse an ihr hatte. Ich wusste nicht, ob ich wirklich ausreichend verbergen konnte, dass ich sie ebenfalls sexuell begehrte. Denn mir war klar, dass sie sich sonst auch vor mir zurückziehen würde. Ich dachte, es sei besser, dieses heikle Thema zu vermeiden und über etwas anderes zu reden.

Auf der Suche nach einem anderen Thema fiel mir die Situation wieder ein, in der ich Marys Energie gespürt hatte. Es war vorgestern gewesen, als ich in meinem Zimmer gelegen hatte.

»Mary, mir fällt gerade ein, dass ich vorgestern wieder einen Energieschub gespürt habe. Hast du mir wieder Energie geschickt?«

»Oh, ja! Es hat also wieder geklappt? Das ist ja toll! War es genau wie beim ersten Mal?«, fragte Mary ganz aufgeregt.

»So ähnlich. Ich hörte auch wieder diese Stimme«, ergänzte ich.

»Das mit der Stimme verstehe ich immer noch nicht«, sagte Mary verwundert. »Claudia konnte mir darauf auch keine klare Antwort geben. Es ist wirklich ungewöhnlich. Claudia meinte nur, dass es etwas mit der Art von Energie zu tun haben müsste, die ich aussende. Wir sind da noch nicht so ganz sicher. Es scheint sich um eine Energie zu handeln, die verborgene Fähigkeiten in anderen Menschen weckt.«

»Meinst du, die Stimme hat etwas mit diesen Fähigkeiten zu tun?«, fragte ich begeistert. Denn das hätte bedeutet, in mir läge eine verborgene Fähigkeit, die Mary geweckt hätte.

»Ich weiß es nicht – noch nicht. Vielleicht könnten wir einen Versuch machen, um es herauszufinden«, schlug Mary vor.

»Wie soll das gehen?«, wollte ich neugierig wissen.

»Ich würde dir Energie senden, und wir warten, ob diese Stimme sich wieder bei dir meldet«, erklärte Mary.

»Können wir das hier machen?«, wollte ich ungeduldig wissen.

»Nein, dafür brauche ich Ruhe. Ich kann mich hier nicht genügend konzentrieren.«

»Wollen wir es nachher probieren? Am Strand oder so?«, schlug ich vor.

»Michael, eigentlich hatte ich ein Attentat auf dich vor. Ich wollte dich etwas fragen.« Mir rutschte das Herz wieder in die Hose, als sie dies sagte.

»Was willst du mich denn fragen?«, quetschte ich aufgeregt heraus.

»Es ist so«, begann Mary hoffnungsvoll. »Ich habe nur noch neun Tage hier im Camp, und ich würde sehr gerne bei einer Outdoor-Exkursion mitmachen. Das ist die Tour, von der Elmar und Markus gesprochen haben.«

Als Mary das sagte, schnürte sich mein Magen total

zusammen. Ich bekam Angst, dass ich sie, nachdem sie nach Hause gefahren wäre, nie mehr wiedersehen würde. Wenn sie jetzt auch noch mehrere Tage wegfahren würde, dann wären meine Chancen, mit ihr zusammenzukommen, gleich null.

Mary fuhr mit ihren Ausführungen fort: »Ich hatte mir gedacht, wenn du auch Lust zu dieser Exkursion hättest, dann könnten wir zusammen gehen. Ich will dich aber nicht drängen. Wenn du nicht willst, dann sag es bitte.«

»Und ob ich will!!!«, hätte ich am liebsten laut herausgeschrien. Ich zügelte meine Euphorie aber augenblicklich, damit sie nicht glaubte, dass ich eine sexuelle Beziehung mit ihr anfangen wollte. Ich hatte noch allzu deutlich im Ohr, wie sie gesagt hatte, dass sie in diesem Fall immer einen Rückzieher machen würde.

Also sagte ich cool: »Dafür habe ich mich schon von Anfang an interessiert. Wenn du willst, komme ich gerne mit.«

»Ich hatte gehofft, dass du das sagst«, freute sich Mary. »Dann dürfen wir aber keine Zeit mehr verlieren. Es geht nämlich morgen Abend los. Ich weiß, dass du keine festen Schuhe und keinen Rucksack hast. Das brauchst du aber alles bei der Exkursion. Wir könnten nach dem Essen in die Stadt gehen und dort diese Sachen für dich kaufen. Was hältst du davon?«

Ich war wiederum maßlos begeistert, was ich jedoch auf keinen Fall zeigen wollte. Mary wollte unbedingt mit mir mitkommen. Sie selbst brauchte gar nichts aus der Stadt und wollte mich nur begleiten. Es war mir unbegreiflich, wieso Mary plötzlich so starkes Interesse an mir hatte.

Sie war jetzt schon seit über zwei Wochen hier und hatte in dieser Zeit sicherlich sehr viele Menschen kennen gelernt. Wie es aussah, hatte sie die doppelte Zeit im Camp gebucht und würde daher genauso lange hier sein wie ich. Und von allen Menschen, die sie hier kennen gelernt hatte, wollte sie die Exkursion am liebsten mit mir machen! Das alles war zu schön, um wahr zu sein! Oder bildete ich mir wieder etwas ein, das gar nicht stimmte?!

Auf jeden Fall wollte ich ganz cool wirken und sagte deshalb: »Okay, dann hole ich jetzt mein Geld, und wir fahren los.«

»Alles klar. Ich warte hier auf dich.«

Ich war total aufgeregt und glücklich. Am liebsten hätte ich alle Leute umarmt, die mir entgegenkamen. Ich rannte in mein Zimmer und holte Bares. In null Komma nichts war ich wieder bei Mary. Sie sah mich schon aus der Ferne, stand auf und kam mir entgegen.

Wir verließen das Camp und gingen zur Strandpromenade. Mary wusste, wo die Busse hielten. Es war nicht weit, und die Busverbindungen zur Innenstadt waren recht gut. Wir mussten nicht lange warten.

Die Stadt war sehr schön. Es hätte sich auch gelohnt, einfach nur so hierherzufahren. Mary kannte sich bereits aus. Sie wusste, wo es Sportgeschäfte gab, bei denen man Wanderschuhe und Rucksäcke bekam.

Wir hatten auf Anhieb Glück. Ich fand sofort Schuhe, die mir wie angegossen passten. Kurz entschlossen wollte ich sie kaufen, doch Mary meinte, ich solle sie zuerst einmal eine halbe Stunde tragen, bevor ich sie kaufte. Sie erklärte mir, dass es bei Wanderschuhen nicht nur darauf ankomme, dass sie bequem waren. Es gab noch andere wichtige Punkte. Zum Beispiel durfte ich nicht mit den Zehen nach vorne rutschen, wenn ich bergab ging.

Ich genoss es, mich von Mary beraten zu lassen. Ich ließ die Schuhe einfach an, während wir uns die Rucksäcke anschauten. Auch hier gab es mehr zu beachten, als ich gedacht hatte. Mary war wirklich sehr kompetent, wenn es um diese Dinge ging.

Nach über einer Stunde verließen wir das Geschäft mit einem Paar neuer Schuhe und einem tollen Rucksack. Ich fühlte mich, als hätte ich im Lotto gewonnen.

Ein bisschen fürchtete ich ja schon, dass Mary etwas ganz anderes von mir wollte, als ich annahm. Aber diesen Gedanken konnte ich immer wieder erfolgreich verdrängen. Ich erinnerte mich stattdessen lieber ständig daran, dass ich tatsächlich alles besaß, was ich brauchte, um glücklich zu sein, und konzentrierte mich wieder auf das schöne, weiche Ziehen in meiner Brust, das momentan stärker zu spüren war als je zuvor.

Mary gab mir auch keinerlei Grund, die Angelegenheit

pessimistisch zu sehen. Mir war zum Feiern zumute. Ich lud sie daher zu einem Kaffee an der Strandpromenade ein. Es war ein sehr schöner Tag, um im Straßencafé zu sitzen – nicht zu heiß und nicht zu kalt. Wir tranken unseren Kaffee und sahen den vielen Menschen zu, die an uns vorbeiliefen.

Nach einer Weile kam mir der Gedanke, dass wir uns vielleicht noch einmal über die Geschichte des Wesens unterhalten könnten. Ich hatte sehr viele Überlegungen darüber angestellt und wollte wiedergutmachen, was ich beim letzten Mal verbockt hatte. Mir wurde auch plötzlich klar, warum Mary so komisch reagiert hatte, als ich keine Fragen zu ihrer Geschichte gehabt hatte. Sie hatte wahrscheinlich angenommen, dass auch ich nur sexuelles Interesse an ihr hätte, und sich deshalb zurückgezogen. Ich hatte jetzt also die einmalige Gelegenheit, diesen Eindruck zu zerstreuen.

»Mary, ich hätte da noch ein paar Fragen zu der Geschichte des Wesens, dem du deinen Namen gegeben hast. Hast du Lust, darüber zu reden?«

»Klar, sehr große sogar«, erwiderte sie erfreut.

»Zum Beispiel die letzte Geschichte in Atlantis. Warum haben sich bei Kala die negativen Gefühle aufgelöst? Hat Mary da etwas getan?«

»Das weiß ich auch nicht so genau. Es muss irgendwie an der Energiestruktur von Mary liegen. Diese hat automatisch die Wirkung, bei anderen verdrängte Dinge aufzulösen«, erklärte sie, tief in sich versunken.

»Du redest so, als ob du diese Geschichte als Realität betrachten würdest«, sagte ich verwundert.

»Nein! Es ist nur so, dass ich nicht alles weiß.«

»Du hast diese Geschichte doch selbst erfunden, oder nicht?«, fragte ich verwirrt.

»Im Grunde genommen schon. Aber ich habe sie nicht bewusst erfunden. Ich habe sie geträumt. Es waren sehr viele Träume, die zusammen eine ganze Geschichte ergaben. Die Ärzte vermuten, dass diese Träume etwas mit meiner Vergangenheit vor dem Unfall zu tun haben. Es sind wohl verschlüsselte Botschaften meines Unbewussten. In diesen Botschaften geht es darum, wer ich vor meinem Unfall gewesen bin. Ich bin mir allerdings nicht ganz sicher, ob ich das überhaupt wissen möchte. Was ist, wenn ich ein ganz fieser Mopp gewesen bin? Die Ärzte sagten nämlich, es sei meistens so, dass Menschen sich nach einem Gedächtnisschwund gar nicht mehr an ihre Vergangenheit erinnern wollten. Sie sagten, dass das Unbewusste einen vor Informationen beschützen will, mit denen man nicht fertig werden kann. Was ist, wenn ich etwas sehr Schlimmes getan habe? Ich habe manchmal richtig Angst davor, mich daran zu erinnern«, erklärte sie betroffen.

»Dann lass uns lieber über etwas anderes reden«, schlug ich vor.

»Okay, reden wir lieber über die Geschichte. Was willst du noch wissen?«, fragte sie, sichtlich entspannter.

Mir schoss durch den Kopf, wie gut es war, dass ich mir noch weitere Fragen zurechtgelegt hatte. Es hätte jetzt sicherlich sehr blöd ausgesehen, wenn das meine einzige Frage gewesen wäre. »Zu Julie hätte ich auch noch eine Frage. Ich habe immer noch nicht verstanden, worin dieses Grundprinzip bestehen soll, das dafür verantwortlich war, dass Julie plötzlich eigene übersinnliche Fähigkeiten hatte.«

»Das ist doch ganz einfach! Der Glaube versetzt Berge. Würdest du glauben können, dass auch du übersinnliche Kräfte hast, dann hättest du sie. Verstehst du? Du bist, was du glaubst zu sein.«

»Dem kann ich ehrlich gesagt nicht ganz zustimmen, Mary«, erwiderte ich zweifelnd. »Die Geschichte ist voll von Menschen, die geglaubt haben, sie könnten fliegen. Die sind dann vom dreißigsten Stock eines Hochhauses gesprungen und unten voll in den Beton eingeschlagen.«

»Ich rede auch nicht von Einbildung, sondern von wirklichem Glauben. Diese Leute glaubten nicht, sie bildeten sich etwas ein.«

»Und wo ist der Unterschied, ob ich es glaube oder mir einbilde? Ist Glaube nicht auch eine Einbildung?«, fragte ich skeptisch.

»Nicht ganz. Bei einer Einbildung glaubst du eigentlich das Gegenteil von dem, was du glauben willst. Du hast deine eigentliche Überzeugung nur durch deine Einbildungskraft zugedeckt. Du hast dich in eine Illusion hineingesteigert und nimmst deinen Glauben nicht mehr bewusst wahr. Er ist aber trotzdem noch gültig und bestimmt weiterhin deine Fähigkeiten.«

»Demnach ist ein wirklicher Glaube konkurrenzlos?«, schlussfolgerte ich.

»Das kann man leider auch nicht immer sagen. Es gibt schon Glaubenssätze, die sich gegenseitig widersprechen, und trotzdem glaubst du beide. Sie wirken sich nur zu unterschiedlichen Zeiten aus.«

»Woher bist du denn so gut informiert über diese Dinge?«, fragte ich beeindruckt.

»Das weiß ich leider nicht. Es muss wohl durch meinen früheren Beruf kommen. Ich soll so etwas wie eine psychologische Beraterin gewesen sein. So ganz habe ich das noch nicht nachvollziehen können.«

»Okay, dann versuche ich jetzt mal, meinen Glauben daran zu stärken, dass ich irgendwelche besonderen Fähigkeiten habe«, erklärte ich entschlossen.

»Ja, tu das. Gibt es noch irgendwelche Fragen, die du zu der Geschichte hast?«, wollte Mary abschließend wissen.

»Nein, eigentlich nicht. Ich denke, ich habe sonst alles verstanden. Aber zu unserem Camp hätte ich ein paar Fragen. Du bist ja schon länger hier als ich. Vielleicht weißt du diese Dinge bereits. Ich habe beispielsweise immer noch nicht begriffen, warum alle Leute hier von einem Seminar reden.«

»Das ganze Camp ist ein einziges Seminar«, erwiderte Mary. »Ich dachte, das hättest du schon längst bemerkt.«

»Wieso sollte ich das bemerkt haben?«, fragte ich verwundert.

»Ist dir noch nicht aufgefallen, dass alles, was du hier erlebt hast, dazu beiträgt, deinen eigenen Weg zum Glück zu finden? Du hast immer genau die richtigen Leute getroffen und die richtigen Dinge erlebt. Du hast viel gelernt und erkannt auf diesem Weg. Und ab jetzt wirst du alles erleben, was du brauchst, um dieses neue Wissen in deinen normalen Tagesablauf einzubringen.«

»Das kann doch nicht alles von selbst so gelaufen sein. So viele Zufälle gibt es doch gar nicht«, erwiderte ich zweifelnd.

»Ich rede hier nicht von Zufällen! Meiner Meinung nach gibt es überhaupt keine Zufälle. Alles, was geschieht, hat einen Sinn. Und du bestimmst diesen Sinn.«

Ich wollte ihr in diesem Punkt nicht widersprechen, obwohl ich anderer Meinung war. Also tat ich einfach so, als nähme ich ihre Weltanschauung an. Sie sagte noch einiges zu diesem Thema, womit ich gleichermaßen meine Probleme hatte. Beispielsweise meinte sie, dass ich mein eigener Schöpfer sei und vollkommen allein bestimmen würde, was in meinem Leben geschieht. Sie redete auch davon, dass das Wissen darüber, dass meine Grundmotive in Wirklichkeit immer erfüllt seien, mein Leben viel mehr beeinflussen würde, als ich dächte. Dieses Wissen würde meine Realität ab jetzt so gestalten, dass immer alles gut laufen würde.

Das klang alles etwas weltfremd für mich. Aber es störte mich nicht sonderlich. Ich liebte Mary über alles, und daran würde sich auch dann nichts ändern, wenn sie solch einen Unsinn glaubte. Eines war mir inzwischen klar geworden: Mein neues Wissen war dafür verantwortlich, dass die Stimmung im Camp so verzaubert war. Mit den Gefühlen im Bauch oder genauer gesagt in der Brust, die dieses Wissen auslöste, musste man einfach gut drauf sein.

Wir saßen noch ziemlich lange in diesem Straßencafé. Ich genoss jeden Augenblick, den ich mit Mary zusammen sein konnte. Sie wurde mir mit jeder Minute vertrauter. Ich hatte schon fast das Gefühl, mit meiner Partnerin hierzusitzen.

Allmählich meldete sich bei mir ein mächtiger Hunger. Bei Mary wohl auch, denn sie lud mich zu einer Pizza ein. Ich hätte bis zu diesem Tag nie geglaubt, dass mir das einmal passieren könnte. Die zauberhafteste, schönste und tollste Frau der ganzen Welt lud mich zu einer Pizza ein!

Wir verbrachten einen wunderschönen Abend in einer Pizzeria in der Nähe des Strandes. Es war schon nach Mitternacht, als wir zum Camp zurückgingen. Wir liefen am Strand entlang und betrachteten die Sterne. Es war eine wunderschöne, romantische Nacht. Ich schwebte im siebten Himmel. Wenn ich nicht gewusst hätte, dass man bei Mary sehr vorsichtig sein musste, damit sie nicht den Eindruck hatte, man würde sich nur sexuell für sie interessieren, dann hätte ich versucht, körperlichen Kontakt mit ihr zu bekommen. Ich hätte probiert, meinen Arm um sie zu legen, unter dem Vorwand, dass ihr bestimmt kalt sei oder so etwas. Aber so hielt ich mich wohlweislich zurück. Wir legten uns mitten in der Nacht an den Strand und schauten in den überwältigenden Sternenhimmel. Mary schwärmte davon, wie schön es sicher gewesen war, als ich mit Achim im Flugzeug gelegen und in völliger Stille und Dunkelheit den Sternenhimmel betrachtet hatte.

Die Zeit verging wie im Flug. Als wir beschlossen, nach Hause zu gehen, war es bereits nach drei Uhr morgens. So lange war ich schon ewig nicht mehr auf gewesen. Ich war kein bisschen müde. Die Liebe verlieh mir alle Energie der Welt.

Ich begleitete sie noch zu ihrem Bungalow zurück. Ich war mir nicht sicher, ob das klug war, denn sie hätte dies ja als Anmache auffassen können. Aber ich konnte irgendwie nicht anders. Das Gefühl, damit vielleicht einen Fehler zu machen, wurde immer stärker, je näher wir ihrem Bungalow kamen.

Plötzlich standen wir vor ihrer Tür. Was sollte ich jetzt tun? Ihr die Hand geben und »tschüss« sagen oder sie küssen? Ich stand da und zögerte. Schließlich übernahm sie die Initiative und umarmte mich einfach. Sie hielt mich sehr lange fest. Ein paar Mal wollte ich sie schon loslassen, doch sie hielt mich weiterhin in ihren Armen. Ich glaubte, mir würden die Sinne schwinden. Noch nie hatte ich einen Menschen mit diesen überirdischen Gefühlen umarmt. Nach einer halben Minute ließ sie mich schließlich los.

»Danke für diesen wundervollen Tag«, sagte sie liebevoll. »Schlaf gut.«

Zu gerne hätte ich ihr jetzt meine Liebe gestanden. Aber das war noch zu früh. Daher sagte ich lediglich: »Für mich war der Tag genauso schön. Bis morgen dann. Gute Nacht.«

Ich schwebte förmlich zu meinem Bungalow zurück. Schlafen konnte ich jetzt bestimmt nicht. Dafür war ich viel zu glücklich. Ich legte mich ins Bett und ließ mir diesen wundervollen Tag noch einmal durch den Kopf gehen.

Es war bestimmt schon nach vier Uhr morgens, als ich einschlief. Und gegen sechs war ich schon wieder wach. Ich fühlte mich vollkommen ausgeschlafen. Ich konnte es kaum erwarten, Mary wieder zu sehen. Am gleichen Tag noch würden wir zusammen wegfahren. Die Euphorie, die durch diesen Gedanken bei mir ausgelöst wurde, war grenzenlos. Ich wollte sofort nach draußen, denn ich fühlte mich viel zu energiegeladen, um allein in meinem Zimmer zu bleiben. Ich zog mir Kleider an und verließ meinen Bungalow. Wie von einer magischen Hand gezogen, ging ich den Weg zu Marys Bungalow.

Als ich näher kam, stieg in mir die Furcht auf, dass Mary aus irgendeinem Grund herauskommen könnte und mich sehen würde. Das durfte natürlich nicht passieren, denn es würde mit Sicherheit den Eindruck erwecken, dass ich wie ein räudiger Hund um ihren Bungalow schlich. Ich konnte allerdings auch nicht mehr umdrehen. Ich musste einfach in ihrer Nähe sein, wenigstens räumlich. Ich ging sehr vorsichtig zu ihrem Bungalow, immer darauf bedacht, schnell ins Gebüsch springen zu können, falls sich Marys Tür bewegen würde. Ich war sehr aufgeregt. Mein Herz schlug wie verrückt. Meine Aufregung glich den Gefühlen, die ich als Kind gehabt hatte, wenn ich Kirschen aus Nachbars Garten klaute. Ich hielt diese Spannung genau eine Minute aus. Dann lief ich schnell weiter und brachte mich in Sicherheit. Ich ging zum Strand, um dort am Wasser entlangzulaufen, bis es Zeit fürs Frühstück war. Ich hoffte, dass Mary wieder zum Essen an den Pool kommen würde.

Als ich am Ufer angekommen war, zog ich meine Schuhe aus und ging mit den Füßen durchs Wasser. Es waren schon viele Leute am Strand, obwohl die Sonne noch sehr tief stand.

Nachdem ich eine Viertelstunde gelaufen war, setzte ich mich in den Sand und genoss die angenehme Wärme der Morgensonne. Während ich so dasaß, kam Bodo vorbei. Er machte ebenfalls einen Morgenspaziergang, begrüßte mich und setzte sich neben mich.

»Hallo, Michael. So wie du aussiehst, hast du es endlich geschafft«, meinte er erfreut.

»So wie es aussieht, ja.« Ich konnte mir das Grinsen nicht verkneifen, was Bodo natürlich sofort bemerkte.

»Hat sich etwas getan zwischen dir und Mary?«, fragte er neugierig.

»Wenn du mich so direkt fragst, ja«, gab ich etwas verlegen zurück.

»Das freut mich für dich, Michael. Dann kenne ich ja jetzt den Grund für deine glückliche Ausstrahlung.«

»Du dachtest, es wäre das weiche Ziehen in der Brust, das mich so glücklich macht, nicht wahr?«, sagte ich mit einem Unterton, der vermuten ließ, dass dem nicht so war.

»Du meinst, das ist es nicht?«

»Nein, es ist, weil ich verliebt bin.«

»Und worin besteht da der Unterschied?«, fragte Bodo mit einem amüsierten Lächeln.

Erst jetzt erkannte ich, dass die Gefühle, die ich im Moment hatte, absolut identisch waren mit dem weichen Ziehen in der Brust. »Du hast Recht. Es sind tatsächlich die gleichen Gefühle!«, sagte ich beeindruckt.

»Ich möchte, dass du dein gutes Gefühl behältst«, erklärte Bodo. »Aus diesem Grund ist es wichtig, dass du erkennst, dass du das Gefühl des Verliebtseins ebenfalls selbst erzeugst. Es wird nicht von Mary hervorgerufen, sondern von dir. Du brauchst nur auf das weiche, elastische Ziehen und die Weite in deiner Brust zu achten, und du kannst ewig verliebt bleiben.«

»Ich kann bis zum Ende meiner Tage verliebt bleiben?«, fragte ich zweifelnd.

»Natürlich«, bestätigte Bodo, »und zwar nicht nur in Mary, sondern in alles, was du willst. In dich selbst, deinen Beruf, deine Wohnung, deine Freunde und so weiter. Du kannst einfach das ganze Leben lieben.«

»Das ist ja total genial! Ich bin wirklich sehr froh, dass

ich hierhergekommen bin«, erklärte ich voller Euphorie.

»Ich muss jetzt wieder zurück in unseren Bungalow. Willst du mitkommen?«

»Ja, gerne.«

Auf dem Rückweg gingen wir bei einer Bäckerei vorbei. Ich kaufte Baguettes und Croissants für mindestens zwanzig Personen und dachte voller Euphorie an das Frühstück mit Mary und den Leuten am Pool. Die meisten hatte ich noch gar nicht richtig kennen gelernt und freute mich nun darauf, dies nachzuholen.

Als ich am Pool ankam, saß Mary mit ein paar Leuten bereits beim Kaffee. Zu essen hatten sie noch nichts. Meine Baguettes kamen offensichtlich gerade recht. Als ich sie sah, flammten sofort meine leidenschaftlichen Gefühle der letzten Nacht wieder auf. Mein Magen kribbelte, und meine Knie zitterten. Ich vermute, dass ich einen hochroten Kopf bekam, als ich mich zu ihr setzte.

So, wie sie mich anschaute, konnte ich es nicht vermeiden, dämlich zu grinsen. Ich erinnerte mich an unseren Abschied letzte Nacht und war etwas verlegen.

»Jetzt ist es wieder so weit«, dachte ich. »Wie soll ich sie begrüßen? Umarmen oder nicht?«

Mary stand auf, und wir umarmten uns tatsächlich – zwar nur ganz kurz, aber immerhin. Sie meinte, sie sei schon ganz aufgeregt wegen heute Abend. Ich sagte, mir ginge es genauso, denn so hatte ich eine wunderbare Erklärung für meinen Zustand.

Während des Frühstücks redeten wir über alles Mögliche, nur nicht über die letzte Nacht. Keiner von uns beiden wollte dieses Thema anschneiden.

Als wir mit Frühstücken fertig waren, gingen wir zu dem Bungalow, in dem die Leute wohnten, welche die Outdoor-Exkursion leiten würden. Wir mussten meine Teilnahme bestätigen. Offenbar hatte Mary mich bereits angemeldet, bevor sie mich gefragt hatte. Sie war wohl sicher gewesen, dass ich mitkommen würde. Es gefiel mir, dies zu erfahren, denn es zeigte mir, dass ich ihr wichtig war.

Zwölf Leute würden an der Exkursion teilnehmen. Um drei Uhr nachmittags würden wir mit zwei Kleinbussen losfahren. Zwei Stunden vorher wollten sich alle Teilnehmer zum ersten Mal treffen. Die Exkursion würde fünf Tage dauern. Die Übernachtung war im Freien. Wir benötigten nur einen Rucksack und unsere persönlichen Kleidungsstücke. Alles andere wurde gestellt. Man hatte diese Sachen aus alten Armeebeständen günstig übernommen.

Im Laufe des Tages sollten wir unsere Ausrüstung abholen. Wir gingen sofort hin. Wir bekamen einen kleinen Kocher, ein Kochgeschirr mit Besteck und viele weitere Kleinigkeiten. Kompass und Funkgerät waren auch dabei. Zum Schluss gab man uns noch frisch gereinigte Schlafsäcke und ein Zelt. Das Geniale daran war, dass jeder von uns nur ein halbes Zelt bekam. Man musste zwei Hälften zusammenknüpfen. Ich hoffte inbrünstig, dass ich meine Zelthälfte tatsächlich mit Mary würde teilen können. Ich befürchtete jedoch schon ein bisschen, dass sie ihr Zelt vielleicht lieber mit einer anderen Frau teilen wollte.

Nachdem wir unsere Ausrüstung entgegengenommen hatten, brachten wir die Sachen in unsere Bungalows. Wir verabredeten, uns in einer Stunde wieder zu treffen und zusammen an den Strand zu gehen. Mary wollte in der Zwischenzeit ihren Rucksack packen.

Nach einer halben Stunde klopfte es plötzlich an meine Tür. Ich hatte mich gerade etwas hingelegt. Mein Rucksack war bereits fertig. Mary stand vor der Tür und wollte zum Strand gehen. Meine Badesachen hatte ich noch nicht gepackt. Ich bat Mary also herein.

Es war ein tolles Gefühl, sie in meinem Zimmer zu haben. Glücklicherweise hatte ich meine Sachen zuvor aufgeräumt. Ich ging schnell ins Bad, um mir die Badehose anzuziehen. Dabei war ich wieder einmal so aufgeregt, dass ich vor lauter Zittern Schwierigkeiten hatte, meine Hose anzubekommen. Ich warf noch ein Badetuch in meine Tasche und zog mit Mary los. Dabei hatte ich wieder dieses schöne Gefühl, als wären wir bereits ein Paar, das nun gemeinsam seine Wohnung verließ.

Während wir durchs Camp gingen, war ich total stolz, mit so einer Traumfrau gesehen zu werden. Die Leute sollten ruhig glauben, dass wir ein Paar seien.

Mit diesen Gefühlen ging ich auch mit Mary den Strand entlang. Am liebsten hätte ich laut geschrien, dass die Leute uns anschauen sollten. Ich stolzierte wie ein verliebter Gockel den Strand entlang.

Zu meiner Freude hatte Mary gar kein Interesse daran, irgendjemanden zu finden, zu dem wir uns setzen könnten. Wir suchten uns einfach einen schönen Platz und ließen uns nieder. Mittlerweile war uns ziemlich warm. Deshalb wollten wir gleich ins Wasser.

Als Mary ihre Kleider auszog, unter denen sie ihren Bikini trug, hatte ich das Gefühl, fast zu erblinden bei diesem Anblick. Ich bemühte mich, nicht zu gaffen, was mir wirklich sehr, sehr schwer fiel. Als sie dann noch ihr Oberteil auszog, hielt ich es nicht mehr aus. Ich verdrückte mich, so schnell ich konnte, ins Wasser, um mich abzukühlen. Das war bitter nötig. Mary kam gleich hinter mir her.

Das kalte Wasser hatte mich wieder etwas zur Besinnung gebracht. Mit diesen Gefühlen konnte ich unmöglich neben ihr im Sand sitzen. Es würde mich um den Verstand bringen, wenn sie weiterhin ohne Oberteil daliegen würde. Was sollte ich tun, wenn sie mich ansprach? Ich müsste ihr in die Augen sehen, und ich wusste nicht, ob ich das schaffen würde. Im Wasser war es sehr viel einfacher. Ich wollte deshalb so lange im Wasser bleiben wie irgend möglich.

Wir planschten albern herum. Mary wollte mich ständig untertauchen. Ich ließ es geschehen. Im Eifer des Gefechts umarmte sie mich plötzlich, um mich unter Wasser zu ziehen. Dabei berührten ihre nackten Brüste meinen Oberkörper. Blitzartig wurde mein Nervensystem völlig lahmgelegt. Ich vergaß, die Luft anzuhalten, als sie mich unter Wasser drückte, und verschluckte mich fürchterlich. Ich hustete und prustete und schämte mich für die hässlichen Gesichter, die ich dabei machte. Mary tat es furchtbar leid. Sie entschuldigte sich mehrmals. Sie wusste ja nicht, was wirklich dafür verantwortlich war, dass ich mich verschluckt hatte.

Als ich endlich wieder richtig Luft bekam, war ich rein körperlich durch das viele Husten völlig fertig. Ich dachte, dass jetzt genau der richtige Zeitpunkt sei, um mich neben Mary an den Strand zu legen. Wenn ich es jetzt nicht verkraften konnte, dann würde ich es niemals schaffen.

Aber es war sehr schwer. Ich bemühte mich, während wir dasaßen, aufs Meer hinauszuschauen. Wir unterhielten uns über die verschiedensten Dinge – nichts Besonderes, lauter relativ bangloses Zeug. Ich sah sie dabei die ganze Zeit nicht an. Nie hätte ich geglaubt, dass ich einmal so empfindlich auf eine Frau reagieren würde. Aber sie war ja auch nicht irgendeine Frau. Sie war *die* Frau schlechthin.

Nach einer Weile ging uns der Gesprächsstoff aus. Mary legte sich auf den Rücken und machte die Augen zu. Jetzt konnte ich einen Blick riskieren. Darauf hatte ich schon die ganze Zeit gewartet. Sie war so unbeschreiblich schön. Es dauerte nur ein paar Sekunden, da merkte ich, dass ich mich schnellstens auf den Bauch legen musste. Ich drehte meinen Kopf in ihre Richtung und genoss ihren fast nackten Körper in aller Heimlichkeit.

Mary musste eingeschlafen sein, denn sie bewegte sich seit über einer Stunde überhaupt nicht mehr. Ich schaute sie immer noch an. Sie war sogar im Schlaf noch viel schöner als alle anderen Frauen.

Mittlerweile hatte ich schon einen stark schmerzenden Rücken. Ich konnte leider nicht mehr liegen bleiben und sie anschauen. Also setzte ich mich auf, wodurch Mary wach wurde.

»Hast du etwas Schlaf von heute Nacht nachgeholt?«, fragte ich.

»Ich habe gar nicht bemerkt, dass ich eingeschlafen bin. Wie lange habe ich denn geschlafen?«, fragte sie noch etwas benommen.

»Nicht ganz eine Stunde, denke ich.«

»Entschuldige, aber ich war auf einmal total müde.«

»Dafür brauchst du dich nicht zu entschuldigen. Wenn man müde ist, muss man schlafen.«

»Danke für deine Rücksicht. Mir ist ziemlich heiß. Willst du noch mal mitkommen ins Wasser? Ich werde dich auch nicht mehr untertauchen«, versprach sie.

»Sehr gerne«, bejahte ich. »Mir ist auch ziemlich heiß.«

Das war glatt gelogen, aber in solch einem Fall muss eine kleine Lüge erlaubt sein.

Wir gingen die Sache dieses Mal etwas ruhiger an. Wir schwammen nebeneinander etwa fünfzig Meter vom

Strand weg. Mary genoss das kühle Nass, und ich genoss, dass sie es genoss.

Als wir wieder Grund unter den Füßen hatten, sagte sie plötzlich: »Autsch! Ich bin in irgendwas reingetreten.«

Ich näherte mich ihr, und sie hielt sich an meiner Schulter fest. Sie wollte sich auf mich stützen, um nach ihrem Fuß zu sehen.

Ich hatte auf einmal das Gefühl, dass Mary nur so tat, als wäre sie in etwas getreten. Aber das war wohl nur ein Wunschtraum von mir. Mary hielt sich an mir fest und hob den Fuß hoch. Ich musste sie dabei natürlich festhalten. Unter diesem Vorwand umarmte ich sie und spürte erneut ihre Brüste an meinem Oberkörper. Wieder traf es mich wie ein Blitz. Kurz darauf löste sie sich schon aus meiner Umarmung und meinte, es sei wohl nur ein Stein gewesen. Sie wollte aus dem Wasser raus. Ich sagte ihr, ich würde noch ein paar Minuten drinbleiben. Und das war auch nötig.

Als ich kurze Zeit darauf zu ihr ging, war alles wieder in Ordnung. So langsam kam ich auch besser mit ihrem Anblick im knappen Bikinihöschen zurecht. Ich setzte mich wieder neben sie. Mary fragte mich, ob ich immer noch das mit der Energieübertragung testen wolle.

»Oh ja, sehr gerne. Kannst du das denn hier machen?«, fragte ich begeistert.

»Ich denke, ich bin entspannt genug. Wenn du willst, dann können wir es versuchen.«

»Was muss ich dabei tun?«

»Leg dich einfach nur hin und entspann dich.«

Ich tat, was sie sagte, und legte mich auf den Rücken. Mary konzentrierte sich einen Augenblick und legte dann ihre Hände auf meine Brust. Das fühlte sich so gut an – so unbeschreiblich gut! Ich konnte mir in diesem Moment kaum ein Gefühl vorstellen, das noch schöner gewesen wäre – außer einem! Ich war sexuell so geladen, dass ich nur hoffen konnte, sie würde es nicht bemerken. Als Mary eine ihrer Hände weiter nach unten auf meinen Bauch legte, glaubte ich, die Prozedur schnell abbrechen zu müssen, sonst würde es ein Unglück geben.

Aber noch bevor ich etwas sagen konnte, schoss plötzlich dieser Stromstoß, den ich ja bereits kannte, durch meinen Körper. Ich war nicht mehr fähig, mich zu bewegen. Nach ein paar Sekunden hörte ich auch wieder diese Stimme. Es war eine Frauenstimme, aber nicht die von Mary. Sie gehörte auch sonst niemandem, den ich kannte.

Sie sagte: »Du bist angekommen!« – nichts weiter, einfach nur: »Du bist angekommen.«

Ich erzählte dies Mary.

»Wo bist du angekommen, Michael? Frag die Stimme das bitte!«

Ich versuchte es, bekam aber zunächst keine Antwort. Schließlich hörte ich die Stimme wieder. »Du bist am Ziel. Merke dir genau, wie du dich jetzt fühlst!«

Mary bat mich, zu fragen, ob auch sie angekommen sei. Die Stimme antwortete wieder, nach anfänglichem

Zögern. Sie sagte allerdings etwas, was ich Mary gegenüber nicht wiederholen wollte: »Mary ist angekommen, wenn sie das erste Mal Sex hatte.«

»Oh Gott, das kann ich ihr unmöglich sagen«, schoss es mir durch den Kopf. »Tut mir leid, aber die Stimme sagt nichts mehr«, antwortete ich deshalb. »Vielleicht kann sie ja auch nur etwas über mich sagen.«

»Ja, vielleicht. Schade, ich hätte gerne gehört, was sie über mich sagt«, meinte sie leicht enttäuscht.

»Vielleicht geht es ja, wenn ich noch ein bisschen mehr Erfahrung damit habe«, meinte ich, um sie zu trösten. »Kannst du mir noch mal Energie geben? Ich möchte gerne wissen, warum ich mir so genau merken soll, wie ich mich jetzt fühle.«

Mary legte augenblicklich wieder ihre zarten Hände auf meinen Oberkörper. Kurz darauf spürte ich erneut den Stromstoß. »Merke dir genau, wie du dich jetzt fühlst«, wiederholte die Stimme da.

»Warum?«, rief ich in Gedanken und bekam tatsächlich eine Antwort.

»Du wirst dein Ziel wieder aus den Augen verlieren«, erklärte die Stimme. »Du wirst wieder in deine alten Gefühlsgewohnheiten zurückfallen. Wenn das passiert, dann denke daran, wie sich dieser Gefühlszustand anfühlt, in dem du dich gerade befindest.« Daraufhin verstummte die Stimme. Ich fand es gigantisch, dass ich so einen langen Satz von ihr gehört hatte.

Ich öffnete meine Augen und erzählte Mary, was ich

gehört hatte. Mary ließ ihre Hände weiterhin auf mir liegen. Ich wusste nicht, ob sie es einfach als nebensächlich empfand oder ob sie es absichtlich tat. Jedoch vermutete ich sehr stark, dass ich mir wieder völlig unrealistische Hoffnungen machte. Ein paar Mal schoss die Angst durch meine Gedanken, dass ich sehr verletzt sein würde, wenn alles ganz anders wäre, als ich es mir vorstellte. Aber ich gab dieser Angst keinen Raum. Es ging mir gerade viel zu gut, um Angst zu haben. Ich wollte die Gegenwart genießen und mich nicht mit einer negativen Zukunft beschäftigen, die vielleicht gar nicht so eintreten würde.

Ich schloss schnell wieder die Augen, damit Mary ihre Hände vielleicht noch ein wenig liegen lassen würde, was sie dann auch tat. Ich fragte nichts mehr, sondern war so dreist, die Berührung meiner großen Liebe still und heimlich zu genießen. Den Stromstoß empfand ich auch nicht mehr als so stark. Ich hatte mich offensichtlich bereits an Marys Energie gewöhnt.

Ich reizte meinen Genuss so lange aus, wie ich konnte. Aber ich wollte nicht, dass sie skeptisch werden würde, deshalb brach ich die Sitzung nach ein paar Minuten ab. »Irgendwie geht nichts mehr«, erklärte ich. »Ich glaube, es war wohl genug für den Anfang.«

Ich hoffte, dass Mary bereit war, dieses Spiel mit der Energie zu wiederholen. Sie sagte auch nichts Gegenteiliges. Sie nahm ihre Hände von meiner Brust, und ich setzte mich. Erst jetzt nahm ich die Menschen um uns herum wahr, die mit großem Interesse beobachteten, was wir taten. Ich gab vor, als würde ich es gar nicht bemerken.

Mary wollte nun genau wissen, was ich gefühlt hatte. Das konnte ich ihr natürlich nicht wahrheitsgemäß sagen. Wenn ich ihr geantwortet hätte, dass ich ihre Berührung erotischer empfunden hatte als jeglichen Sex, den ich in meinem Leben je gehabt hatte, dann wäre das zwar die Wahrheit gewesen, aber auch gleichzeitig das Ende unserer Beziehung.

Also flunkerte ich und redete nur von der Energie. Ich spürte diese Energie, wie wenn man mich an elektrischen Strom angeschlossen hätte. Es waren zwar keine 230 Volt, aber bestimmmt nicht viel weniger. Auf jeden Fall war es im Gegensatz zur Steckdose eine sehr angenehme Energie. Ich erschrak zwar immer noch ein bisschen vor der Intensität meiner Gefühle, aber daran würde ich mich sicher noch gewöhnen.

Mary überlegte, was diese Energie wohl bewirkte. Offenbar brachte sie mich dazu, eine innere Stimme zu hören. Sollte diese Stimme eine verborgene Fähigkeit von mir sein? Ich konnte Marys Fragen nicht befriedigend beantworten. Ich wusste nur, dass ich es sehr genossen hatte.

Uns war mittlerweile wieder sehr warm geworden. Wir beschlossen, uns noch einmal im Wasser abzukühlen, bevor wir ins Camp zurückgingen.

Dieses Mal lief ich hinter ihr her. Sie sah von hinten fast noch schöner aus als von vorne. Noch nie in meinem Leben hatte ich solch einen perfekten Körper gesehen. Ich war mir nicht ganz sicher, ob ich das nur durch meine Liebe so empfand oder ob es tatsächlich so war. Aber das war mir auch egal. Ich betrachtete Mary sehr genau, wie sie so vor mir herlief. Auch die Stellen, wo man normalerweise nicht so hinstarrt, konnte ich nicht ausschließen. Es war wieder einmal höchste Zeit, dass ich ins Wasser kam!

Das kühle Nass tat sehr gut. Erst jetzt bemerkte ich, wie erhitzt ich war. Normalerweise war ich sehr empfindlich, was Hitze betraf. Aber durch die überwältigenden Gefühle, die ich bekam, wenn ich Mary anschaute, merkte ich von der Hitze überhaupt nichts. Mein Körper schien ganz anders zu funktionieren als gewöhnlich. »Was die Liebe alles vermag«, dachte ich so bei mir. Auch das Wasser, das ich bisher immer als sehr kalt empfunden hatte, tat jetzt einfach nur gut.

Wir blieben dieses Mal nicht sehr lange im Wasser. Wir kühlten uns nur ab und zogen wieder unsere Kleider an. Es war sehr schade, dass sie ihren wunderschönen Körper wieder unter ihren Kleidern versteckte. Am liebsten hätte ich sie nur noch im Strandoutfit gesehen.

Wir gingen zum Camp zurück. Als wir dort ankamen, meinte Mary, dass sie noch einmal ausgiebig duschen wolle, denn wir wussten ja nicht, ob wir das bei der Exkursion tun könnten. Bevor sie ging, sorgte ich jedoch noch dafür, dass wir uns zum Essen verabredeten. Ich lud sie in ein nahe gelegenes Restaurant ein und bat sie, mit mir eine Zeit auszumachen, zu der wir uns wieder treffen würden. Dann verabschiedeten wir uns mit einem schlichten »Bis nachher!« voneinander.

Während ich zu meinem Bungalow zurückging, machte ich mir schwer Gedanken über dieses Drängen nach einer festen Verabredung. Ich hoffte, dass Mary das nicht negativ aufgefasst hatte, denn ich wusste ja, dass sie in dieser Beziehung sehr empfindlich war. Ich hatte jedoch nicht den Eindruck, dass sie es in irgendeiner Form als aufdringlich empfunden hatte. Auf jeden Fall musste ich vermeiden, dass so etwas wieder passieren würde. Ich überlegte sehr intensiv, warum ich erneut so reagiert hatte. Während ich das tat, fiel mir auf, dass ich mich dabei immer schlechter fühlte. Ich war dabei, mich in ein Problem hineinzusteigern, das es eigentlich gar nicht gab. Schnell machte ich mir wieder klar, dass ich in Wirklichkeit allen Grund zur Freude hatte. Ich besaß alles, was ich brauchte, um glücklich zu sein. Und wegen solch einer Kleinigkeit würde Mary sicherlich nicht gleich alles wegwerfen, was uns verband. Das war unrealistisch.

Ich konzentrierte mich erneut auf das weiche Ziehen und die Weite in meiner Brust. Es gelang mir – das Gefühl wurde wieder stärker. Doch das letzte Fünkchen Angst, vielleicht doch einen Fehler machen zu können und damit alles wieder zu versauen, ließ sich nicht ganz vertreiben. Meine Gefühle waren jedoch relativ gut, also akzeptierte ich diese kleine Restangst einfach.

Nachdem ich geduscht hatte, ging ich zum vereinbarten Treffpunkt. Mary war noch nicht da. Mein erster Gedanke war: »Hoffentlich hat sie mir es nicht doch übel genommen.«

Ich ärgerte mich über mich selbst, dass ich immer noch so pessimistisch dachte. Mir fielen Stefans Worte wieder ein: Es ist schwer, sich etwas abzugewöhnen, hatte er gesagt. Es ist jedoch leicht, sich etwas Neues anzugewöhnen, das die alte Gewohnheit ersetzt. Ich hoffte, dass er damit Recht behalten würde. Ich machte mir also erneut klar, dass ich in Wirklichkeit alles hatte, um glücklich sein zu können, und konzentrierte mich auf mein weiches Ziehen in der Brust. Ich war so vertieft in diese Empfindung, dass ich nicht einmal bemerkte, wie Mary auf einmal vor mir stand.

»Hallo, wo bist du denn gerade?«, fragte sie neugierig.

»Oh, entschuldige. Ich war gerade in Gedanken.«

»Was gab es denn so Wichtiges, dass du nichts mehr um dich herum wahrgenommen hast?«

»Ich habe beschlossen, mir anzugewöhnen, auf meine guten Gefühle zu achten.«

»Das ist eine tolle Entscheidung. Das könnten wir uns doch gemeinsam angewöhnen«, schlug sie vor.

Ich nahm ihren Vorschlag natürlich überglücklich an. Danach gingen wir in das Restaurant, das ich ausgesucht hatte. Dort gab es ein reichhaltiges Mittagsbüfett. Wir packten unsere Teller voll. Ich glaube, wir gingen wohl beide davon aus, dass wir bei der Exkursion nichts Anständiges zu essen bekommen würden, denn wir schaufelten so viel auf unsere Teller, dass man sie kaum noch transportieren konnte.

Als wir uns setzen wollten, entdeckten wir ein paar von den Leuten, die wir vom Singen kannten. Sie waren sehr interessiert daran, was bei unserer Notlandung mit dem fliegenden Schlauchboot alles passiert war. Ich wusste nicht, ob ich es in allen Einzelheiten erzählen sollte, denn ich befürchtete, dass Mary das langweilig finden könnte. »Nicht dass sie auf die Idee kommt, irgendetwas anderes zu tun, weil sie meint, ich wollte die ganze Geschichte noch einmal ausführlich erzählen«, ging mir durch den Kopf.

Ich fasste alles in ein paar Sätzen zusammen und war schnell mit meiner Story fertig. Mary wollte noch von den anderen wissen, ob jemand bereits an der Exkursion teilgenommen habe. Das war aber nicht der Fall. Danach gab es kein wichtiges Thema mehr. Es wurde etwas herumgealbert und gegessen.

Wir saßen noch eine ganze Weile zusammen, bis es für Mary und mich Zeit wurde, zum Treffen der Outdoor-Teilnehmer zu gehen. Als wir dort ankamen, waren schon alle aus der Gruppe versammelt, obwohl es längst noch nicht ein Uhr war, wie wir vereinbart hatten. Offenbar waren die anderen genauso neugierig wie wir.

Die beiden, die das Training leiteten, hießen Jonas und Caroline. Sie waren offensichtlich ein Paar. Ansonsten war keine einzige Frau dabei. Dieser Umstand löste eine wahre Freudenorgie in mir aus, denn das würde bedeuten, dass meine Traumfrau tatsächlich mit mir zusammen im Zelt schlafen würde. Ich war mir nicht so ganz darüber im Klaren, ob Mary das gefiel. An ihrem Verhalten konnte ich jedoch nichts von einer Ablehnung feststellen. Vielleicht war es ihr auch noch nicht aufgefallen.

Caroline und Jonas erklärten uns in groben Zügen, was auf uns zukommen würde. Sie verrieten keine Einzelheiten, denn wir sollten uns überraschen lassen. Zum Schluss zeigten sie uns ein Bild von einem felsigen Untergrund und meinten, wir würden heute noch darüberlaufen. Keiner von uns begriff zunächst, warum sie uns dieses Bild gezeigt hatten.

Nach einer halben Stunde war das Informationsgespräch beendet. Wir wussten jetzt, wo wir abfahren und wann wir ankommen würden.

Mary und ich beschlossen, die restliche Zeit damit zu verbringen, uns in den Schatten eines Baumes zu legen und unsere Glücksgefühle zu trainieren, wie wir es beschlossen hatten.

Mary hatte hierzu offensichtlich eine völlig andere Methode kennen gelernt als ich, was mir erst bewusst wurde, als sie unser gemeinsames Training begann.

»Ich empfinde es als äußerst passend, mit dir zur Exkursion zu fahren«, begann sie mit ihrer Methode. »Und jetzt in diesem Augenblick passt es mir, hier im Schatten des Baumes zu sitzen.«

»Passen?«, fragte ich verwundert. »Ist das deine Glücksmethode?«

»Wie erzeugst du denn deine Glücksgefühle?«, fragte sie verwundert.

»Ich konzentriere mich auf das Körperempfinden, das ich habe, wenn ich etwas als schön empfinde«, erklärte ich kurz.

»Ich denke, wir sollten uns unsere Methoden gegenseitig beibringen. Was hältst du davon?«

»Das ist eine gute Idee. Wie genau funktioniert deine?«

»Nimm zum Beispiel diese Situation«, schlug sie vor. »Warum passt es gerade, dass wir hier im Schatten sitzen?«

»In der Sonne wäre es zu warm«, antwortete ich.

»Das heißt, im Schatten ist es genau richtig«, formulierte sie meine Antwort um. »Achte mal darauf, wie es sich anfühlt, wenn du sagst, dass es in der Sonne zu warm ist. Bekommst du dadurch ein gutes Gefühl?«

»Eigentlich nicht«, erkannte ich. »Es ist eher unangenehm.«

»Dann achte jetzt darauf, wie es sich anfühlt, wenn du sagst, dass es im Schatten genau richtig ist.«

»Das erzeugt tatsächlich ein gutes Gefühl!«

»Das ist ein Passensgefühl«, erklärte Mary. »Wann immer du etwas als genau richtig oder passend empfindest, bekommst du ein gutes Gefühl. Und wenn du das sehr häufig tust, siehst du ständig alles als passend an. Du hast dadurch permanent ein gutes Gefühl.«

»Und wenn ich etwas als falsch oder schlecht beurteile, bekomme ich ein schlechtes Gefühl?«

»So ist es«, bestätigte sie. »Du würdest in dem Fall Ablehnung spüren. Wann immer dir etwas nicht passt, spürst du Ablehnung. Probier es aus! Denk an etwas, was dir nicht passt!«

»Mir passt es nicht, dass ich immer noch oft in meine alte negative Denkweise verfalle«, sagte ich.

»Und? Spürst du die Ablehnung, wenn du daran denkst?«

»Ich spüre, dass ich mich selbst ablehne«, meinte ich dazu ärgerlich.

»Das hat noch niemandem weitergeholfen. Dann denk jetzt einmal dran, dass du dir mit mir zusammen eine neue Denkweise angewöhnen wirst! Das passt dir doch, oder?«

»Und ob mir das passt!«, sagte ich voller Enthusiasmus.

»Du bekommst dadurch also sofort gute Gefühle. Welche Denkweise ist wohl die bessere?«

»Was für eine Frage!«, stellte ich beeindruckt fest.

»Dann lass uns weiter üben! Was passt dir denn gerade so richtig in dieser Situation, in der wir uns jetzt befinden?«

»Es passt mir total, mit dir hier übers Passen zu reden. Es passt mir total, dass ich schon wieder etwas Tolles gelernt habe, was mein Leben mit Glück bereichern kann. Was auch passt, ist die Art, wie das hier im Camp abläuft. Man lernt so viele Dinge auf völlig mühelose Weise.«

»Und? Wie fühlst du dich, wenn du Umstände findest, die dir passen?«

»Ich fühle mich echt gut – wirklich gut!«, betonte ich.

Wir redeten noch eine ganze Weile über alles Mögliche, was uns passte. Dann zeigte ich Mary meine Methode. »Denk bitte einmal an etwas, was du richtig schön findest«, bat ich sie.

»Ich finde es sehr schön, mit dir hier zu sitzen und zu üben. Geht das?«

»Perfekt! Und jetzt brauchen wir noch etwas, was du ganz und gar nicht magst. Was findest du nicht schön?«

»Ich finde es nicht schön, wenn mich jemand zu etwas drängen will.«

Als Mary das sagte, war mir sofort klar, dass sie damit die sexuellen Absichten der Männer meinte. Es war ihr förmlich anzusehen. Ich wollte mir zu diesem Thema jetzt lieber keine Gedanken machen, denn dafür war der Moment einfach viel zu schön. Also machte ich nur mit meiner Methode weiter.

»Jetzt achte einmal auf deinen Brustkorb in der Herzgegend und auf deine Magengegend, wenn du abwechselnd an das eine und dann an das andere denkst«, bat ich sie.

»Wenn ich an das Schöne denke, kann ich frei atmen. Mein Brustkorb wird angenehm weit. Und wenn ich an das Negative denke, wird es dort eng und beklemmend.«

»Und was passiert im Bauch?«

»Es kribbelt ein klein wenig im Bauch, wenn ich an das Schöne denke. Es ist ein angenehmes Kribbeln.«

»Und wenn du an das Negative denkst?«

»Dann drückt es ganz heftig auf die Magengegend!«, sagte sie beeindruckt. »Dass mir das noch nie aufgefallen ist!«, fügte sie fassungslos hinzu.

»Bei mir ist es genauso. Wenn ich mit etwas ein Problem habe, drückt es ganz gewaltig auf die Magengegend. Gleichzeitig legt sich ein starrer Panzer um meinen Brustkorb.«

»Das trifft es ziemlich genau! Ein starrer Panzer, der einem das Atmen erschwert.«

»Und was genau passiert in deiner Herzgegend noch, wenn du etwas schön findest?«, fragte ich weiter.

»Du meinst außer der Weite?«

»Ja, passiert dort noch etwas? Bei mir gibt es dort noch eine ganz bestimmte Empfindung, um die es mir eigentlich geht bei dieser Methode. Diese Empfindung löst die stärksten Glücksgefühle aus.«

»Und welche Empfindung ist das?«, wollte Mary wissen.

»Spüre selbst einmal hin!«, bat ich sie, ohne ihre Frage zu beantworten. »Möglicherweise ist es bei dir ja auch ein anderes Gefühl. Ich will dich jetzt nicht zu sehr beeinflussen. Was spürst du also noch, wenn du an das Schöne denkst?«

»Es ist ein angenehmes Gefühl im Brustkorb. Es ist nicht direkt ein Kribbeln, obwohl es schon ein wenig kribbelt. Es fällt mir schwer, es in Worten auszudrücken.«

»Ich stelle dir mal die gleichen Fragen, die mir Bodo

gestellt hat, als er mir diese Methode gezeigt hat. Ist es eher ein Druck auf den Brustkorb oder ein Ziehen?«

»Eher ein Ziehen, obwohl ich bei dem Wort Ziehen normalerweise immer an Schmerzen denke. Aber mit Schmerz hat dieses Ziehen natürlich nichts zu tun. Es ist ganz sanft, fast schon liebevoll.«

»Ist das Ziehen eher elastisch oder starr?«, fragte ich weiter.

»Ganz klar elastisch«, erkannte Mary. »Weich wäre eigentlich der bessere Ausdruck. Es ist ein ganz sanftes und weiches Ziehen.«

»Genau so empfinde ich das auch!«, sagte ich begeistert. »Mittlerweile muss ich nur an dieses weiche Ziehen denken – und schon spüre ich es. Und solange ich dieses Empfinden in der Brust habe, sieht die Welt um ein Vielfaches schöner aus. Manchmal ist das so krass, dass ich es kaum glauben kann.«

»Das fühlt sich wirklich extrem gut an«, meinte Mary begeistert. »Ich glaube, dies wird auch meine Glücksmethode. Die ist ja noch viel besser als das Passendmachen. Und vor allem viel einfacher. Ich danke dir von ganzem Herzen, dass du mir diese Methode beigebracht hast.«

Mary umarmte mich zum Dank so lange und herzlich, dass mir das Wasser in die Augen schoss. Ich rang um Beherrschung und versuchte schnell, meine Gefühle wieder in den Griff zu kriegen. Gleichzeitig wünschte ich mir, dieser Augenblick würde nie vergehen.

Plötzlich erkannte Mary, dass es höchste Zeit für uns war, zu unserem vereinbarten Treffpunkt für die Exkursion zu gehen. Sie löste also die Umarmung, und wir machten uns auf den Weg. Dabei konnte ich glücklicherweise meine feuchten Augen recht gut vor ihr verbergen.

Die Stimmung aller Teilnehmer am Treffpunkt war sehr gut. Es ging los. Wir fuhren mit dem Bus ins Landesinnere. Ich konnte neben Mary sitzen, was mir wieder einmal sehr gut passte! Und mein weiches Ziehen war auch immer noch voll da. Ich merkte, dass diese beiden Methoden sich wunderbar gegenseitig ergänzten.

Nach einer guten Stunde Fahrt durch eine tolle Landschaft kamen wir an unserem Bestimmungsort an. Als Erstes zeigte man uns die Stelle, an der wir heute übernachten würden. Wir erschraken alle, denn unsere Schlafplätze bestanden aus Gruben, in die Laub und Äste gelegt waren. Über diesen Gruben sollten wir unsere Zelte aufbauen.

Jetzt würde sich entscheiden, ob Mary in meinem Zelt schlafen würde oder nicht. Ich zögerte, meine Zelthälfte aus dem Rucksack zu nehmen. Mary hingegen packte sofort aus. So, wie es aussah, machte sie keine Anstalten, ein ganzes Zelt für sich zu verlangen. Ich begann, langsam meine Zelthälfte herauszunehmen.

Mary hielt ihre bereits in der Hand und wusste offensichtlich nicht, wie sie damit ein Zelt aufbauen sollte.

»Mist«, dachte ich. »Sie hat wohl nicht kapiert, dass es

nur eine Hälfte ist, und will jetzt bestimmt noch eine weitere Hälfte, oder sie möchte im Bus schlafen.«

»Michael, weißt du, wie das funktioniert?«, fragte sie mich ratlos.

»Das ist nur eine Zelthälfte, die kann man nicht allein aufbauen«, antwortete ich leicht bedrückt.

»Das weiß ich auch«, erwiderte sie. »Aber wie geht es jetzt weiter?«

Sie wusste also, dass es nur eine Hälfte war? Wieso war ich mir dann so sicher, dass es Probleme geben würde? Wieder einmal wurde mir klar, wie dominant meine alten pessimistischen Denkgewohnheiten doch waren. Auf jeden Fall fiel mir ein Stein vom Herzen.

»Ich glaube, wir müssen die Hälften erst mal zusammenknöpfen«, erklärte ich.

Mary nickte und begann sofort damit. Wir hatten jeder eine Zeltstange zum Zusammenstecken in unserem Rucksack.

»Eine muss für vorne und eine für hinten sein«, redete ich weiter.

Wir legten das Zelt über die Grube. Ich krabbelte hinein. Mary reichte mir die beiden Zeltstangen, und ich stellte sie nacheinander auf. Das Zelt hing dabei ganz schlapp an den Stangen herunter. Wir hatten einige Heringe zur Verfügung, mit denen man das Zelt im Boden verankern konnte. Ich nahm einen großen Stein und trieb die Heringe damit in den Boden. Danach sah es tatsächlich aus wie ein richtiges Zelt. Wir freuten uns über die gelungene Behausung und legten uns zur Probe schon einmal hinein.

Es war so eng in diesem Zelt, dass unsere Körper sich berührten, wenn wir nebeneinander auf dem Rücken lagen. Ich war voller Freude darüber, dass ich die nächsten Nächte so nah bei ihr sein durfte. Das passte mir sehr, um es mit ihren Worten auszudrücken.

In diesem Moment war mir vollkommen egal, was wir hier tagsüber erleben würden. Ich freute mich so auf die gemeinsamen Nächte, dass mir alles recht war.

Auf den Zweigen und Blättern in der Grube lag man gar nicht so schlecht. Ich hätte das selbst gar nicht bemerkt. Mary machte mich darauf aufmerksam.

Kurz darauf wurden wir gebeten, uns zu versammeln. Caroline erinnerte uns daran, dass wir noch zusammen über den Felsen laufen wollten, den man uns auf dem Foto gezeigt hatte. Wir stiegen wieder in den Bus und fuhren eine schmale Schotterstraße entlang, bis diese schließlich so eng wurde, dass wir zu Fuß weitergehen mussten. Es sei nicht weit, hatte man uns gesagt.

Wir mussten steil bergauf gehen. Nach ein paar Minuten kamen wir am höchsten Punkt an. Man sah schon von weitem, dass hier ein Stahlgestell stand. Seine Funktion konnte man nicht erkennen. Mir dämmerte bereits Fürchterliches, als ich dieses Ding sah. Aber es kam noch viel schlimmer, als ich es mir hätte vorstellen können.

»So, das ist der Felsen, über den ihr laufen sollt«, sagte Caroline.

Der »Felsen«, wie sie es ausdrückte, ging mindestens einhundert Meter senkrecht abwärts. Das Gestell war eine Seilwinde mit einem speziellen Gurtzeug, durch das man waagerecht in der Luft hing. Auf diese Weise konnte man rein theoretisch den Felsen senkrecht hinuntergehen. Also technisch betrachtet konnte überhaupt nichts passieren. Aber wenn man diesen Felsen hinunterschaute, scherte einen die Theorie einen Dreck. Nie wäre ich auf den Gedanken gekommen, dass man so weit gehen würde bei dieser Exkursion.

Jonas begann zu erklären, worum es hier ging: »Euer Verstand wird euch ganz klar sagen, dass hier überhaupt nichts passieren kann. Das Einzige, was anders ist als auf dem Foto, ist die Richtung. Auf dem Bild sieht man nicht, dass es senkrecht abwärts geht. Wenn euer Gehirn das nicht erkennen würde, wäre es für euch alle ein Klacks, über diesen Felsen zu gehen.

Was wir hier erreichen wollen, ist, eurem Unbewussten klarzumachen, dass vieles in eurem Leben längst nicht so gefährlich ist, wie es aussieht. In Wirklichkeit ist euer Leben in dieser Situation hier vollkommen sicher. Und genauso gilt das auch generell im Leben. Es gibt lange nicht mehr so viele Gefahren für euch wie in der Frühzeit des Menschen. Eure Instinkte erzeugen aber auch heute noch die gleichen Gefühle wie damals. Ihr werdet also richtige Frühmenschgefühle bekommen, wenn ihr über diesen Felsen lauft.

Wir werden euch ganz langsam im Schritttempo herablassen. Euer Gehirn wird Schwierigkeiten haben, die Eindrücke, die ihr seht und fühlt, zusammenzubringen. Euer Gleichgewichtssinn wird sagen: ›Hier geht es senkrecht runter!‹ und eure Augen: ›Es geht geradeaus.‹ Das wird Schwindelgefühle erzeugen. Wenn ihr am Anfang nur auf den Boden vor euch schaut, wird euer Gehirn diese Perspektive nach einiger Zeit als die Normalperspektive ansehen. Ihr werdet dann das Gefühl haben, dass ihr ganz normal gehen könnt. Wenn ihr diesen Zustand erreicht habt, dann schaut gelegentlich auf den tatsächlichen Boden. Euer Gehirn wird das als Paradox deuten. Es wird Probleme damit haben und nicht wissen, was für Gefühle es jetzt erzeugen soll. In so einem Fall geht das Gehirn normalerweise so vor, dass es die alten Gefühle auslöscht. Damit ist die Angst vor dieser Höhe aufgelöst. Dieses Erlebnis wird euer Unbewusstes als Referenz dafür ansehen, dass alles eine Frage der Sichtweise ist. Hat jemand noch Fragen dazu?«

Betretenes Schweigen breitete sich aus.

»Wer wird als Erster gehen?«, fragte ich mich. »Ich bestimmt nicht! Was würde Mary dazu sagen, wenn ich nicht mitmache?«

»Okay, wenn ihr keine Fragen mehr habt, dann fangen wir an«, meinte Jonas. »Caroline geht als Erste und nimmt euch unten in Empfang. Ich werde hier oben bleiben und die Winde bedienen.«

Caroline legte sich das Gurtzeug an. Als sie damit fertig war, legte sie sich auf den Boden. Jonas betätigte die Winde. Er zog sie einen Meter hoch. Sie schwebte jetzt waagerecht in der Luft. Noch einmal wurden alle Gurte überprüft. Danach schwenkte Jonas sie über die Klippe. Er betätigte die Winde erneut, und Caroline ging zunächst langsam den Berg hinab. Danach stellte Jonas die Winde auf eine höhere Geschwindigkeit ein, und Caroline rannte mit lautem Gejubel die Klippe herunter. Offensichtlich machte es ihr einen ungeheuren Spaß.

»Bei euch werden wir es langsamer machen«, meinte Jonas, um uns zu beruhigen.

Als Caroline unten war, wurde das Gurtzeug wieder nach oben gezogen. Jetzt würde sich entscheiden, wer von uns als Nächster ging. Bevor ich mich's versah, sagte Mary: »Darf ich als Nächste?«

Ich war sprachlos. Mary schien sich tatsächlich darauf zu freuen. Sie hatte offenbar überhaupt keine Angst. Begeistert legte sie das Gurtzeug an, und Jonas überprüfte noch einmal alles sorgfältig. Danach zog er sie hoch. Mary wurde über die Klippe geschwenkt. Dabei sagte sie zu mir: »Komm du als Nächster, ja?« Am liebsten wäre ich im Erdboden versunken.

Mary wurde langsam abgelassen. Sie spazierte über den Felsen und schien das ganz toll zu finden. Mir wurde schon beim Zuschauen übel.

Viel zu schnell war sie unten und das Gurtzeug wieder oben. Jetzt musste ich ran. Es gab keine Fluchtmöglichkeit mehr. Jonas half mir, das Gurtzeug anzulegen, denn ich selbst konnte nicht mehr klar denken. Ich legte mich mit dem Bauch auf den Boden und wurde einen Meter hochgezogen. Allein davon wurde mir schon schwindelig! Als Jonas mich über die Klippe schwenkte, musste ich schreien. Die Angst und das Gefühl, dort hinuntergezogen zu werden, waren so übermächtig, dass ich glaubte, die Besinnung zu verlieren.

»Ganz ruhig, es ist alles in Ordnung. Dir kann nichts passieren«, versuchte mich Jonas zu beruhigen.

Er schwenkte mich wieder zurück über den Boden. Meine Gefühle beruhigten sich langsam. Ich wollte so schnell wie möglich aus diesem Gurtzeug raus.

Bevor mich Jonas losmachen konnte, wurde mir klar, dass ich runtermusste. Was würde Mary sonst von mir denken? Ich nahm also all meinen Mut zusammen und ließ mich wieder hinausschwenken. Dabei schloss ich die Augen und wusste somit nicht, ob ich schon über dem Abgrund hing oder noch über dem Boden. Jonas ließ die Winde ganz langsam laufen. Ich spürte die Wand unter meinen Füßen. Ich hatte immer noch mehr Angst als Vaterlandsliebe. Nach ein paar Metern machte ich den Versuch, die Augen zu öffnen. Sofort drehte sich wieder alles in meinem Kopf. Ich geriet beim Gehen völlig aus dem Gleichgewicht.

Jonas rief: »Schau auf deine Füße!«

Ich tat, was er sagte. Und tatsächlich ging es mir gleich viel besser. Wenn ich meine Füße betrachtete, sah alles ganz ungefährlich aus.

Als meine Gefühle sich beruhigt hatten, machte ich den Versuch, nach unten auf den wirklichen Boden zu sehen. Ein kurzer Schwindelschauer jagte durch meinen Körper. Ich schaute sofort zurück auf meine Füße. Nachdem ich das Ganze ein paar Mal wiederholt hatte, ging es immer besser.

Mittlerweile hatte ich höchstens noch dreißig Meter vor mir. Das kam mir jetzt gar nicht mehr so hoch vor. Ich konnte meinen Blick inzwischen ohne Schwindelanfälle nach unten richten. Als ich dort ankam, wurde ich von Mary total euphorisch empfangen. Sie ließ mich noch nicht einmal das Gurtzeug ausziehen, sondern sprang mich sofort an und umarmte mich. »Das war klasse, nicht?!«, rief sie begeistert.

»Einfach gigantisch«, erwiderte ich. Und so empfand ich es mittlerweile auch. Ich fühlte mich wie besoffen und konnte nur noch grinsen.

»Das sind die Endorphine und das viele Adrenalin, das ihr jetzt im Blut habt. Danach werden manche Leute regelrecht süchtig«, meinte Caroline.

Es dauerte etwa eine Stunde, bis alle unten waren. Alle, die ankamen, wurden mit totaler Begeisterung in Empfang genommen. Diese Prozedur hatte Mary angeleiert, und so setzte sich das auch fort.

Nachdem alle unten waren, ging es wieder nach oben. Das Gurtzeug wurde am Karabiner an der Vorderseite befestigt. Wir wurden alle ziemlich schnell nach oben gezogen. Wir liefen richtig über den Felsen. In dieser

Richtung war das viel leichter. Man durfte nur nicht nach unten sehen.

Nach zwanzig Minuten waren wir wieder alle oben und fuhren zurück zu unserem Nachtlager. Die Stimmung war total angeheizt. Es wurde an diesem Abend bis spät in die Nacht gefeiert. Nach und nach zogen sich die Leute langsam in ihre Zelte zurück. Ich wurde immer aufgeregter. Bald würde ich Seite an Seite mit Mary die ganze Nacht verbringen.

Schließlich kam der Moment, auf den ich schon den ganzen Tag gewartet hatte. Mary wollte sich schlafen legen. Ich sagte, ich käme auch gleich, und gab ihr genug Zeit, damit sie sich zum Schlafen umziehen konnte. Ich selbst hatte keinen Schlafanzug dabei, denn ich konnte diese Dinger nicht leiden.

Als es ruhig wurde in unserem Zelt, ging ich hin. Es war sehr dunkel. Man konnte nur schemenhafte Umrisse erkennen. Ich zog meine Kleider aus und kroch in meinen Schlafsack. Mary war noch wach. Ich konnte es nicht vermeiden, sie beim Hinlegen gelegentlich zu berühren. Ich entschuldigte mich dafür, aber Mary meinte, das sei schon in Ordnung. Es sei eben sehr eng im Zelt.

Ich war total aufgeregt, als ich neben ihr lag. Durch diese Aufregung begann es mich überall zu jucken. Zu Anfang kratzte ich mich noch, doch dann dachte ich, dass das Mary sicher stören würde, und kämpfte gegen das Jucken an. Es war fürchterlich. Auch waren diese Schlafsäcke unheimlich warm, was mein Jucken noch verstärkte. Ich machte meinen Reißverschluss etwas auf.

»Ist dir auch so warm?«, flüsterte Mary.

»Ja, total«, flüsterte ich zurück.

»Ich habe meinen Schlafsack auch schon aufgemacht«, sagte sie.

»Hoffentlich sind wir morgen früh nicht ganz zerstochen«, meinte ich daraufhin.

»Es gibt hier keine Mücken oder sonstiges Getier, das auf dein Blut aus wäre – außer mir vielleicht.«

Mary machte, während sie das sagte, ein Geräusch, das wohl wie ein Vampir klingen sollte. Es war jedoch eher ein Babyvampir. Wir lachten beide herzlich.

»Okay, dann lege ich mich auf meinen Schlafsack drauf«, erklärte ich. »Mir ist total heiß.«

Das stimmte auch. Nur war das nicht allein wegen des warmen Schlafsacks so. Nach ein paar Minuten sagten wir uns gute Nacht. Mary schlief auch direkt ein. Ich dagegen lag noch sehr lange wach. Ich wollte keinen Augenblick in ihrer Gegenwart verpassen.

Als ich mir sicher war, dass sie wirklich schlief, legte ich mich so hin, dass meine Schulter ihren Körper berührte. Ich war nicht sicher, was meine Schulter genau fühlte. Ich vermute, es muss ihr Arm gewesen sein.

»Hat sie jetzt etwas an oder nicht?«, ging mir durch den Kopf. Meine Schulter war leider zu unsensibel, um das genau zu erspüren. Ich traute mich nicht, es mit der Hand nachzuprüfen. Ich wünschte mir, dass es ihre Haut war, die ich fühlte. Aber ich bewegte mich nicht, damit sie nicht aufwachen und sich umdrehen würde.

Am Morgen erwachte ich plötzlich, ohne gemerkt zu haben, dass ich überhaupt eingeschlafen war. Es war schon hell. So wie es aussah, war ich der Erste, der aufgewacht war. Es war noch ganz still im Lager. Ich drehte meinen Kopf, um zu sehen, ob Mary noch schlief. Ich traute meinen Augen nicht. Mary lag mit nacktem Oberkörper neben mir. Ihr Körper war nur halb von ihrem Schlafsack bedeckt. Wie gerne hätte ich einmal gefühlt!

Mir wurde augenblicklich wieder total heiß, und mir brach der Schweiß aus. Mary hatte ihren Kopf in meine Richtung gedreht.

»Wenn ich sie weiterhin ansehe, während sie schläft, dann besteht die Gefahr, dass sie die Augen irgendwann öffnet und erkennt, dass ich auf ihren Busen starre«, machte ich mir bewusst. Ein kleines bisschen Genuss gönnte ich mir aber noch. Dann drehte ich meinen Kopf wieder auf die andere Seite. Nach ein paar Minuten musste ich jedoch wieder hinschauen, denn ich hielt es nicht länger aus. Mary sah so schön aus, wenn sie schlief. Ich liebte es, ihr Gesicht und ihren Körper anzusehen. Plötzlich atmete sie etwas tiefer. Ich wandte meinen Kopf schnell zur anderen Seite. Sie drehte sich um und gähnte. Ich bewegte mich, damit sie erkennen konnte, dass ich bereits wach war.

»Guten Morgen, Michael. Hast du gut geschlafen?«, fragte sie leise.

»Guten Morgen. Gut und du?«, erwiderte ich ihren Gruß.

»Wunderbar.«

Ich drehte mich zu ihr um. Mittlerweile hatte sie ihren Oberkörper bedeckt.

»Ich bin gespannt, was heute auf uns zukommt«, sagte sie.

»Ich auch.«

Wir blieben noch eine Weile im Zelt liegen und unterhielten uns. Zu gerne hätte ich erfahren, warum sie gewollt hatte, dass ich mit ihr zusammen diese Exkursion machte. Ich wollte aber nicht so direkt danach fragen.

Nach einer Weile bat sie mich, ob ich so nett sei, ihr ein T-Shirt aus ihrem Rucksack zu reichen. Ich empfand das als sehr ehrenvoll für mich: Ich durfte in ihren persönlichen Sachen herumwühlen.

Ich gab ihr das T-Shirt, und sie zog es unter dem Schlafsack an. Es machte mich wieder richtig an, das zu sehen. Im Grunde genommen konnte ich zwar nichts wirklich erkennen, aber ich stellte mir alles vor. Danach stand ich auf.

Mittlerweile waren auch noch andere aus dem Camp wach geworden. Jonas fachte das Feuer wieder an. Es war noch warm vom Vorabend. Wir kochten Kaffee wie die Cowboys im Wilden Westen.

Während des Frühstücks erklärte uns Jonas, wie es weitergehen würde: »Wir werden euch heute alles beibringen, was ihr für das Leben hier draußen braucht. Danach könnt ihr entscheiden, ob ihr schon heute Abend oder erst morgen früh aufbrechen wollt.«

Der Sinn dieser Exkursion bestand darin, den Weg zum Camp zu Fuß zurückzulegen. So besonders hörte sich das gar nicht an. Ich verstand nicht, was Elmar und Markus dabei so Tolles erlebt haben wollten.

Ich ging davon aus, dass die Gruppe gemeinsam beschließen würde, wann wir loszogen. Doch dem war nicht ganz so.

Mary fragte mich, wann wir beide loslaufen sollten. Das hörte sich so an, als ob wir zwei allein gehen würden. Und so war es auch geplant. Dieses Detail hatte ich nicht mitbekommen. Es war wohl bei der Anmeldung besprochen worden, bei der ich nicht dabei gewesen war.

Es war geplant, dass alle den Weg zu zweit gehen sollten. Jeder sollte einen Partner mitnehmen, dem er vertraute. Ich war überglücklich, als ich das hörte. Nun wusste ich, warum Mary unbedingt gewollt hatte, dass ich mitkam: Sie vertraute mir. Ich war so stolz und froh wie nie zuvor in meinem Leben.

Ich konnte es immer noch nicht so richtig glauben, dass Mary mir so viel Vertrauen entgegenbrachte – und das auch noch zu der Zeit, als ich völlig fertig mit der Welt im Bett gelegen und geglaubt hatte, dass sie mich nicht mehr sehen wollte. Es war unglaublich, wie sehr ich mich getäuscht hatte.

»Wie oft wird es mir im Leben wohl schon genauso gegangen sein, dass ich mich niedergemacht habe, obwohl alles in bester Ordnung war?«, begann ich mich jetzt zu fragen.

Aber egal – nun war ich hier, und meine Traumfrau wollte allein mit mir mehrere Tage durch die Berge laufen. Etwas Schöneres konnte es gar nicht geben!

Nach dem Frühstück ging es sofort los. Jonas und Caroline erklärten uns unwahrscheinlich viele Dinge, die wir hier draußen brauchten: wo wir Wasser finden könnten, wie wir die Karte lesen mussten, auf der jeder kleine Weg und jeder Bach eingezeichnet waren. Man erklärte uns den Kompass und trichterte uns ein, immer in Richtung Süden zu laufen.

Danach ging es los in die Natur. Es gab sehr viele Früchte und Wurzeln, die man hier essen konnte. Wir hatten jedoch unseren Proviant dabei, und so interessierte mich das nicht sonderlich. Zurückblickend hätte es das aber besser getan!

Wir verbrachten fast den ganzen Tag unterwegs. Mir war klar, dass wir nicht sehr weit kommen konnten, wenn wir jetzt erst loslaufen würden, so wie Mary das ursprünglich wollte. Aber sie drängte regelrecht. Also brachen wir gegen 18 Uhr unser Zelt ab und machten uns auf den Weg. Wir hatten uns eine Marschroute ausgesucht, die fast immer an einem Bach entlangführte. Damit wollten wir zwei Fliegen mit einer Klappe schlagen: Zum einen gab es auf dieser Route die wenigsten Steigungen, und zum anderen konnten wir uns zwischendurch gelegentlich abkühlen, wenn uns zu heiß würde.

Unser erstes Etappenziel war ein kleiner Stausee ganz in der Nähe. Bis dorthin würden wir es heute auf jeden Fall noch schaffen.

Es war ungewohnt, mit dem schweren Rucksack zu laufen. Trotzdem ging es mir sehr gut. Ich war mit meiner großen Liebe allein auf weiter Flur, und das würde noch weitere drei Tage so bleiben.

Wir gingen ziemlich langsam. Am späteren Abend erreichten wir schließlich den See. Als wir unser Zelt aufschlugen, wurde uns klar, warum wir das letzte Mal in diesen Gruben geschlafen hatten. Das Zelt war viel zu niedrig, wenn man es auf dem flachen Erdboden aufstellte. Was tun? Wir hatten keinen Spaten, um eine Grube auszuheben.

Mary meinte, wir sollten uns einfach ein paar Zweige und Laub zusammensuchen und die Zeltplanen darüberlegen. Das wäre sogar noch bequemer als in der Grube. Regnen würde es ja sowieso nicht.

Ich fand die Idee großartig und fing sofort an, Zweige zu suchen. Über die Zweige kam dann noch genügend Laub – und schon war unsere Matratze fertig. Ich freute mich bereits tierisch auf diese Nacht neben Mary. Am liebsten hätte ich mich gleich mit ihr hingelegt. Doch sie wollte unbedingt vorher noch baden gehen.

Wir waren an einer einsamen Stelle des Sees. Mary ging zum Wasser und zog ihre Kleider aus. Ich wusste nicht, ob ich es wagen sollte, hinzusehen oder sogar mitzugehen – bis sie mir schließlich aus dem Wasser zurief, es sei wunderbar und ich solle doch auch reinkommen. Das ließ ich mir nicht zweimal sagen. In null Komma nichts war ich im Wasser.

Wir schwammen ein Stück auf den See hinaus. Das Wasser war ziemlich kalt, tat aber trotzdem gut. Mir wurde bei dem Gedanken, dass Mary ganz nackt war, sowieso total heiß.

Nach diesem kühlen Bad ging Mary als Erste an Land. Ich riskierte natürlich einen kurzen Blick und musste daraufhin noch etwas länger im Wasser bleiben.

Mary war längst wieder angezogen, als ich herauskam. Ich trocknete mich ab und zog mich ebenfalls schnell an. Ein paar Mal hatte ich den Eindruck, dass Mary auch ab und zu einen Blick riskierte. »Ach, wäre das schön, wenn das wahr wäre«, dachte ich. Ich vermutete jedoch, dass meine Fantasie wieder mit mir durchging.

Nach dem Baden legten wir uns auf unsere Schlafsäcke. Langsam begann es dunkel zu werden. Mary und ich schauten in den Himmel und suchten die ersten Sterne. Es war total romantisch. Inmitten dieser wundervollen Stimmung fragte sie mich, ob wir das mit der Stimme und ihrer Energie noch einmal probieren sollten. Sie würde sich jetzt gerade so richtig gut dafür fühlen.

»Sehr gerne«, stimmte ich hastig zu. »Machen wir es wieder genauso wie beim letzten Mal?«

»Ich würde gerne mal versuchen, die Energie direkt in deinen Geist zu leiten anstatt in den Bauch.«

»Und wie soll das funktionieren?«

»Leg dich mit dem Kopf auf meinen Schoß. Ich setze mich hinter dich und lege meine Hände auf deine Stirn.«

Ich sprang sofort auf und legte mich vor sie. Mary kniete sich hinter mich. War das ein Gefühl! So hätte ich für den Rest meines Lebens liegen bleiben können.

Sie legte ihre zarten Hände auf meine Stirn, und sofort spürte ich den Stromstoß. Meine Gedanken wurden auf einmal glasklar. Aber ich hörte keine Stimme. Ich rief in Gedanken: »Hallo, Stimme, wo bist du?«

»Ich bin immer bei dir«, hörte ich sie plötzlich unglaublich deutlich.

»Ich kann dich sehr gut verstehen dieses Mal«, sagte ich verwundert.

»Das liegt an Marys Energie. Sie macht dir den Weg frei«, erklärte die Stimme.

»Ich weiß jetzt eigentlich gar nicht, was ich dich fragen soll«, erklärte ich verwirrt.

»Dann erzähle Mary erst einmal, was passiert ist.«

Ich öffnete die Augen und schaute Mary an. Ich sah direkt in die tiefgründigsten Augen, die je ein Mensch gesehen hat. Ich war überwältigt. So hatte ich Mary noch nie erlebt. Das musste wohl an der Energie liegen.

Ich erzählte ihr, was die Stimme gesagt hatte. Mary war fasziniert. Sie wollte unbedingt, dass ich die Stimme fragen solle, ob es irgendetwas gab, was ich tun könnte, um mein Glück noch stabiler zu machen. Ich versuchte es.

»Es gibt eine Sache, die du noch nicht so ganz im Griff

hast«, begann die Stimme zu erklären. »Es geht um deine Angst vor Einsamkeit. Du bist gerade in einer Phase, in der du dich sehr stark auf Mary konzentrierst. Dadurch besteht die Gefahr, dass du die vielen anderen Menschen einfach vergisst, die ebenfalls zu deinem Rudel gehören. Wenn das geschieht, wirst du wieder sehr stark klammern.«

»Wie kann ich das vermeiden?«, fragte ich panisch, denn mir war klar, dass ich damit meine Beziehung zu Mary am allermeisten gefährden würde.

»Mach dir erneut bewusst, was die Wirklichkeit ist«, antwortete die Stimme. »Du wirst niemals vollkommen allein sein müssen. Das ist die Wirklichkeit. Es wird immer Menschen geben, die zu dir passen und die mit dir zusammen sein wollen. Es wird auch immer tolle Frauen geben, die mit dir eine Beziehung haben möchten. Möglicherweise wirst du einmal eine Weile Single sein. Doch du wirst deshalb nicht einsam sein. Single zu sein bedeutet nicht gleichzeitig, einsam zu sein. Außerdem wirst du irgendwann wieder eine Frau kennen lernen, die du lieben kannst und die dich liebt. Wenn du dir das immer wieder vor Augen hältst, wirst du nicht klammern.«

»Danke, dass du mir das deutlich gemacht hast«, sagte ich in Gedanken zu meiner Stimme.

»Es gibt noch einen zweiten Punkt, den ich dir gerne erklären möchte«, sagte die Stimme. »Wie du festgestellt hast, verfällst du noch sehr häufig in deine alte Denkweise. Diese Denkweise ist dadurch geprägt, dass du Negatives vermeiden möchtest. Aber es hat keinen Sinn, gegen diesen Impuls anzukämpfen. Die menschliche Natur hat dem Vermeidungsmotiv eine weit höhere Priorität eingeräumt als dem Motiv, etwas Positives erreichen zu wollen. Das Vermeidenwollen erzeugt viel stärkere Gefühle.«

»Ja, aber dann komme ich ja nie von dieser alten Denkweise weg«, wandte ich ein.

»Du kommst nicht davon weg, wenn du das Vermeidenwollen vermeiden willst!«, betonte die Stimme. »Du kannst es jedoch sinnvoll umleiten.«

»Und wie mache ich das?«, wollte ich wissen.

»Frage dich jedes Mal, wenn du etwas vermeiden willst, was du eigentlich stattdessen erreichen willst. Mit dieser Frage kannst du das Vermeidungsmotiv in ein Erreichenmotiv umleiten. Du kämpfst also nicht dagegen an, du leitest es um.«

»Das leuchtet mir ein«, antwortete ich in Gedanken.

»Dann erzähle jetzt Mary, was ich dir gerade erklärt habe«, forderte mich die Stimme auf.

Mary fand das mit der Umleitung der Vermeidungsmotivation gigantisch. Das Thema mit der Angst vor Einsamkeit behielt ich vorsichtshalber für mich.

Ich fühlte mich total geehrt durch Marys Begeisterung. Abgesehen davon begann ich, wieder Marys Schoß zu realisieren, auf dem ich lag. Ich hätte mich da so richtig hineinkuscheln können.

Sie konnte allerdings nicht mehr länger knien. Ihr taten

die Beine weh. Ich setzte mich also wieder auf. Sie sah mich so bewundernd an, dass ich ganz verlegen wurde. Dann bat sie mich, vielleicht doch noch einmal danach zu fragen, was sie selbst dafür tun könnte, damit sie das schöne, weiche Ziehen im Brustkorb nicht mehr verlieren würde. Sie wollte sich allerdings nicht mehr so hinknien wie zuvor, was ich zunächst sehr bedauerte. Doch ihr Vorschlag, wie wir es stattdessen machen könnten, gefiel mir dann noch besser! Mary wollte sich sitzend an einen Baum lehnen. Ich würde mich zwischen ihre Beine legen – den Kopf auf ihren Schoß, versteht sich! Ich konnte es zunächst gar nicht richtig glauben, dass sie mir das vorschlug. Ich war total aufgeregt. Also setzten wir ihren Vorschlag in die Tat um. Beim Hinlegen wusste ich schon, dass es für mich fast unmöglich sein würde, mich auf die Stimme und nicht auf ihren Schoß zu konzentrieren. Als sie ihre Hände auf meine Stirn legte, war jedoch alles ganz anders.

»Du wirst mir jetzt nicht glauben, was ich dir zu sagen habe«, hörte ich die Stimme sagen. »Mary muss gar nichts tun, um glücklich zu werden. Sie hat beschlossen, Probleme zu empfinden, bis sie das erste Mal Sex hat. Deshalb hat sie auch das Gefühl, dass Sex für sie etwas ganz Besonderes und Wichtiges ist.«

Das konnte ich nun wirklich nicht glauben. Es gab nur eine Erklärung für diese Aussage: Ich war unendlich scharf auf Mary! Das musste ein Wunschtraum sein, eine reine Illusion. Ich wollte wahrscheinlich unbewusst, dass

Mary sich gleich die Kleider vom Leib riss und mit mir Liebe machte. Das konnte ich ihr doch nicht erzählen! Ich wollte aber auch nicht sagen, dass ich nichts gehört hätte, denn Mary hatte sich so sehr darauf gefreut, von der Stimme etwas Tolles zu erfahren. Ich startete einen zweiten Versuch.

»Was kann Mary tun, um ans Ziel zu kommen?«

»Auch wenn du mich das noch zehnmal fragst, wird die Antwort die gleiche bleiben. Mary hat beschlossen, 18 Monate lang Probleme zu empfinden und dann richtig glücklich zu sein. Was Mary momentan noch fehlt, ist die sexuelle Lust. Ansonsten hat sie schon alles erreicht, was sie braucht. Der Zeitpunkt, der die Wende einläutet, ist, wenn sie das erste Mal Lust auf Sex hat. So wollte sie es haben.«

»Das ist doch totaler Quatsch, was die Stimme mir da erzählt. Das hört sich ja an wie die Geschichte des Wesens, die Mary mir erzählt hat«, dachte ich.

Was sollte ich jetzt tun? Mir fiel ein, dass Mary gesagt hatte, diese Geschichte, die sie nachts immer träumte, sei eine versteckte Botschaft darüber, wer sie vor dem Unfall gewesen war. Vielleicht war es ja so, dass die Stimme, die ich hörte, die unbewussten Gedanken von Mary lesen konnte. Ich beschloss, dies Mary zu sagen und das mit dem Sex wegzulassen.

»Mary, ich glaube, ich kann durch die Stimme deine unbewussten Fantasien lesen, die du geträumt hast. Die Botschaft stammt aus der Geschichte des Wesens.«

»Was hat die Stimme denn gesagt?«, wollte Mary genau wissen.

»Sie sagte, du hättest beschlossen, 18 Monate lang Probleme zu erleben und danach richtig glücklich zu sein.«

»Hat sie auch etwas über Sex gesagt?«

Ich zuckte sofort zusammen. Konnte Mary meine Gedanken erahnen oder sogar lesen? War da etwa ein vorwurfsvoller Ton in ihrer Stimme, als sie das sagte? Mir wurde ganz flau im Magen.

Ich sagte schnell: »Nein, wieso?«

»Ach so, ich dachte nur. Ist schon gut.«

Ich wusste nicht, was ich davon halten sollte. Ich wollte die Prozedur lieber beenden, bevor noch ein Desaster passieren würde.

Mary wollte, dass ich noch einmal genauer fragen solle, was mit diesen 18 Monaten gemeint sei – ob es ein Symbol sei für irgendetwas. Ich fragte aber gar nicht mehr. Stattdessen sagte ich einfach, ich würde nichts mehr hören. Es war wirklich blöd, dass ich meiner großen Liebe nicht in allen Punkten die Wahrheit sagen konnte. Ich wollte nicht, dass irgendwelche Heimlichkeiten zwischen uns standen. Aber was sollte ich machen? Ihr zu erzählen, was die Stimme wirklich gesagt hatte, war unmöglich – zumal sie meine Ambitionen in diese Richtung schon gespürt hatte.

Wir legten uns wieder auf unsere Schlafsäcke. Mittlerweile war es schon beachtlich kühl geworden. Nach ein paar Minuten krochen wir beide in unsere Schlafsäcke hinein. Ich bemerkte, dass sie ihre Kleider im Schlafsack auszog. Und zwar alles – auch ihren Slip!

»Sie schläft nackt! Ob sie das gestern auch schon so gemacht hat?«, fragte ich mich aufgeregt. Dieser Gedanke machte mich ganz nervös.

Wir schauten noch eine Weile in den Sternenhimmel. Als ich meine Arme aus dem Schlafsack nahm, merkte ich, dass alles um uns herum ganz feucht wurde.

»Wir sollten unsere Kleider in die Rucksäcke stecken, damit morgen nicht alles nass ist«, sagte ich zu Mary. »Soll ich deine Sachen auch im Rucksack verstauen?«

»Ja, bitte! Das wäre nett.«

Ihre Kleider fühlten sich richtig gut an. Vor allem, als ich ihren Slip in den Rucksack legte, lief mir ein kalter Schauer über die Haut. Ich konnte es selbst kaum glauben.

»Wie kann ein Mensch so empfindlich reagieren? Das gibt es doch gar nicht«, dachte ich. Noch nie hatte ich auch nur annähernd solche erotischen Reaktionen auf eine Frau verspürt. Ich legte mich wieder hin, und wir sagten uns gute Nacht. Leider konnte ich dieses Mal nicht so nah bei ihr liegen. Wir hatten dafür zu viel Platz auf unserem Nachtlager.

Ich war an diesem Abend sehr müde. Langsam machte sich der Schlafmangel der letzten Nächte bemerkbar. Ich schlief sehr schnell ein.

Es war schon fast hell, als Mary mich weckte. In der Nacht hatte es sehr stark abgekühlt, und unsere Schlafsäcke waren durch und durch feucht geworden. Mary fragte mich, ob sie sich näher zu mir legen dürfe, da sie schrecklich frieren würde. Noch im Halbschlaf rückte ich näher zu ihr. Es war gut, dass ich noch nicht richtig wach war, denn dadurch benahm ich mich, als ob es für mich überhaupt nichts bedeuten würde. Ich muss ganz cool gewirkt haben, als ich mich zu ihr bewegte. Sie kehrte mir den Rücken zu, und ich legte meinen Arm wie selbstverständlich um ihren Körper. Als ich realisierte, was ich tat, war schon alles passiert.

Sicher, es waren zwei Schlafsäcke zwischen uns, aber ich konnte Marys Körper ganz deutlich spüren. Außerdem wusste ich, dass sie nackt war. Von da an war die Nacht für mich gelaufen. Als ich realisierte, was passiert war, wurde ich plötzlich so aufgeregt, dass ich nicht mehr einschlafen konnte. Mary hingegen schlief sofort wieder ein. Ich drückte mich so richtig fest an ihren Körper.

Nach ein paar Stunden musste ich mich anders hinlegen. Ich hatte es bisher nicht gewagt, mich zu bewegen. Aber jetzt ging es nicht mehr anders, denn ich hatte keinen Knochen mehr in meinem Leib, der noch nicht schmerzte. Besonders die Schulter, auf der ich lag, tat fürchterlich weh. Außerdem war mein Arm bereits so lange eingeschlafen, dass er bestimmt schon fast abgestorben war. Ich rollte meinen schmerzenden Körper langsam zur Seite. Dabei wurde Mary wach.

»Guten Morgen, Michael. Entschuldige bitte, dass ich

dich letzte Nacht geweckt habe, aber mir war schrecklich kalt.«

»Das ist schon in Ordnung. Auf diese Weise hatten wir es beide wärmer«, antwortete ich schnell.

»Danke für dein Verständnis. Konntest du trotzdem noch gut schlafen?«

»Ja, klar. Sehr gut sogar.« Schon wieder konnte ich ihr nicht die Wahrheit sagen. Es war wie verhext. Ich reichte ihr ihren Rucksack mit frischen Kleidern und nahm mir ebenfalls neue Kleider aus meinem. Dann drehte ich ihr den Rücken zu, damit sie sich anziehen konnte.

In diesem Moment musste ich an alte Filme denken, in denen die Männer sich immer umdrehten, damit die Frauen sich anziehen konnten. Leider konnte ich hier nirgends einen Spiegel ausmachen, wie es im Film immer war.

Wir kochten uns erst einmal einen Tee und machten uns über unseren Proviant her. Danach packten wir unsere Sachen ein und liefen los. Wir hatten dieses Mal kein Etappenziel ausgemacht. Wir wollten einfach so weit wandern, wie die Füße uns trugen.

Das nächste Stück Weg, das wir zu gehen hatten, wurde etwas schwierig. Es war nur ein schmaler Pfad, der dazu noch sehr steil verlief, mal bergauf und mal bergab. Die Sonne stand noch niedrig. Wir waren sicher, dass wir den nächsten Bachlauf vor Mittag erreichen würden.

Wir stiegen höher und höher. Es war schon längst Mittag, als wir endlich am höchsten Punkt des Passes ankamen. Wir mussten uns eingestehen, dass wir uns ganz schön verschätzt hatten. Wenn der Rest des Weges genauso beschwerlich war, dann würden wir es kaum in den nächsten drei Tagen zurückschaffen.

Wir machten zuerst einmal Rast. Von hier oben hatte man einen tollen Ausblick. Wir setzten uns mit unseren Rucksäcken an einen schönen Aussichtspunkt und packten etwas zu essen aus.

Direkt vor uns ging es mehrere hundert Meter sehr steil abwärts. Noch vor zwei Tagen hätte ich es kaum aushalten können, hier zu sitzen. Doch nach unserem Lauf über den Felsen machte mir das überhaupt nichts mehr aus. Im Gegenteil, ich genoss es sogar. Mary schien dieser Platz auch sehr zu gefallen.

Plötzlich rutschte mir mein Rucksack weg. Ich versuchte ihn noch zu halten, war aber zu langsam. Er stürzte in die Tiefe. Sein Inhalt wurde über den Abhang verstreut, es war unmöglich, die Sachen zu bergen. Damit besaßen wir nur noch die Hälfte an Proviant und nur noch einen Schlafsack. Außerdem hatte ich keine frischen Kleider mehr.

»So ein Mist! Das ist dann wohl das Ende unseres schönen Ausflugs«, rief ich frustriert.

»Michael, du wirst doch wohl nicht wegen der kleinsten Schwierigkeit aufgeben wollen! Wir werden uns schon etwas einfallen lassen.«

»Du meinst, wir sollen trotzdem weitergehen?«, fragte ich skeptisch.

»Ja, natürlich! Das ist doch der Sinn dieser Exkursion. Es gibt immer eine Lösung, egal, was geschieht. Und was ist denn schon groß passiert? Deine Sachen und ein Teil des Proviants sind weg. Wir werden etwas zu essen finden. Und deine Klamotten kannst du zur Not auch noch zwei Tage anlassen.«

»Okay, wenn du meinst, dann gehen wir weiter«, erwiderte ich schnell, um vor Mary nicht wie ein Weichei dazustehen.

Mir war nicht so ganz wohl bei dieser Entscheidung. Ich ärgerte mich, dass mir gerade in diesem Moment, wo alles so gut lief, so etwas passieren musste. Jetzt bedauerte ich, dass ich nicht richtig aufgepasst hatte, als Jonas und Caroline uns das mit den Früchten und Wurzeln erklärt hatten.

Bergab ging es wirklich schneller als zu Fuß, wie man so schön sagt. Im Nu waren wir unten im Tal. Wir fanden unseren Bach und kühlten uns erst einmal ab. Meine Füße waren total heiß, mir qualmten die Socken. Trotzdem hatte ich sehr großes Glück, denn meine Wanderschuhe passten wirklich gut.

Nach der Abkühlung gingen wir weiter. Hier am Bach entlang lief es sich wirklich gut. Wir kamen zügig voran. Insgesamt waren wir weit gekommen an diesem Tag. Es war später Nachmittag, als wir beschlossen, eine längere Rast zu machen und etwas zu essen.

Wir kamen an einem Kartoffelfeld vorbei. Ich schaute Mary an und fragte sie: »Na, wollen wir?«

Mary wusste sofort, was ich meinte. Also gingen wir auf das Feld und gruben einige Kartoffeln aus. Sie waren ganz klein und mickrig, aber so waren nun mal die Kartoffeln hier.

Beim Stehlen dieser Kartoffeln fühlten wir uns wie Bonnie und Clyde. Wir hatten jetzt gemeinsam eine Straftat begangen, zwar keine große, aber immerhin. Ein Kilo Kartoffeln wird es schon gewesen sein.

Wir verließen den Weg und gingen schnell weiter, um unsere Beute irgendwo genüsslich zu verspeisen. Wir machten ein Lagerfeuer und waren dabei sehr vorsichtig, denn wir wollten keinen Waldbrand anrichten.

Als das Feuer fast ganz heruntergebrannt war, warfen wir unsere Kartoffeln einfach direkt in die Glut. Nach nicht einmal zehn Minuten waren sie fertig. Sie schmeckten köstlich – eben so richtig nach geklaut.

Mir wurde wieder einmal bewusst, wie glücklich ich in Marys Gegenwart war. Ich empfand einfach alles als passend und schön, egal, was passierte. Wieder dachte ich daran, was mir die Stimme gesagt hatte: Ich sollte immer die Wirklichkeit im Auge behalten, damit ich mein Glück nicht von Mary abhängig machte. Sie hatte Recht. Es war bitter nötig, mir das ständig aufs Neue bewusst zu machen. Also tat ich, was die Stimme mir empfohlen hatte: Ich dachte an all die vielen Menschen, die ich zu meinem Rudel zählte. Außerdem machte ich mir bewusst, dass unter diesen Menschen auch Frauen waren, mit denen ich eine glückliche Beziehung haben könnte.

Ich schaffte es jedoch nicht, mir etwas einzureden. Am glücklichsten würde ich sicherlich mit Mary sein! Aber es sollte ja wohl genügen, wenn ich mir klarmachte, dass ich auf keinen Fall einsam wäre, wenn das mit Mary nichts werden würde. Dem konnte ich mittlerweile voll und ganz zustimmen. Ich hoffte jedoch inbrünstig, dass Mary mich irgendwann genauso lieben würde wie ich sie.

Sie fragte mich nach dem Essen, ob wir nicht einfach über Nacht hierbleiben könnten. Wenn wir das Feuer brennen ließen, würde es gar nicht so feucht werden. Ich fand die Idee großartig. Aber das war nichts Besonderes, denn ich fand alles großartig, was Mary vorschlug. Wir beide hatten uns immer viel zu erzählen, das Thema war dabei ganz egal. Wir verstanden uns stets. Ich fühlte mich ihr durch diese Gespräche sehr nahe. Zwar wusste ich nicht, ob es Mary genauso ging, aber ich hoffte es.

Wir redeten uns in den Abend hinein. Mary meinte, wir könnten wieder einmal schauen, was meine Stimme zu sagen hatte. Ich fand auch diese Idee großartig. Sie wollte, dass ich mich wieder so hinlegen sollte wie gestern, mit meinem Kopf auf ihrem Schoß. Ich tat nichts lieber als das.

Als sie ihre Hände auf meine Stirn legte, hatte ich den Eindruck, als würde sie das besonders zärtlich machen. Es war wunderschön – auch wenn das Gefühl vielleicht nur meinem Wunschdenken entsprang. »Es könnte aber auch ein deutliches Anzeichen dafür sein, dass sie mich sehr mag«, dachte ich mir insgeheim. Ich genoss diese Annahme ausgiebig, egal, ob es nun wirklich so war oder nicht. Dann spürte ich auch gleich wieder den Stromstoß. Das Gefühl dabei hatte sich allerdings etwas geändert. Es war irgendwie ruhiger und vertrauter. Ich konzentrierte mich sofort auf die Stimme.

»Ich bin hier«, begann diese zu sprechen.

»Kannst du mir etwas sagen, was für mich oder Mary wichtig wäre?«

»Das mit Mary und ihrem ersten Sex willst du ja nicht hören, das wäre das Wichtigste gewesen. Aber es gibt da noch etwas Interessantes. Mary weiß immer noch nicht so genau, was für eine Energie sie eigentlich hat. Sag ihr, es ist ihre Energie, die das volle Potenzial an Fähigkeiten bei anderen Menschen aktiviert. Jeder hat eine andere besondere Fähigkeit. Marys Energie erschließt diese Fähigkeiten und lässt sie ins Bewusstsein aufsteigen. Bei dir ist es der Zugang zu mir, der deine besondere Fähigkeit ausmacht.«

Ich brach das Gespräch erst einmal ab und erklärte Mary, was die Stimme alles gesagt hatte. Das mit ihrem ersten Sex erwähnte ich natürlich nicht.

Mary war begeistert von ihrer Energie. Sie konnte sich nicht vorstellen, was für sie noch schöner sein könnte, als genau diese Energie an andere Menschen weiterzugeben. Spontan beschloss sie, in Zukunft in irgendeiner Weise damit beruflich zu arbeiten.

Sie war auch von meinem Talent beeindruckt. Diese

Stimme war toll. Offenbar wusste sie alles und konnte über Mary – und damit bestimmt auch über andere Menschen – Auskunft geben.

Ich schloss die Augen und konzentrierte mich erneut auf die Stimme. »Was könnten wir noch tun, um unsere Umsetzung zu beschleunigen?«, fragte ich nach.

»Ihr könntet eine einfache Verbundenheitsmeditation machen«, erklärte die Stimme. »Verbundenheit ist das Gegenteil von Einsamkeit. Solange ihr das Gefühl von Verbundenheit spürt, werdet ihr keine Angst vor Einsamkeit haben. Aber vor allem werdet ihr euch mit dieser kleinen Meditation darüber bewusst, wie viele Verbundenheiten es in eurem Leben tatsächlich gibt.«

»Wie führen wir diese Meditation am besten durch?«, wollte ich wissen.

»Macht euch mit einem einfachen Gegenstand, einem Baum oder der Natur vertraut. Schaut euch beispielsweise den Baum einfach einmal genau an. Ihr werdet feststellen, dass das Gefühl der Vertrautheit in euch dadurch stärker wird. Macht dann einfach weiter mit eurer Übung. Nach einer Weile werdet ihr immer mehr Feinheiten des Baumes wahrnehmen. Die Vertrautheit wird dadurch immer stärker. Schließlich wird dieses Gefühl so stark, dass ihr eine Art Verbundenheit mit dem Baum fühlen werdet. Das Gefühl der Verbundenheit geht aus der Vertrautheit hervor. Der Baum wird zu *eurem* Baum werden – ein Baum, zu dem ihr eine ganz besondere Beziehung aufgebaut habt.«

»Das hört sich nicht besonders schwierig an«, stellte ich fest.

»Verbundenheit aufzubauen ist auch nicht schwierig«, erwiderte die Stimme. »Denk einmal an all die vielen Dinge, mit denen du dich in deinem Alltag verbunden fühlst. Da ist zum Beispiel deine Wohnung. Du fühlst dich in ihr zu Hause. Dieses Gefühl ist ein reines Verbundenheitsgefühl. Oder deine Armbanduhr, die du dir zu deinem achtzehnten Geburtstag gewünscht hattest. Es ist für dich eine ganz besondere Uhr. Du würdest sie nie hergeben wollen. Der Grund für diese Besonderheit besteht in dem Gefühl der Verbundenheit, das du mit dieser Uhr hast. Sie löst gute Gefühle in dir aus. Deshalb willst du dich nicht von ihr trennen.

Aber es sind nicht nur materielle Dinge, mit denen du dich verbunden fühlst, sondern auch Tätigkeiten. Du identifizierst dich beispielsweise mit deiner beruflichen Aufgabe. Auch das ist ein Verbundenheitsgefühl. Am meisten Verbundenheitsgefühle hast du jedoch zu den Menschen in deiner Alltagsumgebung – sogar zu denjenigen, die du eigentlich gar nicht so sehr magst. Sie würden dir fehlen, wenn sie plötzlich nicht mehr da wären. Das Gefühl von Verbundenheit würde fehlen – es sei denn, du würdest dir in diesem Moment bewusst machen, wie viele Verbundenheiten du neben ihnen noch hast und wie leicht es ist, neue aufzubauen. Erkläre das bitte auch Mary. Sonst habe ich dir momentan nichts zu sagen. Wir werden uns später noch einmal sprechen. Bis dann.«

Ich wusste nicht, was die Stimme mit später meinte. Aber das war auch nicht so wichtig. Ich blieb einfach ganz frech bei Mary liegen, als ich ihr erzählte, was die Stimme gesagt hatte. Mary schlug vor, das mit der Verbundenheitsmeditation gleich auszuprobieren – was wir auch taten. Ich ging davon aus, dass ich aufstehen müsste, damit Mary meditieren konnte. Doch sie schaute augenblicklich in die Natur und ließ mich dabei auf ihrem Schoß liegen. Es war wunderschön, dort liegen zu bleiben, obwohl es eigentlich keine Notwendigkeit mehr dazu gab. Ich hatte das Gefühl, dass es vielleicht doch nicht so unrealistisch war, anzunehmen, dass Mary mich wirklich mochte – vielleicht sogar mehr als das.

Ich schaute bei meiner Meditation in den Himmel. Dort gab es eine kleine Wolke, die meine Aufmerksamkeit erregte. Diese Wolke schaute ich mir jetzt genau an. Zu Anfang war es nur eine Wolke. Ich hatte nicht das Gefühl, dass ich zu ihr eine besondere Verbundenheit aufgebaut hätte. Als die Wolke jedoch begann, sich aufzulösen, spürte ich, dass ich das nicht wollte. Ich wollte sie behalten. Ich fand es richtig schade, dass sie verschwand. Also hatte ich doch ein Gefühl von Verbundenheit zu ihr aufgebaut, ohne es richtig bemerkt zu haben.

Unsere Meditation dauerte bestimmt eine Viertelstunde. Ich konnte mich längst nicht mehr auf meine Wolke konzentrieren – dafür aber auf die Liebe, die ich für Mary empfand. Ich fühlte mich so wohl, während ich auf ihrem Schoß lag, dass ich ein paar Mal denken musste, es wäre toll, jetzt zu sterben – hier, im schönsten Moment meines Lebens. Ich wusste nicht, ob es je wieder noch einmal so schön werden würde.

Als Mary ihre Meditation beendet hatte, spürte ich, dass ich aufstehen sollte. Wir setzten uns wieder ans Feuer und redeten über die Gefühle, die wir bei der Meditation erlebt hatten. Meine Empfindungen verblassten jedoch sehr gegenüber dem Gefühl, bei Mary zu liegen. Mehr konnte mir das Leben gar nicht mehr schenken. Ich sagte dies natürlich nicht, sondern tat so, als hätte die Meditation meine schönen Gefühle ausgelöst. Mary hatte die Meditation als gigantisch empfunden. Sie war hin und weg. Noch nie zuvor hatte sie sich mit der Natur so verbunden gefühlt.

Mittlerweile war die Sonne untergegangen. Ich sammelte etwas Holz, damit das Feuer über Nacht weiterbrennen konnte. Unser Nachtlager aus Zweigen und Laub war bereits gebaut. Dummerweise besaßen wir ja nur noch eine Zeltplane und einen Schlafsack. Mary kroch in ihren Schlafsack hinein. Ich wickelte mich in die Zeltplane. Mary hatte mir dazu noch einen warmen Pulli von sich gegeben. Meine Schuhe behielt ich an, denn es war bereits ganz schön kalt. Ich lockerte nur die Verschnürung. Bevor ich mich schlafen legte, packte ich noch Holz auf das Feuer. Wir waren beide sehr müde. Das Feuer wärmte gut, und wir schliefen bald ein.

Mitten in der Nacht wurde ich wach. Ich fror entsetzlich. Das Feuer war fast aus. Ich stand auf, um es wieder anzufachen. Mary wurde davon wach.

»Was ist passiert?«, wollte sie wissen.

»Das Feuer ist ausgegangen, und ich friere wie verrückt. Ich will es wieder anmachen«, erklärte ich flüsternd.

»Komm, lass das! Bis das Feuer wieder brennt, ist die Nacht vorbei. Du kannst zu mir in den Schlafsack kommen.«

Als sie das sagte, begann mein Herz wie wild zu rasen. Das hätte ich nicht erwartet – vielleicht gehofft, aber niemals wirklich damit gerechnet.

Mary machte den Schlafsack auf. Ich sah, dass sie wieder nackt schlief. Ich war total aufgeregt. Schnell zog ich meine Schuhe aus und legte mich zu ihr. Zu zweit war es sehr eng im Schlafsack. Ich versuchte, den Reißverschluss zu schließen. Aber es ging nicht.

»Zieh deine Sachen aus!«, meinte sie daraufhin. »Deine Kleider brauchen zu viel Platz.«

Ich tat, was Mary wollte. Nur noch mit einem T-Shirt und einem Slip bekleidet, legte ich mich wieder zu ihr in den Schlafsack. Es war immer noch ziemlich eng, aber jetzt ging es. Wir lagen beide auf der Seite, Mary hinter mir. Sie legte ihre Hand auf mein Bein und rieb es warm.

»Du bist ja halb erfroren!«, bemerkte sie. »Warum hast du denn nicht schon früher etwas gesagt?«

»Ich bin gerade erst wach geworden«, erklärte ich.

Marys Körper und ihre Hand fühlten sich total heiß an. Nachdem sie mein Bein gerieben hatte, schob sie ihre

Hand unter mein T-Shirt. Sie legte sie auf meine Brust. Mein Herz schlug immer noch wie wild. »Das muss sie doch merken«, dachte ich, was mich noch mehr aufregte.

Mary sagte jedoch nichts. Sie schlief gleich wieder ein. Für mich allerdings war an Schlaf so schnell nicht mehr zu denken. Ich spürte Marys Körper, wie er nackt hinter mir lag und sich ganz fest an mich drückte. Ich spürte ihren Atem in meinem Nacken und ihre Hand, die immer noch auf meiner Brust lag.

Mein Herz hörte langsam auf, so wild zu schlagen. Mary schlief bereits ganz fest. Ich konnte es an ihrem Atem erkennen. Nun zögerte ich sehr lange, ob ich meine Hand auf ihre legen sollte oder nicht. Als ich mich entschloss, es zu tun, begann mein Herz wieder von neuem wild zu pochen. Ihre Hand war so zart und warm. Ich spürte unendlich viel Liebe, als ich sie berührte. Danach traute ich mich nicht mehr, mich zu bewegen, um Mary auf keinen Fall aufzuwecken. So blieb ich also eine ganze Weile still liegen, bis ich schließlich auch einschlief. Ich träumte in dieser Nacht einen seltsamen Traum: Ich träumte von dem Wesen Mary und von Ella.

In meinem Traum begann Ella, mit mir zu reden. Sie besaß genau die Stimme, die Mary immer in mir erweckte. Ich war wohl dabei, alles, was ich in der letzten Zeit erlebt hatte, im Traum aufzuarbeiten. Das Wesen Mary veränderte in diesem Traum ständig sein Aussehen und wurde schließlich zu meiner Mary. Sie und ich saßen Ella gegenüber, und Ella erklärte uns verschiedene Dinge.

»Das Spiel des Lebens wird bis zum großen Umschwung im dritten Jahrtausend darin bestehen, dass die Menschen glauben, sie könnten nur glücklich sein, wenn ihre Lebensumstände das zulassen. Sie fühlen sich in Bezug auf ihre Gefühle und die Ereignisse in ihrer Realität machtlos.

Die Menschen sind immerzu damit beschäftigt, irgendwelche Umstände in Ordnung zu bringen, damit sie glücklich sein können. Haben sie etwas in Ordnung gebracht, richten sie ihre Wahrnehmung auf ihr Glück und denken, dass sie deshalb glücklich sind, weil sie das Problem gelöst haben. Aber dieser Zustand hält nie lange an. Nach kurzer Zeit finden sie wieder etwas anderes, was nicht in Ordnung ist, und das Spiel beginnt von neuem.

Anfang des dritten Jahrtausends wird sich das ändern. Die Menschen werden merken, dass ihr Lebensgefühl fast völlig unabhängig ist von den äußeren Umständen. Sie werden sich nicht mehr machtlos fühlen und können dadurch ihr Glück endlich direkt wahrnehmen. Sie werden wissen, dass die äußeren Umstände von ihnen abhängig sind und nicht umgekehrt. Denn ihre Wahrnehmung erschafft erst die Wirklichkeit.«

»Aber Ella«, wandte ich ein, »das kann nicht ganz stimmen. Wenn das wahr wäre, dann hätte ich heute nicht meinen Rucksack verlieren dürfen.«

»Wieso nicht?«, fragte Ella.

»Weil ich mich total gut gefühlt habe und es dann doch passierte.«

»Es ist passiert, weil du dich so gut gefühlt hast und deshalb deine Wahrnehmung in Richtung Glück gelenkt hast«, erwiderte Ella.

»Das verstehe ich nicht. Was soll denn daran Glück gewesen sein?«, entgegnete ich ablehnend.

»Michael, wo liegst du gerade?«

Nach dieser Frage wurde ich plötzlich wach. Mir wurde bewusst, dass ich mit Mary in einem Schlafsack lag. Im ersten Augenblick wusste ich nicht, ob das mit Ella und Mary ein Traum gewesen war oder Wirklichkeit. Es interessierte mich momentan auch recht wenig, denn die Situation war viel zu schön, um über irgendetwas nachzudenken. Ich lag auf dem Rücken und Mary befand sich in meinem Arm. Sie war seitlich neben mir, oder besser gesagt, halb auf mir, und hatte ihren Kopf auf meine Brust gelegt.

Als ich die Situation richtig realisierte, hielt ich den Atem an, um Mary keinesfalls zu wecken. Sie schlief noch fest, obwohl es schon hell war. Mir schmerzte der Rücken. Gerne hätte ich mich einmal umgedreht. Aber das hätte sie sicherlich aufgeweckt und die Situation beendet. Ich war nicht sicher, ob ich sie jemals wieder so nah bei mir spüren würde.

Während ich so darüber nachdachte, wie schön es gerade war, glaubte ich vor Liebe und Glück zu zerspringen. Ich spürte genau, dass Mary nackt war. Ich fühlte jedes Detail ihres Körpers, wie er sich an mich schmiegte. Es dauerte leider nicht sehr lange, da wachte sie auf.

Schnell tat ich so, als würde ich noch schlafen. Ich wusste ja nicht, wie sie reagieren würde, wenn sie merkte, dass wir eng umschlungen dalagen. Mary hob vorsichtig den Kopf, um zu sehen, ob ich noch schlief. Danach verließ sie sehr schnell den Schlafsack.

Ich empfand die Art, wie sie das tat, als fluchtartig. Dieser Umstand weckte in mir den Gedanken, dass es wohl kaum noch einmal vorkommen würde, dass ich in ihrem Schlafsack übernachten dürfte.

Sofort fielen mir wieder Bodos Worte ein. Ich konnte nicht wissen, ob Mary wirklich vor mir floh, oder ob es einen ganz anderen Grund dafür gab, dass sie so schnell aufstand. Es hatte keinen Sinn, immer gleich das Negativste anzunehmen und dies für die Wirklichkeit zu halten. Vielleicht musste sie auch nur mal ganz schnell für kleine Mädchen oder so etwas.

Als Mary aufstand, tat ich so, als wäre ich davon wach geworden. Sie hatte sich inzwischen angezogen. »Na, ausgeschlafen?«, fragte sie.

»Guten Morgen. Ist es schon spät?«

»Nein, ich bin auch gerade erst wach geworden. Komm, lass uns frühstücken!«

Sie packte ihren kleinen Kocher und ihr Essgeschirr aus und begann, Kaffee zu kochen. Nachdem ich mich am Bach gewaschen hatte, war der Kaffee schon fast fertig. Ich nahm den Proviant aus Marys Rucksack und bereitete das weitere Frühstück vor. Es war nichts Besonderes, aber es schmeckte mir an diesem Morgen besser als in jedem Luxusrestaurant. Ich war mit mir und der Welt so zufrieden, wie ich nie geglaubt hätte, es jemals sein zu dürfen.

Nach dem Frühstück gingen wir weiter. Wir hatten noch einen weiten Weg vor uns. Unser Pfad führte uns immer noch am Bach entlang. Beim Tragen unseres Rucksacks wechselten wir uns ab. Ich wollte ihn eigentlich allein tragen, aber Mary bestand darauf, dass wir uns die Last teilten.

Gegen Mittag erreichten wir den nächsten Stausee. Direkt dahinter lag noch ein weiterer See. In diesem nahmen wir als Erstes ein erfrischendes Bad.

Über die Hälfte der Strecke hatten wir nun hinter uns. Vor allem hatten wir den schwierigsten Teil der Etappe geschafft. Jetzt kamen keine großen Steigungen mehr, und der Weg, den wir gehen wollten, war sehr gut ausgebaut. Nachdem wir gebadet und etwas gegessen hatten, liefen wir weiter. Mittlerweile begegneten uns immer mehr Menschen. Es waren alles Einheimische, die uns sehr freundlich grüßten. Nach einer Weile beschlossen wir, dass wir lieber eine Strecke wählen wollten, die uns mehr Ruhe und Abgeschiedenheit bot. Wir waren nicht mehr weit vom Camp entfernt. Wären wir auf der Straße geblieben, hätten wir es noch am gleichen Abend erreichen können. Wir wollten aber noch nicht zurückkommen. Wir hatten noch einen ganzen Tag Zeit, und den wollten wir auch genießen. Also bogen wir nach Osten ab und kamen schnell wieder in sehr verlassene Gegenden.

So langsam wurde mir beim Wandern immer mehr bewusst, dass bald alles zu Ende sein würde. Morgen schon würden wir zurück ins Camp kommen, und ein paar Tage später würde Mary abreisen. Was konnte ich tun? Ich wusste, dass ich bei ihr nichts beschleunigen konnte. Hätte ich jetzt versucht, sie davon zu überzeugen, dass ich der Richtige für sie sei, wäre mit hundertprozentiger Sicherheit alles aus gewesen. Ich hatte keine andere Wahl, als den Dingen ihren Lauf zu lassen.

Mary merkte, dass mich irgendetwas bedrückte. Sie wollte natürlich wissen, was es war. Ich versuchte mich herauszureden und sagte, es sei alles in Ordnung. Ich bemühte mich unheimlich, es auch so aussehen zu lassen. Dauernd probierte ich, witzig zu sein. Jedoch merkte ich schnell, dass ich ihr nichts vormachen konnte. Sie sagte allerdings nichts mehr dazu.

Als wir am Abend Rast machten und unser Lager aufschlugen, sprach sie mich jedoch wieder darauf an. »Was hast du, Michael? Ich spüre doch schon den ganzen Abend, dass dich etwas bedrückt.«

»Es tut mir leid, aber ich mache mir zu viele Gedanken. Ich denke immer an unlösbare Probleme.«

»Sollen wir wieder mit deiner Stimme reden? Vielleicht hilft dir das«, schlug sie vor.

»Ja, kann sein«, gab ich unschlüssig zurück.

»Komm, leg dich gleich auf meinen Schoß, und wir fragen die Stimme!«

Das ließ ich mir natürlich nicht zweimal sagen. Ich

legte mich sofort hin, und Mary legte mir ihre Hände auf die Stirn.

»Hallo, Michael. Ich habe dich erwartet«, hörte ich meine Stimme sagen.

Es war unglaublich. Ich hörte die Stimme nicht nur, ich sah jetzt auch ihre Gestalt. Es war die Gestalt von Ella, wie ich sie in der letzten Nacht geträumt hatte.

»Bist du wirklich Ella?«, fragte ich verwundert.

»Du kannst mich nennen, wie du willst – von mir aus auch Ella«, bekam ich zur Antwort.

»Bist du die gleiche Ella wie diejenige aus der Geschichte von Mary?«

»Ich bin niemals gleich«, erwiderte die Stimme. »Ich bin immer das, was die Menschen sich unter mir vorstellen.«

»Dann bist du nur eine Illusion?«, fragte ich enttäuscht.

»Das habe ich nicht gesagt. Aber lass uns lieber zu dir kommen. Du suchst mich aus einem bestimmten Grund auf. Lass mich dir nur so viel sagen, dass du dir keine Sorgen machen musst. Achte auf das weiche Ziehen in deiner Brust, und es wird alles gut werden. Meditiere mit diesem Gefühl und lass es so intensiv werden, wie du kannst.«

»Das werde ich tun«, versprach ich.

Ich öffnete meine Augen und erklärte Mary, was die Stimme gesagt hatte. Ich wollte schon aufstehen, um mit meiner Meditation zu beginnen, doch Mary meinte, ich solle liegen bleiben. Sie hatte das Gefühl, dass bei ihr irgendetwas Positives passierte, wenn sie ihre Hände auf meiner Stirn liegen hatte. Ich war natürlich sofort einverstanden.

Ich konzentrierte mich auf das weiche Ziehen in meiner Brust. Es war sehr elastisch und nach schräg oben gerichtet. Und es fühlte sich unsagbar gut an. Mein Brustkorb wurde weit und leicht dabei, und je länger ich mich auf diese Körperempfindungen konzentrierte, desto mehr breiteten sie sich in meinem gesamten Körper aus.

Nach zehn Minuten ging es mir besser als je zuvor in meinem Leben. Ich war so glücklich, dass ich es kaum vermeiden konnte, dass mir vor Glück Tränen in die Augen schossen.

Als ich schließlich die Augen öffnete, erkannte ich, dass Mary mich die ganze Zeit beobachtet hatte. Wir schauten uns für eine halbe Minute tief in die Augen. Mir wurde heiß und kalt dabei, aber ich konnte nicht wegsehen. Schließlich stand ich auf und sagte: »Ich werde schon mal Zweige sammeln gehen für unser Nachtlager.«

Als ich damit fertig war, wollte ich die Ästchen ausbreiten. Mary half mir dabei. »Warum legst du die Zweige so weit auseinander?«, fragte sie mich. »Willst du wieder in deiner Plane frieren, oder kommst du gleich mit in den Schlafsack?«

Ich war für einen Moment völlig vor den Kopf gestoßen, denn ich war mir eigentlich sicher gewesen, dass Mary mir dies nicht noch einmal anbieten würde – und dann auch noch bereits vor dem Schlafengehen. Ich sah sie nur mit großen Augen an.

»Also, wenn du bei mir im Schlafsack schlafen willst, dann brauchen wir die Zweige nicht so weit auseinanderzulegen«, meinte sie erneut.

Sie nahm die Ästchen und packte sie enger zusammen. Ich stand daneben und war nicht fähig, etwas zu tun. Als ich mich endlich wieder gefangen hatte, holte ich Holz, um ein Feuer zu machen. Wir saßen noch lange am Lagerfeuer und redeten. Ich spürte, dass sowohl sie als auch ich Hemmungen hatten, uns in den Schlafsack zu legen.

Es wurde schon ziemlich kalt. Schließlich sagte sie: »Komm, lass uns schlafen gehen. Leg du dich am besten zuerst hin. Ich glaube, wir haben mehr Platz, wenn ich mich vor dich lege. Du bist zu groß, wenn wir es andersherum machen.«

»Okay«, sagte ich nur, mit einem Zittern in der Stimme. Ich zog meine Kleider aus und stieg in T-Shirt und Slip in den Schlafsack. Mary behielt auch nur ihre Unterwäsche an, was mir fast den Verstand raubte. Ich hatte erwartet, dass sie dieses Mal, da sie wusste, dass ich in ihrem Schlafsack schlafen würde, etwas mehr anlassen würde. Sie sagte noch, sie könne mit Kleidern nicht schlafen, und kam zu mir in den Schlafsack.

Ihre Haut war eiskalt, als ich sie vor mir spürte. Sie machte den Reißverschluss zu und legte sich hin. Ihr Körper lag jetzt ganz nah an meinem. Ich war total erregt. Ich hatte Angst, dass sie gleich wieder aufspringen würde, wenn sie das bemerkte. Doch sie tat es nicht. Im Gegenteil, sie drückte sich ganz fest an mich.

Der Gedanke, dass sie das vielleicht absichtlich machte, erregte mich noch mehr. Ich traute mich weder, etwas zu sagen, noch mich zu bewegen. Ich verhielt mich ganz still und versuchte, nicht zu heftig zu atmen. Das fiel mir sehr schwer. Mein ganzer Körper zitterte vor Erregung, und das konnte Mary doch nicht unbemerkt bleiben. Sie verhielt sich jedoch ganz ruhig. Zuweilen hatte ich das Gefühl, dass sie ihren Po noch fester an mich drückte, aber das war wahrscheinlich wieder meine Wunschvorstellung. Ich war so aufgeregt, dass ich Illusion und Wirklichkeit nicht mehr voneinander unterscheiden konnte. Nach einer Weile sagten wir uns »gute Nacht«. Ein paar Minuten später sprach sie mich noch einmal an. »Michael? Ich fühle mich sehr wohl bei dir.«

Diese Aussage ging mir durch und durch. Mein Herz fing sofort wieder an zu hämmern. Jetzt musste ich etwas sagen – oder tun? Sollte ich die Gelegenheit endlich ergreifen und sie küssen? Aber Mary kam mir zuvor, indem sie mir noch einmal »gute Nacht« wünschte.

Ich antwortete schnell noch: »Ich fühle mich auch sehr wohl mit dir.« Das war zwar ziemlich fantasielos, aber mir fiel nichts anderes ein. Mary nahm daraufhin meine Hand und hielt sie fest. Es war unmissverständlich, dass sie momentan nicht mehr von mir wollte. Aber allein das war schon viel mehr, als ich verkraften konnte. Mein Zittern und Herzklopfen hielten noch eine ganze Weile an. Ich wollte auch an diesem Abend nicht einschlafen. Morgen würden wir wieder im Camp sein, und diese Nacht könnte die letzte sein, in der ich sie so nah bei mir spüren würde.

Ich wehrte mich einige Zeit lang erfolgreich gegen den Schlaf, aber schließlich verlor ich den Kampf. In dieser Nacht geschah dann etwas, das ich nie für möglich gehalten hätte: Ich träumte den Traum von letzter Nacht genau an der Stelle weiter, an der ich beim letzten Mal aufgewacht war.

»Nun, Michael«, sagte Ella, »bist du jetzt überzeugt, dass deine Sichtweise der Welt etwas mit den Ereignissen zu tun hat, die dir widerfahren?«

»Wieso sollte ich das? Nur weil Mary mich in ihrem Schlafsack schlafen lässt, heißt das doch noch nicht, dass meine Sichtweise der Welt dafür verantwortlich ist.«

»Das ist wohl richtig«, stimmte Ella zu. »Das allein ist noch kein Beweis. Was hältst du davon, einfach einmal deine Augen offen zu halten und zu kontrollieren, ob die Ereignisse der nächsten Tage rein zufällig passieren oder ob sie seltsamerweise immer genau deine aktuelle Sichtweise der Welt widerspiegeln?«

»Das kann ich versuchen«, stimmte ich zu. »Ich kann mir aber nicht wirklich vorstellen, dass es zutreffen wird. Das muss ich ganz ehrlich zugeben.«

»Ich kann deine Bedenken verstehen«, meinte Ella. »Aber ich bin trotzdem sicher, dass du es erkennen wirst. Lass dich einfach überraschen!«

»Darf ich dich noch etwas fragen?«

»Gerne«, antwortete Ella.

»Bist du tatsächlich meine Seele oder so etwas Ähnliches?«, wollte ich wissen.

»So etwas Ähnliches«, stimmte Ella zu. »Ich bin das, was du willst. Ich habe keine festgelegte Identität. Manche nennen mich Seele, andere kollektives Bewusstsein, wieder andere bezeichnen mich als ihr Höheres Selbst. Letztendlich bin ich alles, was du dir vorstellen kannst.

Und jetzt wird es Zeit aufzuwachen. Du hast durch deine neue glückliche Sichtweise der Welt einige sehr schöne Situationen in dein Leben geholt. Morgen wird für dich ein neues Leben beginnen.«

»Was für Situationen?«, wollte ich neugierig wissen. Aber Ella war schon verschwunden.

Danach wachte ich tatsächlich auf. Und wie ich aufwachte! Mary lag in meinem Arm und streichelte mich zärtlich. Ich dachte, ich würde immer noch träumen, und wollte aus diesem Traum nie wieder erwachen. Deshalb hielt ich meine Augen weiterhin geschlossen, damit der Traum nicht zu Ende ging. Aber das Gefühl, zärtlich liebkost zu werden, war so echt, dass ich dann doch die Augen öffnete und feststellte, dass es Wirklichkeit war. Mary streichelte mich tatsächlich. Sofort begann mein Herz wieder zu rasen.

Ich wusste nicht, was ich sagen sollte oder wie ich mich verhalten sollte. Ich lag einfach nur da und hielt still.

Mary merkte sofort, dass ich aufgewacht war. Völlig

selbstverständlich wünschte sie mir freundlich einen guten Morgen und liebkoste mich weiter.

»Guten Morgen«, erwiderte ich zugleich irritiert und erfreut.

»Ich hoffe, du verstehst das jetzt nicht falsch«, meinte sie.

»Nein, sicher nicht«, antwortete ich und verstand gar nichts mehr.

So lagen wir noch sehr lange da. Ich brauchte eine Weile, bis ich mich traute, Mary ebenfalls zu liebkosen. Mit zittrigen Händen versuchte ich, ihr zärtlich über den Rücken zu streicheln. Da sie mich gewähren ließ, wurde ich nach und nach etwas ruhiger. Ich begann die Situation zu genießen – Mary offensichtlich auch, denn sie gab einen genussvollen Seufzer von sich.

»Das hat mir echt gefehlt«, sagte sie dann. »Es ist nicht wirklich leicht, einen Mann zu finden, mit dem man ganz zwanglos kuscheln kann«, ergänzte sie.

Mir war klar, dass sie das nicht einfach so gesagt hatte. Es war ganz offensichtlich ein deutlicher Hinweis darauf, dass sie nur ein bisschen kuscheln wollte, ohne Verpflichtung und ohne Sex – und vor allem, ohne dafür eine Beziehung mit mir eingehen zu müssen. Ich wusste nicht so recht, ob ich mich jetzt über die Situation freuen oder traurig sein sollte. Doch die Gefühle, die Mary durch ihre Zärtlichkeiten in mir auslöste, waren so wundervoll, dass ich gar nicht daran vorbeikam, sie zu genießen. Ich fühlte eine unbeschreibliche Liebe für sie, die sich noch dadurch verstärkte, dass ich meinen Gefühlen durch die Zärtlichkeiten Ausdruck verleihen konnte.

So lagen wir noch lange in unserem Schlafsack und kuschelten. Ich war mir sicher: Ich war der glücklichste Mann dieser Welt. Ella hatte es mir im Traum prophezeit. Es würde ein neues Leben für mich beginnen, und ich würde sehr schöne Ereignisse in mein Leben ziehen. Sie hatte offensichtlich Recht behalten.

Als wir schließlich aufstanden, hatte sich mein Gefühl für Mary völlig verändert. Ich fühlte mich ihr so nahe, dass ich mir kaum vorstellen konnte, dass sie das vielleicht anders empfinden würde.

Wir hatten dann einen total schönen gemeinsamen Rückweg zum Camp. Mary nahm mich alle paar Meter am Arm und meinte, ich hätte sie schon seit mindestens vier Minuten nicht mehr geknuddelt. Jedes Mal umarmte ich sie und zerfloss förmlich vor lauter Liebe. Meine Gefühle wurden immer intensiver.

Mein Verstand begann sich langsam zu fragen, was das alles jetzt genau bedeutete. War ich nur ein Kumpel für sie, oder war ich doch mehr als das? Auf jeden Fall war viel mehr passiert, als ich mir in den letzten Tagen erträumt hätte.

Am späten Nachmittag erreichten wir schließlich das Camp. Als wir Marys Bungalow betraten, kamen ihre Mitbewohner auf uns zu und begrüßten uns sehr herzlich. Sie wollten genau wissen, wie es auf der Exkursion gewesen war. Wir hatten gar nicht so viel zu erzählen, denn wir hatten nichts Besonderes erlebt – bis auf die Erlebnisse, die wir nicht erzählen konnten und wollten. Ich wusste nicht, ob es Mary recht war, wenn wir uns vor den anderen liebkosten. Sie hielt sich diesbezüglich sehr zurück.

Als wir beim Essen saßen, legte sie kurz ihre Hand unauffällig auf mein Bein. Unter dem Tisch konnte das niemand sehen. Sie streichelte mich liebevoll mit dem Daumen und sah mir dabei in die Augen. Ich fühlte mich ihr augenblicklich wieder sehr nahe.

Je später der Abend wurde, desto freizügiger wurde Mary in ihren Zärtlichkeiten. Irgendwann hielt sie ganz öffentlich meine Hand, während wir mit der Gruppe am Tisch saßen und redeten. Ich konnte sehen, dass die anderen das zur Kenntnis nahmen. Und auch Mary registrierte es. Aber keiner der Anwesenden sprach uns darauf an.

Der Abend neigte sich dem Ende zu, und die Leute aus Marys Bungalow wollten ins Bett gehen. Mary und ich waren die Letzten, die noch am Tisch saßen. Ich war unsicher, wie ich mich jetzt verhalten sollte. Ich wollte nicht allein auf mein Zimmer gehen. Andererseits konnte ich Mary auch nicht einfach fragen, ob ich bei ihr übernachten könnte. Sie hatte mir eindeutig zu verstehen gegeben, dass sie nur ein bisschen mit mir kuscheln wollte.

»Wollen wir uns auf die Couch setzen?«, fragte sie plötzlich und fügte als Erklärung hinzu: »Dort ist es bequemer.«

»Sehr gerne«, antwortete ich und stand mit ihr auf.

Sie wartete, bis ich mich gesetzt hatte, und legte sich dann wie selbstverständlich in meinen Arm. Meine Gefühle fuhren Achterbahn. Wir streichelten uns bis tief in die Nacht hinein. Mittlerweile lagen wir auf der Couch. Mary hatte sich ganz nah an mich gekuschelt. Irgendwann schliefen wir dann gemeinsam ein.

Als ich anfing zu träumen, sah ich plötzlich Ella vor mir. Ich fühlte mich sehr stark zu ihr hingezogen. Plötzlich bemerkte ich, dass Mary neben mir stand. Mir war seltsamerweise absolut bewusst, dass ich träumte. Ich fragte Mary im Traum: »Bist du wirklich hier? Ist dir bewusst, dass wir träumen?«

»Ich bin hier«, antwortete sie verblüfft. »Wie kann das sein? Wir träumen offenbar den gleichen Traum.«

Ella sah uns sehr liebevoll und voller Freude an und sagte: »Ihr beide habt sehr viel Verbundenheit zueinander entwickelt. Ihr seid euch seelisch so nahe gekommen, dass ihr sogar im Traum zusammenbleibt. Das kommt manchmal vor, wenn Menschen ganz besonders gut zueinanderpassen.«

Ich war selbst im Traum noch verlegen, als Ella das sagte. Vor allem war mir nicht so ganz klar, ob Mary auf diese Aussage ebenfalls positiv reagieren würde.

»Das ist ja der Hammer!«, meinte sie beeindruckt.

Mir war klar, dass man Ellas Aussage auf verschiedenste Art und Weise auslegen konnte. Wir könnten als Paar außerordentlich gut zusammenpassen oder aber als Freunde. Ich hätte alles dafür gegeben, zu erfahren, wie Mary die Aussage empfunden hatte. Doch an ihrem Verhalten konnte ich keinen Hinweis darauf erkennen. Ich konnte also nur weiterhin hoffen. Auf jeden Fall hatte ich jetzt genügend Gründe für meine Hoffnung. Neutral betrachtet sah es für mich sicherlich eher gut aus als schlecht. Ich fühlte mich auch dementsprechend gut.

»Wenn ihr beide in eurer Umsetzung noch etwas weiterkommen wollt, dann hätte ich ein paar Anregungen«, meinte Ella und bot uns damit ihre Unterstützung an.

»Was können wir tun?«, wollte Mary sofort wissen.

»Ihr könnt euch um eine Angst kümmern, die in euch beiden schlummert«, begann Ella zu erklären. »Es geht um die Angst vor Enttäuschungen.«

»Ich habe mit Claudia schon mal über dieses Thema gesprochen«, erwiderte ich. »Was sie dazu gesagt hat, hat sich ganz vernünftig angehört.«

»Es war auch vernünftig«, stimmte Ella zu. »Du hast mit ihr geredet, aber du hast es nicht getan. Das ist ein Unterschied.«

»Was muss ich noch dafür tun?«, wollte ich wissen.

»Wie ihr beide wisst, ist Enttäuschung nur ein Gefühl, das ihr euch, wie jedes Gefühl, selbst macht. Lange bevor ihr das wusstet, habt ihr eine sehr energische Entscheidung in dieser Hinsicht getroffen. Ihr wollt das schreckliche Gefühl der Enttäuschung vermeiden. Dafür seid ihr bereit, alle Register zu ziehen. Vor allem seid ihr bereit, auf viele tolle Chancen in eurem Leben zu verzichten, weil die Gefahr einer Enttäuschung zu groß wäre. Ihr versucht also, die Enttäuschung dadurch zu vermeiden, dass ihr die Lebensumstände vermeidet, die zu der Enttäuschung führen könnten. Aber das ist kein guter Weg. Er ist uneffektiv und bringt eine Menge an Nachteilen mit sich.«

»Und welchen Weg kannst du uns anbieten?«, wollte Mary wissen.

»Beziehet euch direkt auf das Gefühl. Heute wisst ihr, dass ihr eure Gefühle in Zusammenarbeit mit euren Instinkten erzeugt. Eure Instinkte versuchen, mit den Gefühlen ihre Grundmotive abzusichern. Das ist der Sinn aller angenehmen und unangenehmen Gefühle.«

»Was ist der genaue Sinn der Enttäuschungsgefühle?«, hakte ich nach, da ich mir diesen nicht so ganz erklären konnte.

»Mit der Enttäuschung wollen eure Instinkte vermeiden, dass ihr an Zielen oder Menschen festhaltet, die nicht gut für euch sind. Ihr seid zum Beispiel von Menschen enttäuscht, die nicht ehrlich sind. Diese Menschen werden von euren Instinkten als Gefahr für euer Überleben eingeordnet. Deshalb wollen sie, dass ihr euch von ihnen distanziert. Um das zu erreichen, erzeugen sie dann bei euch diese mehr als unangenehmen Enttäuschungsgefühle.«

»Das hört sich an, als ob die Enttäuschung für etwas nützlich ist«, sagte ich verwundert.

»Natürlich!«, bestätigte Ella meine Erkenntnis. »Jedes Gefühl ist für etwas von Nutzen, egal, ob es angenehm oder unangenehm ist. Es hat eine Aufgabe. Allerdings ist diese Aufgabe in eurer heutigen Zeit nicht immer ganz angemessen. Wenn euch heute ein Mensch enttäuscht, ist euer Leben in aller Regel deswegen nicht in Gefahr. Ihr lebt nicht mehr in der rauen Welt der Urzeit, in der das Rudel zusammenhalten musste, um zu überleben. Ihr werdet weder in einem harten Winter erfrieren noch von einem Säbelzahntiger aufgefressen, wenn euer Rudel euch nicht hilft. Diese Zeiten sind vorbei. Eure Instinkte machen jedoch noch den gleichen Job wie damals. Und das gilt es zu berichtigen.«

»Wie können wir das tun?«, wollte ich wissen.

»Indem ihr euch immer vor Augen haltet, wie die Welt, in der ihr jetzt lebt, tatsächlich ist. Ihr befindet euch nicht mehr in der Steinzeit. Heute sind eure sieben Grundmotive so gut wie immer erfüllt.«

»Und wie vermeide ich nun genau das Gefühl der Enttäuschung?«, hakte Mary nach.

»Indem du dich auf das weiche Ziehen in deinem Brustkorb konzentrierst«, antwortete Ella.

»Das verstehe ich immer noch nicht«, gab Mary zu. »Wenn ein Mensch, von dem ich etwas ganz anderes erwartet habe, sich mir gegenüber mies verhält, dann werde ich doch trotzdem von ihm enttäuscht sein. Daran ändert sich auch nichts, wenn ich dieses Gefühl in der Brust spüre.«

»Das ist richtig«, stimmte Ella zu. »Der Unterschied liegt in der Intensität des Gefühls. Eine Enttäuschung wird von euch nur als wirklich schlimm empfunden, wenn das Gefühl dazu sehr stark ist. Grundsätzlich bist du nach jeder positiven Erwartung enttäuscht, wenn es nicht so gelaufen ist, wie du das wolltest. Je wichtiger dir diese Erwartung war, desto stärker wird das Gefühl der Enttäuschung sein. Wenn du von deinem Lebenspartner maßlos enttäuscht wirst, dann wird dieses Gefühl extrem stark und kaum ertragbar sein. Bekommst du jedoch nur ein Würstchen zu deinem Eintopf statt zwei, wie erwartet, wird sich deine Enttäuschung eher in Grenzen halten.«

»Das leuchtet mir ein«, meinte Mary. »Und wenn ich mich auf das weiche Ziehen in der Brust konzentriere, werde ich mich nicht so stark enttäuscht fühlen. Habe ich das richtig verstanden?«

»So ist es«, bestätigte Ella.

»Wir haben es also tatsächlich in der Hand, wie stark wir die Enttäuschung erleben«, schlussfolgerte ich. »Das Einzige, was wir dafür zu tun haben, ist das Gleiche, was wir sowieso zum Glücklichsein tun wollen.«

»Ganz genau!«, stimmte Ella zu. »Achtet einfach immer auf das weiche Ziehen, und das Thema Enttäuschungen könnt ihr vergessen.«

»Das hört sich fast zu einfach an«, meinte ich beeindruckt. »Danke, dass du uns das erzählt hast. Wir werden deinen Rat befolgen.«

»Dann viel Spaß euch beiden. Bis bald!«

»Bis bald, Ella.«

Unmittelbar nach diesem Gespräch erwachten Mary und ich aus dem Schlaf. Ich war mir zunächst nicht sicher, ob es nicht vielleicht doch ein ganz normaler Traum gewesen war – bis Mary sich zu mir herüberbeugte und mich anschaute. Ich sah in ihren Augen, dass wir wirklich gemeinsam geträumt hatten. Und sie sah es in meinen.

»Das ist verrückt!«, sagte sie dann verwirrt. »Es ist verrückt und gleichzeitig das Abgefahrenste, was ich je erlebt habe.«

Danach kuschelte sie sich wieder an mich. Einige Stunden später lagen wir immer noch zusammen auf der Couch. Ein Glücksgefühl, wie ich es nie zuvor erlebt hatte, füllte mich völlig aus. Obwohl ich seit fast sechzehn Stunden nichts mehr gegessen hatte, verspürte ich noch nicht einmal den Anflug eines Hungergefühls. Die Liebe schien mich so mit Energie aufzuladen, dass mein Körper nicht nach etwas Essbarem verlangte.

Als wir schließlich aufstanden, wollte ich Mary gar nicht mehr loslassen. Ich musste aber in mein Zimmer, um mir frische Kleidung zu holen. Danach wollten wir uns wieder treffen und gemeinsam an den Strand gehen.

Als ich mit ihr am Strand entlangging, hatte ich das Gefühl, ein vollkommen anderer Mensch zu sein. Alles schien wieder viel heller und farbenfroher zu sein, als das überhaupt möglich war. Ich wusste, dass dies keine Wirklichkeit sein konnte. Die Menschen, an denen wir vorbeigingen, sahen ebenfalls alle irgendwie schön aus.

Auch hier war mir klar, dass sie nicht alle über Nacht schöner geworden sein konnten. Die Liebe oder das weiche Ziehen in meiner Brust mussten meine Wahrnehmung verändert haben. Mir fielen Bodos Worte wieder ein. Er hatte behauptet, es gäbe gar keinen Unterschied zwischen dem weichen Ziehen und der Liebe. So wie es sich jetzt anfühlte, hatte er damit wohl Recht behalten.

Nach einer Viertelstunde Strandspaziergang kamen wir zu einer kleinen Gruppe von Leuten, die wir aus dem Camp kannten. Wir setzten uns zu ihnen. Sie unterhielten sich gerade über verschiedene Bewusstseinszustände. Ich verstand zunächst nicht, worum es eigentlich ging, bis jemand den Ausdruck *Höheres Selbst* nannte. Ella hatte mir gesagt, dass viele Menschen sie als Höheres Selbst bezeichnen würden. Das Gespräch begann mich zu interessieren.

»Darf ich euch mal etwas fragen?«, sagte ich zu den Leuten, die sich angeregt unterhalten hatten.

»Natürlich!«, antwortete einer aus der Gruppe. »Schieß los!«

»Was genau ist das Höhere Selbst eurer Meinung nach?«

»Lass mich diese Frage mit einem Vergleich beantworten«, entgegnete der Mann, den ich angesprochen hatte. »Wenn du träumst, bist du manchmal ein anderer Mensch. Du siehst möglicherweise ganz anders aus. Vielleicht bist du sogar im Traum eine Frau. Du erlebst sehr viele verschiedene Lebensumstände in deinen Träumen.

Doch eines ist immer das Gleiche: du selbst. Du bist und bleibst die gleiche Seele. Du kannst dich jedoch im nächsten Traum nicht an den letzten erinnern. Und dennoch warst du es, der diesen Traum erlebt hat.

Mit dem Höheren Selbst ist es ähnlich. Du bist es selbst – genau wie ich. Nur können wir uns an das Erleben als Höheres Selbst nicht vollständig erinnern. Wir können nur einen Teil der Erlebnisse wahrnehmen, und zwar nur den Teil, den wir einigermaßen verstehen können.«

»Soll das heißen, dass wir unser Höheres Selbst selbst sind?«, hakte ich nach.

»Natürlich! Wir kommunizieren mit uns selbst, wenn wir unser Höheres Selbst etwas fragen. Und wir können dabei nur wahrnehmen, was wir auch verstehen. Da jeder Mensch die Welt etwas anders versteht, unterscheiden sich dann auch die Antworten etwas voneinander, wenn verschiedene Menschen das Höhere Selbst das Gleiche fragen. Am besten macht man das immer mit mehreren Leuten gemeinsam. Stimmen die Antworten sehr stark miteinander überein, kann man ziemlich sicher sein, dass sie richtig sind. Wir haben meistens eine Zweidrittelmehrheit, wenn wir das tun. Wenn ihr wollt, können wir das ja mal gemeinsam ausprobieren?!«

»Sehr gerne«, antwortete ich.

»Dazu bräuchten wir eine Frage, die wir uns dann alle unabhängig voneinander stellen«, erklärte der Sprecher der Gruppe. »Am sinnvollsten ist eine Frage, die mit euch selbst zu tun hat. Irgendetwas, das wir anderen alle nicht wissen können.«

»Ich habe eine Frage«, meinte Mary. »Ich würde auch gerne jederzeit mit meinem Höheren Selbst kommunizieren können. Was wäre für mich die beste Maßnahme dafür?«

»Okay, dann wollen wir uns das mal anschauen«, meinte der Mann und schloss die Augen. Die anderen aus der Gruppe taten dasselbe. Nach einer Minute öffneten sie die Augen wieder und berichteten von ihren Wahrnehmungen.

»Ich traue mich das fast gar nicht zu sagen«, meinte der Mann, der das Gespräch mit uns begonnen hatte. »Denn ich habe dich in sehr unanständigen Posen gesehen. Es hatte ganz offensichtlich etwas mit Sex zu tun.«

»Bei mir war es genauso«, erklärte eine Frau aus der Gruppe. »Ich habe es zwar nicht gesehen, aber ich habe eindeutig erotische Gefühle erlebt.«

»Ich kann mich dieser Wahrnehmung nur anschließen«, meinte der Nächste aus der Gruppe. »Es geht eindeutig um Sex.«

»Sex!«, bekräftigte auch die vierte Person in der Runde. Die anderen nickten alle. Sie waren offensichtlich der gleichen Meinung.

Mary schaute die Gruppe an, als ob diese Information nichts Neues für sie wäre. Es war jedoch offensichtlich, dass sie dieses Thema nicht weiter vertiefen wollte. Sie bedankte sich lediglich für die Information und fragte dann, ob jemand Lust hätte, mit ins Wasser zu gehen.

Ich war natürlich sofort dabei. Mary spielte so ausgelassen in der Brandung herum, dass sie mich an ein kleines, unschuldiges Kind erinnerte. Bedingt durch ihre Ausgelassenheit verlor ich nach und nach ebenfalls meine Hemmungen und alberte mit ihr herum. Früher hätte ich mich sehr geschämt, mich so kindisch zu benehmen. Doch irgendwie war es in diesem Moment genau das Richtige. Es war wirklich erfrischend, endlich einmal so richtig unerwachsen zu sein. Mir war klar, dass die anderen Leute uns ein bisschen herablassend belächelten. Aber das war mir vollkommen gleichgültig. Mary fand unsere Spielchen ebenfalls toll.

Ich war schon fast blau vor Kälte, als ich endlich wieder aus dem Wasser herauskam. Mary sagte, auch sie sei schon richtig steif vor Kälte. Sie legte sich mit mir zusammen in die Sonne und kuschelte sich wieder mal an mich. Mittlerweile waren mir ihr Körper und das Kuscheln schon so vertraut, dass es mir komisch vorgekommen wäre, nicht mit ihr zu kuscheln.

Nach einer Weile packte uns der Hunger. Wir beschlossen, zum Camp zurückzugehen und etwas zu kochen. Auf dem Weg zu Marys Bungalow fielen mir unheimlich viele frisch verliebte Paare auf. Noch nirgendwo auf der Welt war mir dieses Phänomen so extrem begegnet wie hier. Es war unglaublich schön, diesen Menschen zuzuschauen.

Als wir in Marys Bungalow ankamen, wurde gerade der Tisch fürs Abendessen gedeckt. Kurzerhand wurden wir eingeladen mitzuessen. Das Essen schmeckte viel besser, als es das normalerweise hätte tun dürfen. Das weiche Ziehen in der Brust schien auch meine Geschmacksnerven zu beeinflussen.

Nach dem Essen war ich für gewöhnlich immer etwas träge und müde – doch dieses Mal nicht, obwohl ich ganz schön zugeschlagen hatte. Mary musste es wohl ähnlich gehen. Sie war voller Tatendrang. Wir zogen noch einmal los und stürzten uns ins Nachtleben des Camps.

An diesem Abend wurde eine Party veranstaltet. Als wir davon hörten, machten wir uns sofort auf den Weg. Schon von weitem konnte man hören, dass hier der Bär tobte. Es war mächtig was los. Aber vor allem war die Stimmung unglaublich gut. Die Leute lachten und tanzten, was das Zeug hielt. So ausgelassen hatte ich in einer normalen Diskothek noch nie jemanden tanzen sehen. Hier schien sich keiner Gedanken darum zu machen, wie er wohl beim Tanzen aussah. Die Leute flippten zum Teil regelrecht aus. Der größte Unterschied zur Diskothek bestand jedoch offensichtlich darin, dass sich hier alle Leute recht gut kannten. Niemand stand allein da. Alle waren miteinander in Kontakt und hatten dabei sehr viel Spaß.

Als wir ankamen, wurden wir sofort von einigen Leuten begeistert begrüßt. Wir stürzten uns ins Getümmel und tanzten mit. So viel wie an diesem Abend hatte ich in meinem ganzen bisherigen Leben zusammengerechnet nicht getanzt. Erst am frühen Morgen gingen wir zurück zu Marys Bungalow. Jetzt waren wir beide wirklich müde. Ich wusste nicht, wie ich mich nun verhalten sollte. Mary würde sicherlich nicht wieder die halbe Nacht mit mir auf der Couch verbringen wollen. Dafür sah sie viel zu fertig aus. Sie wollte jetzt sicherlich in Ruhe schlafen. Andererseits hatte ich mich in den letzten Tagen schon oft getäuscht. Vielleicht war es ihr auch wichtiger, Zeit mit mir zu verbringen, als in Ruhe auszuschlafen.

»Ich bin unendlich müde«, sagte sie dann.

Damit war eigentlich alles geklärt, dachte ich etwas enttäuscht.

»Ist es für dich in Ordnung, wenn wir uns zusammen ins Bett legen?«, fragte sie plötzlich. »Die Couch ist einfach zu unbequem.«

»Das ist okay«, erwiderte ich völlig überrascht und ärgerte mich sofort über meine blöde Antwort.

Im nächsten Moment freute ich mich jedoch viel mehr darüber, dass Mary wollte, dass ich bei ihr schlief. Ich wusste wieder einmal nicht, zu wie viel sie bereit war. Aber ich war mir ziemlich sicher, dass es nur ums Kuscheln ging.

»Ich muss aber erst die verschwitzten Klamotten loswerden«, sagte sie zu mir. »Ist es okay, wenn du in einer Viertelstunde zu mir hochkommst? Ich möchte vorher noch duschen.«

»Ich will auch noch duschen und mir frische Kleider für morgen holen«, sagte ich. »Wir sehen uns dann gleich in deinem Zimmer.«

»Komm einfach rein, wenn du fertig bist. Du brauchst nicht anzuklopfen«, sagte sie abschließend, was mir ein genial gutes Gefühl bescherte.

Als ich frisch geduscht vor Marys Tür stand, war mir dann doch ein bisschen komisch dabei zumute, einfach so hineinzugehen. Möglicherweise war es ihr doch nicht so ganz recht, wenn ich mich verhielt, als wäre ich hier zu Hause. Andererseits hatte sie ausdrücklich gesagt, ich solle nicht anklopfen. Ich öffnete vorsichtig die Tür und schaute hinein.

Mary lag schon im Bett. Sie schlug die Bettdecke neben sich auf und gab mir zu verstehen, dass ich zu ihr ins Bett kommen sollte. Mit einem Slip und einem T-Shirt bekleidet legte ich mich zu ihr. Sie schmiegte sich sofort in meinen Arm und kuschelte sich an mich.

»Es ist sehr schön mit dir«, sagte sie mit müder Stimme und schlief danach sofort ein. Diese Worte wühlten mich total auf. Obwohl ich extrem müde war, konnte ich zunächst nicht einschlafen. Danach glich mein Schlaf allerdings einer Ohnmacht.

Mary und ich erwachten an diesem Morgen genau gleichzeitig. Ich fand das sehr schön. Es gab mir das Gefühl, dass wir wirklich extrem gut miteinander harmonierten. Diese Nacht hatten wir zwar nicht gemeinsam geträumt, aber wir waren zur selben Zeit aufgewacht.

Und beide hatten wir Lust, noch länger liegen zu bleiben und zu kuscheln.

Zunächst hatte ich das Gefühl, dass ich für immer und ewig mit Mary so liegen bleiben wollte. Doch dann fiel mir brühwarm ein, dass sie nur noch zwei Tage hier im Camp sein würde. Ich hatte diesen Gedanken die ganze Zeit erfolgreich verdrängt, denn ich wollte die Zeit, die uns blieb, richtig genießen. Doch so langsam wurde ich echt unruhig. Was würde sein, wenn sie wieder nach Hause fliegen würde? Würden wir in Kontakt bleiben? Würde ich sie wiedersehen? Oder würde sie mich vergessen?

Ein leichter Anflug von Panik stellte sich bei mir ein. Was sollte ich jetzt tun? War es am besten, alles auf eine Karte zu setzen und ihr zu gestehen, dass ich mich in sie verliebt hatte? Oder sollte ich mich lieber zurückhalten und ihr die Freiheit lassen, auf mich zuzukommen?

In diesem Moment fiel mir auf, dass ich dabei war, mich in schlechte Gefühle hineinzusteigern. Ich dachte an das, was mir Ella gesagt hatte: Mit meiner Sichtweise der Welt würde ich meine Realität beeinflussen. Ich hielt das zwar immer noch für weit hergeholt, konnte aber die Gefahr, dass es vielleicht doch so war, nicht wirklich ausschließen. Deshalb sollte ich diesbezüglich besser kein Risiko eingehen, wurde mir klar. Auch sollte ich kein Risiko eingehen, was meine Wirkung auf Mary betraf. Wenn ich es zulassen würde, dass meine Panik meine Gefühle bestimmte, würde ich sicher anfangen, Mary zu drängen. Und von diesem Augenblick an wäre zwischen uns alles aus. Das durfte ich nicht zulassen! Diese Gefahr war zu groß.

Ich beschloss, auf Nummer Sicher zu gehen. Erneut machte ich mir bewusst, dass ich auch ohne Mary nicht alleine sein würde. Mein Instinkt musste also keine Angst vor Einsamkeit haben. Es gab viele Menschen, denen es was ausmachen würde, wenn ich nicht mehr da wäre. Ich dachte an diese Menschen und an die Tatsache, dass sie mich mochten. Nein, ich war wirklich nicht einsam!

Es dauerte eine ganze Weile, bis meine Bemühungen Früchte trugen. Danach konzentrierte ich mich fest auf das weiche Ziehen und die Weite in meiner Brust. Und bereits nach wenigen Minuten fühlte ich mich wieder unsagbar glücklich! Ich schätzte die Chancen, dass Mary mehr von mir wollte als nur Freundschaft, plötzlich wieder als sehr groß ein. Ich konnte mir nicht vorstellen, dass ihre Gefühle für mich rein freundschaftlicher Natur waren. Sie hatte sich mir gegenüber so zärtlich und liebevoll verhalten, dass das einfach nicht passte. Ich hatte allen Grund zu hoffen, dass mehr aus uns werden würde.

Nach einer Weile stellte sich eine regelrechte Art Zufriedenheit in mir ein. Kurz darauf fragte mich Mary, ob wir aufstehen sollten. Sie hatte Lust, sich unter die Leute zu mischen und noch etwas vom Camp-Feeling zu genießen. Ich willigte ein und stieg zufrieden aus dem Bett. Dann zog ich mich an und ging in mein Zimmer, um mir die Zähne zu putzen. Wir wollten uns in zehn Minuten wieder bei Mary treffen.

In mir war eine sonderbare Ruhe. Gleichzeitig spürte ich die Verbundenheit zu Mary – obwohl sie gar nicht anwesend war. Trotzdem hatte ich das Gefühl, ganz nah bei ihr zu sein – sogar noch mehr: Ich hatte den Eindruck, in Mary drin zu sein. Oder war sie in mir? Es war schwer auseinanderzuhalten. Manchmal meinte ich sogar, dass ich gerade ihre Gedanken hören konnte.

Ich traf sie wieder vor ihrem Bungalow. Am Swimmingpool saßen eine ganze Menge Leute beim Frühstück. Wir setzten uns dazu und tranken einen Kaffee mit. Es war gerade ein interessantes Gespräch im Gange. Bodo war da und erzählte etwas über Entscheidungsfreiheit. Für die meisten Leute hier war es offenbar noch ganz neu, dass wir immer die volle Entscheidungsfreiheit über unser Leben hatten. Sie hörten Bodo interessiert zu.

»Okay, Karsten«, sagte Bodo zu einem der Leute am Pool. »Jetzt hätte ich gerne ein paar Bestätigungen dafür, dass du immer frei entscheiden kannst, wie du dein Leben lebst.«

»Es gibt Gesetze, die meine Entscheidungsfreiheit absichern«, antwortete Karsten. »Ich kann über alles frei entscheiden. Jede meiner Entscheidungen hat Konsequenzen, aber es sind und bleiben trotzdem meine Entscheidungen – selbst dann, wenn mir die Konsequenzen nicht gefallen sollten. Ich bin derjenige, der entscheidet, ob ich die Konsequenzen tragen will oder nicht. Niemand kann mich zu etwas zwingen.«

»So sehe ich das auch«, stimmte Bodo zu. »Und jetzt führ ein paar praktische Beispiele an. Wie du weißt, verstehen deine Instinkte keine theoretischen Gedanken. Du kannst sie nur mit der realen Vorstellung von verschiedenen Lebenssituationen erreichen. Deine Instinkte verstehen keine Worte, aber sie begreifen diese Vorstellungen.«

»Ich könnte meinen Aufenthalt hier im Camp zum Beispiel verlängern«, meinte Karsten. »Ich bekäme zwar Probleme mit meinem Arbeitgeber, aber ich könnte es tun, wenn mir diese Probleme egal wären.«

»Und ich könnte Mary fragen, ob sie ihren Aufenthalt hier verlängern will«, dachte ich spontan. »Auch das hätte Konsequenzen, aber ich könnte es tun.« Ich entschied mich allerdings sofort dafür, es sein zu lassen, da Mary darauf vermutlich eher negativ reagieren würde.

»Und jetzt gib mir noch ein paar Beispiele dafür, dass du die Macht besitzt, andere Menschen zu beeinflussen«, bat Bodo Karsten.

»Ich will andere Menschen nicht beeinflussen!«, erwiderte dieser energisch.

»Jeder Mensch hat ein angeborenes Machtmotiv. Es ist einer unserer Grundinstinkte. Du kannst deine Macht zum Wohl aller einsetzen oder aber sie missbrauchen. Das liegt ganz bei dir. Auch hier hast du die absolute Entscheidungsfreiheit.«

»Und wie setze ich meine Macht positiv ein?«

»Indem du anderen zum Beispiel Vorschläge machst, die für alle gut sind. Wenn sie diese Vorschläge prüfen und für gut befinden, entscheiden sie sich, das zu tun, was du vorgeschlagen hast. Darin besteht deine Macht. Du kannst dich auf diese Weise mit deinen Ideen, Fähigkeiten oder Meinungen bei anderen einbringen. Auf diese Weise entsteht Synergie.«

»Was genau ist Synergie?«, hakte Karsten nach.

»Eins plus eins gleich drei!«, antwortete Bodo kurz. »Wenn beide mehr davon haben, als wenn sie es alleine gemacht hätten, dann besitzen sie Synergie. Und diese Synergie kann man fast immer herstellen, wenn man seine Macht richtig nutzt. Unsere Macht besteht in unserem Verstand, unserer Kreativität, unserer Begeisterungsfähigkeit, unserer Motivation und so weiter. Nutze diese Macht zum Wohle aller, und du wirst glücklicher sein als jemals zuvor.«

»Das hört sich gut an«, sagte Karsten erfreut.

»Es ist nicht wirklich schwer, den Rudelkampf zu beenden, der früher oder später fast jede Beziehung zerstört«, sagte Bodo abschließend, wobei ich nicht wusste, was er mit Rudelkampf genau meinte. Offensichtlich hatte er darüber gesprochen, bevor wir dazugestoßen waren.

»Du sagtest vorhin, dass man dieses Machtmotiv meistens gar nicht selbst spüren kann«, wandte sich eine Frau aus der Gruppe an Bodo.

»Im Allgemeinen spürt man es deshalb nicht, weil man nicht darauf achtet. Aber man kann es natürlich spüren. Stell dir einmal eine Situation vor, in der du deinen Partner ablehnst. Was für eine Situation könnte das sein?«

»Ich lehne ihn ab, wenn er anderen Frauen hinterherschaut«, antwortete sie.

»Und was willst du mit deiner Ablehnung erreichen?«

»Dass er das sein lässt!«, rief sie vehement.

»Das bedeutet, dass du ihn mit deiner Ablehnung manipulieren willst, richtig?«

»Offensichtlich«, stimmte sie nachdenklich zu.

»Wann lehnst du ihn noch ab?«, wollte Bodo wissen.

»Wenn er unpünktlich ist.«

»Und was willst du dieses Mal mit deiner Ablehnung erreichen?«

»Na dass er das nächste Mal pünktlicher ist!«

»Das bedeutet, dass du ihn auch dabei mit deiner Ablehnung manipulieren willst. Fällt dir etwas auf?«, fragte Bodo mit einem Lächeln in den Augen.

»Hmm…«, dachte die Frau laut nach. »Heißt das jetzt, dass ich jedes Mal manipuliere, wenn ich Ablehnung fühle?«

»Nicht jedes Mal«, korrigierte Bodo. »Aber in 99 Prozent aller Fälle. Wenn du jemanden *wirklich* ablehnst, dann gehst du einfach weg. Du willst mit diesem Menschen nichts mehr zu tun haben. Wann immer du aber nicht daran denkst, wegzugehen, und den anderen trotzdem ablehnst, möchtest du ihn dadurch manipulieren.«

»Dann will ich ja ständig andere manipulieren!«, stellte sie entsetzt fest.

»Und sie dich«, ergänzte Bodo. »Wann immer du etwas tust, was dein Gegenüber nicht gut findet, wirst du auch von ihm abgelehnt. Aber er lehnt nicht dich als Mensch ab. Er will nur, dass du dich änderst.«

»Das ist ja heftig!«, rief sie entsetzt.

»Noch heftiger ist es, was meistens danach passiert«, kündigte Bodo an. »Wie reagierst du denn darauf, wenn dich dein Partner ablehnt? Lässt du dir das gefallen?«

»Natürlich nicht!«, antwortete sie entschlossen.

»Was genau tust du, um dich dagegen zu wehren?«

»Ich lehne ihn ebenfalls ab.«

»Und wer am meisten ablehnt, hat gewonnen!«, meinte Bodo amüsiert. »Was passiert als Nächstes? Wie reagiert er auf deine Gegenablehnung?«

»Er wird in der Regel wütend«, erkannte sie.

»Und was machst du?«

»Ich werde dann ebenfalls wütend.«

»Wer von euch beiden beginnt dann als Erstes mit den Schuldzuweisungen?«, fragte Bodo grinsend.

»Woher weißt du, dass wir uns Schuldzuweisungen machen?«, wollte sie erstaunt wissen.

»Weil das alle so machen«, erklärte Bodo. »Dieser gegenseitige Manipulationskampf läuft immer sehr ähnlich ab. Wer fängt also mit den Schuldzuweisungen an?«

»Manchmal er und manchmal ich«, antwortete sie. »Das kann ich so pauschal nicht sagen.«

»Und wie reagiert der jeweils andere auf die Schuldzuweisungen?«

»Er macht dann ebenfalls welche.«

»Und wer die besseren Argumente hat, gewinnt, oder?!«

»Es sei denn, der andere ist vorher beleidigt«, meinte sie und lachte jetzt selbst über dieses alberne Machtspielchen.

»Beleidigtsein ist gut«, stimmte Bodo zu und ging damit gleich auf die Stimmung der Frau ein. »Wenn man keine besseren Argumente hat, dann ist man halt beleidigt. Und wer gewinnt beim Beleidigtsein?«

»Derjenige, der länger durchhält«, erkannte sie und lachte über sich selbst.

»Stell dir mal vor, du wärst meine Frau«, bat Bodo.

»Das wäre ja schrecklich!«

»Du kannst dir gar nicht vorstellen, *wie* schrecklich das wäre«, konterte Bodo auf ihren Scherz hin. »Ich würde nämlich zu einer Waffe greifen, bei der du keine Chance hättest. Ich würde leiden wie ein Hund. Ich würde *so* was von schrecklich leiden. Und ich würde keinen Zweifel daran lassen, dass *du* dafür verantwortlich bist. Das würde ich dann auch gleich noch allen unseren Freunden klarmachen.«

»Dann würde ich noch mehr leiden!«, wehrte sie sich.

»Das schaffst du nicht!«, meinte Bodo selbstsicher.

»Du hast mich noch nie wirklich leiden sehen. So, wie ich das beherrsche, bekomme ich sogar selbst mit mir Mitleid.«

»Dann würde ich halt krank werden, und du wärst schuld daran!«, konterte sie.

»Wenn du das tun würdest, würde ich noch viel kränker werden als du. Das hättest du dann davon! Selber schuld!«

»Dann würde ich an meiner Krankheit sterben«, gab sie zurück.

»Auch das würde dir nichts nützen«, nahm Bodo den Kampf auf. »Wenn du stirbst, dann sterbe ich schneller. Und ich sterbe sehr viel leidvoller als du. Ich sieche dahin!«

»Wenn das alles nicht so lustig wäre, dann wäre es ganz schön traurig.«

»An diesem blöden Machtkampf zerbrechen früher oder später zwei Drittel aller Beziehungen«, stimmte Bodo ihr zu. »Bei wem ist seine letzte Beziehung auf diese Art und Weise in die Brüche gegangen?«, fragte er in die Gruppe und schaute sich neugierig um. Die meisten der Leute meldeten sich daraufhin leicht betroffen.

»Wollt ihr das noch einmal zulassen?«, fragte er dann motivierend. »Oder sollen wir dafür sorgen, dass das nie wieder passiert?«

»Nie wieder!«, sagte ein Mann aus der Gruppe sichtlich ergriffen. Man konnte ihm ansehen, dass es ihm gerade nicht wirklich gut ging.

»Ist wohl ein aktuelles Thema, was?«, fragte ihn Bodo.

»Ich bin mit meiner Frau hier. Mit diesem Camp-Aufenthalt haben wir uns die letzte Chance für unsere Beziehung gegeben. Wenn wir das hier nicht auf die Reihe bringen, dann überhaupt nicht mehr.«

»Dann kannst du dir ja richtig was rausziehen aus diesem Camp. Herzlichen Glückwunsch dazu«, meinte Bodo erfreut.

»Ich weiß nicht, ob das noch einen Sinn hat«, wandte er frustriert ein. »Sie hat sich hier rausgehalten. Sie hält nichts von diesem ganzen Zeug.«

»Das ist nicht weiter wichtig«, erwiderte Bodo. »Einer allein kann noch keinen Rudelkampf machen. Wenn du mit diesem Ablehnungsmist aufhörst, wird sie es sehr schnell auch tun. Das ist immer so. Sie braucht zunächst gar nichts zu machen, um eure Beziehung zu retten. Es genügt, wenn du es tust.«

»Das wäre zu schön, um wahr zu sein«, meinte er. »Ich kann mir das aber nicht vorstellen. Unsere Situation ist wirklich sehr verfahren.«

»Nutze die Chance und versuch es! Sei dir bewusst, warum du sie eigentlich manipulieren willst, und suche nach Synergie. Wenn du das tust, fühlst du dich nicht machtlos und musst infolgedessen auch keine Ablehnung erzeugen.«

»Ich weiß nicht, warum ich sie manipulieren möchte«, sagte er.

»Das ist doch ziemlich einfach zu verstehen. Du willst sie manipulieren, damit sie sich so verhält, wie du das für richtig hältst. Sie soll sich so verhalten, damit du mit ihr glücklich sein kannst. Kannst du das nachvollziehen?«

»Logisch ist das schon. Doch da stoße ich gleich auf das nächste Problem: So, wie sie sich verhält, kann ich nicht glücklich sein.«

»Bist du dir da sicher?«, fragte Bodo in skeptischem Tonfall. »Weißt du denn, was du wirklich brauchst, um glücklich zu sein?«

»Meine Grundmotive müssen erfüllt sein.«

»Ganz genau! Bevor du hierhergekommen bist, hast du vermutlich nichts davon gewusst. Daher musstest du deine Frau manipulieren. Aber jetzt, wo du es weißt, sollte dir schon klar sein, dass du auf jeden Fall glücklich sein kannst – auch wenn deine Frau sich nicht genauso verhält, wie du es für richtig befindest.«

»Theoretisch schon«, zögerte er.

»Dann machen wir jetzt Praxis daraus«, schlug Bodo vor. »Ist dein Leben ernsthaft in Gefahr, wenn deine Frau sich nicht ändert?«, wollte er wissen. »Wirst du dann verhungern oder erfrieren? Oder wird sie dich vielleicht erschlagen?«

»Nein, natürlich nicht«, antwortete er verwundert.

»Dein Leben ist also nicht in Gefahr«, betonte Bodo noch einmal. »Wie sieht es mit deiner Zusammengehörigkeit zu all deinen Freunden und Bekannten aus. Ist die in Gefahr?«

»Natürlich auch nicht«, gab der Mann an.

»Denk an die Menschen, die nach wie vor zu dir halten würden, auch wenn deine Frau sich nicht ändert. Und jetzt kommen wir zu der wichtigsten Frage: Ist deine

Entscheidungsfreiheit in Gefahr, wenn sie sich nicht ändert?«

»Eigentlich auch nicht«, meinte der Mann nachdenklich.

»Eigentlich nicht?!«, wiederholte Bodo die letzte Aussage skeptisch.

»Ich bin mir nicht so ganz im Klaren darüber, wie das laufen soll«, erklärte er. »Wenn sie weiterhin Macht auf mich ausüben will, dann muss ich mich ja schon wehren.«

»Sonst würde sie sehr bald vollkommen über dich bestimmen, stimmt's?«

»Irgendwie ist das doch so!«, gab der Mann zu. »Wenn ich mich nicht wehre, kann sie ja mit mir machen, was sie will.«

»Du hast also Angst, dass du deine Entscheidungsfreiheit verlierst«, fasste Bodo zusammen.

»Offensichtlich«, stimmte der Mann zu.

»Und deshalb will keiner von euch beiden mit dem Machtkampf aufhören. Ich vermute sehr stark, dass deine Frau ebenfalls große Angst davor hat, ihre Entscheidungsfreiheit zu verlieren. Damit kann keiner von euch aus dem Spiel aussteigen.«

»Das hört sich nicht sehr ermutigend an«, meinte der Mann.

»Es hört sich vielleicht negativ an! In Wirklichkeit ist die Sachlage aber ganz einfach. Mach dir in den nächsten Tagen von morgens bis abends bewusst, dass du deine Entscheidungsfreiheit immer behalten wirst. Ebenfalls solltest du dir bewusst machen, dass du deine Macht gegenüber deiner Frau nicht aufgeben musst. Das kann niemand. Dieses Machtmotiv ist uns angeboren. Wir können nicht zu allem Ja und Amen sagen. Wir haben Wünsche und Bedürfnisse, die wir erfüllen wollen. Die Frage ist aber, ob du deine Macht negativ oder positiv einsetzt. Probierst du es über die Ablehnung, wirst du deine Frau dazu zwingen wollen, dass sie deine Wünsche erfüllt. Wird dir aber klar, dass ihr beide letztendlich die gleichen Ziele habt, kannst du anfangen, nach Synergie Ausschau zu halten. Du kannst deine Macht dann nutzen, um deiner Frau Vorschläge zu machen, mit denen sowohl ihre als auch deine Wünsche erfüllt werden. Was meinst du? Mit welcher Variante sind deine Erfolgschancen größer, dass du deine Wünsche und Bedürfnisse mit deiner Frau zusammen ausleben kannst – mit der Ablehnungsmasche oder mit Synergie?«

»Mit Synergie natürlich!«, antwortete er begeistert.

»Und? Wie sieht es jetzt aus? Hat eure Beziehung noch eine Chance, auch wenn deine Frau hier nicht mitmacht, oder hat sie keine?«

»Sie hat eine Chance!«, rief der Mann erfreut. »Ich glaube, das könnte wirklich funktionieren.«

»Geh deine Entscheidungsfreiheit in deiner Beziehung noch einmal detailliert durch! Das ist nämlich der Punkt, an dem du festhängst. Wenn du das in den Griff bekommst, sehe ich für eure Beziehung eine sehr gute Chance. Also leg los!«

»Worauf du dich verlassen kannst!«, erklärte der Mann bestimmt. »Danke!«

»Ich geh dann mal weiter«, meinte Bodo dann. »Es war schön mit euch.«

Die Gruppe löste sich daraufhin recht schnell auf. Mary und ich waren wieder allein. Wir beschlossen, zum Strand zu gehen. Hier war allerhand los: Wir kamen zu einer kleinen Gruppe aus dem Camp, die das Wellensurfen versuchte. Sie waren dabei nicht sehr erfolgreich. Es war total lustig, wie sie probierten, eine Welle zu erwischen und sie zu reiten. Einem von ihnen gelang es schon ganz gut. Aber auch ihm zuzuschauen entbehrte nicht einer gewissen Komik. Er war so ein richtiger Kamikaze. Kaum dass er es geschafft hatte, die Wellen einigermaßen zu erwischen, da versuchte er schon, sich auf das schmale Surfbrett zu stellen – mit mäßigem Erfolg, wohlgemerkt.

Mary und ich verspürten große Lust mitzumachen. Das war glücklicherweise überhaupt kein Problem. Einige aus der Gruppe hatten bereits das Handtuch geworfen. So konnten wir uns ihrer Ausrüstung bedienen. Wir ließen uns erklären, wie das Ganze funktionieren sollte.

Die Theorie war sehr einfach: »Schau, dass du die Welle im richtigen Augenblick erwischst, und paddel mit den Händen wie ein Verrückter! Wenn du das geschafft hast, dann versuch dich auf das Brett zu stellen.«

So einfach die Theorie war, so schwierig war die Umsetzung. Ich paddelte wie ein Verrückter, wenn eine Welle kam. Aber offensichtlich immer im falschen Augenblick. Mary hatte etwas mehr Glück. Eine riesige Welle türmte sich genau dort auf, wo sie mit ihrem Brett lag. Sie paddelte allerdings etwas zögernd, denn die Welle sah wirklich furchterregend aus, wenn man sie von hinten auf sich zukommen sah. Die Welle war jedoch so groß, dass sie Mary trotzdem mit sich nahm. Diese schrie vor Vergnügen, bis sie an den Strand gespült wurde, sprang sofort auf und rannte wieder zurück ins Wasser. Sie war total begeistert von dem Ritt. Ich freute mich mit ihr und dachte, dass ich bestimmt auch bald eine Welle erwischen würde. Und da kam auch schon eine. Neben mir war ein Junge, der das Surfen wirklich gut draufhatte. Ich versuchte, ihm einfach seine Bewegungen nachzumachen, und fing im gleichen Augenblick wie er an zu paddeln. Es klappte: Die Welle nahm mich mit. Ich war beeindruckt und gleichzeitig etwas erschrocken von der Gewalt des Wassers. Mit rasender Geschwindigkeit schoss ich auf den Strand zu.

Im Gegensatz zu Marys Brett hatte meines kleine Finnen, die wohl dabei helfen sollten, das Brett in der Spur zu halten. Wegen dieser Finnen musste ich jetzt schnell etwas unternehmen. Mein Vorgänger hatte mir gesagt, dass ich aufpassen müsse, damit die Wellen mich nicht auf den Strand werfen, denn dabei würden die Finnen abbrechen. Ich sah keinen anderen Ausweg: Ich ließ mich einfach vom Brett fallen. Es war unglaublich, mit welcher Gewalt die Welle mich herumschleuderte. Ich wusste nicht mehr, wo oben und unten war. Das Brett, das an meinem Bein festgebunden war, behinderte mich noch zusätzlich. Es blieb nicht aus, dass ich einen kräftigen Schluck dieses leckeren Meerwassers nahm. Danach brauchte ich erst einmal eine Pause. Ich setzte mich zu den anderen gescheiterten Existenzen und schaute mit ihnen gemeinsam den noch Übenden zu.

Mary gelang es jetzt immer häufiger, die Welle richtig zu erwischen. Sie wurde fast jedes Mal bis zum Strand mitgenommen. Als sie wieder einmal auf einer schönen großen Welle trieb, wurde mir schwindelig. Ich hatte plötzlich das Gefühl, selbst auf Marys Brett zu liegen. Ich spürte alles ganz deutlich. Mein Bewusstsein war jetzt in Marys Körper! Der Michael, der am Strand saß, war nicht mehr wichtig. Ich hatte sogar zwischendurch den Eindruck, mich selbst vom Meer aus am Strand sitzen zu sehen.

Als ich in Marys Körper auf dem Strand zum Stehen kam, sprang mein Bewusstsein abrupt wieder in meinen eigenen Körper zurück. Ich sah Mary fassungslos auf mich zukommen. »Was war denn das?«, fragte sie begeistert.

»Hast du es auch gespürt? Ich dachte zuerst, das war nur Einbildung.«

»Du warst mit mir auf dem Brett, so wahr wie ich dich jetzt hier sitzen sehe!«, versicherte sie mir.

»Das ist unglaublich! Wie kann das sein?«

»Ich denke, wir sollten Ella heute Nacht danach fragen. Aber jetzt gehe ich noch mal ins Wasser. Du kannst ja mitkommen, wenn du willst – ob mit oder ohne Körper!«

Ich spürte, dass dies eine ernst gemeinte Einladung war. Danach versuchte ich immer wieder, mit meinem Bewusstsein in Mary hineinzuschlüpfen. Aber es gelang nicht mehr.

In der Zwischenzeit hatte einer aus der Gruppe sein Brett an den Strand gelegt, und ich nahm es. Es war ein Brett ohne Finnen, und ich hatte damit ein besseres Gefühl. Jetzt musste ich wenigstens keine Notbremsung mehr machen.

Ich paddelte hinaus zu Mary. Es war toll, ihre Begeisterung mitzuerleben. Sie war total ansteckend. Als die nächste größere Welle kam, starteten Mary und ich zur gleichen Zeit. Es war seltsam: Es klappte alles so gut bei mir, als hätte ich die ganze Zeit geübt. Das konnte nicht nur an dem anderen Brett liegen. Zuerst glaubte ich noch an einen Zufall. Aber als ich die nächste Welle nahm, spürte ich, dass ich das Gefühl hatte, nicht meinen, sondern Marys Körper zu besitzen. Und der wusste genau, wie er das mit dem Surfen machen musste. Ich brauchte gar nicht zu überlegen. Ich machte auf Anhieb alles richtig – zumindest all das, was Mary bereits konnte. Es war ein tolles Gefühl, Marys Körper zu spüren. Obwohl wir beide räumlich getrennt waren, hatte ich doch das Gefühl, ihr noch nie näher gewesen zu sein als in diesem Augenblick. Mary schien diese Verbindung auch zu spüren. Sie deutete an, dass sie meinen Körper fühlen konnte, als wäre es ihr eigener. Symbolisch streichelte sie ihren und damit meinen Körper, um mir zu signalisieren, dass ich bei ihr war.

Das Surfen gelang mir mittlerweile immer besser. Ich versuchte gelegentlich, mich aufs Brett zu stellen. Es war schwirig, und ich fiel immer wieder ins Wasser, aber ich übte hartnäckig weiter. Schließlich schaffte ich es, bestimmt dreißig Meter auf dem Brett zu stehen.

Mary dagegen hatte nicht versucht, sich hinzustellen. Als sie mich jedoch bei meinem gelungenen Versuch sah, stieg in ihr der Ehrgeiz auf, es auch zu probieren. Sie erwischte eine Welle und stellte sich einfach hin. Es war unfassbar. Ich hatte bestimmt zwanzig Versuche gebraucht, bis ich es schaffte, und ihr gelang es beim ersten Mal.

Nach und nach wurden wir beide immer besser. So vergingen einige Stunden, in denen wir sehr viel Spaß hatten. Schließlich brachten wir unsere Bretter als Letzte zum Camp zurück. Wir waren beide ziemlich ausgepowert. Im Wasser merkte man gar nicht, wie anstrengend das war.

Auf dem Rückweg zum Camp erzählten wir uns in der Gruppe gegenseitig unsere Heldentaten. Die Wellen wurden in unseren Erzählungen immer größer.

Mary und ich hatten inzwischen einen Bärenhunger. Wir duschten und trafen uns gleich darauf in Marys Küche, um uns etwas zu kochen. Mit unserem Essen gingen wir dann wieder zu den Tischen am Pool, wo wir einige der anderen Surfer antrafen. Wir saßen noch den ganzen Abend miteinander am Pool und alberten herum.

Relativ früh wurden Mary und ich dann schon müde. Die Anstrengungen beim Surfen und der Schlafmangel der letzten Tage machten sich so langsam bemerkbar. Wir gingen in Marys Zimmer, das ich zu diesem Zeitpunkt schon als *unser* Zimmer bezeichnete. Eng umschlungen schliefen wir beide glücklich ein.

In dieser Nacht träumten wir wieder den gleichen Traum. Wir trafen Ella an einem sehr gemütlichen Ort. Es war ein schönes Wohnzimmer mit offenem Kamin. Wir saßen alle drei vor diesem Kamin und schauten dem Feuer zu.

»Ella, es passieren seltsame Dinge mit uns. Kannst du uns etwas darüber sagen?«, fragte Mary.

»Das kann ich«, antwortete Ella. »Ihr beide habt eine sehr große Zusammengehörigkeit aufgebaut in den letzten Tagen. Ihr werdet immer mehr eins. Ihr habt die Ängste hinter euch gelassen, die normalerweise verhindern, dass Menschen sich so stark aufeinander einlassen wie ihr. Normalerweise haben die Menschen große Angst, verletzt oder enttäuscht zu werden. Oder sie haben Angst, von dem anderen vereinnahmt zu werden und ihre Willensfreiheit zu verlieren. All diese Ängste habt ihr besiegt und damit den Weg zu einem neuen, gemeinsamen Bewusstsein frei gemacht. Eure gemeinsamen Träume waren nur die ersten Vorboten von dem, was noch passieren wird.«

»Kannst du uns schon etwas von dem verraten, was auf uns zukommt?«, wollte Mary neugierig wissen.

»Ich kann es versuchen. Ihr werdet es allerdings nicht hundertprozentig verstehen können, da es so etwas in eurem Erfahrungsschatz bisher noch nie gab. Ihr werdet ein neues Identitätsgefühl schaffen. Bisher habt ihr euch jeweils als ein Ich empfunden. Bald wird sich dieses Gefühl in ein Wir gewandelt haben. Das heißt nicht, dass sich das Ich deshalb auflösen würde – ihr bekommt zu dem Ich nur noch ein Wir hinzu. Beim Surfen habt ihr einen kleinen Vorgeschmack darauf bekommen.«

»Als ich im Camp ankam, hätte ich mir nie träumen lassen, dass das Leben so schön werden kann«, sagte ich begeistert.

»Ich möchte gerne noch etwas anderes träumen, Michael«, meinte Mary plötzlich. »Ich muss unbedingt mal was ausprobieren. Wenn du noch hier bei Ella bleiben willst, dann gehe ich schon mal vor in einen anderen Traum.«

»Ich komme mit! Wenn du nichts dagegen hast, Ella?«, fragte ich höflich.

»Michael, du darfst mich nicht wie einen Menschen sehen«, erwiderte Ella. »Ich bin immer bei euch, egal, wo ihr seid. Und ich habe auch niemals etwas gegen eure Entscheidungen. Ich wünsche euch viel Spaß.«

»Bis bald, Ella.«

Ich folgte Mary in einen sehr interessanten Traum.

Unsere Körper verschmolzen in diesem Traum zu einem einzigen. In uns wurde das weiche Ziehen stärker und stärker. Doch das Beeindruckendste war die Weite, die sich in uns ausbreitete. Wir wurden schließlich selbst zu dieser Weite.

Mary und ich waren jetzt reine positive Energie. Plötzlich teilten wir uns in zwei räumlich getrennte Energieformen, die jedoch weiterhin energetisch miteinander verbunden waren. Die Umgebung um uns herum veränderte sich.

Nach einer Weile wurde mir plötzlich klar, dass ich auf der einen Seite der Erde war und Mary auf der anderen. Die Ausstrahlung unserer positiven Energie umfasste jetzt die gesamte Erde. Wir durchfluteten alles, was auf dieser Erde lebte. Es war ein gigantisches Gefühl. Wir spürten, wie der innere Klang der gesamten Erde sich veränderte. Und wir spürten, dass dies der Erde guttat.

Danach vereinigten sich unsere Energiekörper wieder, und wir wurden nach und nach wieder Mary und Michael. Kurz darauf wachten wir auf.

»Das war ja gigantisch!«, meinte Mary und schaute mich euphorisch an. »Glaubst du, dass mit der Erde wirklich etwas geschehen ist, während wir das taten? Oder war das nur ein Traum?«

»Ich weiß es nicht«, erwiderte ich ergriffen von den starken Gefühlen, die ich immer noch in mir spürte. Mein gesamter Körper schien weiterhin aus dem weichen Ziehen und der Weite zu bestehen.

Mary war total aufgekratzt und wollte nun unbedingt aufstehen und etwas erleben. Also gingen wir zum Strand und genossen die ersten Sonnenstrahlen. Von der Sonne schien eine zauberhafte Energie auszugehen – ein Gefühl der Lebensliebe. Dieses Gefühl ließ das weiche Ziehen und die Weite in unserer Brust noch intensiver werden.

Es dauerte nicht lange, bis wir es nicht mehr aushielten, still sitzen zu bleiben. Wir bekamen große Lust, mit anderen Menschen zusammenzukommen und etwas Nettes zu unternehmen. Wir gingen zurück ins Camp und trafen auf eine Gruppe, die offensichtlich etwas vorhatte. Wir erfuhren, dass etwa zehn Leute sich zusammen auf den Weg in die Stadt machen wollten, und fragten sie, was sie genau planten.

»Wir wollen uns Roller mieten und auf eigene Faust das Hinterland erkunden. Vielleicht fahren wir auch die Küste entlang. Da sind wir uns noch nicht so ganz einig. Aber warum fragt ihr? Habt ihr vielleicht Lust mitzukommen?«, sagte ein Mann aus der Gruppe.

»Na, sollen wir?«, rief Mary begeistert.

»Auf jeden Fall! Das wird bestimmt ein Heidenspaß. Hoffentlich haben die noch genug Roller da.«

»Ich denke schon«, meinte eine Frau, die gemeinsam mit ihrem Mann dabei war. »Wir haben unsere Roller vorbestellt. Wenn es eng wird, fahre ich mit meinem Mann zusammen auf einem Roller, und ihr könnt den anderen nehmen.«

»Das ist sehr lieb von dir«, erwiderte Mary dankbar. »Wir kommen gerne mit.«

Auf dem Weg in die Stadt hatten wir bereits viel Spaß. Diese Leute waren wirklich sehr lustig. Wir wunderten uns darüber, dass sie uns bisher noch nie aufgefallen waren – besonders einer aus der Gruppe; er hieß Raphael und wurde von allen Raffi genannt. Er war die Begeisterung in Person. Zuvor hatte er schon allen Leuten hier vom Rollerfahren vorgeschwärmt. So wie Raffi Begeisterung ausstrahlte, konnte sich niemand seinem Einfluss entziehen. Er zog alle mit. Es war offensichtlich, dass jeder, der in Raffis Nähe kam, vor Motivation auf irgendein Vorhaben fast platzen musste.

Ich hatte mir früher immer gewünscht, selbst so zu sein wie Raffi. Er war überall als Stimmungskanone beliebt. Die gesamte Gruppe lebte von Raffis Elan. Ohne ihn wären sie wahrscheinlich gar nicht zusammengekommen. Es war ganz offensichtlich, dass Raffi der Mittelpunkt bei allem war, was die Gruppe gemeinsam unternahm. Er steckte sie alle an mit der euphorischen Art, auf die er das Leben sah. Nicht dass sich Raffi anstrengen musste, so zu sein – es war seine Natur. Es war regelrecht erfrischend, in seiner Nähe zu sein.

Als wir beim Roller-Verleih ankamen, waren alle Roller bis auf die vorbestellten bereits vermietet. Wir mussten das Angebot der netten Frau in Anspruch nehmen. Sie hieß Margit und war etwas älter als die meisten anderen. Ich schätzte sie auf Mitte fünfzig. Sie und ihr Mann teilten sich einen Roller – was nicht einfach war, wenn man den Körperumfang ihres Mannes berücksichtigte. Aber es ging. Irgendwie quetschte sie sich doch noch hinter ihn.

Für Mary und mich bot der Roller mehr als genug Platz. Wir saßen recht bequem. Mary schlug vor, dass ich fahren sollte, da sie noch nie mit einem Roller gefahren war. Sie selbst wollte es später mal versuchen.

Als schließlich alle fertig waren, fuhren wir los. Die Wahl der Route war doch auf die Küstenstraße gefallen. Es war echt lustig, mit so vielen Rollern an der Strandpromenade entlangzufahren. Einige Touristen drehten sich nach uns um und grüßten uns.

Während wir so vor uns hinfuhren, ging mir dauernd Raffi durch den Kopf. Alle Leute in der Gruppe hatten große Lust, in Raffis Nähe zu sein. Wie genau entstand diese Lust? Warum ging es mir selbst genauso? Diese Frage stellte ich mir immer wieder.

»Dafür gibt es einen ganz einfachen Grund«, antwortete plötzlich Ella völlig unerwartet in meinen Gedanken. »Raffi hat all das umgesetzt, was ihr hier im Camp gelernt habt. Er fühlt ganz deutlich, dass seine Grundmotive erfüllt sind. Und er spürt das weiche Ziehen in der Brust als Permanentgefühl. Daher findet er das ganze Leben einfach nur wunderbar. Was meinst du, Michael? Ist ein Mensch für dich interessant, der etwas erreicht hat, was du auch gerne erreichen willst?«

»Natürlich! Und wie!«

»Wie wäre es mit einem Menschen, der alles erreicht hat, was alle Menschen auf diesem Globus je wollten? Wäre dieser Mensch für dich interessant?«

»Es wäre wohl der interessanteste Mensch auf dieser Erde!«, antwortete ich in Gedanken.

»Raphael hat es erreicht. Und du stehst kurz davor! Alle Menschen auf dieser Welt wollen ihre Grundmotive erfüllen, und sie wollen ihr Leben schön finden. Und Raphael hat es mit dem weichen Ziehen und der Weite in seinem Körper geschafft. Er spürt diese Empfindungen jetzt überall – vom Scheitel bis zur Sohle. Und genau das wirst du in ein paar Tagen auch tun. Damit werden sich deine Mitmenschen genauso für dich interessieren, wie sie das jetzt für Raphael tun.«

»Bin ich wirklich schon so nah dran?!«, fragte ich ungläubig. »Was ist mit Mary? Wann wird Mary so weit sein?«

»Sie wäre schon längst so weit, wenn sie das mit dem Sex in den Griff bekäme. Aber lass dich diesbezüglich einfach überraschen.«

Ellas Worte hatten mich total aufgewühlt. Sollte das wirklich alles wahr gewesen sein? Oder waren es nur Einbildungen, die meiner momentanen Hochstimmung entsprangen?

Wir fuhren an diesem Tag so lange herum, bis wir alle nicht mehr richtig sitzen konnten. Spät am Abend gaben wir unsere Roller zurück. Es war ein sehr schöner Ausflug gewesen. Mir war jetzt nach einem guten Essen und nach Ausruhen zumute. Mary ging es genauso. Das konnte ich deutlich spüren.

Bevor wir zurück ins Camp gingen, setzten wir uns in ein Restaurant und bestellten uns eine dicke, fette Pizza. Wir blieben bis spät in die Nacht in dieser Pizzeria. Da wir an diesem Abend viel gesessen waren, hatten wir Lust, danach noch ein wenig am Strand im Mondschein zu laufen.

Es war unendlich romantisch, mit Mary hier zu sein. Wir legten uns zusammen in den Sand und schauten in die Sterne. »Michael?«, sagte Mary plötzlich in einem betroffenen Tonfall und sah mich direkt an. »Morgen ist mein letzter Tag hier im Camp.«

Ich hatte diese Tatsache bisher erfolgreich verdrängt. Ich wollte es einfach nicht wahrhaben. Doch jetzt, wo Mary es so direkt ansprach, war es wie ein Schlag in die Magengrube. Sofort schossen mir die Tränen in die Augen.

»Ich will noch nicht nach Hause«, sagte sie traurig. »Ich will bei dir bleiben.« Mary schaute mir dabei tief in die Augen und suchte Trost in ihnen.

Dann sagte sie plötzlich leise und gefühlvoll: »Ich liebe dich. Ich habe dich vom ersten Augenblick an geliebt.«

»Und ich liebe dich!«, antwortete ich unter Tränen. »Mehr als alles andere auf der Welt.«

Wir küssten uns sehr zärtlich. Eng umschlungen lagen wir viele Stunden unterm Sternenhimmel. Ich war der glücklichste Mann der Welt. Ich wusste, wir würden irgendeinen Weg finden, wie wir zusammenbleiben könnten.

»Sag mir, dass ich nicht träume!«, bat ich Mary. »Und wenn es ein Traum ist, dann lass uns nie wieder aufwachen.«

»Es ist Wirklichkeit, Michael. Ich habe am Anfang versucht, meine Gefühle zu verdrängen, weil ich Angst hatte, eine feste Beziehung einzugehen. Ich habe panische Angst vor dem Sex, deshalb wollte ich lieber allein bleiben. Als ich aber allein auf der Rundreise war, merkte ich, dass ich nicht mehr ohne dich sein wollte. Ich bin so froh, dass du mit mir auf die Exkursion gekommen bist.«

»Und ich erst! Ich bin der glücklichste Mann der Welt. Und was den Sex angeht, können wir von mir aus ewig warten, und wenn es bis zum Ende unseres Lebens dauert. Ich bin so glücklich mit dir, dass mir der Sex nicht fehlt.«

»Ich will mit dir zusammenleben – und wenn es unter einer Brücke als Penner wäre. Das ist mir egal. Hauptsache, wir sind zusammen«, sagte Mary glücklich.

Spät in der Nacht gingen wir zurück zu unserem Bungalow. Wir hatten die Idee, dass Mary ihren Aufenthalt im Camp vielleicht noch etwas verlängern könnte. Das Camp war zwar normalerweise immer ausgebucht, doch Mary brauchte kein eigenes Bett. Ich hatte ja glücklicherweise ein Einzelzimmer gebucht, und sie könnte einfach bei mir schlafen. Wir hofften, dass dies möglich war. Wir wollten es gleich am nächsten Morgen mit der Campleitung besprechen.

Als wir in dieser Nacht einschliefen, war mir klar, dass mein Leben von nun an nie wieder so trist sein würde, wie es das früher gewesen war. Egal, wie es weitergehen würde, es würde gut sein. Ich hatte so viel über das Leben und das Glück gelernt, dass ich mit allen Lebensumständen klarkommen würde. Und ich hatte meine Mary. Von jetzt an würde ich auf jeden Fall glücklich sein.

Mittlerweile spürte ich das weiche Ziehen und die Weite tatsächlich überall im Körper, so wie Ella das angedeutet hatte. Wenn das mit der Realitätsgestaltung wirklich stimmte, dann hatte ich es dieser Empfindung zu verdanken, dass sich mein Leben so positiv entwickelt hatte. Ich hatte nun mehr, als ich jemals zu träumen gewagt hätte.

Als ich am Morgen aufwachte und Mary neben mir im Bett liegen sah, konnte ich es kaum fassen, dass wir jetzt wirklich zusammen waren. Am liebsten hätte ich vor Glück laut aufgeschrien, doch stattdessen schossen mir vor Glück die Tränen in die Augen. Ich konnte meine wunderbaren Gefühle kaum aushalten. Sie waren so stark, dass ich glaubte, vor Glück gleich zerspringen zu müssen.

Nach einer Weile wachte Mary ebenfalls auf. Sie sah mich verliebt an und kuschelte sich an mich. So lagen wir noch sehr lange zusammen.

Als wir schließlich aufstanden, hatte ich das Gefühl,

dass Mary von einem speziellen und wundervollen Zauber umgeben war. Sie sah schöner aus als jemals zuvor. Ich zerfloss jedes Mal förmlich vor Liebe, wenn ich sie ansah.

Wir gingen zur Leitung des Camps und versuchten, Marys Aufenthalt zu verlängern. Es war glücklicherweise kein Problem. Zwar musste Mary aus ihrem Zimmer ausziehen, da es schon wieder anderweitig vermietet war, doch sie konnte danach gleich bei mir einziehen.

Nachdem wir die Formalitäten erledigt hatten, gingen wir voller Freunde zurück in ihr Zimmer und räumten ihre Sachen in meines um. Es war ein tolles Gefühl, dass Mary bei mir einzog. Es war, als wäre damit unser zukünftiges Zusammenleben besiegelt.

Am frühen Nachmittag gingen wir dann noch einmal zum Strand. Hier war immer etwas los. Eine Gruppe von bestimmt fünfzig Leuten weckte unsere Aufmerksamkeit. Sie standen alle sehr nah beieinander im Kreis und hatten offensichtlich irgendetwas vor.

»Als Erstes wollen wir den Klang der Lust in uns finden und aktivieren«, erklärte eine Frau, die diesen Event offensichtlich moderierte.

Wir verstanden zwar nicht, was mit dem Ton der Lust gemeint war, aber wir beschlossen, einfach einmal mitzumachen.

»Jeder innere Ton lässt sich einem äußeren Ton zuordnen. Deshalb möchte ich, dass jeder für sich einen Ton vor sich hin summt oder singt, der das Gefühl von Lebenslust widerspiegelt. Hört als Erstes in euch hinein, wie der Ton der Lebenslust klingt! Und dann macht ihn mit eurer Stimme nach!«

Ein wildes Gesumme ertönte in der Runde. Immer wieder mussten manche von uns aufhören und erst einmal kräftig lachen. Nach einer Weile entstand jedoch ein ganz seltsames Phänomen, mit dem weder Mary noch ich gerechnet hatten: Der Klang der Lebenslust in der Runde wurde immer ähnlicher. Jeder summte zwar einen anderen Ton, aber alle Töne harmonierten miteinander. Es entstand ein gemeinsamer Lebenslustklang der gesamten Gruppe. Es war ein gigantischer Ton. Obwohl er nicht laut war, empfanden wir ihn alle als äußerst kraftvoll und mächtig. Das Gefühl, das dadurch ausgelöst wurde, war viel stärker, als wenn jeder für sich den Ton gesummt hätte.

An diesem Punkt spürten alle, dass es jetzt mit der Übung weitergehen würde, und der Ton der Gruppe verstummte. »Das war echt klasse«, meinte die Moderatorin. »Als Nächstes kommt der Klang des Genusses. Stellt euch vor, etwas sehr Schönes so richtig zu genießen. Welcher innere Klang entspricht dann diesem Genuss? Wenn ihr ihn gefunden habt, machen wir wieder das Gleiche wie vorhin mit der Lebenslust.«

Wieder einmal war das Gesumme in der Gruppe unkoordiniert und chaotisch. Nach einer Weile stellte sich aber auch bei diesem Ton eine Harmonie ein. Erneut empfanden wir den Genuss durch den Gruppeneffekt viel stärker, als es jeder Einzelne für sich allein konnte.

Danach kam noch der Klang der Zufriedenheit. Es zeigte sich das gleiche Bild: Am Anfang gab es ein Chaos, und schließlich entstand Harmonie.

»Gut!«, fuhr die Moderatorin fort. »Wir haben nun alle drei Klänge. Jetzt werden wir diese Klänge miteinander kombinieren, und zwar immer in der gleichen Reihenfolge. Erst die Lust, dann der Genuss und danach die Befriedigung. Dann werden wir ohne Unterbrechung wieder mit der Lust beginnen. Hat jemand dazu Fragen? Wenn nicht, dann lasst uns beginnen.«

Wir begannen mit dem Klang der Lebenslust. Diese Passage dauerte höchstens zehn Sekunden. Ohne Absprache wandelte sich der Klang der Lust zum Klang des Genusses. Diesen Klang hielten wir für fast eine Minute. Es war wunderschön. Dann gingen wir über in den Klang der Befriedigung. Eine tiefe Zufriedenheit und Ruhe breitete sich in mir aus. Nach einer Minute dieser Zufriedenheit begannen wir wieder mit dem Klang der Lust. Dieses Mal war diese Sequenz noch kürzer. Außerdem war der Ton in seiner Tonhöhe etwas heller. Wir durchliefen diesen Rhythmus immer wieder. Jedes Mal war es anders. Die Dauer der einzelnen Passagen und auch die Höhe der Töne sowie Lautstärke und Tonalität wechselten ständig. Es war fast schon eine Art Musik, die wir produzierten. Je öfter wir diesen Rhythmus ablaufen ließen, desto intensiver wurden unsere Gefühle.

Nach der Übung merkten wir, welche Auswirkungen diese Klangpyramide auf uns wirklich gehabt hatte. Wir hörten diesen Rhythmus innerlich jetzt immerzu – und vor allem *fühlten* wir ihn. Es war wunderschön, den Tag mit diesen Gefühlen zu betrachten.

Am späten Nachmittag gingen Mary und ich zum ersten Mal getrennte Wege. Mary wollte zu Gabis Schönheitsfarm. Das war nicht wirklich so ganz das Richtige für mich.

Es machte mir nichts aus, Mary für ein paar Stunden nicht zu sehen. Sie war immer bei mir. Sie war in mir!

An diesem Tag begriff ich, was Ella damit gemeint hatte, als sie sagte, wir würden ein Wir-Bewusstsein entwickeln. Das war tatsächlich geschehen. Mary und ich waren ein Wir. Wenn ich mich stark konzentrierte, konnte ich andeutungsweise miterleben, was Mary gerade sah, fühlte und dachte.

Während sie bei Gabi war, blieb ich am Strand. Unbewusst trug ich mich mit dem Gedanken, mein Glück an einen Menschen weitergeben zu wollen, der es vielleicht gerade gut gebrauchen könnte, so wie es mir selbst am Anfang gegangen war, als ich auf Bodo traf. Vermutlich war ihm damals genauso zumute gewesen wie mir jetzt, wurde mir klar. Damals hatte ich noch nicht so richtig verstanden, warum er mir eigentlich helfen wollte. Jetzt konnte ich mir gar nicht mehr vorstellen, es meinerseits nicht zu tun, wenn ich die Gelegenheit dazu bekommen würde.

Eine Frau, die ich im Camp bereits ein paar Mal gesehen hatte, saß allein da und schaute ziemlich traurig aufs Meer hinaus. Ich überlegte, ob ich einfach zu ihr gehen sollte. Wie würde sie reagieren, wenn ich mich einfach so neben sie setzen und sie auf ihr Problem ansprechen würde? Und was wäre, wenn sie gar kein Problem hätte und das einfach ihr normaler Gesichtsausdruck war? Mir wurde klar, dass es zu krass wäre, einfach zu ihr hinzugehen und zu sagen: »Hey, ich bin der große Michael, und ich werde dir jetzt helfen. Du hast nämlich ein Problem!«

Etwas ratlos und unsicher setzte ich mich ein Stück weiter weg von ihr zu einer Gruppe, bei der zwei Leute von unserem Gesangsabend dabei waren. Ich wurde von ihnen sehr freundlich begrüßt. »Sag mal, Michael, die Glückstrainer-Geschichte wäre doch auch was für dich und Mary, oder?«, fragte mich einer der beiden. Ich glaube, er hieß Richard.

»Was für eine Glückstrainer-Geschichte?«, fragte ich ahnungslos.

»Hier wird eine Ausbildung zum Glückstrainer angeboten«, erklärte er. »Ich überlege gerade, ob ich da mitmachen soll.«

»Worum geht es in dieser Ausbildung? Was genau lernt man dabei?«

»Es geht darum, das Glückskonzept dieses Camps an andere Menschen weiterzugeben. Ich möchte das zu meinem Beruf machen. Nie zuvor habe ich in einer Tätigkeit so viel Erfüllung gefunden. Ich denke, das ist eine gute Sache.«

»Das würde ich auch gerne tun«, antwortete ich. »Ich

meine, einen glücklichen Ausdruck in das Gesicht eines anderen Menschen zaubern. Ich wollte eben eine Frau ansprechen, die unglücklich aussah, habe mich aber nicht getraut. Wie würdest du das machen?«

»Warten, bis sich ein Gespräch ergibt«, meinte er kurz.

»Ich will mich niemandem aufdrängen. Aber du kannst doch einfach mal ganz zwanglos zu ihr gehen und ein belangloses Gespräch beginnen. Wenn sie mit dir über ihr Problem reden will, wird sich die Gelegenheit sicher ergeben. Versuch's doch einfach!«

»Du meinst, ich soll einfach hingehen und sie ansprechen?!«

»Klar, warum denn nicht?! Wir sind doch hier im Camp. Da ist so etwas normal. Was hast du zu verlieren?«, fragte Richard motivierend.

»Okay!«, sagte ich todesmutig. »Dann gehe ich jetzt mal zu ihr rüber.«

Ich stand auf und ging mit gemischten Gefühlen im Bauch auf sie zu. »Hallo«, sagte ich zurückhaltend. »Man hat mir gesagt, dass das hier im Camp normal wäre, wenn man jemanden einfach so anspricht. Ich hoffe, du siehst das auch so«, sagte ich unsicher und ehrlich.

Die Frau lachte über meinen unsicheren Auftritt und stellte sich mit dem Namen Britta vor.

»Ich bin Michael. Es freut mich, dich kennen zu lernen.«

»Bist du schon lange hier?«, wollte Britta wissen.

»Seit ungefähr zwei Wochen.«

»Und, hat das bei dir alles funktioniert, was sie hier machen?«, fragte sie mich zweifelnd.

»Auf jeden Fall. Ich bin sehr zufrieden. Meine Erwartungen wurden weit übertroffen. Ich kann wirklich behaupten, dass ich mein Glück gefunden habe.«

»Das habe ich schon gesehen. Du bist mit dieser attraktiven Frau zusammen. Ich habe euch schon ein paar Mal beobachtet. Ihr seid mein Lieblingspaar hier im Camp.«

»Vielen Dank, das ist ein schönes Kompliment!«

»Was gäbe ich darum, wenn ich so glücklich sein könnte wie ihr!«, sagte sie sehnsüchtig.

»Warum solltest du das nicht können?«

»Ich finde einfach nicht den Richtigen. Genauer gesagt interessieren sich immer nur die falschen Männer für mich. Ich weiß auch nicht, wie ich das mache. Aber es ist so sicher wie das Amen in der Kirche.«

»Wie wäre denn der Richtige?«

»Er wäre lebensfroh und einfühlsam. Er würde nicht aus allem ein Problem machen. Und vor allem würde er mich so lieben, wie ich bin, und nicht ständig an mir herumerziehen wollen. Aber solche Männer sehen mich einfach nicht. Ich scheine Luft für sie zu sein. Für mich interessieren sich nur die Problembolzen«, meinte Britta frustriert.

»Zu welcher Sorte Mensch würdest du dich denn selbst zählen?«, fragte ich sie direkt, denn ich hatte nicht den Eindruck, dass sie ein lebensfroher, unbeschwerter Mensch war. Sie schaute mich an, als hätte sie ein Pferd getreten. Offenbar hatte meine Aussage sie sehr beleidigt. »Bitte entschuldige!«, sagte ich schnell. »So hab ich das nicht gemeint.«

»Ist schon okay«, meinte sie betroffen. »Du hast ja Recht. Ich bin selbst auch ein Problembolzen. Wie kann ich da erwarten, dass sich die tollen Männer für mich interessieren?!«

»Dann kümmer dich doch darum, dass sich das ändert!«, sagte ich motivierend. »So schwierig ist das doch nicht. Kennst du den Trick mit den Körperempfindungen?«

»Welche Körperempfindungen?«

»Es geht um ein weiches Ziehen im Brustkorb und das Gefühl der Weite. Wenn du dir diese Empfindungen vorstellst und dir dabei klarmachst, dass deine Grundmotive erfüllt sind, fühlst du dich glücklich.«

»Grundmotive!«, sagte Britta genervt. »Ich kann dieses Wort schon nicht mehr hören. Ich habe es echt versucht, aber genützt hat es mir nichts.«

»Was genau hast du versucht?«, wollte ich wissen.

»Ich habe keine Lust mehr auf diesen Mist!«, rief Britta ablehnend. »Dadurch kriege ich auch nicht den richtigen Mann.«

»Das würde ich aber nicht so vehement behaupten. Ich habe dadurch auch die richtige Frau bekommen. Wenn du das mit den Grundmotiven schon gehört hast, dann weißt du bestimmt auch, dass Menschen immer andere Menschen suchen, die zu ihnen passen. Sie sehnen sich nach Gemeinsamkeiten. Was meinst du, welche Männer Gemeinsamkeiten mit dir finden würden, wenn du das Glückskonzept dieses Camps umsetzen würdest?«

Offensichtlich musste ich bei Britta einen Nerv getroffen haben. Sie schaute mich mit großen Augen an und nickte nachdenklich.

»Du willst einen Mann, der dich so sein lässt, wie du bist«, fuhr ich in meinen Erklärungen fort. »Dann solltest du auch dafür sorgen, dass du andere Menschen, vor allem deinen Partner, so sein lassen kannst, wie er ist. Du solltest darauf achten, dass du keine Ablehnungsgefühle bekommst, wenn er mal etwas tut, was du nicht so gut findest. Wenn du daran denkst, dass er im Grunde dabei auch nur die gleichen Ziele verfolgt wie du und dabei nur etwas seltsame Wege geht, dann kannst du, anstatt ihn abzulehnen, mit ihm gemeinsame Lösungen suchen. Wünschst du dir nicht einen Mann, der das Gleiche mit dir tut?«

»Das wäre schon das Richtige«, stimmte sie zu.

»Vermutlich suchst du außerdem auch einen Mann, der sich wirklich traut, die Liebe zu dir zuzulassen. Viele Menschen wagen das nicht, weil sie Angst vor emotionaler Verletzung haben. Sie ziehen sich innerlich zurück, was den Partner dann ebenfalls dazu veranlasst, sich emotional zurückzuziehen, denn auch er will ja nicht verletzt werden. Und Liebesentzug ist eine Verletzung. Du kannst aber eine Frau werden, die unverletzbar ist, wenn du dich auf die Weite und das weiche Ziehen in deinem Brustkorb konzentrierst.

Wie gesagt suchen alle Menschen instinktiv nach Partnern, mit denen sie etwas gemeinsam haben. Wenn du also einen unverletzbaren Mann haben willst, der dich ebenfalls nicht verletzt, dann setz das Konzept um. Konzentriere dich auf die Empfindungen in deinem Brustkorb. Hast du von dieser Methode schon einmal gehört?«

»Bisher noch nicht. Und du meinst wirklich, dass ich dadurch den Richtigen finde?«, fragte Britta hoffnungsvoll.

»Oder der Richtige findet dich!«, sagte ich. »Zumindest hast du auf diese Art und Weise weit größere Chancen. Eine Garantie gibt es nicht, das ist klar. Aber du solltest wenigstens unter den Chancen, die dir zur Verfügung stehen, die beste auswählen. Und die besteht nun mal darin, das weiche Ziehen und die Weite zu spüren. Das Schlimmste, was dir dabei passieren kann, ist, dass du glücklich wirst – ob mit oder ohne Mann.«

»Und wie funktioniert diese Methode genau?«

»Sie ist ganz einfach. Spüre einmal in deinen Körper hinein. Konzentriere dich dabei auf die Mitte deines Brustkorbs in der Höhe deines Herzens. Und jetzt stellst du dir vor, hier würde alles ganz weit werden. Kannst du das spüren?«

»Ich kann mir die Weite vorstellen«, antwortete sie.

»Und kannst du sie dir auch als Empfindung vorstellen? Das ist nämlich wichtig. Die visuelle Vorstellung von Weite nützt nicht viel. Es sei denn, sie hilft dir, die Weite zu spüren.«

»Das ist kein Problem. Ich kann sie jetzt auch spüren«, bestätigte Britta und schloss dabei die Augen.

»Dann stell dir weiter vor, dein Brustkorb würde ganz weich. Er ist ganz weit und weich.« Britta nickte, um zu signalisieren, dass sie dies ebenfalls erreicht hatte. »Und jetzt kommt das Wichtigste: Eine Art sanftes und sehr angenehmes Ziehen. Es ist ein sehr elastisches Ziehen.«

»Ich spüre eine leichte, elastische Spannung im Brustkorb. Meinst du das? Es fühlt sich sehr angenehm an.«

»Man könnte das Ziehen auch als Spannungsgefühl bezeichnen«, erkannte ich. »Wenn es das richtige Gefühl ist, dann solltest du dich jetzt ziemlich gut fühlen. Wie geht es dir gerade?«

»Ich fühle mich tatsächlich ziemlich gut – sehr gut sogar!«, meinte sie verwundert.

»Und das ist nur der Anfang!«, betonte ich wissend. »Es wird von Tag zu Tag besser. Du musst nur fleißig genug üben. Ab und an kann es sein, dass dich ein Problem auf den Boden der Tatsachen zurückholt. Aber dann wirst du hier im Camp mit Sicherheit auf die richtigen Leute treffen, die dir da wieder raushelfen. So ging es mir hier von Anfang an. Das ist die Camp-Magie, hat man mir gesagt.«

»Vielen Dank, dass du mir das alles erklärt hast. Ich glaube wirklich, dass ich damit jetzt etwas anfangen kann. Ich muss nun wieder zurück zum Camp. Denn ich habe noch etwas zu erledigen!«, deutete sie mit einem Augenzwinkern an.

Ich hatte das Gefühl, dass es sich dabei um einen Mann handelte. Möglicherweise war ihre Sinnkrise von gerade eben nicht nur allgemeiner Natur gewesen. Ich war gespannt, wie sich das in den nächsten Tagen entwickeln würde.

Ich fühlte mich sehr gut dabei, ihr einen Schritt weitergeholfen zu haben. So langsam konnte ich Richard verstehen, als er davon gesprochen hatte, wie glücklich es ihn machen würde, anderen Menschen auf den richtigen Weg zu helfen.

Als Britta gegangen war, genoss ich das gute Gefühl, das dieses Gespräch in mir ausgelöst hatte. Dann dachte ich an Mary und wollte wieder ein bisschen in sie hineinspüren. Plötzlich verkrampfte sich mein Po für eine Sekunde.

»Was war denn das?«, dachte ich bei mir.

Als ich wieder in Mary hineinspüren wollte, geschah das Gleiche. Mein Po verkrampfte sich für eine Sekunde und ließ dann wieder locker. Und danach wiederholte sich die Prozedur sofort noch einmal. So ging das eine ganze Weile. Ich verstand nicht, was da vor sich ging. Jedes Mal, wenn ich an Mary dachte, verkrampfte sich mein Po.

Nach einer Weile gab ich es auf, in Mary hineinspüren zu wollen. Es war schon einigen Leuten aufgefallen, dass sich mein Po in einem regelmäßigen Rhythmus anspannte. Es muss sehr komisch ausgesehen haben. Einige der Familienväter und Mütter schauten auch schon recht vorwurfsvoll. Ich weiß nicht, was sie dachten, aber sie mussten mich wohl für einen Perversling gehalten haben, so wie sie schauten. Ich stand schnell auf und ging etwas beschämt zur Anlage zurück.

Plötzlich spürte ich Mary hinter mir. Sie war noch ein ganzes Stück von mir entfernt, aber ich fühlte ihre Anwesenheit trotzdem intensiv. Ich drehte mich also um.

»Na, hast du dich gut amüsiert?«, fragte sie, als wir uns umarmten.

»Ja, habe ich. Und du?«

»Es war einfach toll bei Gabi. Ich fühle mich richtig schön.«

»Das bist du auch. Du siehst um Jahre jünger aus.«

»Willst du damit sagen, dass ich vorher alt ausgesehen habe?«, fragte sie mit einem vorwurfsvollen Unterton.

»Nein! Das habe ich bestimmt nicht gemeint«, versuchte ich mich zu entschuldigen.

»Du bist süß«, meinte sie daraufhin und küsste mich. Ihr vorwurfsvoller Tonfall war wohl nur ein Scherz gewesen, auf den ich auch prompt hereingefallen war.

»Sag mal«, sprach ich sie nach unserem Kuss an, »hast du das eigentlich öfter, dass dein Po so komisch zuckt?«

Mary schaute mich erstaunt an und verstand offensichtlich nicht gleich, was ich meinte. Ich erzählte ihr, dass ich am Strand in sie hineingefühlt hatte, um ihr nahe zu sein, und dass dabei mein Po immer wieder gezuckt hatte. Und ich ergänzte, dass mir das dann irgendwann ziemlich peinlich geworden war.

Mary lachte sich halb tot, als ich ihr davon erzählte. Sie war vor lauter Lachen kaum in der Lage, mir zu erklären, was das gewesen war. Nach mehreren Lachanfällen, bei denen ich jedes Mal furchtbar mitlachen musste, erfuhr ich, dass sie ein Reizstromgerät angelegt hatte, um die Pomuskulatur zu trainieren.

»Ich will schließlich meinen schönen, strammen Po behalten!«, sagte sie und hielt sich dabei den Bauch vor Lachen.

Am Abend dieses Tages erzählte ich ihr von der Ausbildung zum Glückstrainer. Ich hoffte, dass sie sich auch dafür interessieren würde. Und sie tat mehr als das – sie war maßlos begeistert! Völlig euphorisch schwärmte sie davon, wie wir dann zusammenarbeiten könnten. Bisher hatten wir noch keine Vorstellung davon gehabt, wie unsere gemeinsame Zukunft aussehen sollte. Jetzt wurde plötzlich alles sonnenklar. Wir würden die besten und vor allem die glücklichsten Glückstrainer aller Zeiten werden. In diese Vorstellung steigerten wir uns stundenlang hinein.

Ich glaubte an diesem Abend, dass ich das Maximum an Glück erreicht hatte, das menschenmöglich war. Doch es sollte noch besser kommen.

Als ich am nächsten Morgen aufwachte, stellte ich fest, dass Mary mich wachküsste. Ihr Kuss war im Gegensatz zu sonst sehr viel leidenschaftlicher. An das, was dann geschah, kann ich mich kaum erinnern. Meine Gefühle übermannten mich. In völliger Glücksekstase schienen unsere

Körper und Seelen miteinander zu verschmelzen. Wir liebten uns bis zum frühen Nachmittag, ohne auch nur ein einziges Mal einen klaren Gedanken fassen zu können. Wir erlebten Liebe und Leidenschaft auf einem Niveau, das ich bis dahin nicht für möglich gehalten hätte.

Das Leben kann so schön sein!!!

Mary wird fortgesetzt!

Nach dem großen Erfolg dieses Buchs habe ich beschlossen, dass das Camp nicht aufhören darf. Seit Mary und Michael sich kennen lernten, sind nun sieben Jahre vergangen. Sie leben und arbeiten inzwischen in einem Ella-Camp auf Hawaii. Dort treffen sie auf Robin, der unbeabsichtigt eine unglaubliche Entdeckung macht, die er Positives Fühlen nennt und auf Grund der er plötzlich eine ungeheure Verantwortung übernehmen muss.

Seit ich Mary geschrieben habe, sind in der wirklichen Welt insgesamt zwölf Jahre vergangen. In der Zwischenzeit ist sehr viel passiert. Mit dem Positiven Fühlen haben sich Umsetzungsmöglichkeiten aufgetan, von denen ich damals nicht einmal zu träumen gewagt hätte.

Sicher kennst du die Momente im Leben, in denen wir so glücklich sind, dass wir am liebsten die ganze Welt umarmen würden. Egal, wie das Wetter ist, für uns scheint die Sonne. Egal, wie schwierig anderen eine Aufgabe erscheinen mag, für uns ist sie einfach. Wir fühlen uns motiviert, sind begeistert, reißen andere mit und wissen aus tiefster Seele, dass wir so, wie wir sind, voll und ganz richtig sind. Wir fühlen uns schön und attraktiv und merken dabei auch, wie andere Menschen sehr positiv auf uns reagieren. Ja, in diesen Paradiessekunden gehört uns die Welt!

Diese Momente müssen keine Seltenheit mehr bleiben. Der packende und mystische Fortsetzungsroman mit dem Titel *Robin und das Positive Fühlen* verrät in allen Einzelheiten, was zu tun ist, um das Glück zu unserem ständigen Wegbegleiter zu machen. Das Buch ist der Realitätsgestaltung und der allumfassenden Liebe gewidmet. Es trägt den Untertitel: Liebe, was dich umgibt, und du wirst von Liebe umgeben sein!

Tipps zur Realitätsgestaltung

Vor ca. 15 Jahren hörte ich davon, dass unsere Glaubenssätze einen metaphysischen Einfluss auf die Ereignisse in unserem Leben ausüben sollen. Mit anderen Worten: Wir können die Ereignisse in unserem Leben bestimmen. Ein Glaubenssatz ist eine Aussage über das Leben, von der ich glaube, sie sei kein Glaubenssatz – sondern die Wahrheit! Diese Wahrheiten beeinflussen sehr stark unser Denken und unsere Wahrnehmung – und damit auch die Gestaltung unserer Realität.

Wenn du beispielsweise glaubst, alle Männer wollen immer nur das eine, brauchst du dich um die Details nicht zu kümmern! Du triffst immer nur auf genau solche Männer. Sie wollen wirklich immer nur das eine: dein Geld! ☺

Andere Überzeugungen bringen Glück in alle Lebensbereiche: den perfekten Beruf, eine glückliche Partnerschaft, Freunde, Gesundheit und Wohlstand.

So wurde es mir erklärt. Es hörte sich alles sehr einfach an. Nur: Wie bekommt man solche Überzeugungen? Ich habe viele Jahre damit verbracht, genau das herauszufinden. Mir war klar, dass ich meine Überzeugungen verändern musste, wenn ich glücklich werden wollte. In der

Folge arbeitete ich daran wie besessen. Ich versuchte, meinen Glauben zu stärken. Tag und Nacht machte ich Affirmationen oder irgendwelche mentalen Techniken. Nach vielen Jahren erkannte ich schließlich, dass ich damit weit gekommen war – jedoch leider in die falsche Richtung!

Ich musste einsehen, dass ich meinen Glauben nicht erzwingen konnte. Ich war der Meister des Zweifelns geworden – also genau das Gegenteil von dem, was ich hatte erreichen wollen. Doch wie war es so weit gekommen? Ich verstand die Welt nicht mehr.

Dann befragte ich meine innere Stimme, der ich den Namen Ella gegeben hatte. Ihre Antwort verwirrte mich zunächst. »Was, glaubst du, gestaltest du für Lebenssituationen, wenn du die Überzeugung hast, du *musst* deine Überzeugungen verändern?«

Ich verstand nicht, was Ella mir sagen wollte. Ich musste doch tatsächlich meine Überzeugungen verändern! Das war keine Überzeugung, sondern das war wirklich so! Es war für mich die Wahrheit! Ella fragte mich daraufhin, wie ich eine Überzeugung definierte.

»Wenn ich von etwas überzeugt bin, dann glaube ich, es sei die Wahrheit«, antwortete ich.

»Und jetzt glaubst du, es sei die Wahrheit, dass du deine Überzeugungen ändern musst!«, erwiderte Ella. »Dabei ist es nichts anderes als eine Überzeugung. Diese Überzeugung lenkt deine Wahrnehmung auf alle Überzeugungen, die geändert werden sollten. Und damit rufst du dann Ereignisse in dein Leben, die diese Überzeugungen widerspiegeln.«

Ich war sprachlos. Ich wusste nicht, was ich davon halten sollte. Ella brach das Schweigen und fragte mich noch einmal: »Wie, denkst du, gestaltest du deine Realität, wenn du glaubst, du *musst* deine Überzeugungen verändern? Worauf richtet sich dann deine Wahrnehmung?«

»Keine Ahnung«, war meine ratlose Antwort. »Aber so wie es aussieht, wohl nicht unbedingt auf das Positive!«

»Der Fokus deiner unbewussten Aufmerksamkeit ist auf die Gründe gerichtet, derentwegen du glaubst, deine Überzeugungen ändern zu müssen. Du musst jedoch nur etwas ändern, wenn sonst etwas sehr Negatives passiert. Das heißt, deine Wahrnehmung ist auf das gerichtet, was du mit der Veränderung deiner Überzeugungen eigentlich vermeiden willst. Stattdessen erschaffst du die Situationen dadurch aber erst. Der Realität ist es egal, ob du ein Ereignis fokussierst, weil du es willst oder weil du es vermeiden willst. Du lenkst den Fokus deiner Wahrnehmung in beiden Fällen auf das Ereignis – und es geschieht. Und wenn es dann geschehen ist, siehst du das als Bestätigung dafür an, dass du deine Überzeugungen ändern musst!«, klärte mich Ella auf. »Je mehr du dich auf dieses Verändernmüssen konzentrierst, desto mehr fokussierst du dich unbewusst auf die Ereignisse, die du verändern willst. Das bedeutet, die negativen Ereignisse spitzen sich immer mehr zu. Du erschaffst dir damit ziemlich dramatische Lebenssituationen, die dir das Gefühl geben, etwas verändern zu müssen.

Die Probleme, die du dir damit ans Bein bindest, sind jedoch nicht irgendwelche Probleme. Wenn es nur Kleinigkeiten wären, hättest du sicherlich nicht das Gefühl, deine Überzeugungen unbedingt ändern zu *müssen*. Dieses Gefühl hast du nur dann, wenn deine Probleme wirklich heftig sind. Und du hast es nur, wenn deine Probleme anders nicht zu lösen sind. Die einzige Möglichkeit, sie zu lösen, ist, deine Überzeugung zu ändern. Wäre dem nicht so, könntest du auch etwas anderes tun und *müsstest* deine Überzeugungen nicht verändern.

Lange Rede, gar kein Sinn: Wenn du glaubst, du musst, richtest du deine Wahrnehmung auf eine Realität, in der du dann tatsächlich musst. Auf keine andere Weise sind deine Probleme sonst zu lösen!«

Diese Enthüllung löste eine Kettenreaktion in mir aus. Ich bemerkte, dass ich voller Zwänge steckte. Mir fielen auf Anhieb zwanzig Dinge ein, die ich unbedingt vermeiden wollte und bei denen ich dadurch meine Wahrnehmung genau auf das gerichtet hatte, was ich unbedingt verhindern wollte. Ich musste beispielsweise lieb und nett sein, um zu vermeiden, dass man mich ablehnte. Dazu musste ich mich allerdings zuerst einmal selbst lieben. Und so sahen dann auch meine Lebenserfahrungen aus. War ich mal für einen Augenblick nicht ganz furchtbar nett, machte ich mich sofort verrückt und dachte, dass ich nur geliebt wurde, wenn ich alles gab – und noch ein bisschen mehr!

Weiterhin musste ich lernen loszulassen, wenn ich etwas vermeiden wollte. Denn mit dem Gefühl, dass ein Unglück geschehen würde, sobald ich meine Aufmerksamkeit davon weglenkte, richtete sich meine Wahrnehmung logischerweise direkt auf das Unglück, das zu vermeiden war.

Ich musste meditieren, um zu verhindern, dass ich mein inneres Gleichgewicht verlor. Ich musste dringend mein Unterbewusstsein umprogrammieren, wenn ich vermeiden wollte, dass meine unendlich vielen negativen Prägungen in Zukunft meine Realität bestimmten. Ich musste meine Ängste besiegen und meine Zweifel beseitigen, um zu vermeiden, dass sie Wirklichkeit wurden. Ich musste vermeiden, verletzt zu werden. Ich musste immer positiv denken und gut drauf sein. Ich musste meine Lernaufgaben bewältigen. Mein Ego musste ich natürlich auch in den Griff bekommen und wertfrei werden. Ich musste … Ich musste … Ich musste …

Bei all diesen Zwängen war meine Wahrnehmung stets auf die Ereignisse gerichtet, die ich unbedingt vermeiden wollte. Mir wurde sehr schnell klar, was für eine Realität ich mir damit erschuf. Die Gründe für meine Zwänge bestanden eigentlich in allen Situationen darin, Unglück vermeiden zu wollen. Damit war meine Wahrnehmung auf das Unglück gerichtet – und es passierte.

Diese Erkenntnis war für mich so erschütternd, dass

ich zunächst einfach nicht glauben wollte, dass ich mit meiner Wahrnehmung tatsächlich meine Realität gestaltete. Lange konnte ich meine falsche Überzeugung jedoch nicht aufrechterhalten. Mein Verstand begann unaufhörlich zu rattern. Ich dachte an die Zeit zurück, in der ich noch als ganz normaler Therapeut gearbeitet hatte. Mein Leben war damals eigentlich ganz in Ordnung gewesen. Ab und an hatte ich mal ein Problem gehabt, so wie jeder andere. Aber im Grunde genommen war alles recht mühelos verlaufen.

Das änderte sich schlagartig, als mich jemand darauf aufmerksam machte, dass die Probleme in meinem Leben einer bestimmten Gesetzmäßigkeit folgten: dem Gesetz der Serie – nach dem Motto: Ein Problem kommt selten allein!

Hatte ich beispielsweise ein Problem damit, dass mich andere Menschen ablehnten, so traf ich mit Sicherheit in den folgenden Tagen und Wochen auf unzählige andere Menschen, die mich ebenfalls ablehnten.

Ich hielt das zunächst noch für Zufall – bis mir auffiel, dass es immer so ablief! Wann immer ich begann, mich mit irgendetwas zu beschäftigen, was bei mir nicht in Ordnung war, ereigneten sich unglaublich viele Situationen, die genau in diese Kerbe schlugen.

Aus heutiger Sicht weiß ich, dass ich diese Ereignisse mit der Konzentration meiner Aufmerksamkeit auf das, was nicht in Ordnung war, aktiv an mich gezogen hatte.

Damals wusste ich noch nichts davon und wunderte mich nur. Dann wurde mir jedoch klargemacht, dass ich mich darüber gar nicht wundern müsse. Denn das seien schlicht und ergreifend Lernaufgaben, die ich zu bewältigen hätte. Meine Probleme würden erst dann verschwinden, wenn ich sie in mir gelöst hätte. Das sei meine Aufgabe.

Ich wollte dies zunächst nicht glauben, denn es widersprach allem, was mein wissenschaftlich denkender Verstand über das Leben glaubte. Wer sollte mir diese Lernaufgaben stellen? Gott? An solch einen Gott glaubte ich nicht.

Ich fand einfach keine vernünftige Erklärung für die Ereignisse, die mir dieses Gesetz der Serie vor Augen hielt. Also begann ich allmählich einfach an diese Lernaufgaben zu glauben. Genauer gesagt begann ich zu glauben, dass ich diese Lernaufgaben bewältigen musste, wenn ich Unglück vermeiden wollte.

Und von diesem Zeitpunkt an wurde mein Leben deutlich lebendiger! Die Lernaufgaben, die bislang immer nur dann zugeschlagen hatten, wenn ich mich mit einem bestimmten Problem intensiv auseinandergesetzt hatte, schlugen plötzlich jeden Tag aufs Neue mit immer neuen Problemen zu. Ich brauchte mich jetzt gar nicht mehr auf ein bestimmtes Problem zu konzentrieren. Die Lernaufgaben kamen von nun an ganz von allein.

Ich hatte mich zu diesem Zeitpunkt so viel mit solchen Lernaufgaben beschäftigt, dass es schon zu einer

Gewohnheit für mich geworden war, nach Lernaufgaben Ausschau zu halten. Damit war meine unbewusste Wahrnehmung generell darauf fokussiert, Lernaufgaben zu suchen. Und damit traten sie in mein Leben – und das immer stärker.

Nach einer Weile wurde mir bewusst, dass mein Leben niemals zuvor so problematisch gewesen war. Mein teurer Ratgeber, der mir den Glauben an die Lernaufgaben verpasst hatte, wusste darauf eine Antwort.

»Das ist klar!«, erklärte er. »Wenn man erst mal aufgewacht ist und erkannt hat, dass man diese Aufgaben zu bewältigen hat, dann bekommt man vom Universum jede erdenkliche Unterstützung.«

»Ach so, das ist also alles nur die Unterstützung des Universums. Deshalb geht es mir so schlecht«, dachte ich wütend.

Mein treuer Gefährte erklärte mir daraufhin, dass die Welt gerade in einem Umbruch begriffen sei und nur diejenigen in die fünfte Dimension und damit in eine glücklichere Welt aufsteigen würden, die sich entsprechend entwickelt hätten. Er machte mir klar, dass wir Menschen hier auf der Erde seien, um uns zur Vollkommenheit und zur Liebe zu entwickeln. Sobald ein Mensch das Bewusstsein erlangt habe, seine Lernaufgaben zu erkennen, werde er vom Universum in seiner Entwicklung geführt. Es sei großes Glück, was mir widerfahren sei.

Von diesem glücklichen Tage an veränderte sich mein Leben gravierend. Mir wurde täglich mehr und mehr bewusst, was für ein armes Würstchen ich doch war. Ich war absolut unvollkommen, des Weiteren auch kaum fähig, wirklich zu lieben. Mein Leben war eigentlich ziemlich daneben, wenn man es genauer betrachtete.

Mir wurde klar, dass ich noch einen weiten Weg vor mir hatte bis zur Vollkommenheit – einen sehr weiten! Ich hatte nur eine Chance: Ich musste mich so schnell es ging weiterentwickeln und alle Problemmuster in mir in rasendem Tempo auflösen. Ich musste versuchen, alles und jeden zu lieben. Und vor allem musste ich mich selbst lieben. Denn wenn man sich selbst nicht liebt, dann kann einen auch sonst niemand lieben.

Das fiel mir dann auch erstmals so richtig in meiner Beziehung auf. Bis dahin hatte ich noch in der Illusion geschwelgt, dass ich geliebt würde und dass alles in Ordnung sei. Natürlich war nichts wirklich in Ordnung, solange ich mich nicht selbst liebte.

Ich muss sagen, dass dies die bis dahin schlimmste Zeit in meinem Leben war. Doch ich hatte ja keine Ahnung, was noch auf mich wartete.

Mein treuer Leidensgefährte klärte mich nämlich darüber auf, dass alles in diesem Erdenleben auf karmische Gesetzmäßigkeiten aufbaue. Und wenn ich die Probleme dieses Lebens alle gelöst hätte, würde ich die Probleme meiner früheren Leben natürlich auch noch aufarbeiten müssen. Das seien dann übrigens »richtige« Probleme.

Von diesem Zeitpunkt an lehrte mich das Leben, was »richtige« Probleme waren. Fast stündlich wurde mir widergespiegelt, dass ich mein Karma bewältigen musste. Erst wenn ich das geschafft hätte, würde ich wirklich glücklich sein können.

Ich versuchte fast alles, was der Esoterikmarkt zu bieten hatte, um mein Karma aufzulösen. Dabei steuerte ich von einer Odyssee in die nächste. Immer mehr wurde mir klargemacht, was ich alles tun müsste, um irgendwann glücklich werden zu können.

Ich lernte ein völlig neues Weltbild kennen, in dem der Mensch gar kein materielles Wesen war, sondern reine Energie. Diese Energie floss durch meinen Körper. Aber sie floss auch von Mensch zu Mensch – beziehungsweise konnten mir andere Menschen meine Energie absaugen! Man erklärte mir, dass ich mich dagegen natürlich schützen müsse. Auch müsse ich aufpassen, dass mir andere Menschen keine negative Energie »reinschraubten«!

Was ich hörte, machte mir zunächst noch gar keine Angst – bis ich plötzlich deutlich merkte, dass mir meine Klienten tatsächlich Energie absaugten. Sie kamen zu mir, raubten mir meine Energie, gingen beschwingt und aufgeladen nach Hause, und ich blieb zurück wie ein Häufchen Elend – völlig ausgesaugt!

Noch viel schlimmer waren die negativ ausstrahlenden Menschen. Sie verpassten mir ihre Negativenergie, ohne dass ich es verhindern konnte. Allein die Begegnung mit ihnen genügte schon, damit meine Aura mit diesen Energien verunreinigt war. Ich lernte, meine Aura zu reinigen, und tat dies daraufhin nach jeder Sitzung, was mich sehr viel Mühe und Zeit kostete.

So langsam wurde mir bewusst, dass ich mir wirklich etwas einfallen lassen musste, wie ich mich schützen konnte.

Mein lieber Leidensgefährte, durch den ich überhaupt »aufgewacht« war, kannte sich damit natürlich schon sehr gut aus. Er erklärte mir, dass die Liebe die stärkste Macht im Universum sei. Ich solle mir eine goldene Kugel aus reiner Liebe um mich herum vorstellen und diese Vorstellung immer aufrechterhalten. Durch diese Liebe könne nichts hindurchkommen.

Ich tat, was mir geraten wurde, und fürwahr, es funktionierte. Kein Klient saugte mir daraufhin noch Energie ab oder bohrte seine Negativenergie in mich hinein – zumindest solange ich die Kugel visualisierte. Das Problem war nur, dass ich meinen Klienten kaum zuhören konnte. Denn immer, wenn ich mich zu sehr auf das Gespräch konzentrierte, vergaß ich meinen Schutz. Der Erfolg war, dass mein Klientel immer kleiner wurde.

Aber wenigstens verschonten sie mich jetzt mit ihrer Negativenergie. Nach einer Weile bekam ich jedoch finanzielle Schwierigkeiten, weil ich gar keine Klienten mehr hatte.

Mein treuer Ratgeber hatte auch darauf eine Antwort. Er meinte, wenn man den spirituellen Weg eingeschlagen habe, müsse man halt damit leben, dass man kein Geld besitze. Denn Geld sei dem materiellen Leben zugehörig und habe mit Spiritualität nichts zu tun. Man müsse von diesem schnöden Mammon loslassen. Überhaupt müsse man von allem loslassen, was einem als wichtig erscheine. Nur was man loslasse, komme freiwillig und in Liebe zu einem zurück!

Nicht ahnend, auf was ich mich eingelassen hatte, versuchte ich fortan, alles loszulassen, was mir bislang wichtig gewesen war. Und fürwahr, es funktionierte. Die Probleme, die ich loslassen konnte, lösten sich plötzlich ganz von selbst auf.

Sicher, jetzt die richtige Methode zum Glück gefunden zu haben, warf ich alles, was ich bis dahin gelernt hatte, in die Tonne und übte Loslassen. Ich hatte ja meine Methode gefunden.

Egal, welche Lernaufgabe das Leben mir präsentierte, ich ließ einfach los, und das Problem verschwand. Es war wie ein Wunder. Es passierten Dinge, die ich nie für möglich gehalten hatte – Ereignisse, die ich niemals mit Zufall oder Wahrscheinlichkeit hätte erklären können.

Diese kleinen und großen Wunder gaben mir das Gefühl, dass mir nichts mehr passieren konnte. Ich hatte mein Leben nun endlich im Griff. Es war mir egal, was für Probleme auftauchen würden. Ich wusste ja, was ich zu tun hatte: Ich musste einfach nur loslassen, dann wurde alles gut.

Denkste! Zu früh gefreut!

Was glaubst du, wie gut dir das Loslassen gelingt, wenn du glaubst, du *musst* loslassen? Worauf richtet sich deine Wahrnehmung, wenn du glaubst, du musst loslassen? Um das herauszufinden, brauchst du dich nur zu fragen, was passieren würde, wenn du es nicht schaffst, loszulassen.

Deine Wahrnehmung wird darauf gerichtet sein, das Unglück vermeiden zu wollen, das dir blüht, wenn du nicht loslassen kannst. Und ab diesem Moment ist deine Wahrnehmung auf dieses Unglück fokussiert.

Dieses Unglück ist jedoch nicht irgendein Unglück. Es folgt klaren Gesetzmäßigkeiten. Wie, glaubst du, muss dein Unglück beschaffen sein, damit du das Gefühl bekommst, loslassen zu müssen?

Es sind Probleme, die du loslassen musst – schlimme Probleme, für die es keine andere Lösung gibt. Ansonsten müsstest du ja nicht loslassen. Du könntest dann irgendetwas anderes tun.

Dass es keine andere Lösung gab, musste ich damals dadurch erkennen, dass mir kein Mensch helfen konnte – weder ein Arzt oder Heilpraktiker noch ein Heiler oder Freund. Keiner von ihnen konnte mir helfen. Ich hatte unlösbare Probleme, was mir auch von allen Seiten bestätigt wurde. Für meine Probleme gab es keine Lösung. Ich konnte nur loslassen. Das heißt, ich hätte es können müssen, um die Probleme loszuwerden. Doch hatte ich mir mein Leben mit dem Müssen leider so gestaltet, dass ich immer nur erlebte, dass ich loslassen *müsste*. Aber ich schaffte es nie.

Am Ende meiner Weisheit angekommen, traf ich wieder meinen »Aufwecker«. Er war in seiner Entwicklung entscheidend weitergekommen und half mir aus der Zwickmühle heraus. Mittlerweile hatte er herausgefunden, dass er selbst die Ereignisse in seinem Leben gestaltete. Er wusste auch schon genau, wie das funktionierte.

Alles sei Energie, erklärte er mir wieder. Wenn ich meine Aufmerksamkeit auf ein Problem richten würde, gäbe ich dem Problem damit Energie. Die Lösung bestehe nun darin, einfach zu akzeptieren, was ist. Wenn ich es nicht mehr bewerten, sondern einfach annehmen würde, wie es ist, würde ich ihm absolut keine Energie mehr geben – und es würde sich auflösen.

Er erklärte mir, dass es immens wichtig sei für meine Entwicklung, nichts mehr zu bewerten – weder gut noch schlecht. Alles sei Schöpfung und göttlich.

Es fühlte sich gut an, was er mir erzählte, und ich begann ihm zu glauben. Nichtbewerten ist besser als zu bewerten!

Erst viel später wurde mir bewusst, dass dies bereits eine Bewertung war. Wie konnte ich fühlen, dass Nichtbewerten besser sei, ohne dies zuvor als besser zu bewerten? Ich bewertete also schon damit, dass ich nicht bewerten wollte!

Damals wurde mir dieser Widerspruch jedoch noch nicht bewusst. Ich zog durch das Land und übte, nicht zu bewerten und alles zu akzeptieren, wie es war. Es ging mir recht gut damit. Ich spürte richtig, dass ich den Problemen keine Energie mehr gab.

Erneut sicher, meine Methode gefunden zu haben, warf ich das Loslassenmüssen in die Tonne und akzeptierte ab jetzt alles auf Teufel komm raus. Der Erfolg gab mir Recht. Und so keimte erneut die Hoffnung in mir auf, dass ich jetzt mein Leben in den Griff bekäme. Wenn irgendetwas Negatives passierte, musste ich ja nur akzeptieren, was gerade war. Dummerweise war aber auch klar, dass das Unglück noch größer würde, wenn ich es nicht akzeptieren könnte.

Du kannst dir wahrscheinlich schon denken, was dann geschah. Das Vermeidenmüssen eines Unglücks übernahm wieder die Gestaltung meines Lebens. Ich musste jetzt zwar nicht mehr loslassen, aber dafür alles akzeptieren, was mir gerade passierte. Gleichzeitig musste ich natürlich weiterhin alle Menschen lieben und natürlich auch mich selbst. Selbstverständlich bestimmte das Weiterentwickelnmüssen und Karmabewältigenmüssen usw. auch weiterhin mein ganzes Leben.

Du kannst dir nicht vorstellen, was für Leute mir von diesem Zeitpunkt an begegneten: Es waren ausschließlich Unsympathen! Und ich musste sie alle lieben – und dazu noch akzeptieren, dass ich nur noch mit diesen Zeitgenossen zu tun hatte. Gleichzeitig musste ich mich natürlich vor ihrer Negativität schützen – was dummerweise aber mit dem Akzeptierenmüssen kollidierte.

Das Leben war ganz schön mühsam geworden! Je mehr ich über das Leben lernte, desto problematischer wurde es.

Ich begann so langsam daran zu zweifeln, ob das, was ich in den letzten Jahren gelernt hatte, tatsächlich alles so stimmte. Ich war immer offen gewesen für das Wissen anderer Leute. Möglicherweise war ich ja auch zu offen, dachte ich mir. Möglicherweise war ich so übermäßig offen, dass ich schon nicht mehr ganz dicht war!

In mir keimte das Gefühl auf, lieber nicht mehr so viel auf andere Menschen hören zu wollen, sondern stattdessen einmal in mich selbst hineinzuhorchen.

Also hörte ich in mich hinein – und ich hörte Ella. Die Stimme, die ich vernahm, war zu Anfang nicht sehr deutlich. Ich war jedoch fasziniert, dass ich überhaupt etwas hörte.

Ich fragte Ella, wie ich aus dieser Misere wieder herauskommen könnte. Und tatsächlich: Ich bekam Hilfe aus mir selbst.

»Woher weißt du, dass du dich weiterentwickeln musst?«, fragte mich Ella.

»Das sagen doch alle!«, war meine ratlose Antwort.

»Und woher weißt du, dass wahr ist, was alle sagen?«, wollte Ella weiterhin von mir wissen.

»Wieso soll es denn nicht wahr sein?«, erwiderte ich. »Wenn so viele Leute etwas behaupten, dann muss doch was dran sein.«

»Du glaubst doch, dass du die Realität selbst gestaltest?«, wollte sich Ella vergewissern.

»Ja, das glaube ich«, stimmte ich zu.

»Du glaubst, dass du mit deiner Wahrnehmung das Leben gestaltest?«, hakte Ella nach.

»Ja, das denke ich.«

»Was, glaubst du, nimmst du wahr, wenn du denkst, du musst dich weiterentwickeln? Richtet sich der Fokus deiner Aufmerksamkeit dann darauf, dass du vollkommen bist, oder fällt dir vielmehr auf, wie unvollkommen du bist?«, wollte Ella wissen.

»Ich denke natürlich daran, dass ich unvollkommen bin, sonst müsste ich mich ja nicht weiterentwickeln«, erwiderte ich.

»Und was, glaubst du, wird dir widergespiegelt von deiner Realität, wenn du deine Wahrnehmung auf deine Unvollkommenheit richtest?«

»Mir wird widergespiegelt, dass ich unvollkommen bin«, antwortete ich geschockt.

»Und damit verstärkt sich dein Glaube an deine Unvollkommenheit!«, schlussfolgerte Ella. »Dein Leben beweist dir jeden Tag wieder, dass du tatsächlich unvollkommen bist. Damit wird diese Überzeugung immer stärker. Du hast jetzt absolut keinen Zweifel mehr daran, dass du unvollkommen bist. Wie kannst du dann erwarten, jemals Vollkommenheit zu erleben?«

Ich war im ersten Moment völlig vor den Kopf gestoßen. Wenn ich tatsächlich mein Leben mit meiner Wahrnehmung gestaltete, dann wäre es also unmöglich, mein Ziel der Vollkommenheit zu erreichen! Ich hatte jedoch in der letzten Zeit so viele Ereignisse erlebt, die ich keinesfalls als Zufall erachten konnte, dass kein anderer Schluss übrig blieb, als dass ich tatsächlich Schöpfer meiner Realität sein musste. Also konnte das mit der Vollkommenheit nicht stimmen.

»Zu was soll ich mich denn dann entwickeln, wenn nicht zur Vollkommenheit?«, fragte ich Ella.

»Es geht nicht um die Vollkommenheit«, erklärte Ella. »Es ist egal, wohin du dich entwickeln willst. Du glaubst in jedem Fall, noch nicht dort zu sein, wo du hinwillst. Und du glaubst, du musst etwas dafür tun, um von dort wegzukommen. Dazu musst du dich mit dem beschäftigen, was noch nicht in Ordnung ist. Und dadurch lenkst du deine Wahrnehmung genau dorthin, wo du nicht sein willst. Infolgedessen bekommst du auch immer den gegenwärtigen Zustand widergespiegelt und kannst niemals an deinem Ziel ankommen – es sei denn, es wäre ein Ziel, bei dem du denkst, dass du nur noch einen Schritt gehen musst, damit es ein für alle Mal erledigt ist. Damit müsstest du dann nichts mehr tun, weil du schon alles getan hättest, was zu tun war. Das ist jedoch in deinem Fall nicht so. Du willst zur Liebe und zur Vollkommenheit und denkst, dass es bis dahin ein weiter Weg ist.«

Diese Erkenntnis löste eine Kettenreaktion aus. Wenn ich mich nicht entwickeln musste, was für einen Sinn sollte dann das mit meinem Karma machen? Und wozu sollte ich die vielen Lernaufgaben bewältigen müssen?

Plötzlich traf ich Leute, die mir sagten, der Karmaglaube sei ein Irrglaube. Zeit sei nur eine Illusion. Alles liefe parallel ab und nicht nacheinander. Deswegen könne es kein Karma geben, das ich von einem Leben zum nächsten schleppte.

Ich wusste nicht, was ich davon halten sollte – bis mir ein paar skurrile Leute begegneten. Einer von ihnen kam mit einer handfesten Phobie zu mir. Er hatte Höhenangst. In solch einem Fall geht man in meiner Therapieform immer so vor, dass man dem Klienten sagt, man mache ein kleines Experiment. Er solle sich mal dieses und jenes vorstellen. Ohne dass der Klient sich dessen bewusst ist, lässt man so die Phobie verschwinden. Oft geht das so einfach und schnell, dass der Klient das überhaupt nicht ahnt.

So auch in diesem Fall. Ich bat ihn, mit mir auf den Balkon zu gehen – woraufhin er mich plötzlich entgeistert anschaute und meinte, er spüre gar keine Angst davor. Ich erklärte ihm, dass es dafür einen triftigen Grund gebe. Wir hätten seine Phobie nämlich schon beseitigt.

Danach trachtete er mir nach dem Leben. Ich hätte sein Leben versaut, beschimpfte er mich. Alles sei jetzt umsonst gewesen. Die ganzen dreiundvierzig Jahre seines Lebens seien vergeudet. Jetzt müsse er alles wieder von vorne erleben. Die Phobie sei sein Karma gewesen – wohlgemerkt nicht das Beseitigen der Phobie, sondern die Beschäftigung damit.

Ich versuchte, ihn zu beruhigen, und erklärte ihm, dass das kein Problem sei. Wir könnten die Phobie genauso schnell, wie wir sie beseitigt hatten, auch wieder erzeugen. Das wollte er aber seltsamerweise auch nicht mehr.

Nach diesem Ereignis empfand ich den Glauben an mein Karma als so lächerlich, dass ich mich gänzlich von ihm lossagte. Und plötzlich lösten sich alle meine »richtigen« Probleme von ganz allein auf. Ich war von den Socken!

Daraufhin nahm ich die Gespräche mit Ella wieder auf. Ich wollte wissen, was ich weiterhin tun könnte, um mein Leben in Ordnung zu bringen.

Was mich am meisten störte, war das Thema, mich vor negativer Energie schützen zu müssen.

»Verändere deine Wahrheit«, erklärte mir Ella.

»Was? Meine Wahrheit verändern?«, fragte ich verständnislos.

»Ja. Es gibt viele Wahrheiten. Verändere sie, und du veränderst in einem Schritt dein gesamtes Leben«, antwortete Ella.

»Wie kann ich denn die Wahrheit verändern?«, fragte ich begriffsstutzig.

»Nicht *die* Wahrheit. Es gibt nicht *die* Wahrheit. Es gibt viele verschiedene Wahrheitssysteme. Alle sind wahr. Du kannst dir eine aussuchen.«

»Tut mir leid, Ella, aber damit kann ich nichts anfangen«, erklärte ich. »Mach mir einen anderen Vorschlag.«

»Woher weißt du, dass in dir Energie fließt?«, fragte Ella und ignorierte meine Ablehnung.

»Das sagt zum Beispiel die Chinesische Medizin. Und

sie haben gute Erfolge damit«, verteidigte ich meinen Glauben.

»Und woher weißt du, dass sie diese Erfolge nicht deswegen haben, weil sie an den Erfolg glauben? Ihre Wahrnehmung schafft die Realität. Hast du das schon vergessen? Du kannst nicht wissen, dass es wirklich an den fließenden Energien liegt, oder?«

»Nein, wissen kann ich das nicht«, gab ich zu.

»Du weißt aus der Naturwissenschaft, dass alles, was existiert, Energie ist. Es gibt keine Materie. Materie ist nur in Schwingung gebrachte Energie. Das heißt: Die Materie ist die Energie. Oder umgekehrt: Energie ist Materie.«

Plötzlich ging mir ein Licht auf. Mir konnte eigentlich gar keiner Energie entziehen – denn mein Körper war die Energie. Mir Energie zu entziehen hätte bedeutet, dass man mir Masse hätte wegnehmen müssen. Und wenn mein Körper die Energie war, dann konnte mir auch niemand negative Energie aufzwingen.

»Alles klar, Ella«, sagte ich und beendete das Gespräch.

Zu voreilig, wie sich einige Monate später herausstellte …

Währenddessen wurde ich mit seltsamen Phänomenen konfrontiert. Ich ging beispielsweise über die Straße und spürte plötzlich einen stechenden Schmerz im Nacken. Ich verstand nicht, wo der so schnell hergekommen war. Und dann war er auch genauso schnell wieder verschwunden, wie er gekommen war. Ich drehte mich um und sah auf der anderen Straßenseite einen Mann, der offensichtlich einen steifen Nacken hatte. An diesem Mann war ich gerade eben vorbeigelaufen. Was hatte denn das zu bedeuten?

In den darauf folgenden Tagen häuften sich solche Ereignisse. Es kamen Klienten mit Magenproblemen oder mit Depressionen in meine Praxis. Nach einigen Minuten hatte ich plötzlich ebenfalls diese Magenprobleme oder Depressionen. Was sollte denn das? Ich konsultierte erneut Ella.

»In der Wahrheit, die du jetzt angenommen hast, gibt es bestimmte Gesetze, die du mit übernommen hast«, erklärte Ella mir.

»Was denn für Gesetze?«, wollte ich wissen.

»Das Resonanzgesetz zum Beispiel«, sagte Ella. »Du hast die Wahrheit angenommen, dass alle Materie in Schwingung gebrachte Energie ist. Was geschieht jetzt, wenn ein anderer schwingender Körper in deine Nähe kommt?«

»Soweit ich das aus der Physik weiß, beeinflussen sich beide Körper. Sie gehen miteinander in Resonanz.«

»Das ist genau das, was du in den letzten Tagen erlebt hast«, bestätigte Ella.

»Das ist aber Mist! Wie kann ich mich davor schützen?«, war meine Frage.

»Du kannst deine Schwingung so weit als möglich erhöhen. Dadurch können dich andere Menschen nicht mehr so sehr beeinflussen«, erklärte Ella.

»Und wie erhöhe ich meine Schwingung?«, wollte ich wissen.

»Die höchste Schwingungsfrequenz ist die Liebe!«

Ich musste also wieder einmal alles und jeden lieben, wenn ich gesund und glücklich sein wollte. Dazu hatte ich ehrlich gesagt mittlerweile keine Lust mehr.

Nach ein paar Tagen las ich ein Buch, das mir weitere interessante Möglichkeiten anbot. Ich erfuhr darin, dass man sich in der Natur mit Energie aufladen konnte. Vor allem könne man sich mit der Schwingungsfrequenz von alten Bäumen verbinden. Die hätten eine Wahnsinnsenergie.

Es war mir zwar ein wenig peinlich, wenn andere Leute mich sahen, aber ich ging von nun an jeden Tag mehrmals nach draußen und umarmte alte Bäume. Ich hatte das Gefühl, mit diesen Bäumen reden zu können.

Nach jedem Klienten ging ich wenigstens für eine Viertelstunde zu meinen neuen Freunden und erhöhte meine Schwingungsfrequenz – bis der Winter kam!

Eigentlich merkte ich sogar schon viel früher, dass die Bäume allein mir nicht alles geben konnten. Meine Frequenz sackte zwischendurch ständig ab. Ich suchte also nach weiteren Möglichkeiten. Ich stieß auf Tachyonprodukte. Diese platzierte ich nach Vorschrift in meiner Wohnung und Praxis und hatte auch immer ein solches Instrument in der Hosentasche. Das half zwar, aber war dennoch allein nicht ausreichend.

Die Klienten, die zu mir kamen, vermachten mir weiterhin in abgeschwächter Form ihre Probleme. Ich stöberte neue Produkte auf, die ebenfalls die Schwingungsfrequenz erhöhen und vor negativen Schwingungen und Strahlungen schützen sollten. Meine Wohnung wurde damit ausgestattet. Am Schluss lagen überall Kristalle herum. Donuts aus einem Material, das angeblich keine Polarität aufwies, waren ebenfalls in meinem Sortiment. Räucherstäbchen brannten den ganzen Tag ab, und es lief sanfte Meditationsmusik. Als die Räucherstäbchen nicht mehr ausreichten, stieg ich dann auf Weihrauch um. Das stank zwar ganz erbärmlich, aber wenn's hilft?!

Ich fühlte mich in meiner Wohnung nun relativ sicher. Das Einzige, was mich störte, war, dass ich ziemlich einsam geworden war. Ich traute mich kaum noch unter die Leute, denn ich spürte, dass mir ihre Energie nicht guttat. Also erledigte ich nur noch das Nötigste.

Das änderte sich, als mich jemand fragte, wie weit mein Energiefeld reiche. Ich spürte hinein. Und ich spürte, dass mein Energiefeld sich über fünfzig Meter weit um mich herum ausbreitete.

Plötzlich wurde mir eine erschreckende Wahrheit bewusst: Wenn mein Energiefeld sich so weit erstreckte, dann würde doch das der anderen Menschen das auch tun. Dann war ich doch in meiner Wohnung vor den negativen Schwingungen meiner Umwelt gar nicht sicher! Würden die Kristalle und das ganze Zeug mich dagegen wirklich schützen können?

Ich bekam Angst und fragte Ella.

»Du bist doch der Schöpfer deiner Realität«, erinnerte mich Ella. »Wenn du glaubst, du musst dich schützen, weil sonst etwas Negatives passiert, dann lenkst du damit deine Wahrnehmung auf das Negative. Wenn du stattdessen glauben würdest, dass in deinem Leben alles gut ist, dann würdest du deine Wahrnehmung auf das Gute lenken, und dann wäre auch alles gut.

Du musst dich in Wirklichkeit nicht schützen, du glaubst nur, es tun zu müssen. Und damit ist deine Wahrnehmung auf Unglück ausgerichtet. Es ist keine Wahrheit, dass du dich schützen musst. Es ist nur deine Realität! Die Realität, die du dir durch deine Wahrnehmung selbst erschaffst.«

Mir war sofort klar, dass es stimmte, was Ella mir gesagt hatte. Doch ich konnte es nicht fühlen. In meinem Inneren verspürte ich weiterhin den Zwang, mich schützen zu müssen.

»Du fühlst, was du glaubst«, erklärte mir Ella, als ich sie darauf ansprach.

Damit war klar, was ich zu tun hatte. Ich musste meine Überzeugungen verändern. Alles andere würde keinen Sinn machen. Mit meinen Überzeugungen gestaltete ich mein Leben.

Ich machte mich also daran, den ganzen Mist, den ich so in meinem Unbewussten mit mir herumtrug, zu untersuchen. Ich suchte nach Widersprüchen, die mir beweisen sollten, dass meine unerwünschten Überzeugungen nicht wahr sein konnten. Und es funktionierte! Es dauerte zwar eine Weile, bis mein Unbewusstes akzeptierte, dass eine Überzeugung falsch war, aber die Veränderungen in meinem Leben waren dabei gewaltig. Ich übte jeden Tag und zermarterte mir das Hirn, um Widersprüche zu finden.

Nach einer Weile wurde mir klar, dass ich nicht alle Überzeugungen, die ich in meinem Leben angenommen hatte, widerlegen konnte. Das würde viel zu lange dauern. So wie es aussah, nahm ich schneller negative Überzeugungen an, als ich sie wieder loswerden konnte. Diesen Kampf konnte ich nicht gewinnen.

Ich versuchte also, die Wurzel des Übels zu finden und dadurch effektiver zu werden. Mir war klar, dass meine einzelnen Überzeugungen nur Symptome darstellten. Die wirkliche Ursache meiner Probleme lag woanders.

Ich suchte deshalb nach Kernüberzeugungen, auf denen eine Vielzahl anderer negativer Überzeugungen aufgebaut waren. Sie stellten die Ursachen dar, nach denen ich forschen musste.

Jedes Mal, wenn ich eine von diesen Kernüberzeugungen fand und widerlegen konnte, veränderten sich mit einem Schlag ganze Lebensbereiche. Ich war begeistert.

Wieder einmal war ich also sicher, den besten Weg gefunden zu haben: Ich *musste* nur meine Kernüberzeugungen herausfinden und verändern.

Es kam, wie es kommen musste: Nach kurzer Zeit war mir klar, dass ich das Negative aus meinem Leben nur verbannen konnte, wenn ich es schaffte, meine Kernglaubenssätze zu verändern.

Die Wahrnehmungsrichtung, Unglück vermeiden zu wollen, bestimmte dadurch erneut mein Leben. Nun machten mir die Ereignisse in meinem Leben klar, dass ich meine Kernglaubenssätze verändern musste, um Unglück zu vermeiden.

Von diesem Tag an war ich ständig auf der Suche nach meinen Kernüberzeugungen. Das Blöde daran war, dass ich mir sehr wohl bewusst war, dass ich bei der Suche nach den Ursachen ständig Probleme in mir aktivierte und damit natürlich erst gestaltete. Ich richtete meine Aufmerksamkeit auf negative Überzeugungen und packte sie damit in mein Leben. Diese Dynamik machte mir klar, dass ich die Ursachen so schnell als möglich finden musste.

Mein Leben war wieder einmal so stressig geworden, dass ich ständig am Ende meiner Kräfte war. Ich suchte Tag und Nacht nach meinen Kernüberzeugungen. Gleichzeitig ereigneten sich unendlich viele belastende Situationen. Sie alle machten mir ständig bewusst, dass ich mich beeilen musste.

Nach einer Weile wurde mir klar, was die Wurzel allen Übels war – die tiefliegendste Kernüberzeugung aller Kernüberzeugungen, der eine Punkt, der, wenn ich ihn verändern könnte, in einem Schritt mein gesamtes Leben in Ordnung bringen würde: Es war der Glaube an meine Machtlosigkeit – der Glaube daran, dass ich nur einen begrenzten oder gar keinen Einfluss auf die Ereignisse in meinem Leben hatte. Diesen Glauben musste ich austauschen gegen den Glauben, Schöpfer meiner eigenen Realität und als solcher für mein Lebensglück verantwortlich zu sein. Ich wusste: Wenn es mir gelingen würde, diesen Glauben anzunehmen, hätte ich die völlige Freiheit, mein Leben so zu erschaffen, wie ich es mir wünschte.

Ich trainierte mein Vertrauen in meine Schöpferkraft und versuchte, meinen Glauben zu stärken. Das hielt ich tatsächlich einige Jahre lang durch – bis ich schließlich einsehen musste, dass ich gescheitert war. Ich glaubte an gar nichts mehr und fühlte mich völlig machtlos. Das Einzige, was ich glauben konnte, war, dass ich meine Überzeugungen verändern musste, es aber nicht schaffte. Mein Unbewusstes wehrte sich scheinbar vehement dagegen.

Als ich wieder einmal Ella aufsuchte und nach dem Grund für meine ausweglose Situation fragte, traf mich die Erkenntnis wie ein Blitz. Ich erkannte im Gespräch mit ihr, dass ich mir all die Jahre hindurch das Leben mit diesem ganzen Esoterikblödquatsch zur Hölle gemacht hatte. Ich traf die Entscheidung, wieder ein normaler Mensch zu werden und all die Vorschriften und Verbote, die ich mir im Laufe meiner Esoterikodyssee reingezogen hatte, hinter mir zu lassen. Eigentlich wollte ich doch nur glücklich sein! Mehr brauchte ich doch gar nicht. Und genau das tat ich dann auch. Ich fand gemeinsam mit meinem Team immer mehr über das Glück heraus und entwickelte Konzepte zur Umsetzung.

Seltsamerweise gestalteten sich danach alle Ereignisse

in meinem Leben sehr positiv. Egal, was ich anpackte: Es gelang. Mir wurde klar, dass ich ganz offensichtlich schon einen Einfluss auf meine Realität hatte. Doch ich nutzte diesen Einfluss wohl sehr viel positiver, wenn ich mich gar nicht gezielt um die Gestaltung meiner Realität kümmerte.

Und dabei bin ich bis heute geblieben und werde es ganz sicher auch weiterhin tun. Ich erlebe seit Jahren, wie sich mein Glück auf diesem Weg immer mehr steigert. Ich denke zwar jedes Mal, dass es jetzt echt nicht mehr schöner kommen könnte, doch jedes Mal werde ich eines Besseren belehrt. Ich bin nicht sicher, aber ich habe den Eindruck, dass es für das Glück keine Obergrenze gibt.

Ich wünsche dir ein oberabgefahrenes, glückliches Leben.

Bodo

*Das Ella-Camp und die Glückstrainer
gibt es tatsächlich*

Solltest du Unterstützung bei der Umsetzung unseres Glückskonzeptes suchen, dann schau doch mal auf unserer Website www.ella.org vorbei. Hier gibt es neben den Informationen über das Camp und unsere Seminare auch viele kostenlose Möglichkeiten wie beispielsweise unsere monatlichen mehrseitigen Glückstipps oder die Ella-Treffs, die es in allen großen Städten im deutschsprachigen Raum gibt. Wir freuen uns auf dich.

Das Ella-Kensington-Unternehmen ist mit einer dreiviertel Million verkaufter Bücher und bislang dreißigtausend Seminarteilnehmern der größte Anbieter von Glücksseminaren und Glückstrainings im deutschsprachigen Raum. Alle von uns lizensierten Glückstrainer® haben eine fundierte Ausbildung absolviert und erfüllen unsere hohen Qualitätsstandards.

In sieben Schritten zum vollkommenen Glück

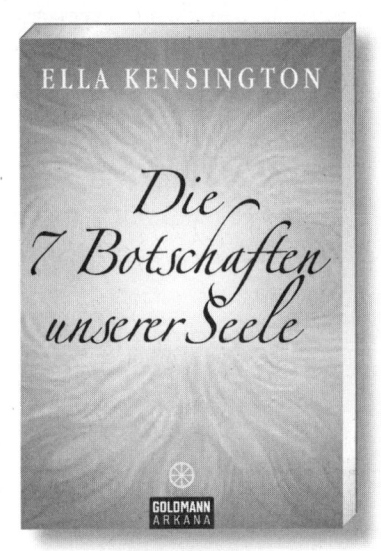

ELLA KENSINGTON

Die 7 Botschaften unserer Seele

GOLDMANN ARKANA

978-3-442-21823-3

Dies ist die Geschichte zweier Menschen, die auf der Suche nach dem Glück ihrer eigenen Seele begegnen. Von ihr erfahren sie die sieben existenziellen Botschaften und erhalten Schritt für Schritt einen tieferen Einblick in die eigene spirituelle Persönlichkeit. Dieses Buch weist uns den Weg zu jenem wunderbaren Seelenzustand, in dem wir vor Glück zerspringen möchten.

GOLDMANN ARKANA

Ein atemberaubender spiritueller Thriller

ELLA KENSINGTON

Mysterio

Überlege dir gut,
was du dir wünschst!
Es könnte
in Erfüllung gehen.

GOLDMANN ARKANA

978-3-442-21825-7

Mysterio ist ein ungewöhnliches Spiel im Internet. Die Spieler erhalten die Möglichkeit, die Gestaltung einer virtuellen Realität aktiv zu beeinflussen. Ein packender Thriller, der die grundlegende Erkenntnis vermittelt, wie sie mittlerweile auch die moderne Naturwissenschaft vertritt: Glück und Unglück sind keine Produkte des „Zufalls", sondern werden durch unsere eigenen Gedanken geschaffen.

GOLDMANN ARKANA

Weitere Bücher von Ella Kensington

Die Glückstrainer

In den letzten Jahrzehnten hat sich die Wissenschaft ausgiebig mit den Themen Glück und Erfolg auseinandergesetzt und ist zu bemerkenswerten Ergebnissen gelangt. Ein Ratgeber für alle, die sich für neue und effektivere Möglichkeiten in Sachen Glück und Erfolg interessieren.
Ella Kensington Verlag: Gebundene Ausgabe 2008, 3. Auflage
ISBN 978-3-905765-02-1 Preis: € 21,60 / CHF 39,00

Glücksgefühle bis zum Abwinken

In diesem kleinen, aber feinen Büchlein werden die zehn besten Methoden aufgezeigt, mit denen man sich selbst mühelos und jederzeit mit Glücksgefühlen bis zum Abwinken beschenken kann.
Ella Kensington Verlag: Gebundene Ausgabe 2008, 2. Auflage
ISBN 978-3-905765-00-7 Preis: € 9.90 / CHF 18.00

Glücksmomente

Es gibt viel, was man für die Steigerung des eigenen Lebensglücks tun kann. Die Übungen dieses Buches führen den Leser Schritt für Schritt zu den Ursprüngen seiner Gefühle.
Ein Übungsbuch für Fortgeschrittene.
Ella Kensington Verlag: Gebundene Ausgabe 2005, 1. Auflage
ISBN 978-3-980944-65-6 Preis: € 13.60 / CHF 24.80